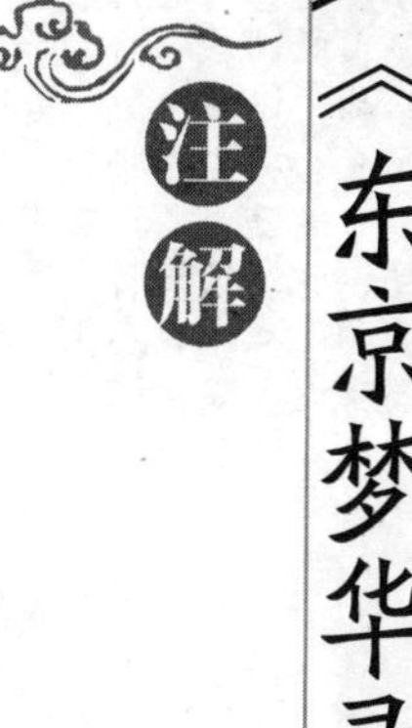

[宋] 孟元老 原著
李合群 注解

中国建筑工业出版社

图书在版编目（CIP）数据

《东京梦华录》注解 / ［宋］孟元老原著，李合群注解. —北京：中国建筑工业出版社，2013.12

ISBN 978-7-112-16153-9

Ⅰ. ①东… Ⅱ. ①孟… ②李… Ⅲ. ①开封市－地方史－史料－北宋 ②《东京梦华录》－注解 Ⅳ. ①K296.13

中国版本图书馆CIP数据核字（2013）第285470号

孟元老的《东京梦华录》作为北宋末年东京开封城的百科式全书，内容十分丰富，诸如城池结构、官府街巷、店铺酒楼、饮食娱乐、民风习俗、时令节日、歌舞百戏、朝廷朝会、郊祭大典等，几乎囊括了当时的社会全貌。全书共分10卷，3万余字。第一卷记载了北宋东京外城、内城及大内（皇城）城池结构，以及河流、皇城布局、中央官府等。第二、三卷主要包括大内前的几条重要街道、店铺、酒楼、饮食、夜市、早市、杂卖、防火等内容。第四、第五卷主要描述了皇太子纳妃、公主出降及民间娶妇、育子等习俗，还有肉行、鱼行等各种行市以及市井娱乐活动等。第六卷以后直到结束，作者按照时间顺序，叙述了正月、立春、元宵、十六日、清明节、四月八日、端午、六月六日、七夕、中元节、中秋、重阳、立冬、冬至、十二月、除夕等节日活动，以及一年之中的重大皇家礼仪，诸如元旦朝会、冬至车驾宿大庆殿、祝寿、祭祀太庙、南郊祭天、下赦等。

本书可供城市史、建筑史、文化史等领域研究以及从业人员、文化爱好者使用，亦可作为历史、建筑、考古、文学等学科参考书。

责任编辑：吴宇江
装帧设计：锋　尚
责任校对：姜小莲　关　健

《东京梦华录》注解

［宋］孟元老　原著
李合群　注解

*

中国建筑工业出版社出版、发行（北京西郊百万庄）
各地新华书店、建筑书店经销
北京锋尚制版有限公司制版
北京建筑工业印刷厂印刷

*

开本：787×1092毫米　1/16　印张：25¾　字数：600千字
2013年12月第一版　2013年12月第一次印刷
定价：78.00元
ISBN 978-7-112-16153-9
（24904）

前言

北宋东京城，人口逾百万，为当时世界东方的大都市。其昔日盛况，正史、宋人笔记及诗词等，皆有所涉及。但是，最为完整、细致的描述，当首推宋人孟元老的《东京梦华录》。书中记述了北宋末年京师开封城的地理风物，诸如城池、河流、皇宫、诸司、市井风貌、岁时货物、街巷店肆、民间风俗等，可谓是当地的一部百科全书。

根据文中“绍兴丁卯岁除日幽兰居士孟元老序”，可知《东京梦华录》成书于南宋高宗绍兴十七年（1147年）腊月二十九日。作者在自序中还说，他于宋徽宗崇宁癸未（1103年）跟随做官的父亲宦游到京师开封，至南宋高宗建炎元年（1127年）“出京南来，避地江左”，可知他在京师开封城生活了24年之久。金人攻破开封城后，孟元老与诸多北方人一样，带着家破国亡之恨，逃到江南。但是，南渡之士难以忘怀昔日开封的盛世繁华。宋人周辉《清波杂志·别志》卷二记载：“绍兴初，故老闲坐必谈京师风物，且喜歌曹元宠‘甚时得归京里去’十小阕，听之感慨，有流涕者。”而渐入老境的孟元老，正如自序所说：“仆今追念，回首怅然，岂非华胥之梦觉哉！”于是写成梦华录，以慰故国故乡之思。

关于《东京梦华录》的作者，从其自序中可知为孟元老，但学术界尚有争议。早在清代道光十二年（1832年），藏书家常茂徕在其跋语中说孟元老即徽宗时曾任礼部侍郎的孟揆。20世纪80年代初，孔宪易先生发表“孟元老其人”（见《历史研究》1980年第3期）一文否定孟揆之说，认为应是保和殿大学士孟昌龄之族人，曾任开封仪曹的孟钺。近年，李致忠先生又发表“《东京梦华录》作者续考”（见《文献》2006年第3期）一文，补充新的史料，支持孔宪易之说。不过，诸说也只是合理的推测，尚缺乏直接的证据。

《东京梦华录》面世后，影响很大。南宋时期，常为一些相关著作所援引。如成书于南宋高宗绍兴二十四年（1154年）吴自牧所撰的《梦粱录》，成书于南宋宁宗年间（1195～1224年）的《西湖老人繁胜录》，成书于南宋理宗端平二年（1235年）耐得翁所撰的《都城纪胜》，以及成书于元朝初年周密所撰的《武林旧事》，这些著作的编撰体例及叙述方式，以及涉及朝政礼仪、节日风俗等内容，大都同于《东京梦华录》。此外，宋人徐梦莘《三朝北盟会编》卷74“靖康中帙”中记述靖康二年（1127年）正月初一日事时，基本上抄录了《东京梦华录》卷六“元旦朝会”之内容。

《东京梦华录》最早刊行于南宋孝宗淳熙十四年（1187年），赵师侠作跋，即后人所说的“宋大字本”，惜已失传。其次为元刊本，题目为《幽兰居士东京梦华录》，十卷，明初重刊。清代学者黄丕烈所见并题跋的即此刊本。明万历年间沈士龙、胡震亨又将《东京梦华录》重刊，仍为十卷，收入《秘册汇函》中，并有题跋，即后来所谓的“秘册汇函本”。清代乾隆年间，《四库全书》收录《东京梦华录》，归入“史部·地理类”，十卷，卷前有四库馆臣所撰的提要。清光绪至民国年间，张凤台编辑《三怡堂丛书》，由河南官书局刊行，收录古籍17种，其中即有《东京梦华录》。民国时期，《东京梦华录》收录于《丛书集成初编》中，系据“秘册汇函”本影印，后附赵师侠原跋与毛晋跋。此外，还有抄本传世，如清代道光十二年（1832年）开封常茂徕抄本，由民国时期的邓孝先收藏。

新中国成立后，《东京梦华录》的注本不断出现。最早为1959年中华书局出版邓子诚的《东京梦华录注》，1982年重印。1998年贵州人民出版社出版了姜汉椿的《东京梦华录全译》，2010年中州古籍出版社又出版了王永宽的《东京梦华录》译文本。在所有注本中，最具影响力的当推伊永文先生的《东京梦华录笺注》，2006年由中华书局出版，以后又再版。此外，还有日本学者入矢义高、梅原郁合著的《东京梦华录译注》等。

这本《〈东京梦华录〉注解》，在参考、借鉴上述诸注本成果的基础上，力求在注释的广度及深度上有所作为。并尽力做到如下四点：一是通过广征博引，对《东京梦华录》流传下来的各种刊本以及国内外各种注本，进行校勘，以图恢复其原貌。校勘内容包括诸刻本中用错的字、词，以及注本中的误注、误释等。二是引证大量的史料文献、出土文物、图片资料等，对原书中内容进行释义与解读，从而使内容更加明晰、丰富与直观。三是饮食部分是原书中的重要内容，但其名称多用当时俗语，作者又无解释，人们读后往往不知所云，诸家注本涉及亦少，本书对此予以特别关注。四是对于书中内容，若参照其他文献能复原的，皆绘出或引用复原图予以展示，如东京大内布局、杈子、防火楼、城门楼等。为了便于阅读，将原书中的繁体字、异体字、通假字一律改作现在的通用字。如"菓"→"果"，"馀"→"余"，"疋"→"匹"，"盌"→"碗"，"喫→"吃"，"綵"→"彩"等等。

《东京梦华录》内容，可谓博大精深，正如伊永文先生在《东京梦华录笺注》前言中所说，书中"任何一个条目，都可以作为一个专题加以研究"。笔者注解也只是抛砖引玉，期待更多学者在"梦华录"的研究上，更上一层楼。

最后，需要说明的是，《东京梦华录》所记，只是北宋末年徽宗时期开封的景象。而开封作为北宋都城长达167年，城市格局的演变，一直贯穿始终。为了解北宋开封城的变迁史，除了《东京梦华录》之外，还有一些史书也是必读的，如王瓘在熙宁四年（1071年）奉神宗特诏写成的《北道刊误志》，宋敏求（1019~1079年）的《东京记》（惜已亡佚，书中的某些内容，因被他书引用而幸存下来），神宗时期日本僧人成寻的《参天台五台山记》等。更有与孟元老同时期的袁褧，其所写的《枫窗小牍》一书，书中所记北宋末年的开封景象，正可与《东京梦华录》相互印证与补充。如方圆九里之艮岳，孟氏不载，而袁氏则记之甚详。这些文献中的相关内容，笔者已融入注解之中。

目录

幽兰居士

《东京梦华录》卷之四

幽兰居士

《东京梦华录》卷之五

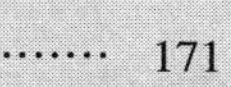

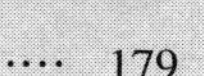
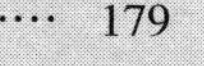

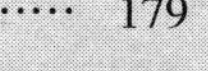

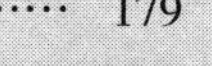
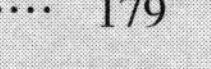
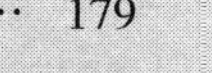
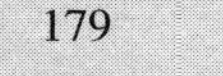

幽兰居士

《东京梦华录》卷之六

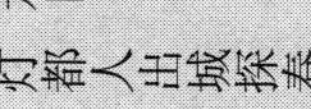

幽兰居士

《东京梦华录》卷之七

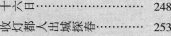

幽兰居士《东京梦华录》卷之八

幽兰居士《东京梦华录》卷之九

幽兰居士《东京梦华录》卷之十

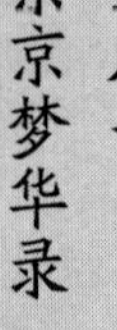

附录 《东京梦华录》序跋

梦华录 序

仆从先人宦游南北[1]，崇宁癸未到京师[2]，卜居于州西金梁桥西夹道之南[3]。渐次长立，正当辇毂之下[4]，太平日久，人物繁阜。垂髫之童[5]，但习鼓舞；班白之老[6]，不识干戈。时节相次，各有观赏。灯宵月夕[7]，雪际花时[8]，乞巧登高[9]，教池游苑[10]。举目则青楼画阁，绣户珠帘。雕车竞驻于天街，宝马争驰于御路[11]。金翠耀目，罗绮飘香[12]。新声巧笑于柳陌花衢[13]，按管调弦于茶坊酒肆[14]。八荒争凑[15]，万国咸通。集四海之珍奇，皆归市易；会寰区之异味，悉在庖厨。花光满路，何限春游；箫鼓喧空，几家夜宴。伎巧则惊人耳目，侈奢则长人精神。瞻天表则元夕教池[16]，拜郊孟享[17]。频观公主下降[18]，皇子纳妃。修造则创建明堂[19]，冶铸则立成鼎鼐[20]。观妓籍则府曹衙罢[21]，内省宴回[22]；看变化则举子唱名[23]，武人换绶[24]。仆数十年烂赏叠游[25]，莫知厌足[26]。一旦兵火，靖康丙午之明年[27]，出京南来，避地江左[28]，情绪牢落[29]，渐入桑榆[30]。暗想当年，节物风流[31]，人情和美，但成怅恨。近与亲戚会面，谈及曩昔[32]，后生往往妄生不然。仆恐浸久[33]，论其风俗者，失于事实，诚为可惜，谨省记，编次成集，庶几开卷得睹当时之盛。古人有梦游华胥之国[34]，其乐无涯者。仆今追念，回首怅然，岂非华胥之梦觉哉！目之曰《梦华录》。然以京师之浩穰[35]，及有未尝经从处，得之于人，不无遗阙。倘遇乡党宿德[36]，补缀周备，不胜幸甚。此录语言鄙俚[37]，不以文饰者，盖欲上下通晓尔，观者幸详焉。绍兴丁卯岁除日[38]，幽兰居士孟元老序。

[1] **先人：**指作者死去的父亲。宋人王安石《伤仲永》曰："予闻之也久。明道中，从先人还家，于舅家见之，十二三矣。令作诗，不能称前时之闻。"

[2] **崇宁癸未：**宋徽宗崇宁二年（1103年）。京师：此指北宋东京开封城。

[3] **卜居：**选择居处。州西：即北宋东京城的西部。宋人赵彦卫《云麓漫钞》卷9："城，避朱梁讳，改曰州，如东都州、南州、北州是也。"宋人魏泰《东轩笔录》卷15："秦始皇讳政，至今呼正月为征月，伪赵避石勒讳，至今改罗勒为兰香。朱高祖（应为梁太祖）父名诚，至今京师呼城外有（为）州东、州西、州南、州北，而韦城、相城、胙城等县，但呼韦县、相县、胙县是也。"因朱温之父名诚，升汴州为东都开封府后，为避"诚"之讳而将城的东、西、南、北改为州东、州西、州南、州北。金梁桥：汴河上的一座桥梁。

[4] **辇毂之下：**指京都，犹言在皇帝车驾之下。汉人司马迁《报任少卿书》："仆赖先人绪业，得待罪辇毂下，二十余年矣。"

[5] **垂髫之童：**垂髫，古时童子未冠者头发下垂，故以此代指童年或儿童。东晋陶渊明《桃花源记》："黄发垂髫，并怡然自乐。"

[6] **班白：**即"斑白"，头发花白，年老之意。《礼记·祭义》："斑白者不以其任行乎道路。"郑玄注："斑白者，发杂色也。"

[7] **灯宵：**灯夜。月夕：中秋节。

[8] **雪际：**下雪之时，指冬天。花时：花开之时，指春天。

[9] **乞巧：**指农历七月初七，相传牛郎、织女此夜在天河相会。旧时风俗，农历七月七日夜（或七月六日夜）妇女们在庭院向织女星乞求智巧，称为"乞巧"。

[10] **教池：**即北宋东京西的金明池。宋人周辉《清波杂志·别志》卷2："上池初曰教池，以泰陵服药久未康复，俗谓语病，乃改焉。"游苑：指浏览琼林苑。

[11] **御路：**指都城内皇帝所行之街道，与上句的"天街"同义。此两句描绘了北宋东京街道的繁华，可用北宋翰林学士宋祁的《鹧鸪天》作注脚："画毂雕鞍狭路逢，一声肠断绣帘中。身无彩凤双飞翼，心有灵犀一点通。金作屋，玉为笼，车如流水马如龙。刘郎已恨蓬山远，更隔蓬山几万重。"

[12] **罗绮：**指丝绸衣裳，借指衣着华贵的女子。宋人陆游《老学庵笔记》卷1："京师承平时，宗室戚里岁时入禁中，妇女上犊车，皆用二小鬟持香球在旁，而袖中又自持两香球。车驰过，香烟如云，数里不绝，尘土皆香。"此言可视为"金翠耀目，罗绮飘香"之注脚。宋人王明清《投辖录·章丞相》："章丞相初来京师，年少美丰姿。当日晚，独步禁街，睹车子数乘，舆卫甚都，最后者，辕后一妇人，美而艳，揭帘目逆丞相，因信步随之，不觉至夕。妇人以手招丞相，丞相遂登车与之共载，至一甲第，甚雄壮。妇人遮蔽丞相，杂众人以入一院，深邃若久无人居者。少顷，前妇人始至，备酒馔之属亦甚珍。丞相因问其所，妇人笑而不答。自是妇人引侪类辈迭相往来，俱媚甚，询之皆不顾而言它。每去则必以巨锁扃之。如是累日夕，丞相体为之敝，意甚彷徨。一姬年差长，忽发问曰：'此岂郎君所游之地，何为而至此耶？我之主翁行迹多不循道理，宠婢多而无嗣，每钩至少年之徒与群妾合，久则毙之，此地凡数人矣。'丞相惶骇曰：'果尔，为之耐何？'姬曰：'观子之容，非碌碌者，似必能免。主翁翌日入朝甚早，今夕解我之衣以衣子，且不复锁子门，俟至五鼓，则吾当来呼子，子亟随我登厅，事我当以厮役之服披子，随前驺以出，可以无患矣。尔后慎勿以语人，亦不可复由此街，不然，吾与若彼此皆祸不旋踵矣。'诘旦，其姬果来扣户。而丞相乃用其术，得免于其难。后丞相既贵，犹以其事语族中所厚而善者，云后得其主之姓名，但不欲晓之于人耳。"

[13] **柳陌花衢：**指妓院聚集的街市。元人李邦佑《转调淘金令·思情曲》："花街柳陌，恨他去胡沾惹；秦楼榭馆，怪他去闲游冶。"

[14] **按管调弦：**指吹奏管弦乐器，现有成语"弄管调弦"。

[15] **八荒：**四面八方遥远的地方，犹称"天下"。汉人贾谊《过秦论》："囊括四海之意，并吞八荒之心。"

[16] **天表：**指天子的仪容。唐人房玄龄《晋书·裴秀传》："秀后言于文帝曰：'中抚军人望既茂，天表如此，固非人臣之相也。'"教池：此处指迎祥池，详见本书卷之六《十四日车驾幸五岳观》。

[17] **拜郊：**指帝王郊祭敬拜上帝神祇。孟享：帝王宗庙祭礼在每年的四孟（孟春、孟夏、孟秋、孟冬）举行，故称孟享。

[18] **下降：**指公主出嫁。详见本书卷之四《公主出降》。

[19] **明堂：**为帝王宣明政教之所。元人脱脱《宋史》卷101《礼志四·明堂》："（徽宗政和五年，即1115年）乃徙秘书省宣德门东，以其地为明堂。"

[20] **鼎鼐：**古代两种烹饪器具。宋人张邦基《墨庄漫录》卷7："予以谓为古之鼎鼐皆无盖，而足皆圆直无作兽形者，此乃敦耳。"

[21] **妓籍：**犹乐籍，借指入乐籍的妓女。府曹：指府署的一个部门。唐人孙棨《北里志·序》："京中饮妓，籍属教坊，凡朝士有宴聚，须假诸曹署行牒，然后能致于它处。唯新进士设馔，顾吏，故便可行牒。"

[22] **内省宴回：**指官员从宫中赴宴归来。内省：宫中。

[23] **唱名：**举人殿试后，皇帝呼名召见登第进士。宋人高承《事物纪原》卷3《唱名》："《宋朝会要》曰：'雍熙二年三月十五日，太宗御崇政殿试进士，梁颢首以程试上进，帝嘉其敏速，以首科处焉。十六日，帝按名一一呼之，面赐及第。'唱名赐第，盖自是为始。"

[24] **换授：**酌其才能调任官职。宋人洪迈《容斋随笔》卷4："祖宗之世，文臣换授武使，皆不越级。"

[25] **烂赏：**随意欣赏，纵情玩赏。宋人欧阳修《定风波》词："春到几人能烂赏，何况无情风雨等闲多。"

[26] **厌足：**满足。东汉人班固《汉书》卷24下《食货志第四下》："富人臧钱满室，犹无厌足。"

[27] **靖康丙午：**指宋钦宗靖康元年（1126年）。

[28] **避地：**迁移以避灾祸。江左：指长江下游以南地区。

[29] **牢落：**孤寂，无聊。宋人罗公升《牢落》："牢落岁时晚，天寒游子悲。"

[30] **桑榆：**指日落时余光所在，谓晚暮，以喻垂老之年。南朝人范晔《后汉书·冯异传》："失之东隅，收之桑榆。"唐人刘禹锡《酬乐天咏老见示》："莫道桑榆晚，为霞尚满天。"

[31] **节物：**各个季节的风物景色。风流：风韵美好动人。

[32] **曩昔：**从前。宋人周辉《清波杂志·别志》卷2："绍兴初，故老闲坐，必谈京师风物，且喜歌曹元宠'甚时得归京里去'十八阕，听之感慨有流涕者。五六十年后更无人说著，盖耆旧日就沦，言之，可胜于邑。"此言可视为文中"谈及曩昔"之注脚。

[33] **浸久：**时间很久。元人脱脱《宋史》卷172《食货志上一》："承平浸久，势官富姓，占田无限，兼并冒伪，习以成俗，重禁莫能止焉。"

[34] **华胥之国：**传说中的仙国名。《列子·黄帝》："（黄帝）昼寝而梦，游于华胥之国。华胥氏之国在弇州之西，台州之北，不知斯齐国几千万里。盖非舟车足力之所及，神游而已。"

[35] **浩穰：**人口众多。

[36] **乡党：**泛称家乡。宿德：年老有德者。

[37] **鄙俚：**粗野，庸俗。宋人周辉《清波杂志·别志》卷2："孟元老梦华录，其叙郊祀朝会、上元教池为详，可互稽考未备，但梦华语图晓俗无文采，不能起其事。"

[38] **绍兴丁卯：**宋高宗绍兴十七年（1147年）。岁除日：除夕。

东都外城

东都外城[1]，方圆四十余里[2]。城濠曰护龙河[3]，阔十余丈[4]。濠之内外，皆植杨柳，粉墙朱户[5]，禁人往来。城门皆瓮城三层[6]，屈曲开门[7]，唯南薰门[8]、新郑门[9]、新宋门[10]、封丘门[11]，皆直门两重，盖此系四正门[12]，皆留御路故也。新城南壁，其门有三[13]：正南门曰南薰门；城南一边，东南则陈州门[14]，傍有蔡河水门[15]；西南则戴楼门，傍亦有蔡河水门。蔡河正名惠民河[16]，为通蔡州故也。东城一边，其门有四[17]：东南曰东水门，乃汴河下流水门也，其门跨河，有铁裹窗门[18]，遇夜如闸垂下水面[19]，两岸各有门通人行路[20]，出拐子城[21]，夹岸百余丈；次则曰新宋门[22]；次曰新曹门[23]；又次曰东北水门，乃五丈河之水门也[24]。西城一边，其门有四[25]：从南曰新郑门；次曰西水门，汴河上水门也[26]；次曰万胜门[27]，又次曰固子门[28]；又次曰西北水门，乃金水河水门也[29]。北城一边，其门有四[30]：从东曰陈桥门[31]乃大辽人使驿路；次曰封丘门[32]北郊御路；次曰新酸枣门；次曰卫州门。诸门名皆俗呼[33]。其正名如西水门曰利泽，新郑门本顺天门，固子门本金耀门。新城每百步设马面[34]、战棚[35]，密置女头[36]，旦暮修整，望之耸然。城里牙道，各植榆柳成阴。每二百步置一防城库[37]，贮守御之器，有广固兵士二十指挥[38]，每日修造泥饰[39]，专有京城所[40]，提总其事。

注解

图 1–1　宋东京外城西南城角暴露地面部分（20世纪80年代拍摄）

［1］**东都外城：**宋人薛居正《旧五代史》卷3《梁太祖纪》记载，开平元年（907年），梁太祖朱温下诏："宜升汴州为开封府，建名东都"，与当时西都洛阳相对而言，北宋时期亦沿用此名称。外城：清人徐松《宋会要辑稿·方域》（以下皆简称《宋会要》）1之1："新城周回四十八里二百三十三步。周显德三年，令彰信节度韩通董役兴筑。国朝（北宋）以来，号曰国城，亦曰外城，又曰罗城。"20世纪80年代当地文物部门曾对宋东京外城遗址进行勘探与局部发掘（图1–1）。

［2］**方圆四十余里：**对宋东京外城周长，文献有不同记载。清人徐松《宋会要·方域》1之1、《宋史》卷85《地理志》、《玉海》卷174皆记载宋外城"周回四十八里二百三十三步"，宋人高承《事物纪原》卷6记载外城为"周回四十八里二百三十步"，宋人赵德麟《侯鲭录》卷3记为"四十八里二百二十三步"。按考古资料，宋外城遗址周长29120米（丘刚、孙新民：《北宋东京外城的初步勘探与试掘》，《文物》1992年第2期），折合宋代计量单位约51里，与"五十里百六十步"基本吻合，故孟元老所记的"方圆四十余里"，不甚准确。

［3］**护龙河：**即护城河。宋人李焘《续资治通鉴长编》（以下皆简称《长编》）卷331：元丰五年（1082年）十二月"甲子，诏：'在京新城外四壁城壕开阔五十步，下收四十步，深一丈五尺，地脉不及者至泉止。'"宋人李焘《长编》卷332（元丰六年正月乙酉）："诏：'闻新城四面濠溢，毁公私舍屋、土田。委杨景略估直给之，或还以官地。其官营房及民坟寺、舍屋，责京城所管认拨移修盖。'"宋人李纲《梁溪集》卷50《乞措置防护汴河斗门及引水入壕札子》："臣伏奉御批送到札子，为壕河水势陡落，见有人涉水过往，寅夜不便，令多差人守御。臣已札下四壁，疾速依应施行，契勘汴河水涸，今已累日。虑被贼人开决斗门，欲遣将兵防护。汴河堤岸司官吏前去相度，收斗门水，并南有蔡河、西有金明池水柜。金水河皆可引水入壕，增助水势。欲乞指挥都大提举汴河堤岸司，同共相度，疾速措置施行，谨具奏知。"

［4］**阔十余丈：**对于宋东京外城护城河的宽度，文献有不同记载。宋人李焘《长编》卷331，元丰五年（1082年）十二月甲子条记载："在京新城外四壁城濠，开阔五十步，下收四十步，深一丈五尺，地脉不及者，至泉止。"宋人范祖禹《上哲宗乞罢修京城》："臣闻开

濠深一丈五尺，阔二百五十一步，广于汴河三倍，自古未闻有此城池也。”

［5］**粉墙朱户：**白色墙壁，红色的门。这可能是一道羊马城（墙），用于阻止敌人攻城的屏障，而不可能是指外城墙，因为其外表为土筑，无法成为“粉墙”。宋人陈规《守城录》卷1：“城外脚下去城二丈临壕垠上，宜筑高厚羊马墙，高及一丈，厚及六尺。墙脚下亦筑鹊台，高二三尺，阔四尺。鹊台上立羊马墙，上亦留‘品’字空眼，以备觇望及通枪路。亦如大城上女头墙，墙里鹊台上栽埋排叉木，以备敌填平壕堑。及攻破羊马墙至城脚下，则敌于羊马墙内两边受敌，头上大城向下所施矢石，即是敌当一面，而守城人三面御之。羊马墙内兵，赖羊马墙遮隔壕外矢石。是羊马墙与大城，系是上下两城，相乘济用，使敌人虽破羊马墙而无敢入者。”宋人曾公亮《武经总要前集》卷12《守城》：“门外筑瓮城，城外凿壕，去大城约三十步，上施钓桥。壕之内岸筑羊马城，去大城约十步。”南宋靖江府（今广西桂林市）外城外即筑有羊马城（图1–2）。

［6］**瓮城：**附于大城门外的小城，又称月城，为增强防御之用。宋人高承《事物纪原》卷6引宋人宋敏求《东京记》：“宋朝神宗熙宁中，始四面筑为敌楼，作瓮城及浚治壕堑也。”宋人曾公亮《武经总要·前集》12《守城》：“门外筑城，城外凿壕，去大城约三十步。”（图1–3）

［7］**屈曲开门：**指两道瓮城门左右错开，不得直对（图1–4）。宋人曾公亮《武经总要·前集》卷12：“其城外瓮城，或圆或方，视地形为之，高厚与城等，惟偏开一门，左右各随其便。”

［8］**南薰门：**为宋东京外城的正南门，位于东京南北御街的南端，为宋皇帝南青城祭天及临幸玉津园的通道，故称“正门”（图1–5）。太平兴国四年（979年）九月改名宣薰门。宋人李攸《宋朝事实》卷11《仪注一》：“太祖乾德元年，将有事于南

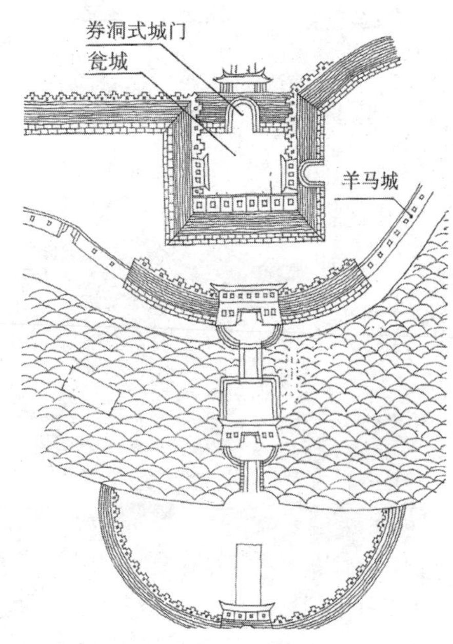

图 1–2　南宋靖江府城的羊马城

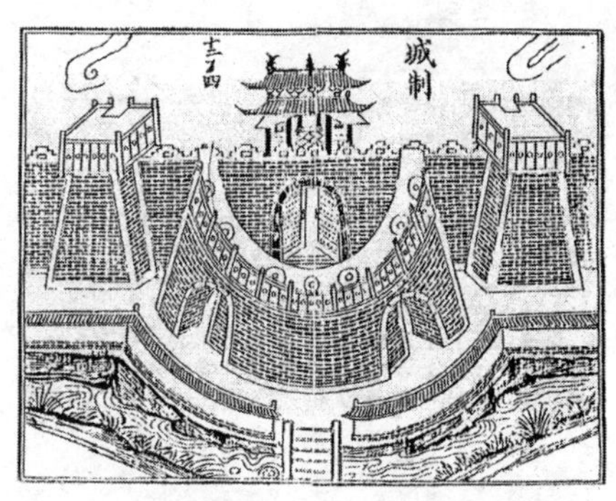

图 1–3　《武经总要》中的瓮城图

图 1–4　宋外城“屈曲开门”想象图

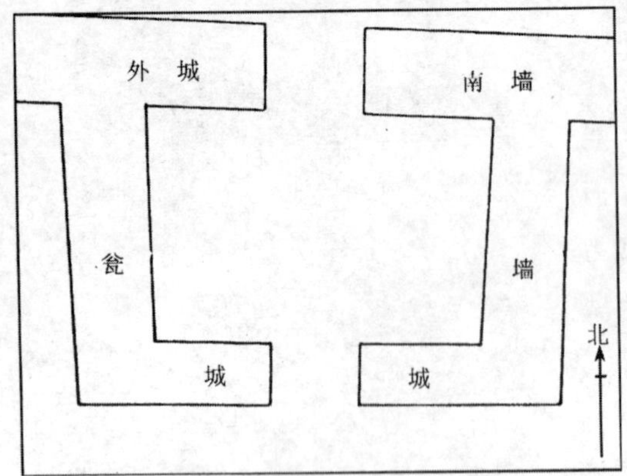

图 1-5 南薰门遗址平面实测图（开封文物队提供）

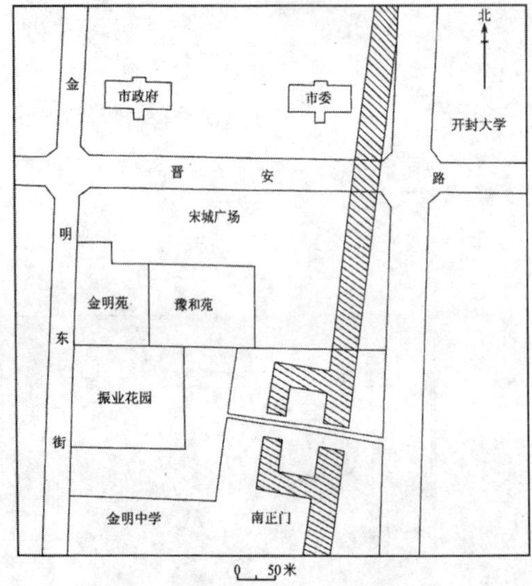

图 1-6 新郑门遗址实测图（开封文物队提供）

图 1-7 宋画《中兴祯应图》中的城门

郊，为坛于城南南薰门外，径五丈，高九尺四成。”发掘结果表明，门基址东距外城东南角2900米，平面呈长方形，东西长130米，南北宽80米。瓮城厚约15米，门位于瓮城中部，宽达75米（丘刚：《开封考古发现与研究》，中州古籍出版社，1998年，137页）。

［9］**新郑门：**外城西墙之“正门”，为北宋皇帝赴巩县祭帝陵及观看金明池水戏表演之通道（图1-6）。它是外城诸门中保存最好的，据当地老人回忆，新中国成立前尚有部分夯土高出地表。此门址已被勘探及局部解剖。门址南距外城西南角约2050米，平面呈长方形，南北长165米，东西宽120米，墙宽10～20米，主墙城门宽约30米，瓮城门宽度不详（丘刚：《开封考古发现与研究》，中州古籍出版社，1998年，136页）。

［10］**新宋门：**通向宋州（今河南商丘）之门。新宋门之形制又见于其他史料。如南宋孝宗淳熙四年（1177年）二月，周辉出使金中都途中又路过开封，“跨马入新宋门，旧曰朝阳，一名洪仁，楼橹壕堑甚设，次入瓮城，次入大城”（周辉：《北辕录》，知不足斋本）。从文中的“次入瓮城”这句来看，此前还入过一城，进而推知应为三重。这似与“直门两重”相矛盾，我们认为，这里的最外一重城门，可能是羊马城的城门（见图1-2），并非新宋门本身。

［11］**封丘门：**应为“新封丘门”，为皇帝北郊祭地之通道，故亦为正门（图1-7）。元人陶宗仪《说郛》卷65：“过清辉桥，出新封丘门，旧景阳门也。”宋人楼钥《攻媿集》卷111：“北过东华门，出旧封丘门，金改曰玄武；新封丘门，旧曰安远，金改曰顺常。”

［12］**正门：** 宋人范祖禹《范太史集》卷15《论城濠》："又京城外门，正门即为方城，偏门即为瓮城。其外门皆用纯铁裹之，此祖宗时所无也。"

［13］**其门有三：** 此数仅指陆行门，若算上蔡河的两座水门，应为五座。清人徐松《宋会要·方域》1之1《东京大内》："（外城）南五门：中曰南薰，周曰景风，太平兴国四年九月改；次东曰普济，惠民河水门，太平兴国四年九月赐名；次东曰宣化，周曰朱明，太平兴国四年九月改；次西曰广利，惠民河水门，太平兴国四年九月赐名；次西曰安上，周曰畏景，太平兴国四年九月改。"

［14］**陈州门：** 正名为宣化门，城外筑有拐子城。宋人石茂良《避戎夜话》卷上："初九日早，宣化门告急，又带一行人往宣化门守御。南北拐子城皆捍御水门者也，水门不可遽犯，故急攻二拐子城，矢石如雨，楼橹皆毁坏。"清人徐松《宋会要·食货》17之23："崇因院普安郡主尼法护言：'宣化门收买果园地，迁葬故父苏王及母亲，续买菜园四所，展本院墙园，乞免逐年夏税。'［诏］开封府据园地土与免税，所有菜园等许令依旧佃莳，即不得一例放免税赋。"

［15］**蔡河水门：** 分为蔡河上、下两座水门。宋人王应麟《玉海》卷170："新城南门曰南薰、普济、宣化、广利、安上。"这里的宣化门，俗称陈州门，其附近的蔡河水门名普济门；安上门，俗称为戴楼门，其附近的蔡河水门名广利门。

［16］**惠民河：** 又称蔡河。元人脱脱《宋史》卷94《河渠志·蔡河》："蔡河贯京师，为都人所仰，兼闵水、洧水、潩水以通舟。闵水自尉氏历祥符、开封合于蔡，是为惠民河。"

［17］**其门有四：** 清人徐松《宋会要·方域》1之1《东京大内》："东五门：南曰上善，汴河东水门，太平兴国四年九月赐名；次北曰通津，汴河东水门，太平兴国四年九月赐名通津，天圣初改广津，后复今名；次北曰朝阳，周曰延春，太平兴国四年九月改；次北曰含辉，周曰含辉，太平兴国四年九月改寅宾，后复今名；次北曰善利，广济河水门，太平兴国四年九月赐名咸通，天圣初改。"文中所谓的五门，未包括汴河水门本身。并且，善利门为广济河的陆行门，并非水门本身。如据宋人汪藻《靖康要录》卷12记载，北宋末靖康二年（1127年）二月十日，"是日风雨至夜大作，城中什物并般出城北善利门"。所以，若将水门与陆行门一并计算，则外城东墙共有城门7座，由南至北分别为：上善门、汴河下水门、通津门、新宋门（朝阳门）、新曹门（含辉门）、善利门、五丈河下水门。

［18］**铁裹窗门：** 城墙木门之外，包以铁皮以求坚固。宋人范祖禹《范太史集》卷15《论城濠》："又京城外门，正门即为方城，偏门即为瓮城，其外门皆用纯铁裹之，此祖宗时所无也。"这与文献所说的"干戈板"相似，如宋人陈规《守城录》卷2："干戈板，旧制用铁叶钉裹，置于城门之前，城上用辘轳车放，亦是防遏冲突。其碍城内出兵，则与钓桥无异。既于城门里外安置机械，自可不用干戈板，以为出兵快便之利。"唐人玄奘《大唐西域记》卷1记载铁门之关，"既设门扉，又以铁锢，多有铁铃，悬诸户扇，因其险固，遂以为名"。

［19］**遇夜如闸垂下水面：** 指汴河水门白天升起以通漕运，晚间垂下以利防御。宋人王明清《挥麈录·余话》卷2："政和建艮岳，异花奇石来自东南，不可名状。忽灵璧县贡一巨石，高

图 1–8　北京金中都水关遗址

二十余丈，周围称是。舟载至京师，毁水门楼以入。”此文献表明，汴河水门之上尚建跨河门楼，以稳定升降自如的水门。宋人曾公亮《武经总要·前集》卷12：“右闸版，与城门为重门，其制用榆槐木，广狭准城门，漫以生牛皮，裹以铁叶，两傍施铁环，贯铁索。凡大城门，去门阖五尺，立两颊木，木开池槽，亦用铁叶裹之。若寇至，即以绞车自城楼上抽所贯铁索，下闸版于槽中，外实以土防火攻；内枝以柱，防倾折。”此可作为认识汴河水门结构的参考。在实物方面，北京金中都水关（门）遗址可以参考。现存为水关建筑基础底部，由过水涵洞底部、涵洞两厢石壁、进出水口摆手及水关之上夯土城墙四部分组成，全长47.4米。两厢石壁间距7.7米，残高最高处1米（图1–8）。

[20] **两岸各有门通人行路：**此指汴河东水门南北两岸的陆行门。其名称，据《宋会要·方域》1之1记载：“南曰上善，汴河东水门，太平兴国四年九月赐名。次北曰通津，汴河东水门，太平兴国四年九月赐名。”宋人蔡绦《铁围山丛谈》卷5：“政和丙申，汴渠运舟火，因顺流直下，犯通津门者，号东水门也。通津既焚而火势猛甚，旁接宫观。”

[21] **拐子城：**北宋人往往称左右对称的两翼为“拐子”或“两拐子”。据宋人曾公亮《武经总要》卷8记载，宋朝常阵制中即有“东西两拐子阵”，其意“为大阵之左右翼也”。宋人石茂良《避戎夜话》中曾有“南北拐子城皆捍御（汴河）水门者也”这句话，也证实了汴河东水门外确有两座拐子城，隔汴河对峙。另外，又据宋人徐梦莘《三朝北盟会编》卷66记载，在靖康元年（1126年）闰十一月，金人攻击开封外城通津门时，“先以炮击东水门外二拐子城，冀击坏之作斜道登城”，此表明拐子城与外城主墙是连接的。这里的“拐子城”，既是为了保护汴河漕运及粮仓，又为陆地之通行。姜汉椿先生在《东京梦华录全译》中说：“拐子城：拐，指转弯处，角。拐子城，体制不详。似当为城墙的角城，以屏蔽城墙。”此释不妥。

[22] **新宋门：**位于东向御路上。宋人楼钥《北行日录》卷上：“（新宋门）城楼雄伟，楼橹壕堑壮且整，夹壕植柳，如引绳然。先入瓮城，上设敌楼。次一瓮城，有楼三间，次方入大城，下列三门，冠以大楼，由南门以入，内城相去尚远，城外人物极稀。”

[23] **新曹门：**为外城东墙之门，与万胜门东西对应，后周时称寅宾，太平兴国四年（979年）九月改名含辉。元人脱脱《宋史》卷121《礼二十四》：“真宗诏有司择地含辉门外之东武村为广场，冯高为台，台上设屋，构行宫。其夜三鼓，殿前侍卫马步诸军分出诸门。诘旦，帝乘马，从官并戎服，赐以窄袍。至行宫，诸军阵台前，左右相向，步骑交属亘二十里，诸班卫士翼从于后。有司奏成列，帝升台东向，御戎帐，召从臣坐观之。”宋人王钦若等《册府元龟》卷14：“（周世宗显德）五年五月，赐东京新城诸门名额，在寅曰寅宾门，在辰曰延春门，在巳曰

朱明门，在午曰景风门，在未曰畏景门，在申曰迎秋门，在戌曰肃政门，在亥曰玄德门，在子曰长景门，在丑曰爱景门。”该门址南距外城东南角5020米，平面亦呈弧形，南北长50米，东西宽108米，瓮城墙宽约15米，门朝南偏开（丘刚:《开封考古发现与研究》，中州古籍出版社，1998年，136、141页）。

[24] **五丈河之水门：**分为上、下（或西、东）两座水门，此指善利门。元人脱脱《宋史》卷85《京城》：“广济河（五丈河），上（水门）曰咸丰，下（水门）曰善利，旧名咸通。”

[25] **其门有四：**从下文所记内容，应为五座。清人徐松《宋会要·方域》1之1《东京大内》：“（外城）西六门：南曰顺天，周曰迎秋，太平兴国四年九月改；次北曰大通，汴河南水门，太平兴国四年九月赐名大通，天圣初改顺济，后复今名；次北曰宣泽，汴河北门，熙宁十年赐名；次北曰开远，太平兴国四年赐名通远，天圣初改；次北曰金耀，周曰肃政，太平兴国四年九月改；次北曰咸丰，广济河西水门，太平兴国四年九月赐名。”故若将汴河上流水门与其两侧的陆行门分别计算，则共7座，从南至北分别为：新郑门（顺天门）、大通门、汴河上流水门、宣泽门、万胜门（开远门）、固子门（金耀门）、咸丰门水门。

[26] **汴河上水门：**与汴河下水门一样，南北两岸亦有陆行门。元人脱脱《宋史》卷85《地理志》记载，汴河上水门“南曰大通，北曰宣泽”。宋人李焘《长编》卷284，熙宁十年（1077年）九月，“乙丑，诏改名汴河上流北门曰宣泽。旧汴河下流水门南曰上善，北曰通津。上流水门南北皆曰大通，故改今名。五丈河下流水门曰善利，而上流水门旧无名，赐名曰永顺。”

[27] **万胜门：**又名开远门，位于外城西墙中部，因通往北宋京畿中牟县的万胜镇而得名（图1-9）。宋人李焘《长编》卷331：元丰五年十二月癸亥，“都大提举汴河堤岸司言：‘准朝旨，为原武埽闭合水口，见增防堰，令本司权闭断魏楼、孔固、荥泽岗鬦门五七日。自闭合三鬦门，汴水增涨，今自开远门浮桥以上凌排查塞，水欲抹岸，望速降指挥开拨沿汴鬦门；及乞于京西向上汴河两岸，相度可溃水处，即决堤分减水势。’诏如实危急，即依奏”。勘探结果表明，万

图 1-9　万胜门复原图（引自张驭寰:《北宋东京城建筑复原研究》，浙江工商大学出版社，2011年，43页）

胜门址平面呈弧形，南北长105米，东西宽60米。门为朝北偏开，宽约19米，主墙城门宽约60米（丘刚：《开封考古发现与研究》，中州古籍出版社，1998年，136、141页）。

［28］**固子门：**位于今开封西郊堌门村西南，南距万胜门910米，缺口平面呈对称的曲尺形，宽约25米（丘刚：《开封考古发现与研究》，中州古籍出版社，1998年，136、141页）。

［29］**金水河水门：**名咸丰门。据元人脱脱《宋史》卷94《河渠志·金水河》记载，元丰五年（1082年），导洛通汴成功，汴水的混浊现象大为改善。于是，当年"遂自城西超字坊引洛水，由咸丰门立堤，凡三千三十步，水遂入禁中，而槽废"。

［30］**其门有四：**应为五门。清人徐松《宋会要·方域》1之1《东京大内》："（外城）北五门：中曰通天，周曰元德，太平兴国四年九月改曰通天，天圣初改宁德，后复今名；次东曰景阳，周曰长景，太平兴国四年九月赐名；次东曰永泰，周曰爱景，太平兴国四年九月改；次西曰安肃，国初号卫州门，太平兴国四年九月赐名；次西曰永顺，广济河南水门，熙宁十年赐名。"

［31］**陈桥门：**因通往陈桥驿而得名。元人郝经《陵川集》卷15《陈桥门》："一片黄袍着帝躬，六军谋逆尔何功。太平三百年基业，都在当时涕泣中。"

［32］**封丘门：**后周称长景门，太平兴国四年九月赐名景阳门，俗名新封丘门。宋人李焘《长编》卷21，太平兴国五年正月庚辰，"上既平太原，遂观兵范阳，得汾晋、燕蓟之马凡四万二千余匹，国马增多，乃诏于景阳门外新作四厩，名曰天驷监，左右各二，以左、右飞龙使为左、右天厩使，闲厩使为崇仪使。内厩马既充牣，始分置诸州牧养"。宋人李焘《长编》卷21，太平兴国五年五月己巳，"八作使段仁诲部修天驷监，筑垣墙，侵景阳门街，上怒，令毁之，仁诲决杖，责授崇仪副使"。宋人王应麟《玉海》卷171《太平兴国含芳园·祥符瑞圣园》："会要：瑞圣园在景阳门外道东，初为北园，太平兴国二年诏名含芳，以三班及内侍监领军校兵隶及主典，凡二百一十二人。大中祥符三年，监官王承勋言：'初泰山天书至都，奉安于此，乞加崇饰。'诏改今名，岁时节物进供入内，孟秋驾幸省，敛谷实锡，从臣宴饮，赏赉园官啬夫有差。凡皇城诸园池入官者皆属焉。咸平六年正月三日，宴宗室含芳园；四年八月壬子，观稼；祥符六年八月至天禧元年八月，三幸瑞圣园观稼；天圣三年八月至皇佑元年八月，凡七幸。"

［33］**诸门名皆俗呼：**这些城门皆用的是俗称。周宝珠先生依据《宋会要》、《长编》、《宋史》、《玉海》等书，将五代至北宋东京诸城门名称沿革作了排比，现只将外城部分罗列为表1–1。

五代至北宋东京外城诸城门名称沿革　　表1–1

城门名称	五代至北宋沿革
南薰门	周曰景风，太平兴国四年九月改名南薰
普济水门	太平兴国四年九月赐名
宣化门	周曰朱明，太平兴国四年九月改名宣化，俗名陈州
广利水门	太平兴国四年九月赐名
安上门	周曰畏景，太平兴国四年九月改名安上，俗名戴楼门

续表

城门名称	五代至北宋沿革
上善门	太平兴国四年九月赐名
通津门	太平兴国四年九月赐名，天圣初改曰广津，后复名通津
朝阳门	周曰延春，太平兴国四年九月改名朝阳，俗名新宋门
含辉门	周曰寅宾，太平兴国四年九月改名含辉，俗名新曹门
善利水门	太平兴国四年九月赐名咸通，天圣初改名善利
顺天门	周曰迎秋，太平兴国四年九月改名顺天，俗名新郑门
大通门	太平兴国四年九月赐名大通，天圣初改名顺济，后复名大通
宣泽门	旧亦名大通，熙宁十年改名宣泽
开远门	太平兴国四年九月赐名通远，天圣初改名开远，俗名万胜
金耀门	周曰肃政，太平兴国四年九月改名金耀，俗名固子门
咸丰水门	太平兴国四年九月赐名（有作广济河上水门，或称金水河水门者）
通天门	周曰玄德，太平兴国四年九月改名通天，天圣初改名宁（一作显）德，后复名通天
景阳门	周曰长景，太平兴国四年九月赐名景阳，俗名新封丘门
永泰门	周曰爱景，太平兴国四年九月改名永泰。俗名陈桥门
安肃门	宋初曰卫州，太平兴国四年九月赐名安肃
永顺水门	熙宁十年赐名

（引自周宝珠：《宋代东京研究》，河南大学出版社，1992年，61～63页）

［34］**马面：**城墙突出部分的城台，用作防御敌人攻城。宋人沈括《梦溪笔谈》卷11《官政》："延州故丰林县城赫连勃勃所筑。至今谓之赫连城。紧密如铁，劚（zhú）之皆出火。其城不甚厚，但马面极长且密。予亲使人步之，马面皆长四丈，相去六七丈。以为马面密则城不须太厚，人力亦难攻也。予曾亲见攻城，若马面长，则可反射城下攻者。兼密则矢石相及，敌人至城下，则四面矢石临之，须使敌人不能到城下，乃为良法。今边城虽厚，而马面极短且疏，若敌人可到城下，则城虽厚，终为危道。"宋人陈规《守城录》卷2："马面，旧制六十步立一座，跳出城外，不减二丈，阔狭随地利不定，两边直觑城脚。其上皆有楼子，所用木植甚多，若要毕备，须用毡皮挂搭，然不能遮隔大炮，一为所击，无不倒者。楼子既倒，守御人便不得安。或谓须预备楼子，随即架立。是未尝经历攻守者之言也。楼子既倒，敌必以炮石弓弩，并力临城，则损害人命至多，亦不可架立。"（图1–10）

［35］**战棚：**古代城墙上防守用的活动棚屋，用于马面、瓮城或城角上。宋人沈括《梦溪笔谈》卷11《官政》："边城守具中有战棚，以长木抗于女墙之上，大体类敌楼，可以离合，设之顷刻可就，以备仓卒，城楼摧坏，或无楼处受攻，则急张战棚以临之。"宋人曾公亮《武经总

要·前集》卷12："瓮城上各设战棚，其制与敌楼同，间数视城之广狭。"宋人陈规《守城录》卷2："城身，旧制多是四方，攻城者往往先务攻角，以其易为力也。城角上皆有敌楼、战棚，盖是先为堤备。苟不改更，攻城者终是得利。且以城之东南角言之，若直是东南角攻，则无足畏。炮石力小，则为敌楼、战棚所隔；炮石力大，则必过入城里。若攻城人于城东立炮，则城上东西数十步，人必不能立；又于城南添一炮，则城上南北数十步，人亦不能立，便可进上城之具。"

[36] **女头**：即女墙，城墙上呈凹凸状的矮墙（见图1–3）。宋人陈规《守城录》卷1："筑城之制，城面上必作女头墙。女头中间立狗脚木一条，每两女头中挂搭篦篱。惟可以遮隔弓箭，于炮石则难以遮隔。"

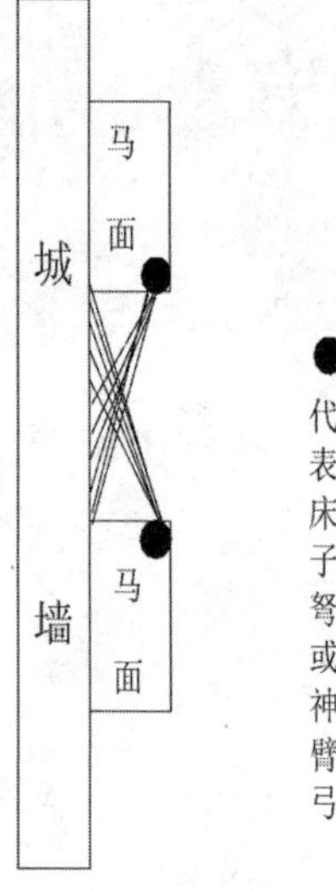

图 1–10　马面防御示意图

[37] **防城库**：存放护城兵器的库房。北京故宫博物院藏有一枚"通远军防城库铜朱记"印，说明北宋边防城市也有防城库。

[38] **广固**：步军番号。宋人曾公亮《武经总要·前集》卷1："本朝……禁军，大凡百人为都，五都为营（指挥），五营为军，十军为厢。"如此计算，"二十指挥"为一万人。《宋会要·方域》1之1《东京大内》："哲宗元祐元年正月十二日，工部言，京城四壁城壕止以广固人兵渐次开修，更不差夫。从之。"元人脱脱《宋史》卷188《兵志2》："崇宁三年，诏添置广固兵四指挥，以备京城工役。"

[39] **泥饰**：涂饰，粉刷。宋人曾敏行《独醒杂志》卷4："敕书到日，汝可速指挥泥饰洒扫。"

[40] **京城所**：修缮城墙的机构，亦称修治（完）京城所。元人脱脱《宋史》卷198："广固，隶修治京城所。"宋人李焘《长编》卷268，熙宁八年（1075年）九月丙寅，"诏废马监兵五千人，其以二千人置广固四指挥，专隶修完京城所，于京城四隅置营"。宋人徐梦莘《三朝北盟汇编》卷58："京城所，掌守御也。"清人徐松《宋会要·方域》之1《东京大内》："（神宗熙宁八年）九月七日，重修都城，诏内臣宋用臣董之。废罢监牧司马监兵士五千人，以二千人充在京新置广固四指挥固，专隶修完京城所工役，于京城四壁置营；三千人添置府界保忠六指挥，于陈留、雍丘、襄邑置营。候修京城毕，其新置保忠指挥额数，即行拨并，仍隶步军司。非有宣命，不得差使。所有请受，并依保忠例支给。"

旧京城

旧京城方圆约二十里许[1]。南壁其门有三：正南曰朱雀门[2]，左曰保康门[3]，右曰新门[4]。东壁其门有三：从南汴河南岸角门子[5]，河北岸曰旧宋门[6]，次曰旧曹门[7]。西壁其门有三：从南曰旧郑门[8]，次汴河北岸角门子[9]，次曰梁门[10]。北壁其门三：从东曰旧封丘门[11]，次曰景龙门[12]，乃大内城角实箓宫前也[13]，次曰金水门[14]。

［1］**旧京城：**又称内城、阙城、里城。清人徐松《宋会要·方域》1之1《东京大内》："东京，唐之汴州，梁建为东都，后唐罢之，晋复为东京，国朝因其名。旧城周回二十里一百五十五步，即唐汴州城。建中初节度使李勉筑。国朝以来号曰阙城，亦曰里城。"宋人赵令畤《侯鲭录》卷3："本朝东京宫城，周回五里。旧城周回二十里一百五十五步，即汴州城。唐建中二年，节度使李勉重筑。国初号曰阙城，亦曰里城。新城乃周世宗显德二年四月诏别筑。"宋人陈元靓《事林广记》附有《旧京城之图》（图1–11）。20世纪80年代，宋东京内城遗址曾被当地文物探出并局部解剖（图1–12），呈东西稍长、南北略短的正方形，四墙总长约11550米（丘刚：《开封考古发现与研究》，中州古籍出版社，1998年，162页）。如按宋太府尺换算，宋代1里约合559.872米，则宋内城周长约为20.63里，与"二十里许"大致吻合。另外，伊永文先生《东京梦华录笺注》第20页，将岳珂《桯史》卷1《汴京故城》中所描述的宋东京外城的内容误放在"旧京城"注下。

［2］**朱雀门：**内城正南门，以神话中的南方神灵朱雀来命名。清人徐松《宋会要·方域》1之1《东京大内》："（里城）南三门，中曰朱雀，梁曰高明，晋曰薰风，太平兴国四年九改。"宋人王应麟《玉海》卷173《宋朝朱雀门》："李诚篡《重修朱雀门记》，以小篆书，有旨勒石朱雀门下。"宋人文莹《湘山野录》卷中："太祖皇帝将展外城，幸朱雀门，亲自规划，独赵韩王普时

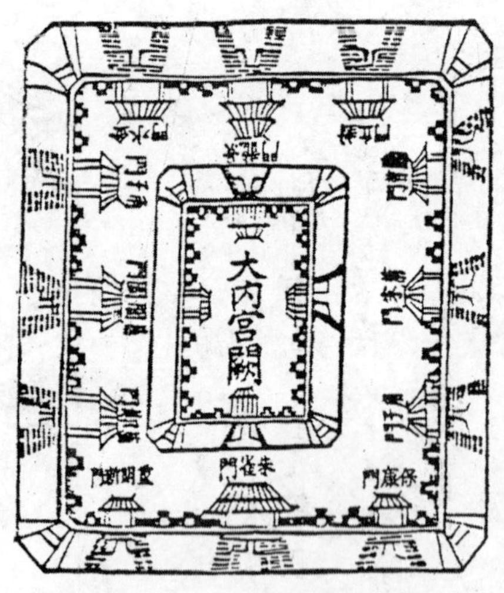

图 1–11《事林广记》中的宋东京内城图

图 1–12　宋内城夯窝（引自丘刚:《开封考古发现与研究》，中州古籍出版社，1998年）

从幸。上指门额问普曰：‘何不只书朱雀门，须著之字安用？’普对曰：‘语助。’太祖大笑曰：‘之乎者也，助得甚事？’”宋人张舜民《画墁录》卷1：“熙宁以前，凡郊祀，大驾还内，至朱雀门外，忽有绿衣人出道，蹒跚潦倒如醉状，乘舆为之少抳。谓之天子避酒客，及门，两扇遽阖。门内抗声曰：‘从南来者是何人？’门外应曰是赵家第几朝天子。又曰：‘是也不是？’应曰：‘是。’开门，乘舆乃进。谓之勘箭。此近司门符节之制，然踏袭鄙俗至是，果命罢之。”

［3］**保康门：**开辟于真宗大中祥符五年（1012年），是为了沟通相国寺与五岳观而开辟。《宋史》卷8《真宗本纪》：“（大中祥符五年）秋七月戊辰，作保康门。”宋人魏泰《东轩笔录》卷13：“旧传东京相国寺，乃魏公子无忌之宅，至今地属信陵坊，寺前旧有公子亭，丁谓开保康门，对寺加桥，始移亭子近东。”宋人李焘《长编》卷78：“（大中祥符五年七月）新作保康门于朱雀门之东，徙汴河广济桥于大相国寺前，榜曰延安。……时将建观以奉五岳，故辟此门。”宋人高承《事物纪原》卷6《保康门》：“又曰大中祥符五年七月，诏曰重城阳位通门肇，宜以京城新开门为保康门。初建会灵观于奉节、致远二营，仍作此门于朱雀门之东南，辟街与观北门相直也。”宋人魏泰《东轩笔录》卷2：“始丁晋公作相，造宅于保康门外，景宗时以役夫荷土筑地，及晋公事败，籍没入官，晚年以宅赐景宗，其正寝乃向日荷土所筑之地也，世叹异之。”

［4］**新门：**《宋史》卷85：“（崇明门）周曰兴礼，太平兴国四年（979年）九月改名崇明，俗名新门。”宋人庄绰《鸡肋编》卷中：“京师新门里向氏南宅，乃丞相旧居。后钦圣宪肃别为居第，故有南北之号。其南第，屡经回禄，独厅事不焚。后因翻瓦，于屋极中得华严经一卷。”

［5］**汴河南岸角门子：**指汴河南岸的陆行门，又称“角门”，东面与汴河东水门南岸的上善门相通。宋人徐梦莘《三朝北盟会编》卷70：“（宋外城被金人攻破后）至有全家自缢自杀者，又有由东西角门而入旧城者。”清人徐松《宋会要·方域》1之15《东京杂录》：“（神宗熙宁九年）六月十六日，诏：‘在京旧城诸门并汴河岸角门，并令三更一点闭，五更一点开。’”因汴河北距旧宋门很近，故汴河北岸无陆行门。

［6］**旧宋门：**又称景丽门，据刘禹锡《汴州郑门新亭记》记载，宋门、曹门、郑门、尉氏门、梁门、酸枣门、封丘门皆唐代称呼。北宋旧宋门，据宋代日僧成寻《参天台五台记》卷4：“丽景门，七间高楼，有三户。”明人彭大翼《山堂肆考》卷26《解带移鞍》：“开封府丽景门外有宜春苑，宋人号东御园。”宋人彭乘《墨客挥犀》卷7：“参政赵侍郎宅在东京丽景门内，后致政归睢阳旧第。东门之宅更以为客邸，而材植雄壮，非他可比，时谓之无比店。李给事中师保厘西京，时驼马市有人新构酒楼，李乘马过其下，悦其壮丽，忽大言曰：‘有巴。’时人对曰：‘酒苑叔平无比店，洛阳君锡有巴楼。’”（图1–13）

［7］**旧曹门：**与旧城西墙梁门正对。宋人贺铸《夏夜雨晴遣怀》注：“癸酉岁，京师春夏厌雨，吾居望春门东牛行街，故西枢渤海公之高斋，嘉树清风，殊不知暑湿。时卧病杜门，每把书自适。五月望，雨始收霁，疾亦少间，因赋是诗。”宋人曾慥《类说》卷1《曹门谣》：“天圣末洎明道，京师市井，凡物之美佳者，即曰‘曹门好’；物之高大者，即曰‘曹门高’。”宋人李焘《长编》卷68，大中祥符元年（1008年）正月己丑，“凡赐酺，命内诸司使三人主其事，于乾元楼

图 1–13　民国时期的开封宋门

前筑土为露台，半门扉，上设教坊乐。……东距望春门，西连阊阖门，百戏竞作，歌吹腾沸。”

[8] **旧郑门：** 即宜秋门。宋人沈括《梦溪笔谈》卷13：“予友人有任术者，尝为延州临真尉，携家出宜秋门。是时茶禁甚严，家人怀越茶数斤，稠人中马惊，茶忽坠地。其人阳惊，回身以鞭指城门鸱尾，市人莫测，皆随鞭所指望之，茶囊已碎于埃壤矣。”宋人文莹《湘山野录》卷中：“退傅张邓公士逊晚春乘安舆出南薰，缭绕都城，游金明池。抵暮，指宜秋而入。阍兵捧门牌请官位，退傅止书一阕于牌，云：‘闲游灵沼送春回，关吏何须苦见猜。八十衰翁无品秩，昔曾三到凤池来。’”

[9] **汴河北岸角门子：** 汴河北岸的陆行门，与宋外城西墙汴河水门北岸的宣泽门相通。而内城西墙无汴河南岸角门子，因为南岸距旧郑门很近。神宗熙宁九年（1076年）六月十六日，“诏在京旧城诸门并汴河岸角门，并令三更一点闭，五更一点开”。

[10] **梁门：** 是与曹门对应之城门。宋人蔡绦《铁围山丛谈》卷4：“鲁公崇宁末不入政事堂，以使相就第。时赐第于阊阖门外，俗号梁门者。修筑之际，往往得唐人旧冢，或有志文，皆云‘葬城西二里’。大梁实唐宣武节度，梁门外知已为墓田矣。盖多得妇人胫骨，率长于今时长大男子几寸焉。或谓吾曰：‘尝亲见陕晋间古长平为秦白起坑赵卒处，白骨尚存，其胫长大，异隋唐时也。’知今人浸鲜小，释氏之语或不妄。”（图1–14）

[11] **旧封丘门：** 又称安远门。明人李濂《汴京遗迹志》卷4《夷山》：“夷山在里城内安远门之东，以山之平夷而得名也，亦名夷门山。古有夷门，乃侯嬴监守之处。《史记》云：‘夷门，汴之城东门也。’而安远门乃汴之北门，今北门内地势颇高，似是夷山。而司马迁乃云东门，意者古今城垣改徙不一，今莫可考矣。”宋人宋敏求《春明退朝录》卷中：“李文正公罢相为仆射，奉朝请，居城东北隅昭庆坊，去禁门辽远，每五鼓则兴，置《白居易集》数册于茶镣中，至安远

图 1–14　现在的大梁门

门仗舍，然烛观之，俟启钥，则赴朝。”

［12］**景龙门：**宋人陈元靓《岁时广记》卷11《赐金瓯》：“景龙门，古酸枣门也，自左掖门之东，为夹城南北道，北抵景龙门。”此大道，还是上元观灯之场所。如宋人万俟咏《凤凰枝令》一词的小序中说：“景龙门，古酸枣门也，自左掖门之东，为夹城南北道，北抵景龙门，自腊月十五日放灯，纵都人夜游，妇女游者，珠帘下邀住，饮以金瓯酒。”宋人蔡绦《铁围山丛谈》卷1：“政和间，太上诸皇子日长大，宜就外第，于是择景龙门外地辟以建诸邸，时郓王有盛爱，故宦者童贯主之。视诸王所居，侈大为最，乃中为通衢，东西列诸位，则又共为一大门，锡名曰‘蕃衍宅’，悉出贯意。”

［13］**实箓宫：**应为“宝箓宫”，全称为“上清宝箓宫”。元人脱脱《宋史》卷85《地理志》：“上清宝箓宫，政和五年作，在景龙门东，对景辉门。”明人陈邦瞻《宋史纪事本末》卷11《道教之崇》：“上清宝箓宫，密连禁署，宫中山包平地，环以佳木清流，列诸馆舍台阁，多以美材为楹栋，不施五采，有自然之胜，上下立亭宇，不可胜计。帝时登皇城下视之，由是开景龙门，城上作复道，通宝箓宫，以便斋醮之路。”

［14］**金水门：**为金水河附近的陆行门。宋人袁褧《枫窗小牍》：“延福第六位，跨城之外浚壕，深者水三尺，东景龙门桥，西天波门桥，二桥之下，垒石为固，引舟相通，而桥上人物外自通行不觉也。”宋人李焘《长编》卷72：大中祥符八年（1015年）九月乙丑，“先是，命供备库使谢德权决金水河为渠，自天波门并皇城至乾元门，历天街，东转缭太庙，皆甃以坛甓，树之芳木，车马所度，又累石为梁。间作方井，宫寺民舍，皆得汲用。复东引，由城下水窦入于濠。京师便之。丁卯，德权奏功毕，诏宗正告庙室，赐役卒缗钱”。

河道

穿城河道有四。南壁曰蔡河，自陈、蔡由西南戴楼门入京城缭绕，自东南陈州门出。河上有桥十一[1]：自陈州门里曰观桥[2]在五岳观后门[3]，从北次曰宣泰桥，次曰云骑桥[4]，次曰横桥子，在彭婆婆宅前[5]。次曰高桥，次曰西保康门桥[6]，次曰龙津桥[7]，正对内前。次曰新桥[8]，次曰太平桥，高殿前宅前。次曰粜麦桥，次曰第一座桥，次曰宜男桥，出戴楼门外曰四里桥。中曰汴河，自西京洛口分水入京城[9]，东去至泗州入淮，运东南之粮，凡东南方物，自此入京城，公私仰给焉。自东水门外七里，至西水门外，河上有桥十三[10]：从东水门外七里曰虹桥[11]，其桥无柱，皆以巨木虚架，饰以丹雘，宛如飞虹，其上、下土桥亦如之；次曰顺成仓桥，入水门里曰便桥，次曰下土桥[12]，次曰上土桥，投西角子门曰相国寺桥[13]，次曰州桥[14]，正名天汉桥[15]，正对于大内御街，其桥与相国寺桥皆低平不通舟船，唯西河平船可过[16]。其柱皆青石为之，石梁石笋楯栏，近桥两岸，皆石壁，雕镌海马、水兽、飞云之状[17]，桥下密排石柱，盖车驾御路也。州桥之北岸御路，东西两阙[18]，楼观对耸；桥之西有方浅船二只，头置巨干铁枪数条，岸上有铁索三条，遇夜绞上水面，盖防遗火舟船矣[19]。西去曰浚仪桥，次曰兴国寺桥[20]，亦名马军衙桥。次曰太师府桥[21]，蔡相宅前。次曰金梁桥[22]，次曰西浮桥[23]，旧以船为之桥，今皆用木石造矣。次曰西水门便桥，门外曰横桥。东北曰五丈河[24]，来自济、郓[25]，般挽京东路粮斛入京城[26]，自新曹门北入京。河上有桥五：东去曰小横桥，次曰广备桥，次曰蔡市桥[27]，次曰青晖桥[28]、染院桥[29]。西北曰金水河[30]，自京城西南分京、索河水[31]，筑堤从汴河上用木槽架过[32]，从西北水门入京城，夹墙遮拥，入大内灌后苑池浦矣。河上有桥三：曰白虎桥[33]、横桥、五王宫桥之类。又曹门小河子桥曰念佛桥[34]，盖内诸司辇官、亲事官之类[35]，军营皆在曹门，侵晨[36]上直，有瞽者在桥上念经求化[37]，得其名矣。

［1］**有桥十一：**根据下文计算应为十三。宋人王应麟《玉海》卷172：“五年九月七日，车驾临视新作延安桥。先是七月戊辰二日，徙汴河广汴桥于相国寺前。牓曰‘延安’。又作桥跨河惠民河，牓曰‘安国’……祥符六年十二月丁亥，赐南熏门内惠民河新桥，名曰‘延福’……皇祐三年十月辛巳，以惠民河新作桥为‘安济桥’。”此三桥名，不见后面的记载，可能是下面所记为俗称。清人徐松《宋会要·方域》13之21：“仁宗天圣三年正月，巡护惠民河田承说言：‘河桥上多是开铺贩鬻，妨碍车马过往车乘往来，兼坏损桥道。望令禁止，违者重寘其罪。’从之。是月，诏在京诸河桥上，不得百姓搭盖铺占栏，有妨车马过往。”

［2］**观桥：**以通五岳观而得名，原名应为安国桥。宋人李焘《长编》卷78：“秋七月戊辰，新作保康门于朱雀门之东，徙汴河广济桥于大相国寺前，牓曰‘延安’，又作桥跨惠民河，牓曰‘安国’。时将建观以奉五岳，故辟此门。”看来，保康门向南为一条大街，直通五岳观，以方便皇帝奉祀，因此横跨蔡河所建的安国桥，应是孟元老所说的“观桥”，因为五岳观附近没必要建两座桥梁。

［3］**五岳观：**又名会灵观、集禧观。宋人高承《事物纪原》卷7《集禧观》：“集禧观，《宋朝会要》曰：大中祥符五年九月，诏下谓就南熏门内，奉节、致远三营地及坟干池之西偏建观，以奉五岳帝。七年九月诏，名观曰‘会灵’。仁宗时，观大既重建，改曰‘集禧’。”

［4］**云骑桥：**又名云骥桥。明人李梦阳《空同集》卷28《冬野观射三十四韵》：“云骥桥边路繁台，寺畔亭登临壮古昔。”宋人汪藻《靖康要录》卷10：“是夜又火，云骑桥、明达皇后、孟昌龄等宅、神卫营蓝，从宅沿烧数千间。民见东南火作，争走西北，悲哭不止。”

［5］**彭婆婆：**可能是宋徽宗的小妾。宋人王明清《挥麈后录》卷4：“先是，佑陵（宋徽宗）在端邸，有妾彭者，稍惠黠，上怜之。小故出嫁为都人聂氏妇。上即位，颇思焉，复召入禁中。以其尝为民妻，无所称，但以彭婆目之，或呼为聂婆婆，其实未有年也。恩幸一时，举无与比。”

［6］**西保康门桥：**从名称来看，应位于保康门之西。

［7］**龙津桥：**为蔡河与南北御街交汇之处。宋人白珽《湛渊静语》卷2引《使燕日录》：“此门（朱雀门）百步即龙津桥，此水系蔡河分流，小舟往来，颇类临安内河，但船少尔。”元人陶宗仪《辍耕录》卷18：“廉访使杨文宪公（焕）字焕然，乾州奉天人，尝作《汴故宫记》云：己亥春三月，按部至于汴，汴长史宴于废宫之长生殿。惧后世无以考，为纂其大概云。皇城南外门曰南薰，南城之北新城门曰丰宜，桥曰龙津桥，北曰丹凤，而其门三。丹凤北曰州桥，桥少北曰

图 1–15　龙津桥（引自张驭寰：《北宋东京城建筑复原研究》，浙江工商大学出版社，2011年，65页）

文武楼，遵御路而北横街也。东曰太庙，西曰郊社，正北曰承天门，而其门五，双阙前引，东曰登闻检院，西曰登闻鼓院，检院之东曰左掖门，门之南曰待漏院。鼓院之西曰右掖门，门之南曰都堂。”（图1–15）

［8］**新桥：**又称延福桥，宋人王应麟《玉海》卷172：“祥符六年十二月丁亥，赐南薰门内惠民河新桥，名曰‘延福’。”

［9］**西京：**北宋时的洛阳。洛口：洛河入黄河之口，在今河南巩义市东北。

［10］**河上有桥十三：**据下述统计，应为十四。

［11］**虹桥：**因桥似飞虹而得名，此形制的桥，始出现于青州。宋人王辟之《渑水燕谈录》卷8：“青州城西南皆山，中贯洋水，限为二城。先时，跨水植柱为桥，每至六七月间，山水暴涨，水与柱斗，率常坏桥，州以为患。明道中，夏英公守青，思有以捍之。会得牢城废卒，有智思，累巨石固其岸，取大木数十相贯，架为飞桥，无柱。至今五十余年，桥不坏。庆历中，陈希亮为守宿，以汴桥坏，率常损官舟，害人命，乃法青州所作飞桥。至今沿汴河皆飞桥，为往来之利，俗名虹桥。”《宋史·陈希亮传》：“（希亮知宿州）州跨汴为桥，水与桥争，常坏舟。希亮始作飞桥，无柱，以便往来，诏赐缣以褒之，仍下其法，自畿邑至于泗州皆为飞桥。”宋人张择端《清明上河图》中描绘有虹桥外观形制（图1–16）。

图 1–16　《清明上河图》中的虹桥

［12］**下土桥：**西距丽景门约3里。宋代日僧成寻《参天台五台山记》卷4：“……未克至同县下土桥停船，见从桥上牛悬车过行。虽似日本车屋形，前后左右有四柱，宪盖柽也。申时拽船过，三里见丽景门，七间高楼有三户。”

图 1–17　在北宋州桥基础上建造的明代州桥桥券

[13] **相国寺桥：** 位于相国寺前，又名延安桥。宋人王应麟《玉海》卷172："祥符五年九月七日，(真宗)车驾临视新作延安桥。"元人脱脱《宋史·真宗本纪》："(大中祥符五年九月)壬申，(真宗)观新作延安桥，幸大相国寺。"清人常茂徕《如梦录》注："在相国寺东角，即马道街南口，旧名相国寺桥，今亡。"

[14] **州桥：** 位于汴河与南北御街交汇处，又称天津桥。宋人张知甫《张氏可书》："章惇方柄任，用都提举汴河堤岸司贾种民之议，起汴桥二楼，又依桥作石岸，以锡铁灌其缝。宋用臣过之，大笑而去。种民疑之，谒用臣，访以致笑之端。用臣云：'石岸固奇绝，但上阔下狭若瓮尔。'种民始悟，恳以更制。用臣曰：'请作海马云气，以阔其下。'卒如其言而成。"宋人叶梦得《避暑录话》："绍兴初，修天津桥，以右司员外郎贾仲民董役。"(图1–17)

[15] **天汉桥：** 宋人邵博《见闻后录》卷30："政和戊戌夏六月，京师大雨十日，水暴至，诸壁门皆塞以土。汴流涨溢，宫庙危甚，宰执庐于天汉桥上一饼师家。蚤起见有蛟螭伏于户外，每自蔽其面，若羞怖状，万人聚观之。"宋人汪藻《靖康要录》卷12："(靖康二年三月八日)是日，天汉桥火，焚百余家。金人放汴水，人情少安。至晚，又人语喧沸，众大恐。顷之，都驿火，三更方息。"

[16] **西河平船：** 一种行驶东京之西汴河上的浅底船。清人徐松《宋会要·食货》50之4："(元丰三年)六月二十七日，诏真、楚、泗州各造浅底船百艘，团为十纲，入汴行运。"宋人苏辙《龙川略志》卷5《言水陆运米难易》："复谓之曰：'至如水运亦且不易。汴河自京城西门至洛口水极浅，东南纲船底深，不可行。且方春，纲先至者皆趁酬奖得力纲，辍令西去，人情必大不乐。及至洛口，仓廪疏漏，专斗不具，虽卸纳亦不如法。白波纲运，昔但闻有竹木，不闻有粮食。此天下之至险，不可轻易，吾已付辇运司，令具可否矣。然君难自言，吾当见诸公议之。'及见微仲，微仲业已为之，不肯尽罢。予为刷汴岸浅底船，量载米以往。未几，予罢户部，闻所运米中路留滞，虽有至洛口，散失败坏不可计。"宋人李焘《长编》卷488：绍圣四年(1097年)五月"乙亥，都提举汴河堤岸贾种民言：'元丰年导洛通汴，遂改汴口为洛口。止系通放洛河清水，遂名汴河为清汴，间或水小，即以柜内清水添助行流。自元祐年间，却于黄河拨口分引浑

水，令自达上流入洛口，比之清洛，难以调节。乞将汴河依元丰年已修狭河身丈尺深浅，检计合用物力，具数申尚书省，复元丰清汴，立限修浚，通放洛水，复为清汴。及乞依元丰年例，复置洛斗门，依旧通放西河官私舟船。’从之。闰二月十九日，初差种民同杨琰相度”（图1–18）。

［17］**海马：**此指神话中的动物。水兽：也称镇水兽，神话中的动物，古人认为有防止水患、避免水害之功能（图1–19）。飞云：即云纹（图1–20）。

［18］**阙：**皇宫、陵墓等前面两边的楼台，中间有道路。汉人许慎《说文解字》曰：“阙，观也，在门两旁，中央阙然为道也。”（图1–21）

［19］**防遗火舟船：**防备失火的舟船。这两只方浅平船，夜间绞下水面，船上备有救火工具巨干铁枪，若遇到从西边来的失火，船即用铁枪推走，从而避免其对州桥的冲撞与破坏（因为州桥为石柱木梁，故有防火要求）。伊永文先生《东京梦华录笺注》第26页，将“遗火舟船”改为“遗失舟船”，实误。清人徐干学《续资治通鉴后编》卷103：“是日，金人攻宣泽门，以火船数十顺流而下。李纲临城，募敢死士二千人，列布拐子城下，火船至，摘以长钩，投石碎之。”宋人施德操《北窗炙輠录》卷上：“诸司造船，吏奤缘为盗，每造七百料船，率破钉四百斤。曾处善为某路转运使，偶见破舰一，阁滩上，乃遣人拽上以焚之，人亦不测其意。既焚，得钉二百斤，于是始知用钉之实。朝廷于是立例，凡造七百料船，给钉二百斤，自处善始。”

［20］**兴国寺桥：**因在兴国寺附近而得名。宋人许叔微《类证普济本事方》卷6：“元祐中，宗人许元公纳省试卷过兴国寺桥。值微雨，地滑坠马，右臂臼脱。”宋代惠洪《冷斋夜话》卷9《三十六计走为上计》：“绍圣初，曾子宣在西府，渊材往谒之。论边事，极言官军不可用，用士

图 1–18　河南滑县黄河故道发现的北宋平底船
图 1–19　北京元代后门桥中石雕“水兽”
图 1–20　碑首上的石刻云纹图案
图 1–21　四川成都羊子山东汉墓画像砖中的阙

为良，子宣喜之。既罢，与余过兴国寺河上，食素分茶甚美。将毕，问奴杨照取钱，奴曰：'忘持钱来，奈何？'渊材色窘，予戏曰：'兵计将安出。'渊材以手捋须良久，目予，趋自后门出，若将便旋然。予追逐，渊材以手挈帽搴衣，走如飞，予与奴杨照追逐二相公庙，渊材乃敢回顾，喘立，面无人色，曰：'鞭虎头，撩虎须，几不免于虎口哉！'予又戏曰：'在兵法何如？'渊材曰：'三十六计，走为上计。'"

[21] **蔡太师桥：**位于蔡京第宅前，因蔡京曾被封为太子太师而得名。宋人刘子翚《汴京纪事二十首》其七："空嗟覆鼎误前朝，骨朽人间骂未销。夜月池台王傅宅，春风杨柳太师桥。"

[22] **金梁桥：**此桥明代仍在，"金梁晓月"为明代汴京八景之一。明人李濂《汴州怀古》："花石今何在？孤城涕泪中。金梁桥上月，偏照宋遗宫。"明人李梦阳《空同集》卷16《送友人之京》："与君何处别，汴州金梁桥，下有古时水，遥接广陵潮。君摇锦帆去万里，上云霄我掇金光，草方期白鹤招。"

[23] **西浮桥：**与通津门外的浮桥相对。清人徐松《宋会要·方域》13之20："帝曰：'京城通津门外新置汴河浮桥，未及半年，累损公私船。经过之际，人皆忧惧，寻令阎承翰规度利害，且言废之为便，可依奏废拆。'"（图1–22）

[24] **五丈河：**最早开凿于唐代，为北宋东京四大运河之一。宋人高承《事物纪原》卷6《五丈河》："《谈苑》曰：京水自荥阳至于汴，陈承昭本江南人，习知水利。国初，上言导京水逾汴东北注河，通山东之漕，其广五丈，以号河，其事在太祖时也。"明人李濂《汴京遗迹志》卷7："五丈河在安远门外，唐武后时，引汴水入白沟，接注湛渠，以通曹、兖之赋，因其阔五丈，名五丈河，即白沟河之下流也。"宋人李焘《长编》卷2：建隆二年（961年）三月丙申，"初，五丈河泥淤，不利行舟，诏右监门卫将军陈承昭于京城之西，夹汴河造斗门，自荥阳凿渠百余里，引京、索二水通城壕入斗门，架流于汴，东汇于五丈河，以便东北漕运。甲辰，新水门成，上临

图 1–22　浮桥

视焉。”宋人王曾《王文公笔录》：“国初，方隅未一，京师储廪仰给，唯京西京东数路而已。河渠转漕，最为急务。京东自潍密以西，州郡租赋，悉输沿河诸仓，以备上供。清河起青淄，合东阿，历齐郓，涉梁山，泺济州，入五丈河，达汴都。岁漕百余万石。所谓清河，即济水也。而五丈河，常苦于浅。每春初农隙，调发众夫，大兴力役。以是开浚，如得舟楫通利，无所壅遏。太祖皇帝素知其事，尤所属意。至山歹中兴役之际，必舆驾亲临，督课，率以为常。先是春夫不给口食，古之制也。上测其劳苦，特令一夫日给米二升。天下诸处役夫如之，迄今遂为永式。”宋人释文莹《玉壶野史》卷3：“太宗欲开惠民、五丈二河，以便运载，吏督治有承昭者，江南人，谙水利，使董其役。承昭先以绠都量河势长短，计其广深，次量锸之阔狭，以锸累尺，以尺累丈，定一夫自早达暮，合运若干锸，计凿若干土，总其都类，合用若干夫，以目奏上。太祖叹曰：‘不如所料，当斩于河。’至讫役，止衍九夫。上嘉之。”

[25] **济、郓：**分别指京东西路的济州（今山东巨野）与郓州（今山东东平）。

[26] **般：**通“搬”，搬运之意。斛，量器单位，十斗为一斛，南宋末年改为五斗为一斛。

[27] **蔡市桥：**位于五丈河与新、旧酸枣门大街的交会处，宋人楼钥在《北行日录》中记为“菜市桥”：“十八日己巳，晴，三更行四十五里，饭封丘，短墙为城，人烟牢落，便远不及河北，日未午又行四十五里，抵东京北郊青城侧亭子，换马具、衣冠，所过柔远馆，但有断垣败屋，入顺常、元武二门，二门之间过五丈河菜市桥，夷门山巷口，百王宫乃炀王球场。亲从第一指挥，旧日御龙直也，由竹竿巷口、斜街入第二门，土市马行街、皇建院巷、德胜桥转太庙巷口，东行相国寺，出御街，历廊屋三十间，过榷货务，又廊屋七十间，中有小门是国子监，前后御廊尚多，不知其数，投西穿门，由旧路入驿。”

[28] **青晖桥：**位于东京北向御街上。南宋人范成大在《揽辔录》中说，他于乾道六年（1170年）出使金中都途中，经过开封，“……出旧封丘门，即安远门也，……过青晖桥，出新封丘门，旧景阳门也。”

[29] **染院桥：**因桥在染院附近而得名。清人徐松《宋会要·职官》29之7《西内染院》：“西内染院，在金城坊，旧曰染坊。太平兴国三年，分为东、西二染院。咸平六年，有司上言‘西院水宜于染练’，遂并之。掌染丝、帛、绦、线、绳、革、纸、藤之属。以京朝官、诸司使副、内侍一人监，别以三班一人监门，领匠六百十三人。”

[30] **金水河：**又称天源河，其源头为荥阳黄堆山之祝龙泉，下游即为京水。宋人高承《事物纪原》卷6《金水河》：“又曰东京水，源曰祝龙泉，过中牟曰金水。建隆二年春，命陈承昭引抵都城西，架其水横绝经汴入浚沟，乾德三年，引贯皇城，历后苑内庭，池沼皆至。开宝九年，太祖亲按引注王第及公主第也。”宋人王应麟《玉海》卷22《元丰天源河》：“（元丰）五年六月戊寅，诏：‘拆金水河透槽，回水入汴，自汴河北引洛水入禁中，赐名天源河。’先是京索河水在汴南。旧由汴堤上为槽，北跨汴以过水，然舟至即启槽，颇妨行舟。时既导洛通汴，乃自城西超宇坊，引洛水由咸丰门立堤，凡三千三十步，水遂入禁中而槽废。政和四年十一月并开天源河成。”宋人杨侃《皇畿赋》：“一派如飞，通漕架虚。越广汴湍流之上，转皇城之西北隅，贯都注

御沟之口，转漕通广济之渠。京索导源而于彼，金水名河而在兹。”

[31] **京、索河：** 宋人王瓘《北道刊误志》：“京索河在县西南十五里，……二水合流亦曰金水河，自中牟县界至县境，流入御沟。”

[32] **用木槽架过：** 用透水木槽将金水河水从汴河上面流过。宋人程大昌《雍录》卷9《飞渠》：“本朝都汴。城内有大水二：其一自北趋南，直贯都城者，汴渠也；其一自西而东，横亘都城者，京水也，名金水河。太祖欲通京水使东下，以达五丈河，而中间有所谓汴渠焉，实与京水交午，而京水高于汴渠，若决京注汴，则必随汴南流，不能东出。故遂于金水会汴之地，架空设槽，横跨汴面，其制如桥，而金水河之水乃自西横绝，以东注乎五丈河也，本朝名惠民河（应为广济河）者是也。”元人脱脱《宋史》卷94《金水河》：“神宗元丰五年，金水河透水槽阻碍上下汴舟，遣宋用臣按视。……先是，舟至启槽，颇滞舟行。既导洛通汴，遂自城西超字坊引洛水，由咸丰门立堤，凡三千三十步，水遂入禁中，而槽废。”看来，因为透水槽有碍于汴河行船，后来被拆除。

[33] **白虎桥：** 可能又称白鹘桥。元人脱脱《宋史》卷4《太宗本纪》：“（太平兴国二年秋闰七月）己亥，幸白鹘桥，临金水河。”

[34] **念佛桥：** 宋人王明清《挥麈前录》卷2：“李邯郸宅，并念佛桥，以桥名目之。”

[35] **辇官：** 辇官院所属供御辇官、次供御辇官、下都辇官通称。元人脱脱《宋史》卷149《舆服一》：“辇官十二人，服同逍遥辇，常行幸所御。”清人徐松《宋会要·职官》19之18：“供御、次供御、下都辇官权以一千人为额。”亲事官：宋人吴曾《能改斋漫录》卷2《事始·亲事官》：“省寺所用使令者，名亲事官，自唐已有之。按，唐王守澄奏：‘宰相宋申锡、亲事官王师文等，同谋反逆。’”

[36] **侵晨：** 天蒙蒙亮。《三国志·吴书·吕蒙传》：“侵晨进攻。”

[37] **念经求化：** 念经请求布施。宋人王明清《投辖录·贾生》：“拱州贾氏子，正议大夫昌衡之孙，美风姿，读书能作诗与长短句，怨抑凄断，富与才情，又奉佛乐施，奉佛尤力事，交游驯谨而简谅，人皆喜之。常与其友相约如京师观灯，寓于州西贤寺教院妙空，曰‘华严旧所住也’。监寺僧慈航作黑布直裰五六领，背缀以帛，书寺名，为某事丐钱。贾戏披之以为笑，且曰：‘今晚为寺中教化。’夜，果戏出丐钱，风度秀峙，词辨横出，士女竞施，寺僧遣二力舁钱归，几不能举。翌旦，其友戏之曰：‘称职哉！’贾曰：‘都人美丽，不容傍窥，惟行者丐钱得恣观视，虽邀逐而取焉，无害也。此吾亦薄有利焉耳。’夜，贾固欲往，而寺僧利其入，从臾之，遂尽五夜。翌日其友睡未起，贾曰：‘略出矣。’友欲与语，而贾已去。抵暮而还，袖中出黄柑两枚，奇香数种，分柑爇香，谈笑无异也。”

大内

大内[1]，正门宣德楼列五门[2]，门皆金钉朱漆，壁皆砖石间甃，镌镂龙凤飞云之状，莫非雕甍画栋，峻角层榱，覆以琉璃瓦[3]，曲尺朵楼[4]，朱栏彩槛，下列两阙亭相对[5]，悉用朱红杈子[6]。入宣德楼正门，乃大庆殿[7]，庭设两楼，如寺院钟楼，上有太史局保章正[8]，测验刻漏，逐时刻执牙牌奏[9]。每遇大礼，车驾斋宿[10]及正朔[11]朝会于此殿。殿外左右横门曰左右长庆门。内城南壁有门三座，系大朝会趋朝路。宣德门左曰左掖门[12]，右曰右掖门。左掖门里乃明堂[13]，右掖门里西去乃天章、宝文等阁[14]。宫城至北廊约百余丈。入门东去街北廊乃枢密院[15]，次中书省[16]，次都堂[17]，宰相朝退治事于此。次门下省[18]，次大庆殿外廊横门。北去百余步，又一横门，每日宰执[19]趋朝，此处下马，余侍从台谏于第一横门下马，行至文德殿[20]，入第二横门。东廊大庆殿东偏门西廊，中书门下后省，次修国史院[21]，次南向小角子门[22]，正对文德殿，常朝殿也。殿前东西大街，东出东华门[23]，西出西华门。近里又两门相对，左右嘉肃门也。南去左右银台门。自东华门里皇太子宫入嘉肃门，街南大庆殿后门、东西上阁门[24]，街北宣祐门。南北大街西廊面东曰凝晖殿，乃通会通门入禁中矣。殿相对东廊门楼，乃殿中省六尚局御厨[25]。殿上常列禁卫两重，时刻提警，出入甚严。近里皆近侍中贵[26]。殿之外皆知省、御药[27]幕次。快行[28]亲从官、辇官[29]、车子院[30]、黄院子[31]、内诸司兵士、祗候宣唤，及宫禁买卖进贡，皆由此入，唯此浩穰。诸司人自卖饮食珍奇之物，市井之间未有也。每遇早晚进膳，自殿中省对凝晖殿，禁卫成列，约栏不得过往。省门上有一人呼喝，谓之『拨食家』。次有紫衣、裹脚子向后曲折幞头[32]者，谓之『院子家』，托一合用黄绣龙合[33]衣笼罩，左手携一红罗绣手巾，进入于此，约十余合。继托金瓜合二十余面进入，非时取唤，谓之『泛索』。宣祐门外西去紫宸殿[34]，正朔受朝于此。次曰文德殿，常朝所御。次曰垂拱殿[35]，次曰皇仪殿，次曰集英殿[36]，御宴及试举人于此。后殿曰崇政殿[37]、保和殿。内书阁曰睿思殿。后门曰拱辰门[38]。东华门外市井最盛，盖禁中买卖在此。凡饮食时新花果、鱼虾鳖蟹[39]、鹑兔[40]脯腊、金玉珍玩衣着，无非天下之奇。其品味若数十分，客要一二十味下酒随索，目下便有之。其岁时果瓜蔬茹新上市，并茄瓠之类新出，每对可值三五十千，诸阁[41]分争以贵价取之。

注解

［1］**大内：**宋皇宫的称呼。清人徐松《宋会要·方域》1之2：“大内据阙城之西北。宫城周回五里，即唐宣武军节度使治所。梁以为建昌宫，后唐复为宣武军治，晋为大宁宫。国朝建隆三年五月诏广城，命有司画洛阳宫殿，按图以修之。”元人《事林广记》曾附一幅《京阙之图》（图1–23）。

［2］**宣德楼：**为宋皇宫正南门，由唐汴州鼓角门发展而来（图1–24）。宋人陆游《家世旧闻》卷下：“先君（其父陆宰）言：宣德门本汴州鼓角门，至梁建都，谓之建国门，历五代，制度极庳陋，至祖宗时始增大之，然亦不过三门而已。蔡京本无学术，辄曰：‘天子五门，今三门，非吉也。’天子五门，谓皋、库、雉、应、路，盖以重数，非横列五门。京徐亦知其误，而役已大兴，未知所出。其客或谓之曰：‘李华赋云：复道双回，凤门五开，是唐亦为五门。’京大喜，因得以藉口穷极土木之工。改门名曰太极楼。或谓太极非美名，乃复曰宣德门，而改宣德郎为宣德教郎。门成，王履道草诏曰：‘阁道窟窿，两观骞翔于霄汉；阙庭神丽，十扉开阖于阴阳。’十扉，谓五门也。昔三门惟乘舆自中门出入，若赐臣下旌节，则亦启中门而出，盖异礼也。至是中门之左右二门亦常扃鐍，赐大臣旌节则启左而出，赐武臣旌节则启右而出，门虽极精丽，然气象乃更不及昔之宏壮也。”宋代日僧成寻《参天台五台山记》卷4：“皇城南门宣德门也，七间门楼也。左右有二楼，各重五尺许，高颇下，内面左右楼廊造列。外面有左右会”。宋人李焘《长编》卷68：大中祥符元年正月己丑，“凡赐酺，命内诸司使三人主其事，于乾元楼前筑土为露台，

图 1–23《事林广记》中的《京阙之图》

图 1-24　北宋大晟钟上的宣德门（左）与宋徽宗《瑞鹤图》中的宣德门（右）

半门扉，上设教坊乐。又骈系方车四十乘，上起彩楼者二，分载钧容直、开封府乐。复为棚车二十四，每车联十二乘为之，皆驾以牛，被之锦绣，萦以彩纼，分载诸军、京畿伎乐，又于衢中编木为栏处之。徙坊市邸肆，对列御道，百货骈布，竞以彩幄镂牓为饰。上御乾元门，召京邑父老分番列坐楼下，传旨问其安否，赐以衣物茶帛。若五日，则第一日近臣侍坐，特召丞郎、给谏。上举觞，教坊乐作，二大车自升平桥而北，又有旱船四挟之以进，棚车由东西街交骛，并往复日再焉。东距望春门，西连阊阖门，百戏竞作，歌吹腾沸。宗室诸亲、近列牧伯洎旧臣家，官为设彩棚于左右廊庑。士庶观者，驾肩迭迹，车骑填溢，欢呼震动。第二日，宴宰相百官于都亭驿、宗室于亲王宫。第三日，宴宗室内职于都亭驿、近臣于宰相第。第四日，宴百官于都亭驿、宗室于外苑。第五日，复宴宗室内职于都亭驿、近臣于外苑。上多作诗，赐令属和，及别为劝酒诗。禁军将校，日会于殿前、马步军之廨”。

[3] **琉璃瓦：**宋人程大昌《演繁录》卷3：“中国所铸有与西域异者。铸之中国，则色甚光鲜，而质则轻脆，沃以热酒，随手破裂。至其来自海舶者，制差朴钝，而色亦微暗，可异者，虽百沸汤注之，与磁银无异，了不损动，是名蕃琉璃也。”

[4] **朵楼：**宋人高承《事物纪原》卷8《观》：“周有两观，……今俗谓之朵楼。”元人白珽《湛渊静语》卷2：“行过左掖门百余步，即五门。门榜‘承天’，东登闻鼓院，门两傍置两观，东西各有朵楼，引出五门，楼数丈，碧瓦朱甍，无一损动。又行百余步，即右掖门向南相对一门。”清人徐松《宋会要·职官》卷34：皇祐元年（1054年）十一月十一日，皇城司言：“……并宣德门外两颊朵楼下，有仪鸾司木场子二处，排垛木植甚多，况接近内城下更不便，亦乞令仪鸾司迁置别处。”

[5] **阙亭：**傅斯年先生认为应是指凹字形平面两内转角处建在地面上的一对小亭子（傅斯年：《中国古代建筑十论》，复旦大学出版社，2004年，240页）。宋人梁周翰《五凤楼记》：“（宣德门）双阙偶立，突然如峰，平见千里，深映九重”。

[6] **杈子：**即古代的梐枑、行马，由一横木连接数对两相交叉的竖木而成，置于官府门前，以遮挡人马。《周礼·天官·掌舍》：“掌王之会同之舍，设梐枑再重。”东汉郑玄释曰：“梐枑谓行

马，行马再重者，以周围，有外内别。”元人李翀《日闻录》：“晋魏之后，官至贵品者，其门得施行马。行马者，即今官府前叉子是也。”据宋人李诫《营造法式》卷8：“造拒马义子之制。高四尺至六尺。如间广一丈者，用二十一棂。每广增一尺，则加二棂，减亦如之。两边用马衔木，上用穿心串，下用拢桯、连梯，广三尺五寸。其卯广减桯之半，厚三分中留一分。其名件广厚皆以高五尺为祖，随其大小而加减之。棂子：其首制度有二：一曰五瓣云头桃瓣，二曰素讹角。义（叉）子首于上串上出者，每高一尺出二寸四分桃瓣处下留三分。斜长五尺五寸，广二寸，厚一寸二分。每高增一尺，则长加一尺一寸，广加二分，厚加一分。马衔木：其首破瓣同棂，减四分。长视高。每义（叉）子高五尺，则广四寸半，厚二寸半。每高增一尺，则广加四分，厚加二分。减亦如之。上串：长随间广。其广五寸五分，厚四寸。每高增一尺，则广加三分，厚加二分。连梯：长同上串，广五寸，厚二寸五分。每高增一尺，则广加一寸。厚加五分。两头者广厚同，长随下广。凡拒马义（叉）子，其棂子自连梯上，皆左右隔间分布于上串内，出首交斜相向。”（图1–25）。

［7］**大庆殿：**为宋皇宫的主殿，殿九间及东西挟屋各五间，殿后有斋需殿。宋人赵升《野类要》卷1：“正旦冬至圣节称祝，大礼奏请致斋则皆大庆殿。”宋人叶梦得《石林燕语》卷6：“大庆殿初名乾元，太平兴国、祥符中皆因火改为朝元、天安，景祐中，方改今名。有龙墀、沙墀。凡正旦至大朝会，策尊号则御焉，郊祀大礼则驾宿于殿之后阁，百官为次，宿于前之两廊。皇佑初始行明堂之礼，又以为明堂，仁宗御篆‘明堂’二字，每行礼前，则旋揭之，事已复去。”宋人宠元英《文昌杂录》卷6：“元丰六年癸亥，大庆殿元会。初设五辂于廷除，夜三更，大风自北，木拔幕屋，坏新玉辂，右轮入池数尺，玉饰皆碎，观者莫不骇愕。八年正月二日，先帝不豫，二月五日遽宣遗制，方悟为变之兆也。”

［8］**太史局保章正：**太史局，掌天文历法的机构；保章正，太史局属官。元人脱脱《宋史》卷164《职官四》：“太史局掌测验天文，考定历法……其官有令，有正，有春官夏官中官秋官正，有丞，有直长，有灵台郎，有保章正，其别局有天文院，测验浑仪刻漏所。”

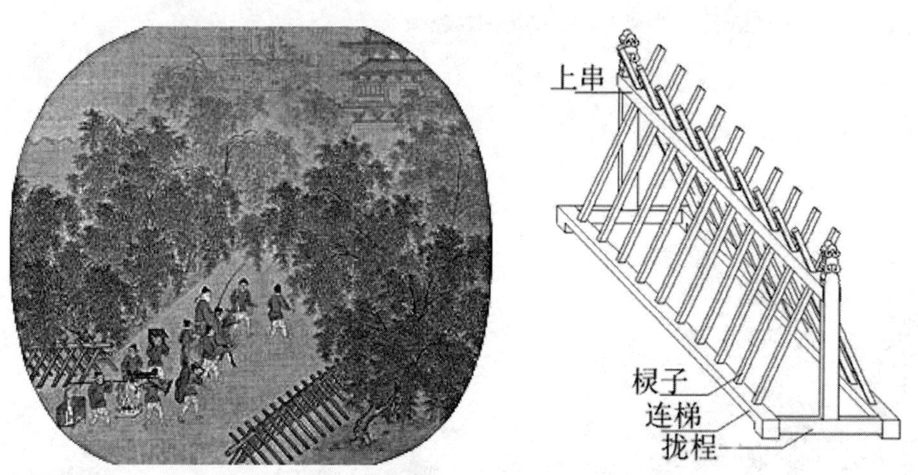

图 1–25　宋画《春游晚归图》中的行马（左）与根据《营造法式》绘制的行马（右）

［9］**牙牌：**宋人陆游《老学庵笔记》卷7："欧阳公早朝诗云：'玉勒争门随仗入，牙牌当殿报班齐。'李德刍言：'自昔朝仪，未尝有牙牌报班齐之事。'予考之，实如德刍之说。问熟于朝仪者，亦惘然以为无有。然欧阳公必不误，当更博考旧制也。"宋人周密《齐野东语》卷6："应书画横卷、挂轴，并用杂色锦袋复帕，象牙牌子。应搜访到书法墨迹，降付书房。先令赵世元定验品第进呈讫，次令庄宗古分拣付曹勋、宋贶、张俭、龙大渊、郑藻、平协、黄冕、魏茂实、任源等覆定验讫，装褫。"

［10］**车驾：**指帝王。斋宿：斋戒住宿。

［11］**正朔：**正，农历一年的开始；朔：农历一月的开始。宋人庞元英《文昌杂录》卷3："上御大庆殿会朝，始用新仪。开大庆门，张旗帜。兵部设黄麾仗五千人，夹门填街。太仆列五辂，殿中省舆辇伞扇。又复故事，陈天下贡物。百官冠服，分为七等，皆有司新制。不佩剑，不脱屦舄。中书侍郎押方镇表案，中书令读。给事中押祥瑞表案，门下侍郎读。户部尚书奏诸州贡物，诣付所司。礼部尚书奏诸蕃贡物，请付所司。太史奏云物祥瑞，光禄卿请允群臣上寿。既毕，延王公升殿，百官就坐。酒三行罢，所司承旨放仗。旧仪：宰臣、两省、学士、待制至殿中侍御史，先就丹墀位，乘舆升御座，方引诸司三品四品入大庆偏门，正安之乐作。按李德裕《两朝献替录》云：'每遇正至，与两省官侍立香案两边，终朝会，无拜贺之礼。尝奏请自今且立香案南，候扇开赞拜，再拜出班致辞贺，又再拜讫，分香案东西侍立。'乃知唐仪，丹墀只是两省供奉官侍立之地。宰相一员摄太尉，与一品、二品、三品、四品列于殿门，乐作就位。盖官架之乐，本为上公。今元会新仪，百官就位，皇帝升坐，礼官乃引宰相、亲王、使相押文武三品等官分东西门入，正安之乐作。虽刊正谬误，而两省供奉官犹班贺于丹墀，未复侍立之制。详定所上《朝会仪注》二卷、令式四十卷，其详密如此。然恐尚有未至者焉。"

［12］**左掖门：**宋代日僧成寻《参天台山五台山记》卷4："宣德门……东隔三百步，有左掖门，人从此出入，五间大门楼也。"

［13］**明堂：**古代帝王宣明政教之处，凡朝会、祭祀、庆赏等大典，均在此举行。北宋东京明堂建于徽宗政和五年（1115年），为秘书省旧址（图1–26）。

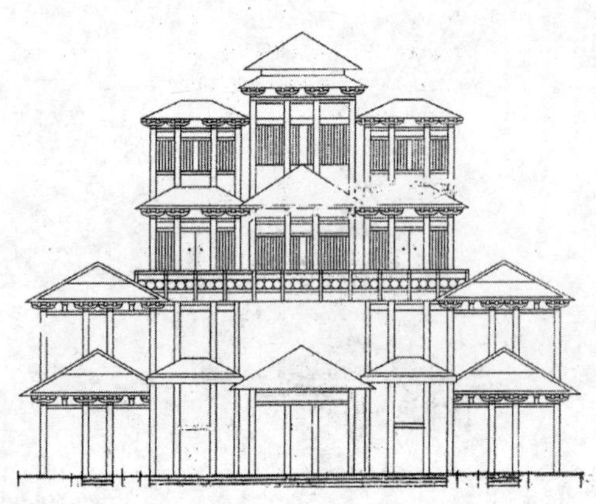

图 1–26　明堂外观复原图（引自张驭寰《北宋东京城建筑复原研究》，浙江工商大学出版社，2011年，135页）

［14］**天章、宝文等阁：**天章阁，天禧五年（1012年）建，以奉真宗御集、御书，设有学士、直学士、待制、侍讲等荣誉头衔。宋人王应麟《玉海》卷163："天章阁，在会庆殿西，龙图阁之北。"宝文阁，宋人王应麟《玉海》卷163《庆历宝文阁》："（嘉祐）八年十一月乙亥，诏以仁宗御书藏宝文阁。"宋人李焘《长编》卷96：天禧四年（1018年）十一月戊午，"上（真宗）御龙图阁，召近臣观圣制文论、歌诗。上曰：'朕听览之暇，以翰墨自娱，虽不足垂范，亦平生游心于此。'丁谓等言：'圣制广大，宜有宣布，请镂板以传不朽。'许之，遂宴于资政殿。庚申，内出圣制七百二十二卷示辅臣。壬戌，宰臣等言：'圣制已约分部帙，望令雕板摹印，颁赐馆阁，及道释经藏名山胜境。仍命内臣规度禁中严净之所，别创殿阁缄藏。'诏可。寻于龙图阁后修筑，命入内都知张景宗、副都知邓守恩管勾，是为天章阁"。

［15］**枢密院：**宋代最高军事机关，与中书省一起号称"二府"，掌兵符、武官选拔除授、兵防边备及军师屯戍之政令。有枢密使及枢密副使等职，元丰改制时罢枢密使、枢密副使，只以知枢密院事、同知枢密院事为长贰官。

［16］**中书省：**宋代最高行政机关。明人李濂《汴京遗迹志》卷2："宋中书省在左掖门之东，宰相之所莅，称东府焉。掌进拟庶务，宣奉命令，行台谏章疏。群臣奏请兴创改革，及中外法式事，应取旨事。"

［17］**都堂：**唐尚书令厅称都堂，北宋沿用。政和二年（1112年）九月，改都堂为公相厅。北宋前期，为有关朝廷典礼及定谥等集议之所。元丰改制，尚书省振举职事，都堂为三省聚议朝政之所，代替旧政事堂职能。

［18］**门下省：**宋前期名存实亡，为挂牌机构，所谓"名具实废、散无统纪"。元丰改制后为中央审令机构，辅佐皇帝决策。

［19］**宰执：**职官总称，宰相与执政合称。宋人王昶《燕翼诒谋录》卷1："官制未改之前，凡宰执官自为一班，独出百官之上。"宋人叶梦得《石林燕语》卷6："国朝宰相、执政，未有兼东宫职事者。"清人徐松《宋会要·职官》34之17："真宗咸平三年八月，诏定臣僚趋朝下马之处，令皇城司告论［谕］：凡宰臣、亲王、节度使至刺史，文武升朝官，殿前诸班，马步军、厢军主、都虞候，诸司使至崇班，供奉官至殿直，枢密承旨、副承旨，医官待诏，于皇城门内下马。若由左掖门入，向北，于左长庆门外下马；宰臣、参知政事、亲王、枢密、宣徽并于左银台门外下马。若由右掖门入，向东，于中书门东下马，向北，于右长庆门外下马；宰臣、参知政事、亲王、枢密、宣徽并于右银台门外下马。若由东华门入，向西，于左承天门外下马。若入崇政殿起居，向北，寻城墙，于諺门外下马；宰臣、参知政事、亲王、枢密、宣徽于横门下马。指挥使以下至员僚、奉职、借职、幕职州县官等，并于皇城门外下马。"

［20］**文德殿：**宋皇帝常朝之殿。清人徐松《宋会要·方域》1之3："太祖时，元朔亦御此殿，其后常陈入阁仪如大庆殿，飨明堂，恭谢天地，即斋于殿之后阁。熙宁以后，月朔视朝御此殿。"宋人王得臣《麈史》卷1："文德殿门外为朝堂，常以殿前东庑设幕，下置连榻，冬毡夏席，谓之百官幕次。凡朝会，必集于此，以待追班，然后入。近年则不然，多萃于文德殿后，以

至尚衣库、紫宸、垂拱殿门外南庑。其坐于幕次不过十数人而已。”宋人宋敏求《春明退朝录》卷中：“本朝视朝之制，文德殿曰外朝，凡不厘务朝臣，日赴，是谓常朝。”宋人张舜民《画墁录》卷1:“唐宫城两横街，今西京内是也。大明宫、太极殿与宣政正衙相重。宣政后是第一横街，直紫宸殿。紫宸后延英，后第二横街，才是后殿。每朔望，宣政排仗，是日诸陵上食故不御。前殿即自东西上閤门唤仗而入，谓之入閤。今东京内城，一重横街。文德殿正衙与大庆殿排行殿后，即是横街仗入，而无所属。故未即唤仗。皇佑中，考求入门，故事谓之入门仪，以至策问，贡士久之不决。一日仁宗因阅长安图，指内次第。翌日，喻执政始判，然初以谓入门，自是一仪也。”

[21] **国史院：**修正史机构名，设于元祐五年（1090年）十一月，隶门下省，掌修国史、实录、日历。官吏有提举修国史或监修国史（宰相兼领）、修国史、同修国史、修撰（编修）、检讨官等。

[22] **小角子门：**宋人蔡绦《铁围山丛谈》卷1：“而秘书省之西，切邻大庆殿，故于殿廊辟角门子以相通，遇乘舆出，必由正寝而前。则秘书省官自角门子入而班于大庆殿下，迓车驾起居，及还内亦如之，可谓清切矣。以是诸学士多得由角门子至大庆殿纳凉于殿东偏，世传仁祖一日行从大庆殿，望见有醉人卧于殿陛间者，左右亟将呵谴，询之，曰：‘石学士也。’乃石曼卿，神庙遽止之，避从旁过。”

[23] **东华门：**宋皇城正东门。宋代日僧成寻《参天台山五台山记》卷4：“（东华门）大楼七间，有三门户，外面左右有十余间舍，官人进居。”

[24] **东西上閤门：**官署名，掌朝会宴幸、供奉赞相礼仪之事，官员东、西上閤门对置。

[25] **殿中省六尚局：**北宋前期，尚食、尚药、尚衣、尚舍、尚辇之总名。《宋会要·职官》19之1《殿中省》：“凡总六局：曰尚食，掌膳羞之事；曰尚药，掌和剂诊候之事；曰尚酝，掌酒醴之事；曰尚衣，掌衣服、冠冕之事；曰尚舍，掌次舍、幄帟之事；曰尚辇，掌舆辇之事。”御厨：清人徐松《宋会要·方域》4之1：“御厨在内东门外之东廊，掌供御之膳羞，及给内外饔饩割烹煎和之事。”

[26] **中贵：**接近帝后、有权势的大宦官。宋人李焘《长编》卷107，仁宗天圣七年春闰二月癸未：“内侍皇甫继明等三人给事太后閤兼领估马，自言估马有羡利，乞迁官。……（司马池）独不可。吏拜曰：‘三中贵人不可忤也。’”宋人李焘《长编》卷184，仁宗嘉祐元年十一月辛巳：“昨闻昌朝阳阴结宦官，创造事端。……今昌朝身为大臣，见事不能公论，及交结中贵，因内降起狱，规图进用。”

[27] **知省、御药：**宋人吴自牧《梦粱录》卷9《内司官》：“内侍省：知省、都知、御带、御药……”御药：御药院简称，内廷官司名。初隶入内侍省，崇宁改隶殿中省，南宋复隶入内省。本职掌按验秘方真伪，应时配置药品，以供奉皇帝及宫中之用。

[28] **快行：**吏名。清人徐松《宋会要·职官》：“宋宫廷中吏役，亦称快行家。供奔走使令、传命令，皇帝出行时随从执衣服器物，所候役使，仪卫、卤簿中皆有之。”宋人叶梦得《石林燕语》卷5：“宰执每岁有内侍省例赐新火冰之类，将命者曰快行家。”宋人王明清《挥尘三录》卷2：“宣和中，苏叔党游京师，寓居景德寺僧房。忽见快行家者，同一小轿至，传旨宣召，亟令登

车。……”

［29］**辇官：**辇官院所属的供御辇官、次供御辇官、下都辇官通称。元人脱脱《宋史·舆服》1《手辇》：“辇官十二，服同逍遥辇，常行幸所御。”清人徐松《宋会要·职官》19之18：“同日诏：‘供御、次供御、下都辇官权以一千人为额。’”

［30］**车子院：**隶御辇院，职掌分配宫中及诸王宫、王子院、大长公主、公主宅的驾车。清人徐松《宋会要·职官》19之16：“舆车院兵士八十九人，掌禁中及诸宫院驾车。”元人脱脱《宋史·仪卫志》2《皇太后仪卫》：“车子院、御膳素厨。”（图1–27）

［31］**黄院子：**黄门院俗称，宦寺名。清人徐松《宋会要·职官》36之1：“国初有内班院，淳化五年改黄门院。”

［32］**幞头：**一种包头用的黑色布皂，由东汉幅巾的基础上演变而成。宋人赵彦卫《云麓漫钞》卷3：“幞头之制，本曰巾，古亦曰折，以三尺皂绢，向后裹发。晋宋曰幕后，周武帝遂裁出四脚，名曰幞头，逐日就头裹之，又名折上巾。”幞头是宋代常服的首服，戴用非常广泛，宋代的幞头内衬木骨，或以藤草编成巾子为里，外罩漆纱，做成可以随意脱戴的幞头帽子，不像唐初那种以巾帕系裹的软脚幞头，后来索性废去藤草，专衬木骨，平整美观（图1–28）。宋人沈括《梦溪笔谈》卷1：“本朝幞头有直脚、局脚、交脚、朝天、顺风，凡五等，唯直脚贵贱通服之。”直脚又名平脚或展脚，即两脚平直向外伸展的幞头。局脚是两脚弯曲的，交脚是两脚翘起于帽后相交成为交叉形的幞头，河北宣化辽墓壁画有此样式。朝天是两脚自帽后两旁直接翘起而不相

图 1–27　北宋大晟钟上所刻宋皇帝出行仪仗中的各种车子

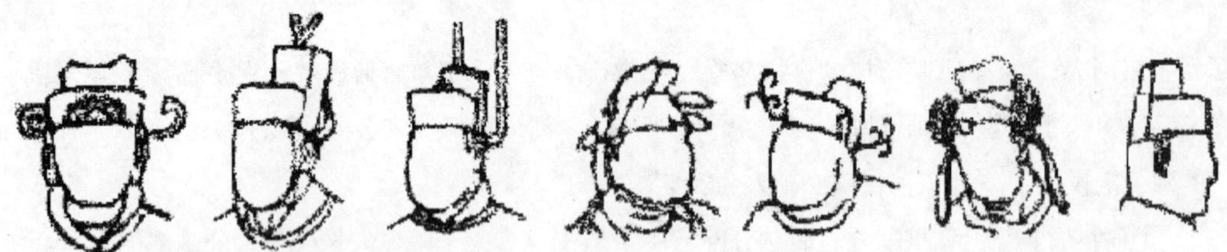

图 1-28　宋代男子的各种幞头

交，在山西高平开化寺宋代壁画有此样式。顺风幞头的两脚顺向一侧倾斜，呈平衡动势，西安唐韦洞墓有此种样式。此外，在萧照《中兴帧应图》中差役头上戴一种近似介帻与宋式巾子的幞头，名为曲翅幞头。另有不带翅的幞头，为一般劳动人民所戴。南宋时，太上两宫寿礼赐宴及新进士闻喜宴，则在幞头上赐插红、黄、银红三色或二色的插戴，以示恩宠。

[33] **合：** 通“盒”。

[34] **紫宸殿：** 宋人叶梦得《石林燕语》卷6：“紫宸殿在大庆殿之后，少西。”宋人袁褧《枫窗小牍》：“大庆殿之北有紫宸殿，视朝之前殿也。”

[35] **垂拱殿：** 宋人袁褧《枫窗小牍》：“垂拱殿，常日受朝之所也。”宋人宋敏求《春明退朝录》卷中：“垂拱殿曰内殿，宰臣、枢密使以下要近职事者并武班日赴，是谓常起居。”宋人蔡絛《铁围山丛谈》卷2：“国朝垂拱殿常朝班有定制，故庭下皆著石位。日日引班。则各有行缀，首尾而趋就石位。既谒罢，必直身立，俟本班之班首先行，因以次迤丽而去，谓之卷班。常朝官者，皆将相近臣与执事者而已，故仪矩便习。脱在外侍从尝为守帅，因事过阙还朝，若带学士、待制职名，则便当入缀本班。帅守在外，以尊大自惯，乍入行缀，又况清禁严肃，率多周章失次。故在内从臣共指目之，每曰：‘此下士官人又来也。’”

图 1-29　宋画《契丹朝聘图》中的崇政殿

[36] **集英殿：** 宴殿，熙宁以后乃为“亲策进士之所”。宋人陆游《老学庵笔记》卷1：“集英殿宴金国人使，九盏：第一肉咸豉，第二爆肉双下角子，第三莲花肉油饼骨头，第四白肉胡饼，第五群仙炙太平毕罗，第六假圆鱼，第七柰花索粉，第八假沙鱼，第九水饭咸豉旋鲊瓜姜。看食：枣馉子、髓饼、白胡饼、馎饼。”

[37] **崇政殿：** 皇帝阅事之所，殿东西有延义、迩英二阁，亦为“侍臣讲读之所”（图1-29）。宋人王巩《清虚杂著补阙》：“张文定自陈徙宋，召入觐。既见神宗御崇政殿，将引，

诏明日前殿引。及见，即召对赐坐啜茶。上喻曰：'卿宿德，前殿始御靴袍，所以昨日辍崇政引见。'退而喻阁门，今后前执政官见日，不以班次引前殿，著于令。"宋人田况《儒林会议》："每殿庭胪传第一，则公卿以下无不耸观，虽至尊亦注视焉。自崇政殿出东华门，传呼甚宠，观者拥塞通衢，人摩肩不可过，……至有登屋而下瞰者。"

[38] **拱辰门：** 皇宫之北门。宋人周邦彦《汴都赋》："若夫帝居宏丽，人所未闻。南有宣德，北有拱辰，延亘五里，百司云屯。"图1-30、图1-31为宋东京皇宫各殿、门等的布局图。

[39] **鱼虾鳖蟹：** 宋人周辉《清波杂志·别志》卷3："承平时，淮甸虾米入京，浸以小便，则红润如新，或疑焉。辉后观《琐碎录》内一条，京师东华门何吴二家造鱼鲊十数脔，作一把号把鲊，著闻天下，文士有为赋诗，夸为珍味，其鱼初自澶、滑河上，斫造以荆笼贮入京师，道中为风沙所侵，有败者乃以水濯小便，浸一过控干，入物料肉益□而味回。辉出疆日，虹县及汴京顿皆供把鲊甚美，一路俱无之，岂皆出于此耶。琐碎凡四百余条，悉论物理，乃宣政贵人所纂也。"北宋诗人梅尧臣《和韩子华寄东华市玉版鲊》诗："客从都下来，远遗东华鲊。荷香开新

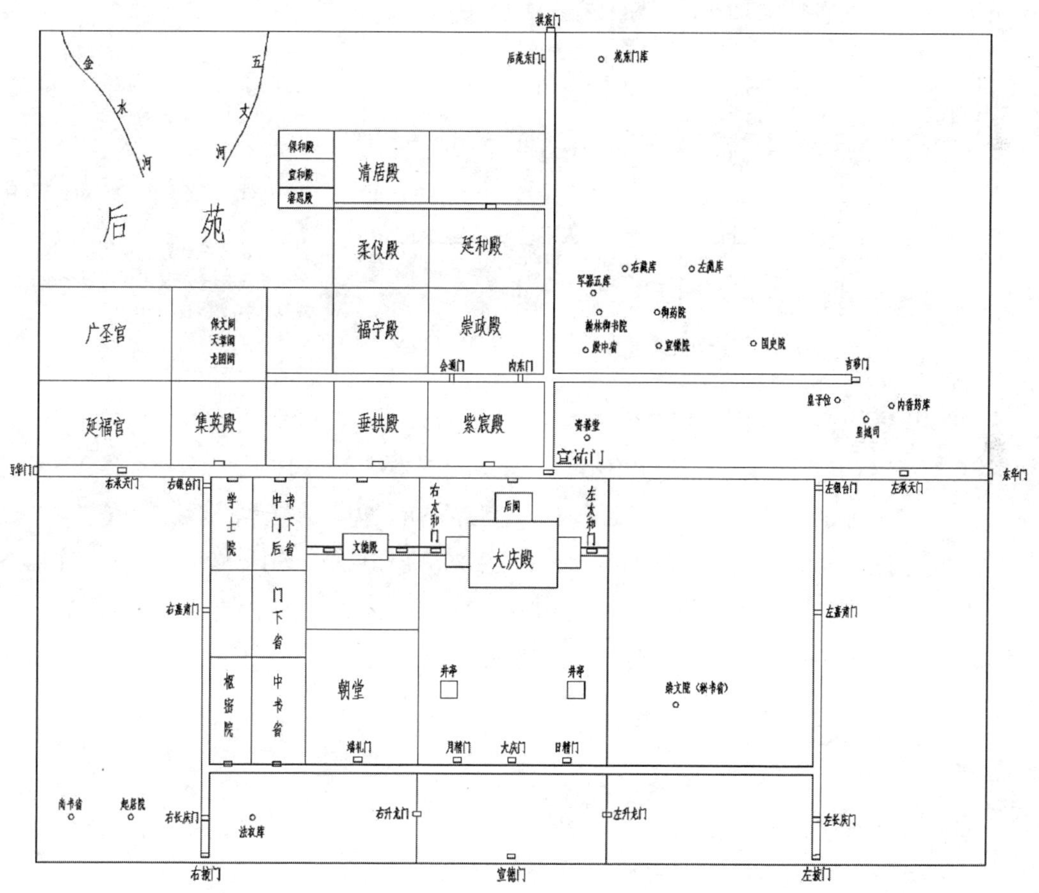

图 1-30　北宋东京皇宫布局示意图（引自李合群：《北宋东京皇宫复原研究》，《中原文物》2012年第6期）

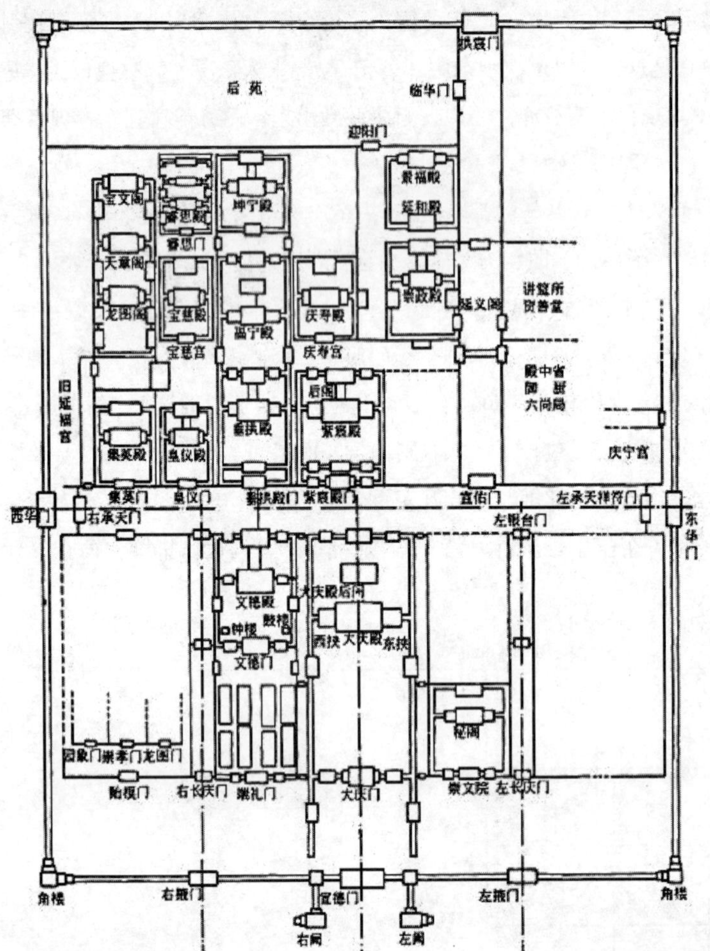

图 1-31　傅熹年先生绘制的《东京皇城复原图》（引自《山西省繁峙县岩山寺南殿金代壁画中所绘建筑的初步分析》，《中国古代建筑十论》，复旦大学出版社，2004年）

苞，玉奁识旧把。色洁已可珍，味佳宁独舍。莫问鱼与龙，予非博物者。”

［40］**鹑兔**：鹌鹑和兔子，泛指野味。宋人曾巩《过零壁张氏园》三首之一：“梨枣累累正熟时，粟田鹑兔亦争肥。”宋人韩驹《送子飞弟归荆南》诗：“时时得鹑兔，傍灶亲燔燎。”

［41］**閤**：宋代后妃、皇子所居皆曰閤。宋人邵博《见闻后录》卷1：“仁皇帝内宴，十閤分各进馔。有新蟹一品，二十八枚。帝曰：‘吾尚未尝枚，直几钱。’左右对直一千。帝不悦，曰：‘数戒汝辈无侈靡，一下箸为钱二十八千，吾不忍也。’置不食。”

内诸司

内诸司[1]皆在禁中。如学士院[2]、皇城司[3]、四方馆[4]、客省[5]、东西上阁门[6]、通进司[7]、内弓剑枪甲军器等库[8]、翰林司[9]，茶酒局也、内侍省[10]、入内内侍省[11]、内藏库[12]、奉宸库[13]、景福殿库[14]、延福宫[15]、殿中省[16]六尚局，尚药、尚食、尚辇、尚酝、尚食、尚衣。诸閤分，内香药库[17]、后苑作[18]、翰林书艺局[19]、医官局[20]、天章等阁[21]。明堂颁朔布政府[22]。

［1］**内诸司：**为皇家服务的各机构。宋人赵升《朝野类要》卷3《内诸司》："自内侍省以下在禁中置局并应属内司子局者，皆是也。"

［2］**学士院：**为皇帝的秘书处，位于枢密院北，开北门与集英殿正对。宋人马端临《文献通考》卷54："今学士院在枢密院之后，腹背相倚，不可南向，故以其西廊西向为院之正门，而后门北向与集英相直，因榜曰'北门'。两省、枢密院皆无后门，惟学士院有之。学士朝退入院，与禁中宣命往来皆行北门，而正门行者无几，不特取其便事，亦以存故事也。"

［3］**皇城司：**掌宫城管钥、木契，按时启闭宫门。元人脱脱《宋史》卷191《职官志1》："（皇城司）掌宫城出入之禁令，凡周庐宿卫之事，宫门启闭之节皆隶焉。"宋人李焘《长编》卷162：庆历八年（1048年）闰正月丁卯，"皇城司在内最为繁剧，祖宗任为耳目之司"。宋人马端临《事物纪原》卷6《皇城司》："《宋朝会要》曰：'本名武德司，太平兴国六年十一月改为皇城司。'《东京记》曰：'掌皇城管钥、木契同，及命妇朝参显承殿，内取索事。'"清人徐松《宋会要·职官》34之15："皇城司，在左承天门内北廊，本名武德司，太平兴国六年十一月改今名。掌皇城管钥、木契、亲从亲事官名籍及命妇、朝会、颁冰、供内取索物及入内尼院斋料、国忌斋醮之事，以诸司使副、使内侍都知、押班三人勾当。后或增差，逾旧员。《两朝国史志》：皇城司勾当官三人，以诸司使副、内侍都知押班充。掌宫城管钥、木契、亲从亲事之名籍及命妇、朝会、伏日颁冰、内中须索、内院斋料，并国忌修斋醮设之事，皆总焉。勾押官、押司官各一人，前行四人，后行六人，勘契官二人。神宗、哲宗《正史·职官志》同此。"

［4］**四方馆：**清人徐松《宋会要·职官》35之1："四方馆在朝堂门外，掌通事，分番供奉，宣赞之名籍、文武官正衙见谢辞、国忌赐香、诸道月旦正至章表、郊祀朝会番官、贡举人、进奉使、京官、致仕官、道释、父老陪位之事。使阙则客省、引进、閤门使副兼掌。"

［5］**客省：**宋人孙逢吉《职官分纪》卷44《使副使》："五代梁有客省使，国朝因之，掌四方进奏及四夷朝贡牧伯朝觐赐酒馔饔饩、宰相近臣禁将军校节仪、诸州进奉使赐物回诏之事。"

［6］**东西上閤门：**宋人孙逢吉《职官分纪》卷44《东西上閤门·使副使》："国朝东西上閤门司，紫宸殿前南廊，置使副使常领本局事。"

［7］**通进司：**清人徐松《宋会要·职官》2之26《通进司》："通进司，在垂拱殿门内，掌受银台司所领天下章奏案牍，閤门京百司文武近臣表疏进御，复颁布之。内侍二人领之，又有枢密院令史四人。"

［8］**内弓剑枪甲军器等库：**清人周城《宋东京考·内诸司》："内弓箭库、南外库、军器衣

甲库、军器弓枪库、军器五库。”清人徐松《宋会要·职官》22之1《卫尉寺》：“储甲械则归内弓箭库南、外库，军器衣甲库，军器弓枪库，军器弩剑箭库。”

［9］**翰林司：** 清人徐松《宋会要·职官》21之8《翰林司》：“翰林司在大宁门内，掌供御酒茗、汤果及游幸宴会、内外筵设，兼掌翰林院执役者之名籍，而奏其番宿。勾当官四员，以诸司使、副使及内侍充。兵校三百人，药童十一人。”

［10］**内侍省：** 内廷宦官署，轮番直宿、拱侍殿中，并备洒之职及诸般杂七杂八役使；或奉使中外；皇帝出巡，随从供役、供使唤等。

［11］**入内内侍省：** 元人脱脱《宋史》卷166《职官6》：“入内内侍省与内侍省号为前后省，而入内省尤为亲近。通侍禁中、役服亵近者，隶入内内侍省。拱侍殿中、备洒扫之职、役使杂品者，隶内侍省。”宋人王明清《挥麈后录》卷1：“政和四年六月戊寅，御笔取会到入内内侍省所辖苑东门药库，见置库在皇城内北隅拱宸门东。所藏鸩鸟、蛇头、葫蔓藤、钩吻草、毒汗之类，品数尚多，皆属川广所贡。”

［12］**内藏库：** 宫内贮藏金帛之库。宋人高承《事物纪原》卷6《内藏库》：“宋朝会要曰：‘太平兴国三年十月，宣置在银台门。’又曰：‘景德四年十月，陈彭年撰《内藏库记》，真宗曰：太祖以来，有景福内库，太宗改名内藏库，所贮金帛，备军国之用，非自奉也。’吕夷简《三朝宝训》曰：‘乾德初，太祖顾左右曰：军兴须豫备，临事厚敛非计也。于讲武殿侧，别为库，贮金帛。此盖置库之始也。’沂国文正公笔录曰：‘太祖平诸僭伪，收金帛归京师，贮别库，号封桩库，岁储国用羡余皆入焉。’谕近臣曰：‘石晋割幽燕郡县赂契丹，一方人限外境，朕甚悯之。’俟此库所蓄满三五百万，以为赎直，会上仙事寝。太宗改右藏库，今曰内藏库。《东京记》曰：‘国初，置景福内库，太平兴国三年改曰内藏，其说小异也。’”清人徐松《宋会要·职官》52：“内藏库，掌受岁计之余积，以待邦国非常之用。”

［13］**奉宸库：** 掌珠宝金银以供宫廷消费，徽宗政和四年（1114年）并入内藏库。宋人李焘《长编》卷128：康定元年（1040年）九月，“是月，合奉宸五库为一库，在延福宫内，旧名宜圣殿五库。一曰宜圣殿内库，二曰穆清殿库，三曰崇圣殿库，四曰崇圣殿受纳真珠库，五曰崇圣殿乐器库。于是合五库为一，改名奉宸，仍铸印给之”。宋人高承《事物纪原》卷6《奉宸库》：“宋朝会要曰：‘旧五库，一宜圣殿，二穆清殿，三崇圣殿，四受纳真珠，五乐器。康定元年九月合为一库，改名奉宸库也。’”宋人朱弁《曲洧旧闻》卷1：“祖宗平僭乱，凡诸国瑰宝珍奇之物，皆藏于奉宸库。自建隆以来，有司岁时检点而已，未尝敢用也。章献明肃皇后垂帘日。仁宗入近习之言，欲一往观，后以帝春秋鼎盛，此非所以示之也。乃诏择日开库，设香案而拜。具言祖宗混一四海，创业艰难，此皆诸国失德不能有。故归我帑藏，今日观之，正可为鉴戒。若取以为玩好，或以供服用，则是蹈覆车之故辙，非祖宗垂训之意也。词色严厉，中官皆恐惧流汗。”宋人蔡絛《铁围山丛谈》卷6：“奉宸库者，祖宗之珍藏也。政和四年，太上始自揽权纲，不欲付诸臣下，因踵艺祖故事，检察内诸司。于是乘舆御马，而从以杖直手焉，大内中诸司局大骇惧，凡数日而止。因是，并奉宸俱入内藏库。时于奉宸中得龙涎香二，琉璃缶、玻璃母二大篚。玻璃母

者，若今之铁滓，然块大小犹儿拳，人莫知其方。又岁久无籍，且不知其所从来。或云柴世宗显德间大食所贡，又谓真庙朝物也。玻璃母，诸珰以意用火煅而模写之，但能作珂子状，青红黄白随其色，而不克自必也。香则多分赐大臣近侍，其模制甚大而质古，外视不大佳。每以一豆火爇之，辄作异花气，芬郁满座，终日略不歇。于是太上大奇之，命籍被赐者，随数多寡，复收取以归中禁，因号曰'古龙涎'。为贵也，诸大珰争取一饼，可直百缗，金玉穴，而以青丝贯之，佩于颈，时于衣领间摩挲以相示，坐此遂作佩香焉。今佩香盖因古龙涎始也。"

［14］**景福殿库：**也称景福内库、内库。宋人李焘《长编》卷145：庆历三年（1043年）十二月庚申，"（欧阳修）又言：'窃见景福内库，祖宗积经费之余，以备非常之用。近岁诸路物帛，多入内库，中外尽疑宫中之私费。唐置琼林、大盈二库，率供燕侈，杨炎、陆贽请罢之。今日景福之积，颇类唐之二库。'"宋人马端临《文献通考》卷23《历代国用》："（太祖乾德六年）是岁，置封桩库。国初，贡赋悉入左藏库，及取荆、湖，下西蜀，储积充羡，始于讲武殿别为内库，号'封桩库'，以待岁之余用。帝尝曰：'军旅、饥馑，当预为之备，不可临事厚敛于人。'乃置此库。太宗又置景福殿库，隶内藏库，拣纳诸州上供物，尝谓左右曰：'此盖虑司计之臣不能约节，异时用度有阙，当复赋率于民耳。朕终不以此自供嗜好也。'自乾德、开宝以来，用兵及水旱赈给、庆泽赐赉，有司计度之所缺者，必籍其数，以贷于内藏，俟课赋有余则偿之。淳化后，二十五年间，岁贷百万，有至三百万者。累岁不能偿，则除其籍。"

［15］**延福宫：**位于皇城西华门之内，并非皇城外的"延福五（六）位"。清人徐松《宋会要·方域》1之1《东京大内》："南北夹道北延福宫，穆清、灵顾、性智三殿，灵顾以奉真宗圣容。"

［16］**殿中省：**清人徐松《宋会要·职官》19之2《殿中省》："监、少监、监丞各一人。监掌供奉天子玉食、医药、服御、幄帟、舆辇、舍次之政令。少监为之贰，丞参领之。凡总六局：曰尚食，掌膳羞之事；曰尚药，掌和剂诊候之事；曰尚酝，掌酒醴之事；曰尚衣，掌衣服、冠冕之事；曰尚舍，掌次舍、幄帟之事；曰尚辇，掌舆辇之事。"

［17］**内香药库：**掌外国商人所贡舶香药、宝石。宋人李焘《长编》卷97：禧五年（1021年）六月辛酉，"别置内香药库于东华门，以便宣索"。清人徐松《宋会要·食货》52之5："内香药库，在横门外南廊，旧止曰香药库，在内中。天禧五年从今库。掌出纳蕃国贡献，市舶香药、宝石，以京朝官、三班二人监。"宋人叶梦得《石林燕语》卷2："内香药库，在諲门外，凡二十八库。真宗赐御制七言二韵诗一首，为库额曰：'每岁沈檀来远裔，累朝珠玉实皇后。今辰内府初开处，充牣尤宜史笔书。'"

［18］**后苑作：**又称后苑造作所，专掌制造宫廷生活所需及皇族婚娶名物的制造。清人徐松《宋会要·职官》36之72："后苑造作所在皇城北，掌造禁中及皇属婚娶名物。旧在紫云楼下，咸平三年并于后苑作，改今名，以内侍三人监。始领作七十四，曰生色作、缕金作、烧朱作、腰带作、钑作、打造作、面花作、结条作、玉作、真珠作、犀作、琥珀作、玳瑁作、花作、蜡裹作、装銮作、小木作、锯匠作、漆作、雕木作、平拨作、镌作、旋作、宝装作、缨络作、染牙作、研作、胎素作、竹作、镞镂作、糊粘作、像生作、靴作、折竹作、褛洗作、匙筯作、拍金作、铁

作、小炉作、错磨作、乐器作、球子作、棆棒作、球仗作、丝鞋作、镀金作、梭洗作、牙作、梢子作、裁缝作、拽条作、钉子作、克丝作、绣作、织罗作、絛作、伤裹作、藤作、打弦作、铜碌作、绵胭脂作、胭脂作、桶作、杂钉作、响铁作、油衣作、染作、戎具作、扇子作、鞍作、冷坠作、伞作、剑鞘作、打线作。后增置金线作、裹剑作、冠子作、角衬作、浮动作、沥水作、照子作。《两朝国史志》：后苑造作所，监官三人，以内侍充，掌造禁中及皇属婚娶之名物。专典十二人，兵校及匠役四百三十六人。旧有西作，掌造禁中服用之物。旧在皇城司，天禧五年徙置于拱宸门外，庆历二年罢。”

［19］**翰林书艺局：**清人徐松《宋会要·职官》36之95：“翰林御书院，在崇政殿东北横门外，掌御制御书及供奉笔札图籍之事，以内侍三人勾当。御书待诏以同正官充，亦有正官在院祇候者，皆不常置。又有翰林书艺在院祇候，迁翰林待诏者则隶学士院，后亦有依前祇候者。祇候十七人，笔匠十七人，装界匠九人，印碑匠六人，雕字匠五人。”

［20］**医官局：**原为翰林医官院。清人徐松《宋会要·职官》36之97：“翰林医官院，在宣佑门内之东廊，掌供奉医药及承诏视疗众疾之事。使、副领院事，以尚药奉御充，或有加诸司使者。直院、医官、医学，无定员。医官、医学以服色为差。加同正官至尚药奉御者，或加检校官，其直院奉御及同正官皆为之，多自医官特奖命校，又有祇候之名。”

［21］**天章阁：**以奉真宗御集御书，仁宗与大臣们多次去天章阁观书，谒太祖、太宗御容，观瑞物。此外，还有收藏太宗御书、御制文集的龙图阁及收藏仁宗御书，御制文集和英宗御书的宝文阁。宋人岳珂《愧郯录》卷14《天章阁》：“及考典故，庆历三年九月三日召辅臣，天章阁朝拜太祖、太宗御容及观瑞物。熙宁五年九月辛亥，编排三司帐案所言太宗尹开封日，移牒三司，有御笔见存，诏送天章阁。元丰四年十一月二十七日，中书言录事孟述古编排诸房文字，得英宗藩邸转官六件文字，诏送天章阁。元丰八年六月十三日，诏延安郡王閤旌节择日移置天章阁。崇宁元年三月丁巳，自天章阁迁哲宗神御于景灵西宫宝庆殿，又更其殿曰重光。宣和四年四月二十二日，诏天章阁崇奉祖宗神御，诸色人并不许抽差。夫西清列阁均以奉祖宗，而天章正居其次，太宗御笔当藏龙图，英皇告敕当附宝文，凡皆置之。于是阁神御之在禁中，自有钦先孝思殿，纵复为原庙，亦当在首阁。瑞物已藏龙图，而今天章亦有之。哲宗初嗣位，藏奉藩邸旌节，当是时已有三阁，而摘取其中一阁而特藏焉……前乎此对群臣率在龙图，自庆历而后多开天章。仁宗之问边事，神宗之议官制，皆在焉。”

［22］**颁朔：**古时帝王向诸侯颁布新历法。周制，天子于每年秋冬之交，把次年历书颁发给诸侯，称“颁朔”。诸侯然后于朔日告于祖庙，称“告朔”。

外诸司

外诸司[1]：左右金吾街仗司[2]、法酒库[3]、内酒坊[4]、牛羊司[5]、乳酪院[6]、仪鸾司[7]、账设局也、车辂院[8]、供奉库[9]、杂物库[10]、杂卖务[11]、东西作坊[12]、万全[13]、造军器所。修内司[14]、文思院上下界[15]、绫锦院[16]、文绣院[17]、军器所[18]、上下竹木务[19]、箔场[20]、车营[21]、致远务[22]、骡务驰坊[23]、象院[24]、作坊物料库[25]、东西窑务[26]、内外物库[27]、油醋库[28]、京城守具所、鞍辔库[29]、养马曰左右骐骥院[30]、天驷十监[31]、河南北十炭场[32]、四熟药局[33]、内外柴炭库[34]、军头引见司[35]、架子营、楼店务、店宅务[36]、榷货务[37]、都茶场[38]、大宗正司[39]，左藏[40]、大观[41]、元丰[42]、宣和[43]等库，编估局[44]、打套所[45]，诸米麦等。自州东虹桥元丰仓[46]、顺成仓[47]，东水门里广济、里河折中、外河折中、富国、广盈、万盈、永丰、济远等仓[48]，陈州门里麦仓子、州北夷门山[49]、五丈河诸仓，约共有五十余所。日有支纳下卸，即有下卸指挥兵士[50]，支遣即有袋家，每人肩两石布袋。遇有支遣，仓前成市。近新城有草场二十余所。每遇冬月，诸乡纳粟秆草牛车[51]，阗塞道路，车尾相衔，数千万量不绝，场内堆积如山。诸军打请，营在州北，即往州南仓，不许雇人般担，并要亲自肩来，祖宗之法也[52]。

［1］**外诸司：**与内诸司相对，在皇宫外。

［2］**左右金吾街仗司：**清人徐松《宋会要·职官》22之13《金吾街仗司》："金吾街仗司有左右金吾引驾仗，掌殿内宿卫、车驾巡幸勘箭喝探之事，及送诸道旌节度使迎受。又有左右街司，掌街□、警场清道、请纳□契、巡徼衢肆、纠视违犯。判街仗司官各一人，并以将军以上充。其属有左右仗孔目、勾押、引驾官、都押衙、勾画、都知、节级、四色□稍官、知箭门仗官、探头等，又有兵士，左右仗各五十三人。左右街司有孔目、表奏官，兵士各百二十人。"

［3］**法酒库：**为宫廷酿酒机构，掌造酒以供皇帝需用及祭祀、给赐之用。清人徐松《宋会要·食货》52之1《法酒库》："在内酒坊，专掌造供御及祠祭常供三等之法酒，以给飨祀、晏赐之用。以京朝官诸司使、副、内侍三人监，别以内侍二人监门。匠十四人，兵校百一十人。"宋人李焘《长编》卷299：元丰二年（1079年）八月"戊午，太常寺言：'奉诏祠祭以法酒库、内酒坊酒实诸尊罍，以代五齐二酒，今法酒库酒曰供御、曰祠祭、曰常供，内酒坊酒曰法糯、曰糯、曰常料，各三等，糯酒、常料酒止给诸军吏工技人，以奉天地宗庙社稷，恐非致恭尽物之义。乞止以三法酒及法糯酒奉祠祭。'从之"。

［4］**内酒坊：**清人徐松《宋会要·方域》3之49："在内城外西北隅，掌造法糯、糯酒、常料三等，以供邦国之用。初有酒工张进善酝，因以姓名称之，后又有梁永、张瑗之名。大中祥符二年，止名法糯，以京朝官一人、三班内侍二人监门，以三班内侍二人监门，匠十九人，兵校百三十九人，掌库十四人。"宋人庞元英《文昌杂录》卷1："九月一日，法酒库内酒坊，诣内东门进新酒，遂以颁近臣有差。"宋人朱弁《曲洧旧闻》卷1："内中酒，盖用蒲中酒法也。太祖微时喜饮之，即位后，令蒲中进其方，至今用而不改。"

［5］**牛羊司：**掌御厨及祭祀所需牛、羊、猪的饲养、管理。清人徐松《宋会要·职官》21之10："牛羊司在普宁坊，掌畜牧羔羊栈饲，以给烹宰之用。景德中，牛羊之孳乳者，诏无得宰杀。又以每岁冬首蕃杀为赐，伤生颇甚，令代以八节羊。又河东旧有孳生羊务，而市羊于民，死者令民偿之。咸平六年，真宗以其烦扰罢之。以京朝官、诸司使副及三班三人监广牧二指挥千一百二十六人。……神宗熙宁三年五月二十一日，制置三司条例司言：'诸路科买上供羊，民间劳费不细，河北榷场买契丹羊数万至牛羊司，则死损及半，屡更不从，止一岁，公私之费共四十余万贯。乞募屠户，官预给，约以时日供羊，人多乐从，得以充足。年许，仍令牛羊司栈养常满三千口为额，省其实十之四。'从之"

［6］**乳酪院：**宋人孙逢吉《职官分纪》卷19《乳酪院》："国朝旧有南北两院，有监官。景

德二年合为一，以骐骥院监官专副兼充，掌供御厨乳酪酥。”清人徐松《宋会要·职官》21之12：“乳酪院隶左骐骥院，掌供御厨乳饼酪酥。旧有南北两院，差监官。景德二年合为一，以骐骥院监官专副兼充。乳匠七人。”

[7] **仪鸾司：**清人徐松《宋会要·职官》22之5：“仪鸾司在拱宸门外嘉平坊，掌奉乘舆亲祠郊庙、朝会巡幸、宴飨及内庭供帐之事。大中祥符九年，分仪司库为三，一曰金银器皿、帟幕什物之第一第二等者，二曰香烛、帟幕什物之第三第四等者，三曰毡油床椅铁器杂物。勾当官五员，以京朝官诸司副使及内侍充。兵校及匠二百九十一人，官小一百一十四人。”

[8] **车辂院：**清人徐松《宋会要·职官》23之1《车辂院》：“车辂院旧不载，御辇院掌乘舆步辇供奉及宫闱车乘之事。神宗正名，废群牧司，供乘舆法物，则归车辂院。有监官三员。”宋人李焘《长编》卷19：太平兴国三年（978年）正月庚戌，“即诏有司度左升龙门东北旧车辂院，别建三馆，命中使督工徒，晨夜兼作”。

[9] **供奉库：**清人周城《宋东京考》卷3：“供奉库、杂物库、杂买务旧曰市买司。”

[10] **杂物库：**清人徐松《宋会要·食货》52之8《杂物库》：“杂物库，在宣义坊，掌受纳外杂输之物，以备支用。以瓷器库监官兼领。”

[11] **杂卖务：**宋人马端临《文献通考》卷60《杂买杂卖务》：“杂卖务，景德四年置，掌受内外币余之物，计直以待出货，或准折支用。以内侍及三班二人监，后亦差文武朝官。”清人徐松《宋会要·食货》54之17《杂卖场》：“杂卖场，旧在利仁坊，后徙崇明门外。掌受内外币余之物，以出货之。景德四年置。”

[12] **东西作坊：**清人徐松《宋会要·方域》3之50《东西作坊》：“掌造兵器、戎具、旗帜、油衣、藤漆什器之物，以给邦国之用。各以京朝官诸司使副内侍二人监，内侍各二人监门。其作总五十一：有木作、杖鼓作、藤席作、锁子作、竹作、漆作、马甲作、大弩作、绦作、□作、胡鞍作、油衣作、马甲生叶作、打绳作、漆衣甲作、剑作、糊粘作、戎具作、掐素作、雕木作、蜡烛作、地衣作、铁甲作、钉钗作、铁身作、马甲造熟作、磨剑作、皮甲作、钉头牟作、铜作、弩□作、打弩□红破皮作、针作、漆器作、画作、镴摆作、纲甲作、桑甲作、大炉作、小炉作、器械作、错磨作、樜作、鳞子作、银作、打线作、打磨线作、枪作、角作、锅炮作、磨头牟作。旧名南、北作坊，并在兴国坊。南坊兵校及匠三千七百四十一人，北兵校及匠四千一百九十人。”

[13] **万全：**万全作坊之简称，官办兵工厂，隶制造御前军器所（《宋会要·职官》16之10）。

[14] **修内司：**清人徐松《宋会要·职官》30：“提举修内司，领雄武兵士千人，供皇城内宫省垣宇缮修之事。”

[15] **文思院上下界：**清人徐松《宋会要·职官》29之1：“文思院，太平兴国三年置，掌金银、犀玉工巧之物，金彩、绘素装钿之饰，以供舆辇、册宝、法物及凡器服之用，隶少府监。监官四人，以京朝官、诸使副、内侍三班充。别有监门二人，亦内侍三班充。领作三十二：打作、棱作、钑作、渡金作、□作、钉子作、玉作、玳瑁作、银泥作、碾砑作、钉腰带作、生色作、装銮作、藤作、拔条作、樶洗作、杂钉作、场裹作、扇子作、平画作、裹剑作、面花作、花作、犀

作、结绦作、捏塑作、旋作、牙作、销金作、镂金作、雕木作、打鱼作。又有额外一十作，元系后苑造作所割属，曰绣作、裁缝作、真珠作、丝鞋作、琥珀作、弓稍作、打弦作、拍金作、玵金作、克丝作。计匠二指挥，提辖官一员，通管上、下界职事。上界监官、监门官各一员，手分二人，库经司、花料司、门司，专知官秤、库子各一名。分掌事：修造案，承行诸官司申请，造作金银、珠玉、犀象、玳瑁等，应奉生活文字。库经司、花料司，承行计料诸官司造作生活帐状及抄转收支赤历。专知官，掌收支官物、攒具帐状，催赶造作生活。秤子，掌管秤盘，收支官物。库子，掌管收支见在官物。门司，掌管本门收支出入官物，抄转赤历。下界监官、监门官各一员，手分三人，库经司、花料司、门司、专副、秤、库子各一名。分掌事务：修造案，承行诸官司申请，造作绫锦、漆木、铜铁生活，并织造官诰、度牒等生活文字。库经司、花料司，承行计料诸官司造作生活帐状及抄转收支赤历。专、副，掌管收支官物，攒具帐状，催赶造作生活。秤子，掌管秤盘，收支官物。库子，掌管收支见在官物。门司，掌管本门收支出入官物，抄转赤历。”

[16] **绫锦院：**清人徐松《宋会要·职官》29之8：“绫锦院在昭庆坊。乾德四年，以平蜀所得锦工二百人，置内绫院。太平兴国二年，分东、西二院。端拱元年，合为一。以京朝官、诸司使副、内侍三人监领，兵匠千三十四人。”

[17] **文绣院：**元人脱脱《宋史》卷165《职官志五》：“文绣院，掌纂绣，以供乘舆服御及宾客祭祀之用，崇宁三年置，招绣工三百人。”

[18] **军器所：**制造御前军器所的简称，制造军器，包括盔甲、马甲、弓、枪、刀、箭等各色军器（《宋会要·职官》16之8《军器所》）。

[19] **上下竹木务：**掌受诸路水运木材及抽算诸河商贩竹木，以供营造之用（《宋史·职官志》5）。

[20] **箔场：**京东抽税竹箔场的简称。清人徐松《宋会要·食货》54之13《抽税竹箔场》：“京东抽税箔场，在崇善坊，建隆元年置。掌抽箅汴河、惠民河商贩苇箔、芦席、蒲蔺席，以给内外之用。监官二人，以京朝官内三班充。”

[21] **车营：**清人徐松《宋会要·食货》55之19《车营务》：“车营务，在敦教坊，掌养饲驴牛驾车，给内外之役。以京朝官、诸司使、副、三班、内侍三人监，役卒四千四百零一十二人。”宋人叶梦得《石林燕语》卷10：“丁晋公初治第于车营务街，杨景宗时为役兵，为之运土。景宗章惠太后弟也，后以太后得官。晋公谪，即以其地赐之。性凶悍，酒挟太后。晚尤骄肆，好以滑槌殴人，时号‘杨滑槌’，故今犹以名其宅云。”

[22] **致远务：**清人徐松《宋会要·食货》55之20《致远务》：“致远坊，在永泰坊，掌养饲驴骡，以供载乘舆行幸什器及边防军资之用。监官三人，以车营务兼领，兵校千六百二十四人。”

[23] **骡务驼坊：**清人徐松《宋会要·方域》3之48《驼坊》：“在天厩坊西，掌收养橐驼，以供内外负载之用。开宝二年置。监官二人，以三班及内侍充，兵校六百八十二人。”清人周城《宋东京考》卷3：“骡务驼坊掌牧养骆驼。”宋人苏辙《龙川略志》卷5《言水陆运米难易》：“元祐三年春，关中水旱，提刑司依法赈民，不以闻朝廷。吕微仲陕人，忧之过甚。有吴革者，自白波辇运罢还，欲求堂除，因议水陆运米，以济关中之饥。朝廷下户部，且使革领其事。革言陆运

以车营务车、驼坊驼骡运至陕；水运以东南纲船般至洛口，以白波纲船自洛口般入黄河。革见予于户部，予谓之曰：'吾已谓君呼车营务、驼坊职掌人矣，君姑坐待之。'既至，问之。车营务无车，驼坊无驼骡。予曰：'此可以贺君矣。若有车与驼骡，君将若之何！'革曰：'何故？'曰：'陆运至难。君不过欲多差小使臣、军大将谨其囊封耳。车营务、驼坊兵级，多过犯配刺到，既行，必多作缘故，使前后断绝，监者力不能及，所至盗食且卖。若不幸遇雨，则化为泥土，君皆莫如之何也。'革无语。"

[24] **象院：**掌驯养象，一名养旬所。调驯大象，供郊祀大驾卤簿仪仗前导引。

[25] **作坊物料库：**清人徐松《宋会要·方域》3之52《作坊物料库》："作坊物料库，在汴阳坊，掌铁、木、铅、锡、羽、箭、簳、油、蜡、革、石、矢、鏇、麻、布、毛、漆、朱等料，给作坊之用，以京朝官、内侍三人监。旧三库，景德元年合为一。"

[26] **东西窑务：**清人徐松《宋会要·食货》55之20《窑务》："京东西窑务，掌陶土为砖瓦器，给营缮之用。旧有东、西二务，景德四年废，止于河阴置务，于京城西置受纳场，岁六百万。大中祥符二年复置东窑务，以诸司使、副使、三班三人监领，匠千二百人。受纳场改为西窑务，以三班二人监。所有匠，有瓦匠、砖匠、装窨匠、火色匠、粘较匠、□兽匠、青作匠、积匠、䉛窨匠、合药匠十等。岁千一百五十四万。二月兴工，十月罢作。"宋人高承《事物纪原》卷7《杂务职局》："二窑务……大中祥符二年，复置东窑务，受纳场为西窑务。"

[27] **内外物库：**为内外物料库之简称。内物料库掌供尚食及内外膳羞所需米、面、饴糖、蜂蜜、枣、豆百品之料，以供太官之用，并察其名物而总其出入之数（《文献通考·职官》9《光禄卿》）。清人徐松《宋会要·食货》5之24《物料库》："内物料库在横门外南廊，掌供尚食及内外膳羞、米面、饴蜜、枣豆、百品之料。"

[28] **油醋库：**宋人马端临《文献通考》卷55："宋属御厨有油醋库，监官一人，以京朝官充，掌造油酰截，以供邦国膳馐内外之用。"清人徐松《宋会要·食货》52之3《油醋库》："油醋库，在建初坊，掌造麻、荏、菜三等油及醋，以供膳局。以京朝官、三班及内侍二人监。有油匠六十，醋匠四人。太宗至道二年闰七月，诏：'油醋库卖退糟钱，除本库土地、专典、纸笔外，至年终支不尽者，并纳入左藏库。'真宗大中祥符二年，诏：'油醋库旧各置监官，自今并为一库，减监官二人。'仁宗天圣元年四月，定夺所言：'在京油麻，元纳油醋库，后为专典乞钱，三司创置受纳脂麻库，隔手支与油醋库，岁费万余石。有监官、副知、杂役、斗子八人。如法酒库内酒坊造酒米麦，皆船般，缘河就仓纳下，不别置库。欲乞如例，只于税仓寄廒收贮。'从之。"

[29] **鞍辔库：**清人徐松《宋会要》食货52之37《鞍辔库》："库在景龙门内之街西，掌御马、金玉、鞍勒及给赐王公群臣、外国使并国信鞯辔之名物。以诸司使、副、三班副、内侍二人监，兵级及匠四十七人。"

[30] **左右骐骥院：**宋人马端临《文献通考》卷56："左右骐骥院勾当官各三人，以诸司使、副及内侍充，掌牧养国马，以供乘舆及颁赐王公群臣、蕃夷、国信，给骑军厩置之用。"宋人孙逢吉《职官分纪》卷19《左右骐骥院》："唐有小马坊、飞龙院之号，五代后唐长兴元年，分飞龙

院为左右，以小马坊为右飞龙院。国朝太平兴国五年，改飞龙为天厩院。雍熙元年，改左右骐骥院，各领天驷二监、天厩一坊。大中祥符二年，诏：'左右骐骥院及诸坊监马数目，令旬奏月比，以省日奏之繁。'五年群牧制置使言：'左右骐骥院六坊监，见饲马万七千疋，所费刍粟四百万。自今请止留马二千，余悉遣就淳泽监放牧，或官有急用可信宿而至，岁省刍粟三百余万。'从之。"清人徐松《宋会要·食货》17之26："（元丰）四年八月七日，后苑房廊所言：'取蔡河南房廊屋并旧在骐骥院地，修盖寄收蔡河贾人谷及堆垛六路百货。'从之。"

［31］**天驷十监：**应为天驷四监。宋人李焘《长编》卷21：太平兴国五年（980年）春正月庚辰，"国初，但有左、右飞龙二院，以左、右飞龙使各二人分掌之。时诸州监牧多废，官失其守，国马无复孳息。太祖始置养马二务，又兴葺旧马务四，以为放牧之地，分遣中使诣边州岁市马。自是，闲厩之马始备。上既平太原，遂观兵范阳，得汾晋、燕蓟之马凡四万二千余匹，国马增多，乃诏于景阳门外新作四廐，名曰天驷监，左右各二，以左、右飞龙使为左、右天厩使，闲厩使为崇仪使。内廐马既充牣，始分置诸州牧养。"

［32］**河南北十炭场：**炭、石炭，即煤。宋人朱弁《曲洧旧闻》卷4："石炭不知何时，熙宁间初到京师。东坡作《石炭行》一首，言以冶铁作兵器甚精，亦不云始于何时也。予观前汉地理志，豫章郡出石可为燃薪，隋王邵论火事，其中有石炭二字，则知石炭用于世久矣。然今西北处处有之。其为利甚博，而豫章郡不复说也。"宋人高承《事物纪原》卷1《官炭》："又曰：大中祥符五年十二月六日，帝谓王旦曰：'民间乏炭，秤二百文，令三司出炭四十万，减价鬻与贫民。非惟抑高价，且以济人民。'六年，遂置以备济民。"宋人庄季裕《鸡肋编》："昔汴都数百万家，尽仰石炭，无一家燃薪者。"清人徐松《宋会要·职官》卷56："河南第一至第十石炭场，河北第一至第十石炭场，京西软炭场，抽买石炭场，丰济石炭场，城东新置炭场。"

［33］**四熟药局：**又称熟药所，出售熟药。宋人李焘《长编》卷289丁卯："太医局熟药所，熙宁九年六月开局。"元人富大用《古今事文类聚新集·惠民司》："历代沿革，周医师救万民之疾苦。宋神宗设太医局药熟所于京师。崇宁中增置七局，揭以和剂惠民之名，修置给卖各有攸司，又设收买药材，所以革伪滥之弊。"

［34］**内外柴炭库：**元人脱脱《宋史》卷165："内柴炭库，掌诸薪炭，以给宫城及宿卫班直军士薪炭席荐之物。"

［35］**军头引见司：**清人徐松《宋会要·职官》36之77《军头引见司》："《两朝国史志》：军头引见司，旧称御前忠佐引见军头司。勾当官五人，以通事舍人以上或都知、押班充，掌崇宁殿供奉诸州驻泊捕捉权管之事，并军头之名籍，诸军拣阅、引见、分配，并马直、步直、后殿起居军员之政令，及诸司引见之事。勾押管二人，前行二人，后行四人。神宗、哲宗《职官志》但称军头引见司，提点官一员，干辨官三员，以阁门官充。使臣二人，押司官二人，前行一名，守阙前行一名，后行九人，贴司五人，守阙贴司五人。本司所掌事务：进目司三房所掌，祗候军员等迁补、开收、事故、诸般请给及引见公事，并春季体量祗候军员等；忠佐司所掌御前忠佐迁补、开收、事故、诸般请给等；下名房所掌，祗应正、副指挥使并散员、剩员、曹司等迁补、开

收、事故、诸般请给等；开拆司收发诸房生事并朝旨文字等。”宋人高承《事物纪原》卷6《军头司》：“国初但曰军头引见司，后加‘御前忠佐’之名。”

[36] **楼店务、店宅务：**掌收官屋、邸店房廊税。宋人高承《事物纪原》卷7《店宅务》：“店宅务又曰‘店宅务’，国初为楼店务，太平兴国初改今名。淳化三年分四厢，至道三年复为店宅务，咸平元年为都大店宅务，大中祥符六年复今名。”清人徐松《宋会要·职官》27之4：“左右厢店宅务，见管席屋子合尽拆去。……两厢店宅务今后不得将街坊白地出赁。”

[37] **榷货务：**清人徐松《宋会要·食货》55之22《榷货务》：“榷货务，旧在延康坊，后徙太平坊。掌受商人便钱、给券，及入中茶盐，出卖香药、象货之类。以朝官诸司使、副、内侍三人监。太平兴国中，以先平岭南，及交趾、海南诸国连岁入贡，通关市，商人岁乘舶贩易外国物，自三佛齐、勃泥、占城，犀、象、香药、珍异之物充盈府库，始议于京师置香药易院，增香药之直，听商人市之。命张逊为香药库使以主之，岁得钱五十万贯。大中祥符二年二月，拨并入榷货务。”

[38] **都茶场：**应为都茶库，清人徐松《宋会要·食货》52：“都茶库，在顺成坊，掌受江、浙、荆湖片散茶，建、剑腊面茶，给翰林诸司内外月俸军食。旧二库，咸平六年合为一，加‘都’字，以京朝官、三班、内侍二人监。”而都茶场，据《宋史》卷184《食货下六》记载，“于成都府路置博买都茶场”，此机构在成都，不在开封。

[39] **大宗正司：**宋人王应麟《玉海》卷130《景佑大宗正司》：“庆历五年二月戊子朔，大宗正司请置翊善记室侍讲，诏杨中和为侍讲。三月己未诏大宗正司曰：‘朕建置宗官，开敞居第，临遣儒士往授经训，宜令睦亲，南北宅诸院教授，具听习经典文辞书翰功课以闻。’”清人徐松《宋会要·崇儒》1之5：“祖宗朝凡宗室事，大宗司治之；玉牒之类，宗正掌之。”宋人高承《事物纪原》卷5《宗正司》：“林希《两朝宝训》曰：景祐三年，仁宗谓辅臣曰：‘宗室子孙众多，聚居必以尊贤者，纠合之诏，置大宗正司。择祖宗后各一人命之，首以濮安懿王与守节任其事，后又有同姓庶官知丞事，神宗时乃参用。’”

[40] **左藏：**清人徐松《宋会要·职官》27《太府寺》：“左藏库，受财赋之入，以待邦国之经费，供官吏、军兵廪禄、赐予。”宋人王应麟《玉海》卷138：“（左藏库）在左长庆门内东廊，受天下金银钱帛，给邦国之用。国初止为左藏一库，太平兴国二年正月丙寅，分为丝、绵、金银、疋帛三库。淳化三年，分置左右藏各二库，右藏受之，左藏给之。俟右藏库盈即复以给，凡六库，迭为受给。四年废右，并之于左，分为四库，曰‘钱、金、银’，曰‘丝绵’，曰‘生帛疋帛’，曰‘杂色疋帛’。祥符二年，并钱金银丝绵为一库。七年又并生帛杂色二库为生熟疋假库，又以祗候库宣索之物件并入。”

[41] **大观：**大观间置，分东西二库，东库收细软、香药等物，西库贮钱（《宋史·职官志》5）。宋人蔡绦《铁围山丛谈》卷6：“太上留心文雅，在大观中，命广东漕臣督采端溪石研上焉。时未尝动经费，非宣和之事也。乃括二广头子钱千万，日役五十夫，久之得九十枚，皆珍材也。时以三千枚进御，二千分赐大臣侍从，而诸王内侍咸愿得之。诏更上千枚，余三千枚藏诸大观库。”

[42] **元丰：**宋人王应麟《玉海》卷183：“（元丰）三年于司农寺南创元丰库，几百楹。四

年正月十八日。中书门下言：元丰库已兴修。五年三月十一日，诏：'司农趣常平坊场钱五百万缗输。'元丰库十月壬申，诏户部右曹发十二路常平钱八百万缗输之。"

[43] **宣和库：**宣和年间置，掌收储财物以供皇帝非常之用，有泉货、币余、服御、玉食、器贡等名目（《宋史·职官志》5及《食货志》1）。宋人李焘《长编》卷18：太平兴国二年（977年）七月戊寅，"自江南平，岁漕米数百万石给京师，增广仓舍，命常参官掌其出纳，内侍副之。上犹恐吏□量不平，遣皇城卒变服觇逻，于是廉得永丰仓持量者张遇等凡八辈受赇为奸，庚辰，悉斩之。监仓右监门卫将军范从简等四人免官，同监内侍决杖。"

[44] **编估局：**广东、福建、浙江三路市舶司发到香药、货物，并诸州军起发到无用赃物如衣服之类，先交左藏东、西库收纳，然后经编估局编类、分拣，定出等第与名目，估出价格，申尚书省金部、太府寺复估，又经金部提振郎中厅审验，然后下打套局打套拍卖（《宋会要·食货》56之6）。

[45] **打套所：**掌拣选市舶香药杂物等第及打套事务。

[46] **元丰仓：**用于储存漕运粮食之仓库。宋人王应麟《玉海》卷184："元丰元年七月二十五日丁酉，提点在京仓场所言：'在京诸仓名宜改为易，其延丰、永济、广济，第一仓依旧名，欲以延丰第二为元丰仓，永济第三为永济仓，广积南仓为大盈，广济仓为广阜仓。'"宋人马端临《文献通考》卷25《国用考三·漕运》："宋东京之制：受四方之运者，谓之'船般仓'，曰永丰、通济、万盈、广衍（通济有四仓，景德四年改第三曰万盈，第四曰广衍）、延丰（旧广利，景德中改。大中祥符二年，增第二）、顺成（旧常丰，景德中改）、济远（旧常盈，景德中改）、富国，凡十仓，皆受江淮所运，谓之东河，亦谓之里河。曰永济、永富二仓，受怀、孟等州所运，谓之西河。曰广济第一仓，受颍、寿等州所运，谓之南河，亦谓之外河。曰广积、广储二仓，受曹、濮等州所运，谓之北河。受京畿之租者，谓之税仓。曰广济第二仓，受京东诸县。广积第一、左右骐骥院、天驷监凡三仓，受京北诸县。左天厩坊仓受京西诸县（旧有义丰仓，大中祥符元年改）。大盈、右天厩二仓，受京南诸县。受商人入中者，谓之折中仓，有里、外河二名，又有茶库仓，或空则兼受船般斛斗。草场则汴河南北各三所，骐骥、左右天厩坊、天驷监各一所，以受京畿租赋及和市所入。诸州皆有正仓、草场，受租税、和籴、和市刍粟，并掾曹主之。其多积之处，亦别遣官专掌。凡漕运所会，则有转般仓。"

[47] **顺成仓：**宋人李焘《长编》卷303：元丰三年（1080年）三月丁亥，"都大提举导洛通汴司宋用臣言：'近泗州置场堆垛商货，本司船承揽般载，将欲至京，乞以通津水门外顺成仓为堆垛场。'从之"。

[48] **东水门里广济、里河折中、外河折中、富国、广盈、万盈、永丰、济远等仓：**宋人王应麟《玉海》卷184："元丰元年七月二十五日丁酉，提点在京仓场所言：'在京诸仓名宜改，易其延丰、永济、广积、广济，第一仓依旧名。欲以延丰第二为元丰仓，永济第二为永丰仓，广积南仓为大盈仓，广济仓为广阜仓。'从之。神宗正史《职官志司农寺》：总仓二十有四。《会要京诸仓》：总二十三所。凡受四河运至京师者，谓之船般仓。永丰、通济、万盈、广衍、延丰、顺成、济远、富国十仓，受江淮所运；永济、永富二仓，受怀、孟二州所运；广济第一仓，受颍寿

诸州所运，广积广储二仓，受曹濮诸州所运。其受京畿之租者，曰税仓，京东界则广济第二仓，受之京北界则广积第一仓；骐骥院天驷监仓，受之京西界则左天厩坊仓，受之京南界则大盈、右天厩仓，受之，其受商人中谓之折中仓，其后仓名或更则，所受小异。漕运所会则有转般仓，自江南平岁漕米四百万石给京师，乃增广仓舍，选能吏掌出纳，副以内侍省，仓以待廪，赐而凶年又资以贷振。”宋人周邦彦《汴都赋》：“永丰、万盈、广储、折中、顺成、富国，星列而棋布，其中有元山之禾，清流之稻，中原之菽，利高之黍，利下之稌。”张方平《乐全集》卷23：“一里河折中仓，本是在京便籴，以添助军储，随时立法，旋行抛数，然于边籴轻重有妨，以此便入不能及数。近庆历年中，令在京入中诸色斛㪷二百万石，用三说法，三十贯支见钱，三十五贯，支向南州军末盐，三十五贯支香药茶交引，当时为河北绿边入便，亦用三说文钞，以此只入到十五万余石，事体不便遂罢。今在库香药阙少，又江湖末盐自是见钱之法，邦计所赖诸山场茶货，已充河北粮草支用，若更将折中行使，必亦利害相攻，故不若坐仓收籴事简而利溥也。”宋人马端临《文献通考》卷26：“既有常平仓，又有广惠、广济仓赈恤所，以仁宗德泽洽于民，三仓盖有力。”清人徐松《宋会要辑稿·职官》卷26《司农寺》：“（元丰）四月十八日，都大提点在京仓场司言：‘汴河粮纲，岁运六百余万石，及司农寺起发淮、浙米四十余万石，并于沿汴仓分纳，乞于万盈、广衍两仓增廒屋四百间。’诏遣开封府推官曾孝廉按视，具图以闻。”

[49] **夷门山：**宋人李焘《长编》329：元丰五年（1085年）八月丙辰，“诏：‘夷门山樊家冈并向外百步内及角桥东以南至冈，自今毋得葬埋，令开封、祥符两县觉察。’先是，司天监主簿亢天经言：‘夷门山属国音主山，福德生王之方，三男阳气之位。冈之上多民庶坟墓，死气浸灌冈脉，则为尸厌，近郓王薨，此其验也。若因郓王葬，尽迁冈上坟墓，补阙陷，则永除妖咎之根矣。’”

[50] **下卸指挥兵士：**清人徐松《宋会要·职官》26之32《下卸司》：“领装卸五指挥，以供其役。京朝官一员监，或仓界守给官兼管勾。神宗熙宁三年十二月六日，诏：‘诸仓㪷子三百九十人，并正身祗候，逐月更不赴提举所探差，只委下卸司依名次差拨。既免虚占人数，住滞纲运，兼支破食钱各得均济。如仓分辄敢虚关斛㪷数目，多索㪷子，即委下卸司点检申举。’九年十二月二十六日，诏：‘自来逐年粮纲起运，每五日一次，具卸纳到汴河粮斛数目申奏，至住运日住奏，自今废罢之。’”宋人欧阳修《原弊》：“今卫兵人宿，不自持被，而使人持之；禁兵给粮不自荷，而雇人荷之。”清人徐松《宋会要·职官》5之66：“（天圣）七年十月九日，上封者言：‘京城诸军月粮，粮料院勘旁多有邀颉，枉费脚力。或西营返给东仓，东营反给西仓，若值霖雨，每斛计脚钱二百。望自今听就近仓给遣。’事下三司。三司言：‘旧条，凡给粮，有诸班、诸军禄与诸司之别，皆粮料院预以样进呈，三司定界分仓敖支给，用年月为次。今城东十二仓贮江淮水运所输万数不少；城西三仓兼贮茶茗，贮粟至少；城南止粳米一仓；城北四仓贮京几夏秋税杂色斛㪷，亦多马料。所贮各异，难以就近给遣。今请每月委提点仓场官与三粮料院依旧制排连年月界分外，仍依军次批旁。如敢邀颉作弊，地远不便，许人纠告，公人迁一次，百姓给钱三十千为赏，以犯事人家财充。’从之。”（图1–32）

[51] **诸乡纳粟秆草牛车：**清人徐松《会要·食货》37之12：“（仁宗天圣）八年三月，开

图 1–32 《清明上河图》中的卸粮场面

封府言：'京城浩穰，乡庄人户般载到柴草入城货卖不少，多被在京官私牙人出城接买，预先商量作定价例，量与些小定钱收买。本主不期，却被牙人令牵拽车牛辗转货卖，更于元商量价钱外剩取钱数；稍似货卖未尽，又更于元数柴草内诳称斤两轻少，减落价钱，住滞人户车牛，枉费盘缠。府司虽曾出榜晓示钤辖，终未断绝。欲乞特降指挥止绝，如有违犯，并乞重行断遣。所卖柴草任从人户自便货卖，及令厩厢巡人等常切觉察收捉，送官勘断，所贵遵禀。'从之。"

［52］**祖宗之法：**宋太祖时立下的规矩。宋人沈括《梦溪笔谈》卷25："太祖朝，……又京师卫兵请粮者，营在城东者令赴城西仓，在城西者令赴城东仓，仍不许佣僦车脚，皆须自负，尝亲登右掖门观之。盖使之劳力，制其骄惰，故士卒衣食无外慕，安辛苦而易使。"宋人周辉《清波杂志》卷1《祖宗家法》："哲宗御迩英阁，召宰执暨讲读官讲《礼记》、读《宝训》。顾临读至汉武帝籍提封为上林苑。仁宗曰：'山泽之利当与众共之，何用此也。'丁度对曰：'臣事陛下二十年，每奉德音，未始不本于忧勤，此盖祖宗家法尔。'读毕，宰臣吕大防等进曰：'祖宗家法甚多，自三代以后，唯本朝百三十年中外无事，盖由祖宗所立家法最善。臣请举其略：自古人主事母后，朝见有时，如汉武帝五日一朝长乐宫。祖宗以来，事母后皆朝夕见，此事亲之法也。前代大长公主用臣妾之礼，本朝必先致恭，仁宗以侄事姑之礼见献穆大长公主，此事长之法也。'上曰：'今宫中见行家人礼。'大防等曰：'前代宫闱多不肃，宫人或与廷臣相见，唐入阁图有昭容位。本朝宫禁严密，内外整肃，此治内之法也。前代外戚多预政事，常致败乱。本朝母后之族皆不预，此待外戚之法也。前代宫室多尚华侈，本朝宫殿止用赤白，此尚俭之法也。前代人君虽在宫禁，出舆入辇。祖宗皆步自内庭，出御后殿。岂乏人力哉，亦欲涉历广庭，稍冒寒暑尔，此勤身之法也。前代人主在禁中，冠服苟简。祖宗以来，燕居必以礼。窃闻陛下昨郊礼毕，具礼服谢太皇太后，此尚礼之法也。前代多深于用刑，大者诛戮，小者远窜。唯本朝用法最轻，臣下有罪，止于罢黜，此宽仁之法也。至于虚己纳谏，不好畋猎，不尚玩好，不用玉器，饮食不贵异味，御厨止用羊肉，此皆祖宗家法所以致太平者。陛下不须远法前代，但尽行家法，足以为天下。上甚然之，列圣家法盛，大臣启迪之忠，皆可书而诵也。'"

御街

坊巷御街[1]，自宣德楼一直南去，约阔二百余步[2]，两边乃御廊[3]，旧许市人买卖于其间[4]。自政和间官司禁止。各安立黑漆杈子，路心又安红漆杈子两行，中心御道，不得人马行往，行人皆在廊下朱杈子之外。杈子里有砖石甃砌御沟水两道，宣和间尽植莲荷，近岸植桃、李、梨、杏，杂花相间，春夏之间，望之如绣[5]。

[1] **御街：**宋人晁补之《御街行》："双阙齐紫清，驰道直如线。煌煌尘内客，相逢不相见。上有高槐枝，下有清涟漪。朱栏夹两边，贵者中道驰。借问煌煌子，中道谁行此。且复就下论，骢马知杂事。官卑有常度，那得行同路。相效良独难，且复东西去。"宋人李焘《长编》卷123：仁宗宝元二年（1039年）四月，"甲辰，诏非出节臣僚及正观察使已上，毋得自宣德门至天汉桥御路行马，若从驾及宗室内庭诸宫院车驾勿拘。时著作佐郎王师旦行马御路上，既被劾，而刑部因言：'旧条止许近上臣僚行马，而无指定官品。'故下御史台、太常礼院详定，而降是诏"。明人黄淮、杨士奇《历代名臣奏议》卷119："翰林学士宋祁上奏曰：'臣伏见宣德门前御道，南至天汉桥，久来设梐枑，禁止行人，须立条制，许近上臣僚于道上行马。近睹御史台礼院重更定夺，应出节者为近上臣僚。窃谓宣德门比周之外朝，朱雀门是唐之皇城，中有御路，号天子驰道，凡在臣庶不合得行。汉制皇太子尚不敢擅绝驰道，盖尊君卑臣上下有体故也。今朝廷制度简于唐汉，京都御路止此一处，臣欲望自宣德门至朱雀门外朝之地，皇城之内表，其中街以为驰道，应臣庶车马并禁往来，惟随从乘舆不在禁限。议者或谓契丹人使已曾许驰道行马，难于改作，臣谓天子制度，臣子共当崇戴，彼之使臣亦陛下之臣也。设令彼有疑问，则令主客者具以实对质之，事体无所妨碍。乞再下有司详定。'"

[2] **约阔二百余步：**宋人刘敞《公是集》卷6："君居御街西，我居御街东，如何百步间，十日不相从。"宋人周辉《清波别志》卷3："辉幼见故老，言京师街衢阔辟，东西人家有至老不相往来者，追出疆目睹为信。每值驾出，甲马拥塞驰道，都人仅能于御盖下，望一点赭袍。"

[3] **御廊：**御街两侧的廊房。宋人范成大《揽辔录》："入新宋门，即丽景门也，金改为宾曜门，过大相国寺，倾檐缺吻，无复旧观，横入东御廊门，绝穿桥北驰道……"宋人楼钥《北行日录》："……穿御街，循东御廊，过宣德楼。"（图2–1）元人白珽《湛渊静语》卷2引《使燕日

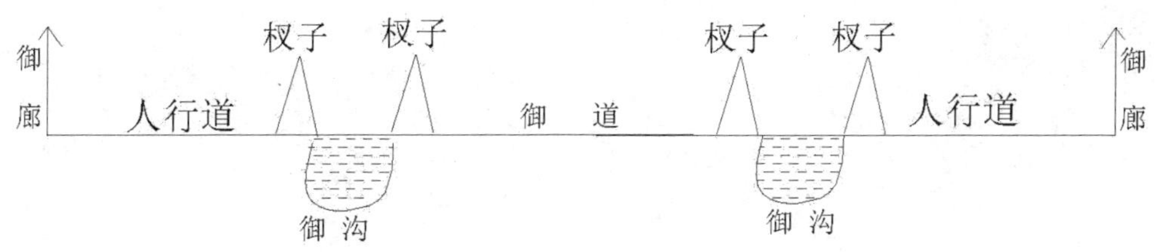

图 2–1　北宋东京御街横剖面示意图

录》："自五门望南，向丹凤门，中间禁路，两旁即千步廊，但余基址。千步廊尽处，向东一屏墙绰楔门，入门三二十步，面南一大门，即太庙门。"

[4] **买卖其间：**指在御廊下做买卖。《丁晋公谈录》："徐左省铉职居近列，……每睹待漏院前灯火人物卖肝夹粉粥，来往喧杂，即皱眉恶之，曰：'真同寨下耳。'"宋人文彦博《文路公文集》卷20《言市易》："臣近因赴相国寺行香，见市易于御街东廊置义子数十间，前后积累果实，逐日差官就彼监卖，分取牙利。且瓜果之微，锥刀是竞，竭泽专利，所行无几，徒损大国之体，只敛小民之怨。"

[5] **望之如绣：**宋人王安石《作翰林时》诗："习习春风拂柳条，御沟春水已冰消。欲知四海春多少？先向天边问斗杓。"宋人王安石《御柳》："御柳新黄已进条，宫沟薄冻未全消。人间今日春多少，只看东方北斗杓。"

宣德楼前省府宫宇

宣德楼前，左南廊对左掖门[1]为明堂颁朔布政府[2]、秘书省[3]。右廊南对右掖门[4]，近东则两府八位[5]，西则尚书省[6]。御街大内前南去，左则景灵东宫[7]，右则西宫[8]。近南大晟府[9]，次曰太常寺[10]。州桥曲转大街面南曰左藏库[11]，近东郑太宰宅[12]、青鱼市内行。景灵东宫南门大街以东，南则唐家金银铺[13]、温州漆器[14]什物铺、大相国寺，直至十三间楼[15]、旧宋门。自大内西廊南去，即景灵西宫，南曲对即报慈寺[16]街、都进奏院[17]、百钟圆药铺，至浚仪桥大街。西宫南皆御廊杈子，至州桥投西大街，乃果子行[18]。街北都亭驿[19]，大辽人使驿也。相对梁家珠子铺，余皆卖时行纸画、花果铺席。至浚仪桥之西，即开封府[20]。御街一直南去，过州桥，两边皆居民。街东车家炭，张家酒店，次则王楼山洞梅花包子、李家香铺、曹婆婆肉饼[21]、李四分茶[22]，至朱雀门。街西，过桥即投西大街，谓之曲院街[23]。街南遇仙正店[24]，前有楼子后有台，都人谓之『台上』。此一店最是酒店上户，银瓶酒七十二文一角[25]，羊羔酒[26]八十一文一角。街北薛家分茶、羊饭、熟羊肉铺。向西去皆妓女馆舍[27]，都人谓之『院街』。御廊西即鹿家包子，余皆羹店、分茶、酒店、香药铺、民居。

注解

[1] **左掖门：** 宣德门东面之门。宋代日僧成寻《参天台五台山记》第4：“（宣德门）东隔三百步，有左掖门，人从此出入，五间大门楼也。”（图2-2）

[2] **明堂颁朔布政府：** 清人徐松《宋会要·礼》24之77《明堂颁朔布政府》：“徽宗政和七年四月二十三日，手诏：‘朕嗣承先志，考协礼经，肇建明堂，得其时制。盖以钦若昊天，率见昭考，兢兢业业，惧不克歆。而末予冲人，负扆南面，以听天下，其敢遑处!将来明堂，专以配帝严父，余悉移于大庆、文德殿，以伸昭事孝思之心。’于是文武百僚太师、鲁国公祭京等五上表，恭请皇帝御明堂颁常视朔，负扆听朝。乃下诏曰：‘朕嗣有令绪，遹追先猷，永言孝思，欲报之德，右我烈考，克配上帝，而宗祀明堂，久失时制。夙兴夜寐，罔敢遑宁。取成于心，稽古有作，僝工度地，不日而成，事帝飨亲，于是获考。非持予一人之庆，亦惟尔万邦之休。若稽先王，考古成宪，孔子不去告朔之饩，孟轲勿毁行政之堂，中夜以思，诚不可废。视朔布政，可依所请；若负扆以朝诸侯，南面而听天下，厥有路寝，岂必明堂?夫成而不居，朕之所志，百辟卿士，毋复有言。’”

[3] **秘书省：** 宋人王应麟《玉海》卷121《元丰秘书省》：“国朝秘书省判省事一人，以判秘阁官兼惟掌常祭祝版，凡图籍悉归秘阁。元丰五年初，以崇文院为秘书省，《职官志》：‘秘书省监掌图籍。’《国史》：‘天文历数之事，少监为之贰，而丞参预之，其属有五。’《修时政记起居注》：‘修纂日历祭祀祝辞，则着监作郎佐郎主之。刊写分贮集贤院史馆、昭文馆秘阁图籍则秘

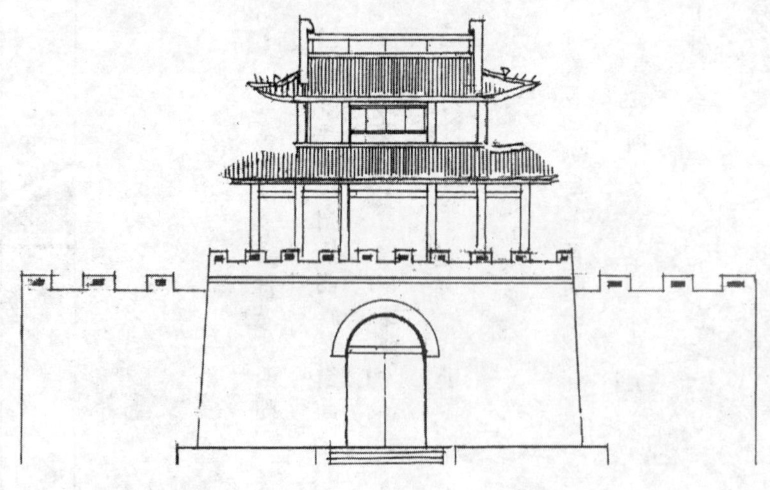

图 2-2　左掖门复原图（引自张驭寰《北宋东京城建筑复原研究》，浙江工商大学出版社，2011年，45页）

书郎主之，编校正误则校书郎正字主之，各以其职于长贰。惟日历非编修官不预。分案四太史局焉。元丰十一月己亥诏。”宋人程俱《麟台故事》卷1《沿革》：“政和中……又度地于端门之东南、驰道之左横街之南为秘书省。方栋宇未成，迁秘书省于西府之空位。”宋人程俱《麟台故事》卷2《职掌》：“秘书省在光化坊，隶京百司，判省事一人如监阙以判秘书省官兼充。”而光化坊，《宋会要·方域》1之1《东京杂录》及宋人王瓘《北道刊误记》皆记载，位于旧城右军第一厢，即位于宣德门前御街左侧，可与孟元老所记相印证。而伊永文先生的《东京梦华录笺注》本的断句为：“秘书省右廊南对右掖门”，是误将秘书省移至御街右廊，有悖于史实。

［4］**右掖门：**宣德门西面之门。宋人李攸《宋朝事实》卷17：“先是，帝诏有司于右掖门街，临汴水起大第五百间以待昶，供帐悉备，至是赐之。”

［5］**两府八位：**两府，指北宋的枢密省与中书省官员住所，便于二府官吏从右掖门入皇宫办公或上朝。八位：宋人叶梦得《石林诗话》：“京师职事官，旧皆无公廨，虽宰相执政亦僦舍而居。每遇出省，或有中批外奏急速文字，则省吏启偏持于私第呈押，既稽缓又多漏泄。元丰初，始建东西府于右掖门之前，每府相对为四位，俗谓之八位。”

［6］**尚书省：**清人徐松《宋会要》职官4之1《尚书省》：“尚书都省。旧制：尚书令、左、右仆射、丞、左、右司郎中、员外郎主都省事。国朝以诸司三品以上官或学士一员权判。凡尚书诸司，悉他官主判。其事务至少者，但中书批状，送印领判。都省总领省事，及集议、定谥、祠祭、受誓戒、在京文武官封赠、注甲、发付选人、出雪投状、二十四司吏员迁补、纳检校官兑省礼钱、有议事注甲、白状库收造礼钱、公廨杂事。凡八案，二十四司，每季轮掌季帐，转牒番宿。当季之司差人赴门下省承发制。省旧在兴国坊，即梁太祖旧第。太平兴国中，移于利仁坊孟昶旧第，颇宏敞。中设都堂、左右丞、左右司郎中、员外厅事，东西廊分设尚书、侍郎厅事二，郎中、员外厅事六。职掌有都事、主事、令史、驱使官、散官五等。今尚书省尚书、侍郎至诸司郎中、员外止为正官，以叙位禄，皆不职本司之事。”清人徐松《宋会要·职官》1之17：“中书省、门下省者，存其名，列皇城外两庑、官舍各数楹。中书省但掌册文、覆奏、考账，门下省主乘舆、八宝、朝会、报版、流外、考校诸司附奏挟名而已。”

［7］**景灵东宫：**元人脱脱《宋史》卷109：“景灵宫，创于大中祥符五年，圣祖临降，为宫以奉之。……凡七十年间，神御在宫者四，寓寺观者十有一。元丰五年，始就宫作十一殿，悉迎在京寺观神御入内。……绍兴二年，奉安神宗神御于显承殿。元丰中，每岁四孟月，……皇帝亲享，……遇郊祀、明堂大礼，则先期二日，亲诣景灵宫行朝享礼。”宋人范成大《揽辔录》：“庚午出（都亭）驿，循东御廊百七十余间，有面西棂星门。大街直东出，旧景灵东宫也。”

［8］**西宫：**即西景灵宫。元人脱脱《宋史·徽宗本纪》：“（元符三年八月）庚子，作景灵西宫，奉安神宗神御，建哲宗神御殿于其西。”宋人马端临《文献通考》卷94《宗庙考四》：“建哲宗皇帝神御殿于西，以东偏为斋殿。右正言陈瓘言：“近修建景灵西宫，拆移元丰库、大理寺、军器监、鸾仪司等处，以其地奉安神考、哲宗神御。然可得而议者有五事焉。夫国之神位，左宗庙，右社稷，今庙据社位，不合经旨，此其可议一也。刑狱之地，必有杀气，今乃择此以建宫

图 2-3　宋代大晟府钟

庙，此其可议者二也。西宫之地，虽云只移官舍不动民居，而一寺、一库、一监，一司移于他处，迁此就彼，亦有居民，此其可议者三也。昔者奉安祖宗帝后神御，散于寺观之内，神考合集诸殿会于一宫，今乃析而为二，岁时酌献，銮舆分诣，礼既繁矣，事神则难，此其可议者四也。显承殿奉安以来，一祖五宗神灵协会既久，何用迁徙，宗庙重事，岂宜轻动，此其可议者五也。望别行详议。"

[9] **大晟府：**清人徐松《宋会要·职官》22之25《大晟府》："国朝礼乐掌于奉常。崇宁初，置局议大乐，乐成，置府建官以司之，礼、乐始分为二。府在宣德门外天街之东，隶礼部，序列与寺监同在太常寺之次。以大司乐、典乐为长、贰；次曰大乐令，秩比丞；其次曰主簿，曰协律郎。又有按协声律、制撰文字、运谱等官，以京朝官、选人或白衣士人通乐律者为之。又差武臣监府门及大乐法物库。又有侍从及内省近侍官提举。所典六案：曰大乐，曰鼓吹，曰宴乐，曰法物，曰知杂，曰掌法。其所辖则钤辖教坊所及教坊，吏属则有胥长、胥史、胥佐、贴书，掌官物者则有专知、副知、库子，工属则有乐正、乐师、色长、上工、中工、下工、舞师云。"（图2-3）

[10] **太常寺：**宋人宋敏求《春明退朝录》卷上："太常寺旧在兴国坊，今三班院是也。景佑初，燕侍郎肃判寺，厅事画寒林屏风，时称绝笔。其后为判寺好事者窃取之。嘉祐八年，徙寺于福善坊，其地本开封府纳税所，英宗在藩邸，判宗正寺，建为廨舍。既成而已立为皇子，遂为太常所请焉。"清人徐松《宋会要·职官》22之17："太常寺掌社稷及武成王庙、诸坛斋宫习乐之事。判寺官一人或二人，以诸司三品以上充。又有太祝、奉礼郎、掌奉祭祀郊社令、掌坐斋郎、协律郎。领大乐局、鼓吹等院。"元丰改制后，礼院职事罢归，统掌礼乐之事，举凡大朝会、祭祀所用雅乐，及器服、郊祀、宗庙、社稷、陵寝、牺牲、籍田、祠祀、医药等，均得管领（《分纪》卷18《太常》）。

[11] **左藏库：**宋人程俱《麟台故事》卷1《沿革》："政和中，新作明堂于皇城之东隅，迁左藏库于天汉桥之东北。"宋人高承《事物纪原》卷6《左藏库》："《通典》曰：'汉有中藏，晋有左右藏，晋江东置，御史掌库曹，后分库曹曰外藏库，内左库后省外，左库直曰左库。'唐有左藏库，《百官志》曰：'左藏晋始有之也。'《东京记》曰：'国初止一库，兴国二年分三库：曰钱币、金银、四帛。淳化三年分置左右，右纳左给，凡六库。四年废右，分左藏库为四库：曰钱金银，曰丝绵，曰生白匹帛，曰杂色匹帛。祥符二年并金银丝绵为一，七年并生白杂色为生熟匹帛。'"

[12] **郑太宰宅：**郑太宰即北宋郑居中，宋徽宗时期作太宰，《宋史》有传。宋人周密《齐东野语》卷13《优语》："宣和中，童贯用兵燕蓟，败而窜。一日内宴，教坊进伎为三四婢，首饰皆不同。其一当额为髻，曰蔡太师家人也；其二髻偏坠，曰郑太宰家人也；又一人满头为髻如小儿，曰童大王家人也。问其故，蔡氏者曰：'太师觐清光，此名朝天髻。'郑氏者曰：'吾太宰奉祠就第，此懒梳髻。'至童氏者曰：'大王方用兵，此三十六髻也。'"宋人楼钥《北行日录》上："（旧宋门）两门里之左右皆有阙亭，门之南即汴河也，街南无巷。街北即甜水巷，过郑太宰宅，西南角有小楼，都人列观，间有耆婆服装甚异，戴白之老多叹息掩泣，或持副使曰：'此必宣和官员也。'"

[13] **金银铺：**打造及出售金银器的店铺。宋代佚名《朝野遗记》："李太宰邦彦家起于银工，既贵，其母尝语昔事，诸孙以为耻。母曰：'汝固有识乎？宰相家出银工则可羞，银工出宰相正为嘉事，何耻焉？'"

[14] **温州漆器：**宋人吴自牧《梦粱录》卷13："水巷桥河下针铺、彭家温州漆器铺，……平津桥沿河布店、黄草铺、温州漆器、青白碗器。"（图2-4）

[15] **十三间楼：**宋人王辟之《渑水燕谈录》卷10："周显德中，许京城民居起楼阁，大将军周景威，先于宋门内临汴水建楼十三间，世宗嘉之，以手诏奖谕景威。虽奉诏实所以规利也。今所谓十三间楼子者是也。"宋人释文莹在《玉壶清话》卷3记为"十二间楼"。

图 2-4　宋代温州朱漆斑纹长方形黑漆盒（江苏省常州市博物馆藏）

[16] **报慈寺：**本梁祖朱温旧第，乾化四年（914年）置寺。街以寺名，故曰报慈寺街。宋人惠洪《冷斋夜话》卷8《石学士》："石曼卿隐于酒，谪仙之流也，然善戏谑。尝出报慈寺。驭者失控，马惊，曼卿堕地，从吏惊遽扶掖据鞍。市人聚观，意其必大诟怒。曼卿徐着一鞭谓驭者曰：'赖我石学士也，若瓦学士，岂不破碎乎？'"

[17] **都进奏院：**清人徐松《宋会要·职官》2之4《都进奏院》："《两朝国史志》：都进奏院监官二人，以京朝官及三班使臣充，掌受诏敕及诸司符牒，辨其州、府、军、监以颁下之。并受天下章奏、案牍、状牒以奏御，分授诸司。进奏官一百二十人。"宋人高承《事物纪原》卷6《进奏院》："唐大历十二年敕，诸道旧置上都留候院，并官改曰上都进奏院，此盖其始也。宋朝会要曰：唐藩镇皆置邸京师，谓之上都留候院，大历十二年改上都知进奏院，五代支郡听自置邸国，初缘旧制，各置进奏院。太平兴国八年十月诏：于大内侧近置都进奏官，人兼三四州也。"

[18] **果子行：**出售水果的行市。宋人李焘《长编》358：元丰八年（1085年）七月庚戌，"殿中侍御史黄降奏：'伏见沿汴狭河堤岸空地，先有朝旨，许人断赁。而宋用臣挟持恣横，风谕沿汴官司，拘拦牛马果子行，须就官地为市交易。并其余诸色行市，不曾占地，亦纳课钱，以至市桥皆有地课。残民损国，无甚于此！虽今例废罢，改正施行，缘近降朝旨，不曾该载，人户至今未得自便。臣欲乞朝廷详酌指挥。'诏：'沿汴官司，拘拦牛马、果子行，并磨团户、斛㪷、菜纸等诸色行市及市桥地课，并罢。仍令点磨措置结绝在京物货等场所，依废罢物货场已得指挥。'"宋人苏象先《丞相魏公谭训》卷10《杂事》："祖父尝言，在馆中时，雇得一婢，问其家何为。云：'住曹门外，惟锤石莲。'问一家几人各何为。云：'十口皆然，无他业。'初甚讶之。又云：'非独某家，一巷数十家皆然。'盖夏末梁山泊诸道载莲子百十车，皆投此巷，锤取莲肉，货于果子行。乃知京师浩瀚，何所不有，非外方耳目所及也。"

[19] **都亭驿：**安置辽国使臣的馆驿。宋人王应麟《玉海》卷172："晋天福五年九月戊子，改东京上源驿为都亭驿，在光化坊，旧制待河西蕃部，其后专馆契丹使。又景阳门外有班荆馆，为迎饯之所。"

[20] **开封府：**宋人孙逢吉《职官分纪》卷38《开封府》："五代，唐汴州宣武军节度，领县六，梁升为开封府，以滑州之酸枣、长垣，郑州之中牟、阳府，宋州之襄邑，曹州之戴邑，许州之扶沟、鄢陵，陈州之太康九县隶焉。后唐复为汴州宣武军，以酸枣、中牟、襄邑、鄢陵、太康五县，还属诸州。晋天福三年，复为开封府，以五县还。隶国朝又置东明、咸平二县令，领县十七，治开封府。祥符戴邑后改考城。"宋人朱彧《萍州可谈》卷3："熙礽在京师，忽诣开封府投牒，愿离婚。蔡元长尹京，惊问所以，并无违律及不争财物，熙礽但言平生不喜与'福建子'交涉，元长怒叱出，卒成婚。"元人白珽《湛渊静语》卷2引《使燕日录》："过州桥，有文武两楼夹桥，皆琉璃碧瓦，不知名楼果何谓也。此京城阛阓骈阗之最，今荒墟矣。过文武楼数步，东西两门以通往来，盖一直五门，禁路遂用此两门通行。自西偏一门出，系州桥以西。街衢窄狭屈曲，行不百步，即上元驿，朱温火劫李克用处，止存其基。又行数十步，即开封府治，无丽谯仪，门亦湫隘。入门，庭院广阔，庭下草深没骑，设厅九间，甚雄壮，外郡所无。"（图2–5）

图 2-5 复原后的开封府大门

[21] **曹婆婆肉饼：**宋人袁褧《枫窗小牍》卷下：“旧京工役，固多奇妙，即烹煮盘案，亦复擅名。如玉楼梅花包子、曹婆婆肉饼、薛家羊饭、梅家鹅鸭、曹家从食、徐家瓠羹、郑家油饼、王家奶酪、段家爊物、石逢巴子南食之类，皆声称于时。”

[22] **分茶：**指茶楼、酒楼、面食店之类的食物店。本书卷之四《食店》：“大凡食店，大者谓之‘分茶’。”

[23] **曲院街：**因官办都曲院在此而得名。元人脱脱《宋史·职官志》5《司农寺》：“都曲院，掌造曲。”清人徐松《宋会要》职官26之33：“都曲院在敦义坊，掌造粗细一等，给内酒坊及出鬻收直。以京朝官、诸司使、副使或内侍二人充。……凡磨小麦四万石，用驴六百头，步磨三十盘，每料磨五百硕。四更动磨，未时磨绝。役兵士四百二十八人，十二日毕。磨麦四万硕，收面三百二十二万七千三百九十二斤，踏曲九十一万六千六百三十五斤半。又佣雇百姓匠三人充作头，二十三人充拌和板头，脱蘸炒焦，六人充踏匠。每年踏内酒坊法糯曲七万四千三百四十二片，计用小麦二千一百六十五硕，磨十盘，三十一作，收面十四万三百四十八斤。合须锻磨匠于八作司抽差。”宋人谢采伯《密斋笔记》卷1：“都曲院曲卖于酒户，西京、南京皆然。东京在城，每岁四十七万四千六百四十五贯。南京在城，卖曲三万六百九十贯二百一十七文，五十里外，务场别有数台。州在城及诸邑县、诸路桥港头，酒额每岁八万一千二百九十八贯。《泊宅编》云：‘院之井滓秽不堪汲用，惟以造曲特善，他井皆不如。’开宝二年，诏曲价高可于十分，中减放二分。六年，减价每斤止收一百文足陌。太平兴国六年，诏在京卖曲每斤元定二百文，自今每斤减五十文。淳化五年，有司言诸道州府，先置榷酤，募民掌其事，内四百七十处，岁额无几，愿一切罢之，但卖曲，愿收直。诏从其请。景德元年，罢江淮、两浙、荆湖制置榷酤。”

[24] **遇仙正店：**其所造酒名为玉液（宋人张能臣《酒名记》）。金人刘祁《遇仙楼》：“倚天突兀耸高楼，楼上人家白玉钩。落日笙歌迷汴水，春风灯火似扬州。仙人已去名空在，豪客同登醉未休。独倚朱栏望明月，鸾旌依约认重游。”宋人汪藻《靖康要录》卷10：“二十八日，保

图 2-6 《清明上河图》中的“正店”

康门里火，延烧延宁宫，顷刻而尽。时元祐皇后居宫中，急就天汉桥南遇仙店门，垂帘幕以避，移居观音院，回私第。是夜，白气贯斗大风寒。”（图2-6）

［25］**银瓶酒：**用银瓶所装之酒。角，盛酒器。

［26］**羊羔酒：**为东京昂贵之酒。明人高濂《遵生八笺》卷12：“羊羔酒，米一石如常法浸浆，肥羊肉七斤，曲十四两，诸曲皆可，将羊肉切作四方烂煮，杏仁一斤同煮。留汁七斗许，拌米饭曲，用木香一两同酝，毋犯水，十日熟，味极甘滑。”明人黄一正《事物绀珠》：“羊羔酒出汾州，色白莹，饶风味。”

［27］**妓女馆舍：**宋人陶谷《清异录》说：“四方指南海为烟月作坊，以言风俗尚淫。今京师鬻色户将及万计，至于男子举体自货，进退恬然，遂成蜂窠巷陌又不只风月作坊也。”宋人罗烨《醉翁谈录》丙集卷2:“耆卿（柳永）居京华，暇日遍游妓馆。所至，妓者多以金物资给之。”宋人洪迈《夷坚丁志》卷11《蔡河秀才》:“乡人董昌朝在京师，同江东两秀才自外学晚出游，方三月开沟，乱石栏道，至坊曲转街处，其一人迷路相失。两人者元未尝谒宿假，不敢蹑寻，遂归。经日始告于学官，访之于所失处，无见也，乃移文开封府。府以付贼曹窦鉴，鉴到学，询此士姓名，曰：‘孙行中，字强甫，束带著帽而出。’鉴呼其隶，使以物色究索。众谓江东士人多好游蔡河岸妓家，则仿其结束，分往宿。月旦之夕，一隶在某妓馆，妓用五更起赴衙参，约客使待己。妓去，客不复寐，见床内小板皮上乌纱帽存，取视之，金书‘强甫’两字宛然。客托故出门，遍告侪辈。伏于外，须妓归，并媪取缚送府。始自言：‘向夕有孙秀才独来买酒款曲，以其衣裘华洁而举止生梗，又无伴侣，辄造意杀之，投尸于河。斥卖其物皆尽，只余此帽，不虞题志之明白，以速祸败。冤魄彰露，何所逃死？’遂母子同伏诛。”

朱雀门外街巷

出朱雀门东壁亦人家。东去大街麦秸巷[1]、状元楼[2]，余皆妓馆，至保康门街[3]。其御街东[4]朱雀门外，西通新门瓦子[5]。以南杀猪巷，亦妓馆。以南东、西两教坊[6]，余皆居民或茶坊。街心市井[7]，至夜尤盛。过龙津桥南去，路心又设朱漆杈子如内前[8]。东刘廉访宅[9]，以南太学[10]、国子监[11]。过太学又有横街，乃太学南门。街南熟药惠民南局[12]。以南五里许皆民居。又东去横大街，乃五岳观后门大街[13]。约半里许，乃看街亭，寻常车驾行幸，登亭观马骑于此。东至贡院[14]、什物库[15]、礼部贡院[16]、车营务[17]、草场[18]。街南葆真宫[19]，直至蔡河云骑桥。御街至南薰门里，街西[20]五岳观，最为雄壮。自西门东去观桥、宣泰桥，柳阴牙道，约五里许，内有中太一宫[21]、佑神观[22]。街南明丽殿，奉灵园，九成宫[23]，内安顿九鼎[24]；近东即迎祥池[25]，夹岸垂杨，菰蒲莲荷[26]，凫雁游泳其间，桥亭台榭，棊布相峙，唯每岁清明日，放万姓烧香游观一日。龙津桥南西壁邓枢密宅[27]，以南武学巷内曲子张宅[28]、武成王庙[29]。以南张家油饼、明节皇后宅[30]。西去大街曰大巷口。又西曰清风楼酒店[31]，都人夏月多乘凉于此。以西老雅巷口军器所[32]，直接第一座桥。自大巷口南去，延真观延接四方道民于此。以南西去小巷口三学院[33]，西去直抵宜男桥小巷，南去即南薰门。其门寻常士庶殡葬车舆皆不得经由此门而出，谓正与大内相对。唯民间所宰猪[34]，须从此入京，每日至晚，每群万数，止数十人驱逐，无有乱行者。

注解

[1] **麦秸巷：**宋人张师正《括异志》卷5："李比部从周，景佑四年随乡书来京师，与数同人僦舍于麻秸巷。"

[2] **状元楼：**主要为外地举子安歇之所。明人李濂《汴京遗迹志》卷8："状元楼，俱在新桥东北。"

[3] **保康门街：**经过保康门的南北大街。

[4] **东：**可能为"西"之误，因为下面的"新门瓦子"明显是位于内城新门之外，而新门处于朱雀门之西。

[5] **瓦子：**又称瓦肆、瓦舍，京城内供市民娱乐的演艺场所。宋人吴自牧《梦粱录》卷19《瓦舍》："瓦舍者，谓其'来时瓦合，去时瓦解'之义，易聚易散也。"

[6] **教坊：**管理宫廷音乐的官署。专管雅乐以外的音乐、舞蹈、百戏的教习、操练、演出等事宜。

[7] **市井：**交易之场所（图2-7）。《管子·小匡》："处商必就市井。"注："立市必四方，若造井之制，故曰市井。"

[8] **内：**大内。

[9] **刘廉访：**宋人张师正《括异志》卷5《刘观察宅》："京师保康门有刘观察之别第，每僦于人。翰林学士曾布，嘉祐丙申之冬以乡贡将试礼部，僦此第以居。一夕不寐，闻厅中有人呼

图 2-7　四川广汉出土的东汉画像砖市井图

曰：'太尉来。'既而又有若往来问讯，切切细语，或如传授指令，皆以太尉为称，历历可审，甚讶之。翌日，究其宅之坊曲地里，则韩通之故第也。通尝为王彦升族于斯第之下。"

［10］**太学：**官学名。北宋仁宗庆历四年（1044年）四月二十一日始设太学于锡庆院（《长编》卷148壬子）。招收八品以下官僚子弟及平民百姓之俊秀者。徽宗崇宁元年（1102年），定以岁试太学一舍生代替礼部科举试，即从太学上舍生中直接选拔入仕之士。至宣和元年复科举取士之制，太学专掌训导学生事（《宋史·选举志》3）。宋人张舜民《画墁录》："仁宗庆历初，改锡庆院为太学。都下举子稍稍居之，不过数十人。至暮出归，不许宿，以火禁也。至嘉祐中，孙复、胡瑗领教事。乞弛太学火禁，准。小三馆秘合令脱，有不戒，愿以身任之。自尔诸生方敢宿留，四方学者稍稍臻集，然熙宁之初犹不上五百人，今乃千数人矣。"

［11］**国子监：**位于敦教坊。清人徐松《宋会要·职官》28之1《国子监》："国子监掌经术教授、荐送之事，阙祭酒、司业则以朝官判监事。祭酒一人，秩从四品；司业一，秩正六品；丞一人，秩正八品；主簿一人，秩从八品；太学博士三人，秩从八品；学正一人，秩正九品；学录一人，秩正九品。元丰〔绍兴〕二十六年，增正、录各一人。三十一年，减博士一人、正、录各一人。国子博士一人，秩从八品；正、录各一人，秩正九品；书库官一人。三十一年，减罢武学博士一人，秩从八品；教谕一人，秩正九品。案有三：曰厨库，掌太学钱粮及颁降书籍条册；曰学案，掌文武学公私补试、上舍发解试，升补考选行艺；曰知杂，掌监学杂务等。吏额：胥长一人，胥史一人，胥佐六人，贴书六人。二十六年，罢胥史一人，胥佐一人，减贴书二人。"

［12］**熟药：**经加工炮制的药材。惠民南局：为设置于宋东京城南的惠民药局。清人徐松《宋会要·职官》卷27之66："宋政和四年，尚书省言：'修合卖药所，本周官医师救民之意，今只以都城四壁并商税院东出卖熟药，非创置惠民之意。矧今局事不隶太医。'"宋人蔡絛《铁围山丛谈》卷6："都邑惠民多增五局，货药济四方甚盛举也。岁校出入得息钱四十万缗，入户部助经费。然往时议者甚大不然矣，时上每饬和剂局，凡药材告阙，俾时上请焉。大观间和剂局官，一日请内帑授药犀百数，归解之。"

［13］**五岳观：**为供奉五岳之神，建于真宗大中祥符五年（1012年），后有凝祥池。宋人周密《癸辛杂识·别集》卷上《汴梁杂事》："南门外有五岳观、太乙宫，岳帝殿极雄壮华侈。宫殿连跨小楼，殿极天下之巧，俗呼为暖障。闻汴有大殿九间者五，相国、太乙、景德、五岳，尽雕镂，穷极华丽，塑像皆大金时所作，绝妙。"宋人张邦基《墨壮漫录》卷4："京师五岳观后凝祥池，有黄色莲花甚奇，他处少见本也。"宋人张知甫《张氏可书》："徽宗幸迎祥池，见栏槛间丑石，顾问内侍杨戬曰何处得之。戬云价钱三百万，是戬买来。"宋人刘延世《孙公谈圃》卷中："玉清昭应宫，丁晋公领其使监造，土木之工，极天下之巧。绘画无不用黄金，四方古名画，皆取置壁龛庑下。以其余材建五岳观，世犹谓之木天，则玉清之宏壮可知。"

［14］**贡院：**为贡举试场。清人徐松《宋会要·职官》13之8："掌受诸州解送九经、五经进士，通礼、三礼、三传、毛诗、尚书学究、名法之名籍，及家保状、文卷，考验户贯、举数年几而藏之，以朝官一员主判。若遣官知贡举，即主判官罢举事毕，复别遣官。"（图2–8）

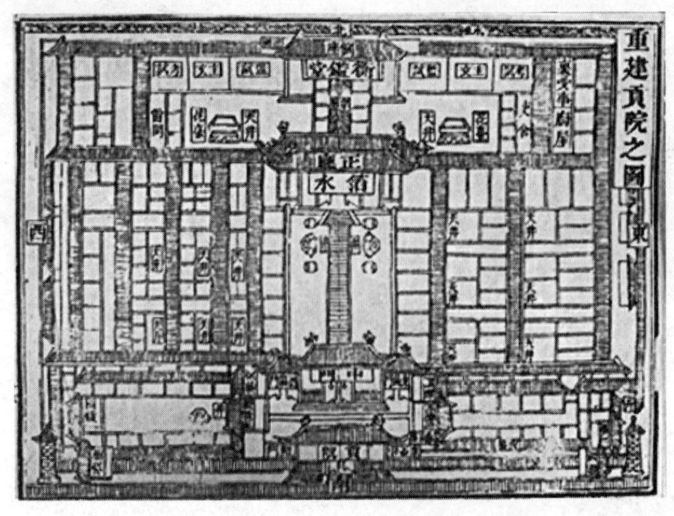

图 2-8　宋代重建贡院之图

［15］**什物库：**军器什物库简称。清人徐松《宋会要·食货》52之30:“又有什物库在清平坊。”宋人王得臣《麈史》卷下:“神宗既大原庙，取祖宗以来将相功臣像，各绘于两庑，因推恩官其后。予在开封南司，阅牍，见党进家状云：‘私家无祖像，今城南什物库土地像仍是。’遂取图之。”

［16］**礼部贡院：**宋人沈括《梦溪笔谈》卷1：“礼部贡院试进士日，设香案于阶前，主司与举人对拜，此唐故事也。所坐设位供张甚盛，有司具茶汤饮浆。至试学究，则悉彻帐幕毡席之类，亦无茶汤，渴则饮砚水，人人皆黔其吻。非故欲困之，乃防毡幕及供应人私传所试经义。盖尝有败者，故事为之防。欧文忠有诗：‘焚香礼进士，彻幕待经生。’以为礼数重轻如此，其实自有谓也。”宋人庞元英《文昌杂录》卷6：“开宝寺为礼部贡院，二月十八日火，凡本部贡笺与夫所考试卷，须臾灰烬，略无遗者。自正月九日锁院，方定二十八日奏号，至是火。诏以太学为贡院，再令引试，前此未有也。”

［17］**车营务：**清人徐松《宋会要·食货》55之19：“车营务，在敦教坊，掌养饲驴牛，驾车给内外之役。以京朝官、诸司使、副、三班内侍三人监，役卒四千四百零一十二人。”宋人庞元英《文昌杂录》卷5:“开宝寺试国学进士，景德寺又为别试所。既开院，以车营务驴车数十量，载试卷赴礼部架阁，数日方毕，所落人数可知也。”宋人叶梦得《石林燕语》卷10：“丁晋公初治第于车营务街，杨景宗时为役兵为之运土，景宗章惠太后弟也。后以太后得官，晋公谪，即以其第赐之。性凶悍使酒挟太后，晚尤骄肆，好以滑槌殴人，时号‘杨滑槌’，故今犹以名其宅云。”宋人苏辙《栾城集》卷42《四乞随行差常用大车》:“臣等近奉使北朝，每番于车营务差到车六两，般载官司合用诸物，其车多是低小脆恶，才行一两程，即致损坏，沿路不辍修完，仅能到得雄州，极为不便。盖为国信内有鞍辔等匣，旧例不得使常用大车，须得别准备此车，专充入国。既居常不使，风雨暴露，积久损烂，临时差拨，但取数足，致有此弊。窃见每岁接送伴北使，只使常用大车，颇极牢壮，今若令入国，亦只选差常用大车四乘，令勾当使臣等自办簟竹，于车箱前后夹缚安置诸匣，别无不便，免使沿路修车，烦扰州县，极为稳便。取进止。”

[18] **草场：** 宋人李焘《长编》卷160：天圣六年（1028年）十一月壬寅，"诏：'如闻京草场受纳民输，多有邀滞。宜令三司、开封府遣判官、推官各一员，自诣场检视，但堪秣马，速受之。'"

[19] **葆真宫：** 又称宝真宫，为皇家宫观，建于徽宗宣和五年（1124年）四月（《宋史·徽宗本纪》）。宋人邓椿《画继》卷6："贺真，延安人，出自戎籍，专门山水。宣和初，建宝真宫，一时名手毕呈其技。有忌真者，推为讲堂照壁，实难下手，真亦不辞，日醉酒于门。众工皆毕，中使促真，真以幕围壁挥却其徒，不数日成，作雪林，高八尺，观者嗟赏，众工敛衽。"宋人胡仔《苕溪渔隐丛话》卷34《陈去非》："《诗说隽永》云：'京师葆真宫，垂杨映沼，有山林之趣。'去非将罢尚符玺日题其池亭云：'聊将两鬓蓬，起照千文镜，微波喜摇人，小立待其定。'"

[20] **西：** 应为"东"字之误。

[21] **中太一宫：** 祭祀太乙神的场所。宋人宋敏求《春明退朝录》卷中："熙宁五年，建中太一宫，内侍主塑像，乃请下礼院议十太一冠服。礼院乃具两状，一如东西二宫之制，一请尽服通天、绛纱。会有言亳州太清宫有唐太一塑像，上遣中使视之，乃尽服王者衣冠。遂诏如亳州之制。"宋人高承《事物纪原》卷7《中太一》："神宗熙宁初，即五岳观旧址营中太一宫，盖自仁宗天圣六年至熙宁五年壬子四十五年。五福太一，行綦自黄庭宫移入真室之中，下临京都之中故也。"宋人沈括《梦溪笔谈》卷3："熙宁中，初营中太一宫，下太史考定神位。予时领太史，预其议论。今前殿祠五福，而太一别为后殿，各全其尊，深为得体。然君基、臣基、民基，避唐明帝讳改为'棋'，至今仍袭旧名，未曾改正。"

[22] **佑神观：** 本作佑圣观。宋人蔡绦《铁围山丛谈》卷1："崇宁甲申议作九鼎，有司即南郊为冶，用中夜时上为致肃不寐，至是于寝望之，焚香而再拜焉，既乃就寝，已仿四鼓矣。忽有神光达禁中，政烛福宁殿，红赤异常，宫殿于是尽明如昼，殆晓始熄。鼎一铸而成，乃取佑神观旁地立九成宫，随其方为室，成九室以奠鼎，命鲁公为奉安礼仪使。"明人李濂《汴京遗迹志》卷10："佑圣观有二：一在城内西南隅马宫桥之西，观前有积水，夙着灵异，正德初，改为大道宫；一在陈州门里，普济水门西北，金兵毁。"

[23] **九成宫：** 宋人马端临《文献通考》卷90："崇宁元年，方士魏汉津请备百物之象，铸九鼎。四年三月，九鼎成，诏于中泰一宫之南为殿以奉安，各周以垣，上施睥睨，墁以方色之土，外筑垣环之，名曰九成宫。中央曰帝鼐，其色黄，祭以土王日，为大祠，币用黄，乐用宫架。北方曰宝鼎，其色白，祭以冬至，币用皂；东北曰牡鼎，其色白，祭以立春，币用皂；东方曰苍鼎，其色碧，祭以春分，币用青；东南曰冈鼎，其色绿，祭以立夏，币用绯；南方曰彤鼎，其色紫，祭以夏至，币用绯；西南曰阜鼎，其色黑，祭以立秋，币用白；西方曰晶鼎，其色赤，祭以秋分，币用白；西北曰魁鼎，其色白，祭以立冬，币用皂；八鼎皆为中祠，乐用登歌，享用素馔。复于帝鼐之宫立大角鼎星之祠。"

[24] **九鼎：** 元人脱脱《宋史》卷66："崇宁四年三月，铸九鼎，用金甚厚，取九州水土内鼎中。既奉安于九成宫，车驾临幸，遍礼焉，至北方之宝鼎，忽漏水溢于外。刘炳谬曰：'正北在燕山，今宝鼎但取水土于雄州境，宜不可用。'其后竟以北方致乱。"宋人朱彧《萍州可谈》卷3：

图 2–9　出土的宋代铜鼎

“崇宁铸九鼎，帝鼐居中，八鼎各镇一隅。”（图2–9）

［25］**迎祥池：**宋人欧阳修《归田录》卷上：“内中旧有玉石三清真像，初在真游殿，既而大内火，遂迁于玉清昭应宫。已而玉清又大火，又迁于洞真。洞真又火，又迁于上清。上清又火，皆焚荡无孑遗，遂迁于景灵。而宫司、道官相与惶恐上言：‘真像所至辄火，景灵必不免，愿迁他所。’遂迁于集禧宫迎祥池水心殿，而都人谓之行火真君也。”宋人张知甫《张氏可书》：“徽宗幸迎祥池，见栏槛间丑石，顾问内侍杨戬曰：‘何处得之？’戬云：‘价钱三百万，是戬买来。’伶人焦德进曰：‘犹自似戬也。’上大笑。”

［26］**菰：**多年生草本植物，生在浅水里，开淡紫红色小花。莲荷：莲花。宋人张邦基《墨庄漫录》卷5：“京师五岳观后凝（迎）祥池，有黄色莲花甚奇，他处少见本也。”

［27］**邓枢密：**指邓洵武（1057～1121年），字子常，《宋史》有传。哲宗绍圣中，为国史院编修官，撰《神宗史》，迁起居舍人，进中书舍人、给事中兼侍讲，又迁吏部侍郎。崇宁三年（1104年）迁尚书右丞、中书侍郎。政和六年（1116）知枢密院，拜少保，封莘国公。宋人叶梦得《石林燕语》卷3：“崇宁中，邓枢密洵武建言，以为名实混淆不正，乃改今七等名。”《宋会要·方域》4之23：“（政和）八年七月四日，诏特进、知枢密院事邓洵武赐第。”（图2–10）

［28］**武学：**宋人吕祖谦《历代制度详说》卷2《学校·制度》：“建隆三年，建武成王庙。四年，帝幸武成王庙，指白起像曰：‘此人杀已降，不武之甚。’杖画去之。是年六月，诏管仲宜塑像升于堂，吴起宜画像降于庑下。大中祥符元年，诏武成王加谥昭烈武成王。庆历三年五月，置武学于武成王庙，以阮逸为教授。八月，罢武学。熙宁五年六月，诏于武成王庙置学。”

［29］**武成王庙：**元人脱脱《宋史》卷105《礼志》：“太祖建隆三年，诏修武成王庙，与国学相对，命左谏议大夫崔颂董其役，仍令颂检阅唐末以来谋臣、名将功绩尤著者以闻。四年四

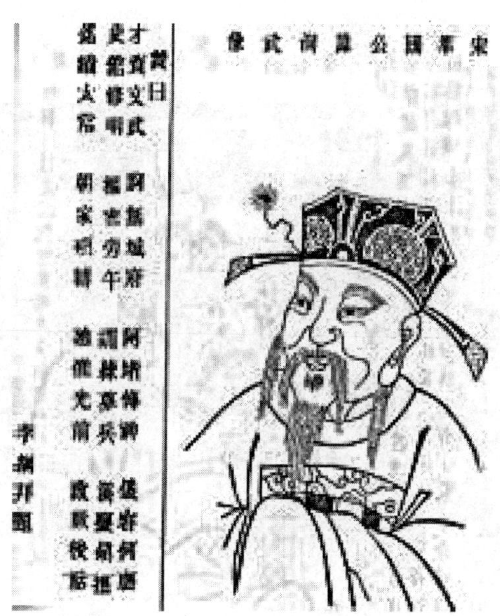

图 2-10 邓洵武画像（自清光绪修《江苏无锡邓氏宗谱》）

月，帝幸庙，历观图壁，指白起曰：‘此人杀已降，不武之甚，何受享于此？’命去之。景德四年，诏西京择地建庙，如东京制。大中祥符元年，加谥昭烈。初，建隆议升历代功臣二十三人，旧配享者退二十二人。庆历仪，自张良、管仲而下依旧配享，不用建隆升降之次。元丰中，国子司业朱服言：‘释奠文宣王，以国子祭酒、司业为初献，丞为亚献、博士为终献，大祝，奉礼并以监学官充。’及上戊释奠武成王，以祭酒，司业为初献，其亚献，终献，及读祝、捧弊，令三班院差使臣充之。官制未行，武学隶枢密院，学官员数少，故差右选。今武学隶国子监，长、贰、丞、簿、官属已多，请并以本监官充摄行事，仍令太常寺修入《祀仪》。”

［30］**明节皇后：**刘氏（1088～1121年），宋徽宗妃嫔。清人徐乾学《资治通鉴后编》卷110：“妃本酒家保女，父宗元，以女贵，为兴宁节度使。初入宫，颇被顾遇，后以事囚于宦者何䜣家，杨戬奏取归，复得入宫，由才人累迁至贵妃。性颖悟，能迎旨合意，又善装饰，衣冠涂饰一新，世争效之。林灵素谓帝为长生帝君，妃为九华玉真安妃，每神霄降，必别置安妃位，图画肖妃像。始，妃囚何䜣家，䜣不礼焉，及得志，遂陷䜣以罪。至是薨，年三十三。”

［31］**清风楼酒店：**为北宋东京著名的酒店，造酒又卖酒。其所造之酒名玉髓（张能臣《酒名记》）。宋人司马光《和孙器之清风楼》：“贤侯宴枚马，歌鼓事繁华。晚吹来千晨，清商落万家。平原转疏雨，远树隔残霞。宋玉虽能赋，还须念景差。”

［32］**军器所：**清人徐松《宋会要·职官》16之4《军器所》：“旧置提点官二员，今同；提辖官六员，今二员；干辨官二员，今一员；监造官六员，今二员；受给官二员，今一员；监门官二员，今一员。干辨［办］司手分一名，管干关防觉察受给大门交收官物等事。监造下人吏三人，主管行移文字。见今依数差拨，分三案行移。内一案掌行造作，计料军器。一案掌行点勘人匠开收，并招收转补事务。一案书勘起请诸色物料。监门下人吏一名，承行文字，系点检官物出

图 2-11　宁夏泾源县泾河源宋墓出土砖雕猪（左）与《清明上河图》中的猪（右）

入、搜检人匠等事。”

［33］**三学院**：元人陶宗仪《说郛》卷84上：“京师景德寺东廊三学院，壁间题曰‘明月斜，秋风冷，今夜故人来不来，教人立尽梧桐影’，皆传吕先生洞宾所题也。靖康间，游京师天清寺，于僧房壁间得一绝云：‘空余绿绮琴，懒把新声写。不见临邛人，谁是知音者？’不题名氏，想有感而题之。”

［34］**民间所宰猪**：清人徐松《宋会要》职官27之34：“（大中祥符二年）十二月，诏商税院：‘每告筑新城外偷税私宰猪、羊屠户，依偷税例断遣，追毁宰杀什物。仍委厢巡罗察。’”清人徐松《宋会要·食货》17之32：“钦宗靖康元年四月十四日，诏：‘都城物价未平，来者尚少，入门猪羊及应干合税物色，并权更免税一季。’”（图2-11）

州桥夜市

出朱雀门，直至龙津桥。自州桥南去，当街水饭1、爊肉2、干脯3。王楼4前獾儿、野狐肉5、脯鸡6。梅家、鹿家鹅鸭鸡兔、肚肺、鳝鱼、包子7、鸡皮、腰肾、鸡碎，每个不过十五文。曹家从食8。至朱雀门，旋煎羊白肠9、鲊脯10、燌冻鱼头11、姜豉12、剿子、抹脏、红丝、批切羊头13、辣脚子姜、辣萝卜14。夏月麻腐15、鸡皮、麻饮细粉、素签、沙糖、冰雪冷元子、水晶皂儿16、生淹水木瓜、药木瓜、鸡头穰沙糖绿豆、甘草冰雪凉水、荔枝膏17、广芥瓜儿、咸菜、杏片、梅子姜18、莴苣笋19、芥辣瓜儿20、细料馉饳儿21、香糖果子、间道糖荔枝、越梅、锯刀紫苏膏、金丝党梅、香枨元，皆用梅红匣儿盛贮。冬月盘兔、旋炙猪皮肉22、野鸭肉、滴酥、水晶脍23、煎夹子24、猪脏之类，直至龙津桥须脑子肉止，谓之杂嚼，直至三更25。

注解

[1] **水饭：** 宋人王辟之《渑水燕谈录》10："士大夫筵馔，率以饽饦或在水饭之前。予近预河中府蒲左丞会。初坐即食生饽饦。予警问之。蒲笑曰：'世谓饽饦为头食，宜为群品之先可知矣。意其唐末五代乱离之际，失其次序，久抑下列，颇郁舆论牵复。坐客皆大笑。"元人陶宗仪《说郛》卷62下："湖湘间，宾客燕集供鱼清羹，则众皆退，如中州之水饭也。"南唐人刘崇远《金华子杂编》卷下："我未及餐，尔可且点心，止于水饭数匙。"

[2] **爊（音āo）肉：** 用文火煨的肉。明人高濂《遵生八笺·饮馔服食笺》上卷《大爊肉》："肥嫩在圈猪约重四十斤者，只取前腿，去其脂，剔其骨，去其拖肚净。取肉一块，切成四五斤块，又切作十字，为四方块。白水煮七八分熟，捞起停冷，搭精肥切作片子，厚一指。净去其浮油，水用少许，厚汁放锅内，先下爊料，次下肉，又次淘下酱水，又次下元汁烧滚，又次下末子细爊料在肉上，又次下红曲末，以肉汁解薄，倾在肉上，文武火烧滚令沸，直至肉料上下皆红色，方下宿汁。略下盐，去酱板，次下虾汁，掠去浮油，以汁清为度。调和得所，顿热用之。其肉与汁，再不下锅。"宋话本《宋四公大闹禁魂张》："宋四公便叫将店小二来说道：'店二哥，我如今要行。二百钱在这里，烦你买一百钱爊肉，多讨椒盐；买五十钱蒸饼。剩五十钱，与你买碗酒吃。'……宋四公安排行李，还了房钱，脊背上背着一包被卧，手里提着包裹，便是觅得禁魂张员外的细软，离了客店。行一里有余，取八角镇路上来。到渡头，看那渡船却在对岸，等不来，肚里又饥，坐在地上，放细软包儿在面前，解开熬肉裹儿，擘开一个蒸饼，把四五块肥底爊肉多蘸些椒盐，卷做一卷。嚼得两口，只见天在下，地在上，就那里倒了。"

[3] **干脯：** 干肉。宋人孔平仲《谈苑》卷1："河豚瞑目切齿，其状可恶，治不中度多死。弃其肠与子，飞鸟不食，误食必死。登州濒海，人取其白肉为脯，先以海水净洗，换海水浸之，暴于日中，以重物压其上，须候四日乃去所压之物，傅之以盐，再暴乃成。如不及四日，则肉犹活也。太守李大夫尝以三日去所压之物，俄顷，肉自盆中跃出，乃知淪之不熟，真能杀人也。"

[4] **王楼：** 可能即为八大王楼。宋人周密《癸辛杂识·别集》卷上《汴京杂事》："登云楼，俗呼为八大王楼，又称谭楼。盖初为燕王元俨所居，后为巨珰谭积有之。其奇峻雄丽，皆非东南所有也。"宋人刘攽《王家酒楼》："君不见，天汉桥下东流河，浑浑瀚瀚无停波。"

[5] **野狐肉：** 明人朱橚《普济方》卷257："野狐肉方，治惊痫风痫、精神恍惚、言语错谬、歌笑无度，兼五脏疾冷、蛊毒寒热。"苏颂《本草图经·兽禽部》卷13《狐》："狐，旧不著所出州郡。隐居注云：'江东无狐，皆出北方及益州，今江南亦时有，京洛尤多。形似黄狗，鼻尖尾大。北土作脍生食之，甚暖，去风补虚劳。阴茎及五脏皆入药。肝烧灰以治风，今人作狐肝散用之。'"

[6] **脯鸡：**明人朱橚《普济方》卷259："脯鸡糁方，治产后心虚、忿悸、遍身疼痛。"

[7] **包子：**宋人王林撰《燕翼诒谋录》卷3：《仁宗诞日赐包子》："大中祥符八年二月丁酉，值仁宗皇帝诞生之日，真宗皇帝喜甚，宰臣以下称贺，宫中出包子以赐臣下，其中皆金珠也。是年仁宗方就学，天生圣人，得于梦兆，方五岁，圣质已异常人，故均福臣下者特异。"宋人罗大经《鹤林玉露补遗》卷6："有士大夫于京师买一妾，自言是蔡太师府包子厨中人。一日，令其作包子，辞以不能。诘之曰：'既是包子厨中人，何为不能作包子？'对曰：'妾乃包子厨中缕葱丝者也。'曾无疑乃周益公门下士，有委之作志铭者，无疑援此事以辞曰：'某于益公之门，乃包子厨中缕葱丝者也，焉能作包子哉。'"

[8] **从食：**次要的食品。宋人袁褧《枫窗小牍》："旧京工伎固多奇妙，即烹煮盘案，亦复擅名。如王楼梅花包子、曹婆婆肉饼、薛家羊饭，梅花鹅鸭、曹家从食、徐家瓠羹、郑家油饼、王家奶酪、段家爊物、石逢巴子肉之类，皆声称于时。"

[9] **羊白肠：**又称"羊霜肠"，因肠上之油白似秋霜而得名，现在仍为开封的特色小吃。旋煎：是当场煎制之意，现在开封仍用此方言。

[10] **鲊脯：**鲊（音zhǎ），用盐腌浸的鱼或肉。汉人许慎《说文解字·鱼部》："鲊，藏鱼也。"宋人范成大《桂海虞衡志·志酒》："老酒以麦曲酿酒，密封藏之可数年，士人家尤贵重。每岁腊中，家家造鲊，使可为卒岁计。有贵客，则设老酒、冬鲊以示勤，婚娶亦以老酒为厚礼。"

[11] **爊冻鱼头：**清人顾仲《养小录》卷下《鱼之属·冻鱼》："鲜鲤鱼切作小块，盐腌过，酱煮熟，收起。用鱼鳞同荆芥同煎汁，澄去渣，再煎汁，稠入鱼，调和得味，锡器密盛，悬井中冻就，浓姜醋浇。"宋人陈元靓《新编群书类要事林广记》卷之四《夏冻鱼法》："取羊蹄子内筋数条，洗者熟，研如膏，后取鱼事治了，同者熟漉入盆扇冷，便冻。"

[12] **姜豉：**此菜因以姜调味，烹制成的熟猪肉浓烂，汤汁凝冻，似豆豉而得名。《永乐大典》（残卷）卷7328《姜豉郎》："《能改斋漫录》：'今市中所卖姜豉，以细抹猪肉冻而为之，自唐以来有也。'"宋人陈元靓《岁时广记》卷10《冻姜豉》："《岁时广记》：寒煮豚肉，并汁露顿，候其冻取之，谓之'姜豉'。以荐饼而食之。或剜以匕，或裁以刀，调以姜豉，故名焉。"

[13] **批切羊头：**元代无名氏《居家必用事类全集·庚集·法煮羊头》："捋燎净，下锅煮。入葱五茎，橘皮一片，良姜一块，椒十余粒。滚数沸，入盐一匙尖，慢火煮熟，放冷，切作片。临食木碗盛酒洒，蒸热入碟供胜，烧者，作签亦佳。"这是煮卤羊头法。元人忽思慧《饮膳正要》："白羊头一枚，捋洗净。上件蒸令烂熟，细切，以五味汁调和脍。空腹食之。"

[14] **辣萝卜：**宋人周密《癸辛杂识前集·葖》："今成都面店中呼萝卜为葖子，虽曰市井语，然亦有谓。按尔雅曰：'葖，芦菔也。'郭璞以葩为菔，俗呼雹葖，先北反。或作卜，释曰：'紫花松也，一名葖，盖其性能消食、解面毒。'谈苑云：江东居民岁课艺，初年种芋三十亩，计省米三十斛；次年种萝菔三十亩，计益米三十斛，可见其能消食。昔有波罗门僧东来，见人食面，骇云：'此有大热，何以食之！'及见萝菔，曰：'赖有此耳。'洞微志载齐州人有病狂歌曰：

‘五灵叶盖晚玲珑，天府由来汝府中。惆怅此情言不尽，一丸萝菔火吾宫。’后遇道士作法治之，云：‘此犯天麦毒，按医经芦菔治面毒。’即以药并萝菔食之，遂愈，以其能解面毒故耳。”

[15] **麻腐：**清人顾仲《养小录》卷上《豆·麻腐》：“芝麻略炒，微香，磨烂，加水，生绢滤过，去渣，取汁煮熟，放白糖，则少用水，凝作腐。或煎或煮，以供素馔。”

[16] **水晶皂儿：**宋人庄绰《鸡肋编》卷上：“浙中少皂荚，澡面浣衣皆用肥珠子。木亦高大，叶如槐而细，生角，长者不过三数寸。子圆黑，肥大，肉亦厚，膏润于皂荚，故一名肥皂，人皆蒸熟暴干，乃收。京师取皂荚子仁煮过，以糖水浸食，谓之‘水晶皂儿’。车驾在越，北人亦取肥珠子为之。食者多苦腰痛，当是其性寒故也。《本草》不载，竟不知其为何物哉。或云用以沐头则退发，而南方妇人竟岁才一沐，止用灰汁而已。”

[17] **荔枝膏：**元人忽思慧《饮膳正要》卷2《诸般汤煎·荔枝膏》：“生津止渴，去烦。乌梅（半斤，取肉）、桂（一十两）、沙糖（二十六两）、麝香（半钱，研）、生姜汁（五两）、熟蜜（一十四两），右用水一斗五升，熬至一半，滤去滓，下沙糖、生姜汁，再熬，去渣，澄定少时，入麝香搅匀，澄清如常，任意服。”明人宋诩《竹屿山房杂部》卷13《荔枝膏汤》“乌梅三十个肥大者，先以汤浸三五次，去酸水取肉。烂研入砂糖一斤，临时添减，与梅同熬得所即止，生姜半斤，取自然汁加减，用桂末半两入汤内。右件熬成膏子，看可丸使住火，用汤或水调点密封瓶。”宋人梁克家《淳熙三山志》卷39《土贡》：“荔支干：大中祥符二年，岁贡六万颗。元丰四年，增减价本钱一百七十二缗有奇，岁以银输左藏库。三年，条次贡物如祥符之数。元祐元年，定为常贡，数亦如之。崇宁四年，增一万三千颗。大观元年，又增三千。政和增贡一万。宣和，于祥符数外进八万三千四百。七年，损抑贡物，减政和之半。建炎三年罢。荔支煎：大中祥符二年，定额一百三十瓶。丁香荔支煎三十瓶。元丰三年，条次贡物如祥符之数。元祐元年，名为常贡。崇宁四年，定岁贡，亦如之。建炎三年罢。圆荔支：崇宁四年，定岁贡一十万颗。大观元年，增一万。宣和中，增十万六百颗。七年，减政和岁贡之半。建炎三年罢。”

[18] **梅子姜：**明人朱之瑜《朱氏舜水谈绮》卷下《饮食》：“盐梅，沙糖渍淹，加之细锉生姜、紫苏，即可成为‘苏梅姜’。”

[19] **莴苣笋：**明人宋诩《竹屿山房杂部》卷5：“莴苣笋，削去厚皮，卧置长板上，盐烦揉，须透叠器中。天阴停下，晴日用其卤煎沸，加石灰少许，一染即起，纶丝每条系其头悬晒之。常以手捼直，俟起盐霜卷束，收瓮。竹笋去箨作沸，盐芼熟晒干。”

[20] **芥辣瓜儿：**宋人浦江吴氏《吴氏中馈录·芥辣》：“二年陈芥子，碾细，水调，纳实碗内，韧纸封固。沸汤三、五次，泡出黄水，覆冷地上。顷后有气，入淡醋，解开布，滤去渣。”

[21] **馉饳儿：**古代的一种面食，有馅，一说即“馄饨”。宋人吴自牧《梦粱录》卷13《诸色货卖》：“水团、汤丸、馉饳儿。”宋人周密《武林旧事·市食》：“鹌鹑馉饳儿。”

[22] **旋炙：**当即烧烤。猪皮肉：清人童岳荐《调鼎集》卷3《特牲部·猪·炙皮肉》：“干肉皮扫上酱油、麻油、椒末，炭火炙。”

[23] **水晶脍：**将鲤鱼熬化，凝成冻以后斜切，加汁调和。宋人陈元靓《事林广记·癸集》

卷10《水晶脍法》:“赤稍（梢）鲤鱼，鳞以多为妙净，洗去涎，水浸一宿。用新水于锅内慢火熬，候浓，去鳞，放冷即凝。细切入五辛，醋调和，味极珍。须冬月调和方可。”宋人高观《菩萨蛮·水晶脍》:“玉鳞熬出香凝软，并刀断处冰丝颤。红缕间堆盘，轻明相映寒。纤柔分劝处，腻滑难停箸。一洗醉魂清，真成醒酒冰。”宋人邵伯温《河南邵氏闻见录》卷7:“僧海妙者谓余言：昔出入丁晋公门下，公作相时，凿池养鱼，覆以板。每客至，去板钓鲜鱼斫脍，其肴馔珍异不可胜数。”

[24] **煎夹子:** 有馅的煎饼。宋人浦江吴氏《吴氏中馈录·甜食·油儿方》:“面搜剂，包馅，作铗儿，油煎熟，馅同肉饼法。”

[25] **三更:** 指半夜十一时至翌晨一时。清人徐松《宋会要·食货》卷67之1《置市》:“太祖乾德三年四月十三日，诏‘开封府令京城夜市至三鼓已来，不得禁止。’”

东角楼街巷

自宣德东去，东角楼1乃皇城东南角也。十字街南去，姜行2、高头街3；北去，从纱行4至东华门街、晨晖门5、宝箓宫6，直至旧酸枣门，最是铺席要闹。宣和间展夹城牙道7矣。东去乃潘楼街，街南曰『鹰店』，只下贩鹰鹘8客，余皆真珠9、匹帛10、香药11铺席。南通一巷，谓之『界身』，并是金银12彩帛交易之所，屋宇雄壮，门面广阔，望之森然，每一交易，动即千万，骇人闻见。以东街北曰潘楼酒店，其下每日自五更市合13，买卖衣物、书画、珍玩、犀玉。至平明，羊头、肚肺、赤白腰子、奶房、肚胘、鹑兔14、鸠鸽、野味、螃蟹、蛤蜊之类讫，方有诸手作人15上市，买卖零碎、作料。饭后饮食上市，如酥蜜食16、枣䭔、澄砂团子17、香糖果子、蜜煎雕花18之类。向晚卖河娄头面19、冠梳20、领抹21、珍玩动使22之类。东去则徐家瓠羹23店。街南桑家瓦子24，近北则中瓦，次里瓦，其中大小勾栏25五十余座。内中瓦子莲花棚26、牡丹棚，里瓦子、夜叉棚、象棚最大，可容数千人。自丁先现27、王团子、张七圣辈，后来可有人于此作场。瓦中多有货药、卖卦、喝故衣28、探搏29、饮食、剃剪、纸画、令曲之类。终日居此，不觉抵暮。

[1] **东角楼：**宋代日僧成寻《参天台五台山记》卷4："……有大楼（东角楼），无门户，下一丈五尺，重瓦，下造楼也。"清人徐松《宋会要·帝系》10之1："三元观灯，……于正月望后开坊市门然灯宋因之。上元前后各一日，城中张灯，大内正门结彩为山楼影灯，起露台，教坊百戏。天子先幸寺观行香，遂御楼，或御东华门及东西角楼，饮从臣，四夷、蕃客各依本国歌舞列于楼下。东华左右掖门、东西角楼、城门、大道、大宫观寺院悉起山棚，张乐陈灯。"可见东角楼应有城门。

[2] **姜行：**买卖生姜的场所。

[3] **高头街：**位于东角楼十字街口之南，东景灵宫之东。明人明黄淮、杨士奇编《历代名臣奏议》卷21："今欲弃先儒之是说，违神考之，圣训专用，私意率改成绪臣，是以知其不然也。或者以谓若东展旧基，则高头街之地，必见侵掘，国之左臂不可侵也。夫天庙之说，出于阴阳家，真宗用之，今尚不取，何独左臂之说为可据乎！况旧基之北有榷货务，移一务则不动民居而得殿基矣，不欲侵掘则因地形之高下，何为不可，择此可因之绪，而坚持难就之计，臣是以知其不然也。又或谓以祖宗神御，昔者或东或西或南或北，随寺观之所在，即置殿宇。"宋人洪迈《夷坚志》乙志卷9《金刚不坏身》："医师能太丞，居京师高头街。"

[4] **纱行：**买卖纱的场所。宋人欧阳修《归田录》卷下："石曼卿磊落奇才，知名当世，气貌雄伟，饮酒过人。有刘潜者亦志义之士也，常与曼卿为酒敌，闻京师沙行王氏新开酒楼，遂往造焉，对饮终日，不交一言。王氏怪其所饮过多，非常人之量，以为异人，稍献肴果，益取好酒奉之甚谨。二人饮啖自若傲然不顾，至夕，殊无酒色，相揖而去。明日，都下喧传王氏酒楼有二酒仙来饮。久之，乃知刘石也。"

[5] **晨晖门：**延福宫之东门。元人脱脱《宋史》卷85《地理志》："延福五位，东西配大内，南北稍劣。其东直景龙门，西抵天波门，宫东西二横门，皆视禁门法，所谓晨晖、丽泽者也，而晨晖门出入最多。"

[6] **宝箓宫：**上清宝箓宫的简称。元人脱脱《宋史》卷85《地理志》："上清宝箓宫，政和五年作，在景龙门东，对景辉门，既又作仁济、辅正二亭于宫前。命道士施民符乐，徽宗时登皇城下视之。又开景龙门城上复道，通宝箓宫，以便齐醮之事，徽宗数从复道上往来。是年十二月始，张灯于景龙门上下，名曰：'预赏'。其明年，乃有期门之事。"宋人庄绰《鸡肋篇》卷下："楚州有卖鱼人姓孙，颇前知人灾福，时呼孙卖鱼。宣和间，上皇闻之，召至京师，馆于宝箓宫道院。一日，怀蒸饼一枚，坐一小殿中。已而上皇驾至，遍诣诸殿烧香，末乃至小殿。时日高，

拜跪既久，上觉微馁。孙见之，即出怀中蒸饼云：'可以点心。'上皇虽讶其异，然未肯接。孙云：'后来此亦难得食也。'时莫悟其言。明年遂有沙漠之行，人始解其识。"

[7] **夹城牙道：** 指从东华门北至景龙门之间修筑的两侧带墙的街道，以方便皇帝出入而不为外人所见。如宋人万俟咏《凤凰枝令》一词的小序中说："景龙门，古酸枣门也，自左掖门之东，为夹城南北道，北抵景龙门，自腊月十五日放灯，纵都人夜游，妇女游者，珠帘下邀住，饮以金瓯酒。"

[8] **鹰鹘：** 又名海东青。宋人叶隆礼《契丹国志》卷10："女真东北与五国为邻，五国之东接大海，出名鹰，自海东来者，谓之'海东青'。"明人叶子奇《草木子》卷4："海东青，鹘之至俊者也，出于女真，在辽国已极重之。因是起变而契丹以亡。其物善擒天鹅。飞放时，旋风羊角而上。直入云际。"宋人王明清《挥麈前录》卷3《太宗还西夏所献鹘》："淳化三年，西夏李继捧遣使献鹘，号海东青。上赐诏曰：'朕久罢畋游，尽放鹰犬。卿地控边塞，时出捕猎，今还以赐卿，可领之也。'宣和末，耶律禧由此失国。乌乎，太宗圣矣哉。"

[9] **真珠：** 即珍珠，北宋多为注辇、三佛齐、大食等国进贡而来。元人脱脱《宋史》卷489《注辇传》："谨遣专使等五十二人，奉土物来贡，凡真珠衫帽各一，真珠二万一千一百两，象牙六十株，乳香六十斤。三文等又献珠六千六百两，香药三千三百斤。"

[10] **匹帛：** 即丝麻布匹，由地方税收而来。宋人马端临《文献通考》卷4引毕仲衍《中书备对》："（熙宁十年，夏税）匹帛二百五十四万一千三百匹，……（秋税）匹帛一十三万一千二十三匹。"元人脱脱《宋史》卷175《食货志》："布帛，宋承前代之制，调绢、䌷、布、丝、绵，以供军须，又就所产折科、和市。"宋人无名氏《靖康要录》卷10："二十六日，开封府榜金银匹帛限三日尽数送纳，如有窖藏寄收出限不纳之家，许诸色人并本家人力女使，经府陈告，以所藏之物三分之一估价充赏，其人力女使着即时令逐取便。"

[11] **香药：** 香料药物的简称，为北宋时期的专卖之物。清人徐松《宋会要·食货》卷36之1《榷易》："（太平兴国二年）三月，监在京出卖香药场大理寺丞乐冲、著作佐郎陶邴言：'乞禁止私贮香药、犀牙'。诏：'自今禁买广南、占城、三佛齐、大食国、交州、泉州、两浙及诸蕃国所出香药、犀牙，其余诸州府土产药物，即不得随例禁断。与限令取便货卖，如限满破货未尽，并令于本处州府中卖入官；限满不中卖，即逐处收捉勘罪，依新条断遣。诸回纲运并客旅见在香药、犀牙，与限五十日，行铺与限一百日，令取便货卖，如限满，破货不尽，即令于逐处中卖入官。官中收买香药、犀牙，价钱折支，仍不得支给金、银、匹段，所折支物并价例，三司定夺支给。应犯私香药、犀牙，据所犯物处时估价纽足陌钱，依定罪断遣，所犯私香药、犀牙并没官。'"

[12] **金银：** 宋人马端临《文献通考》卷9《钱币考》记载："大观三年鲁公（蔡京）既罢，朝议改为当三，当三则折阅倍焉，虽县官亦不能铸矣，而大钱遂废，初议改当三也。宰执争辇钱而市黄金，在都金银铺未之知，不两月命下。时传以为讪笑。"（图2-12）

[13] **市合：** 开市。宋人苏辙《龙川别志》卷下："张安道知成都，日以医官自随。重九，请出观药市，五更，市方合而雨作，入五局观避之。"

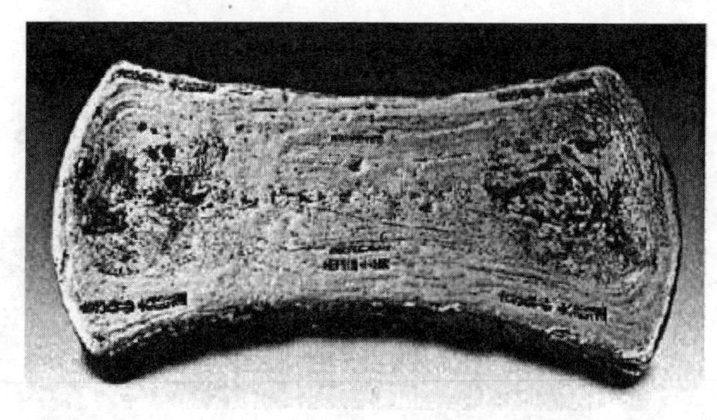

图 2–12　安徽阜阳出土的宋代长银铤

[14] **鹑兔：**鹌鹑和兔子，泛指野味。宋人曾巩《过零壁张氏园》诗之一："梨枣累累正熟时，粟田鹑兔亦争肥。"宋人韩驹《送子飞弟归荆南》诗："时时得鹑兔，傍灶亲燔燎。"宋人江少虞《事实类苑》卷63《蛙变为鹑》："至道二年夏秋间，京师鬻鹑者积于市，诸门皆以大车载入，鹑才直二钱。"

[15] **手作人：**泥水、木工及其他手工艺人。宋人吴自牧《梦粱录》卷19《闲人》："又有一等手作人，专攻刀镊，出入宅院，趋奉郎君子弟，专为干当杂事，插花挂画，说合交易，帮涉妄作谓之'涉儿'，盖取过水之意。"

[16] **如酥蜜食：**西湖老人《繁胜录》："酥蜜裹食，天下无比，入口便化。"

[17] **澄砂团子：**宋人浦江吴氏《中馈录·甜食·煮沙团方》："煮沙团方：沙糖入赤豆或绿豆煮成沙团，外以生糯米粉裹，作大团。蒸或滚汤内煮，亦可。"

[18] **蜜煎雕花：**古代雕花食品的一种，即在果品用蜜渍之前，先用刀加以雕刻，然后制成蜜饯，以供人们玩赏食用。唐人刘恂《岭表录异》卷中："枸橼子，形如瓜，皮似橙而金色，故人重之，爱其香气。京辇豪贵家饤盘筵，怜其远方异果。肉甚厚，白如萝卜。南中女工竞取其肉雕镂花鸟，浸之蜂蜜，点以胭脂，擅其巧妙，亦不让湘中人镂木瓜也。"宋灌圃耐得翁《都城纪胜·四司六局》："蜜煎局，专掌糖蜜花果、咸酸劝酒之属。"宋人吴自牧《梦粱录》卷19《四司六局筵会假凭》："蜜煎局，掌簇饤看盘果套山子、蜜煎像生窠儿。"宋人周密《武林旧事》卷9《高宗幸张府节次略》："雕花蜜煎一行：雕花梅球儿、红消花儿、雕花笋、蜜冬瓜鱼、雕花红团花、木瓜大段儿（花）、雕花金橘、青梅荷叶儿、雕花姜、蜜笋花儿、雕花橙子、木瓜方花儿。"

[19] **河娄头面：**北宋之初，东京有座"何楼"，里边所卖物品全是假货。宋人江少虞《事实类苑》卷61《何楼》："世人语虚伪者为何楼，似是沽滥之称，其实不然。国初，京师有何家楼，其下卖物皆行滥者，故人以此目之，今楼已废，语又相传。俳优人言何市乐，说者谓起石驸马在京都，其家乐甚，诋诮南市中乐人，故得此名。"头面：指妇女所带的珠宝金银首饰。宋人燕翼《贻谋录》云："妇人冠，旧以漆纱为之，而加金银、珠翠、彩色装花诸锦……今杭俗女子初嫁，有所谓大头面当本此，盖以宋俗之遗也。"据《南方宋墓出土金银首饰的类型与样式》

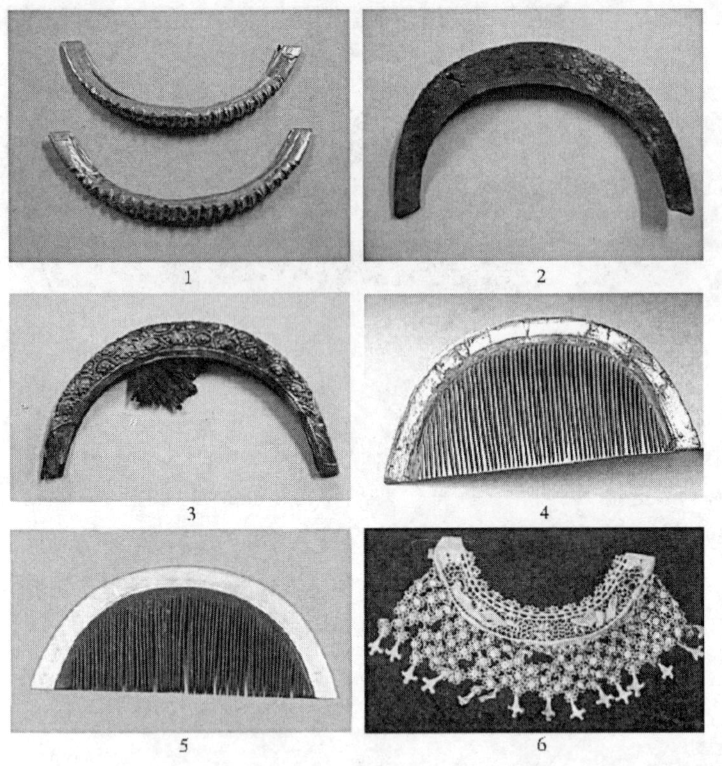

图 2-13　宋代墓葬出土的“头面”
1-竹节纹金梳背；2、3-银鎏金缠枝花卉纹背；4-金包背黄杨木板；5-金包虚背牛角梳；6-金梳背
（引自杨之水：《南主宋墓出土金银首饰的类型与样式》，《考古与文物》2008年第4期）

（《考古与文物》2008年第4期），宋代头面包括冠梳、钗簪、耳环、钏镯、戒指、帔坠等类型（图2-13）。

[20] **冠梳：**宋代妇女在饰冠上安插的长梳，为头面的一种。宋人王林《燕翼贻谋录》卷4：“旧制，妇人冠以漆纱为之，而加以饰，金银珠翠，采色装花，初无定制。仁宗时，宫中以白角改造冠并梳，冠之长至三尺，有等肩者，梳至一尺。议者以为妖，仁宗亦恶其侈，皇佑元年十月，诏禁中外不得以角为冠梳，冠广不得过一尺，长不得过四寸，梳长不得过四寸。终仁宗之世无敢犯者。其后侈靡之风盛行，冠不特白角，又易以鱼魫；梳不特白角，又易以象牙、玳瑁矣。”宋人陆游《入蜀记》卷4：“未嫁者率为同心髻，高二尺，插银钗至六只，后插大象牙梳，如手大。”宋人马端临《文献通考》卷114《王礼考》：“皇祐元年……先时宫中尚白角冠梳，人争效之，谓之内样。其冠名曰‘垂肩’，至有长三尺；梳长亦逾尺。议者以为服妖，故禁止焉。”宋人江休复《江临几杂志》卷下：“钱明逸知开封府，时都下妇人白角冠阔四尺，梳一尺余。禁官上疏禁之，重其罚，告者有赏。”（图2-14）

[21] **领抹：**指对襟袄直领下两条窄花边。宋代无名氏《阮郎归·端五》：“及妆时结薄衫儿，蒙金艾虎儿，画罗领抹缬裙儿，盆莲小景儿，香袋子，搐钱儿，胸前一对儿。绣帘妆罢出来时。问人宜不宜。”

[22] **珍玩：**珍贵的供玩赏的东西。动使：日常应用的器具。宋人吴自牧《梦粱录》卷1《正月》：“街坊以食物、动使、冠梳、领抹、段匹、花朵、玩具等物沿门歌叫关扑。”

图 2–14　宋画《娘子张氏图》中的“冠梳”

[23] **瓠羹：**瓠叶、肉等煮成的浓汁食品。北魏贾思勰《齐民要术》卷8《羹臛法第七十六》：“作瓠菜羹法：用瓠叶五斤，羊肉三斤，葱二升，盐、蚁五合，口调其味。”又卷9《素食第八十七》：“瓠羹：下油水中，煮极热，体横切，厚二分，沸而下。与盐、豉、胡芹，累奠之。”

[24] **瓦子：**又称瓦舍，是北宋东京的一种大型综合性演艺场所，因为常与集市结合在一起，所以也称瓦肆。宋人吴自牧《梦粱录》卷19：“瓦舍者，谓其来时瓦合，出时瓦解之义，易聚易散也。不知起于何时。顷者京师甚为士庶放荡不羁之所，亦为子弟流连破坏之门。”

[25] **勾栏：**又作勾阑或构栏，中国古代城市中固定的娱乐场所，主要表演戏曲等节目。元人陶宗仪《辍耕录》卷24：“至元壬寅夏，松江府前勾栏。邻居顾百一者，一夕梦摄入城隍庙中，同被摄者约四十余人，一皆责状，画字时，有沈氏子，以搏银为业，亦梦与顾同，郁郁不乐，家人无以纾之，劝入勾栏观排戏，独顾以宵梦匪贞，不敢出门。有女官奴习呕唱，每闻勾栏鼓鸣则入。是日，入未几，棚屋拉然有声，众惊散，既而无恙，复集焉。不移时，棚阽压，顾走入抱其女，不谓女已出矣，遂毙于颠木之下。死者凡四十二人。”（图2–15）

[26] **莲花棚：**宋人罗烨《醉翁谈录·序平康巷陌诸曲》：“暇日群聚金莲棚中，各呈本事，求欢之者，皆五陵年少及豪贵子弟。”

[27] **丁先现：**北宋时期著名的杂剧艺人。宋人朱彧《萍洲可谈》卷3：“伶人丁先现者，在教坊数十年，每对御作俳，颇议正时事。尝在朝门与士大夫语曰：‘先现衰老，无补朝廷也。’闻

者哂之。”宋人邵伯温《河南邵氏闻见录》卷2：“元丰中，神宗仿汉原庙之制，增筑景灵宫。先于寺观迎诸帝后御容奉安禁中。涓日以次备法驾，羽卫前导赴宫，观者夹路，鼓吹振作。教坊使丁仙现舞，望仁宗御像引袖障面，若挥泪者，都人父老皆泣下。呜呼，帝之德泽在人深矣！”

［28］**喝故衣：**卖旧衣。宋人张端义《贵耳集》卷下：“何自然中丞上疏，乞朝廷并库，寿皇从之，方且讲究未定。御前有燕，杂剧伶人装一卖故衣者，持裤一腰，只有一只裤口。买者得之，问：‘如何著？’卖者云：‘两脚并做一裤口。’买者云：‘裤却并了，只恐行不得。’寿皇即寝此议。”宋人委心子《新编分门古今类事》卷5《异兆门下·文叔遇侠》：“林文叔，字野夫，兴化军人。治平间，游上都，寓甘泉坊，贫甚，几不聊生。比邻一孀妇，年三十余，朝肩故衣出售，暮即归。居之对门有茶肆，文叔多坐其中，妇人亦时来饮茗。时初冬，文叔尚衣暑服，妇人怜之，乃以全体之服与之。”

［29］**探搏：**徒手搏斗。宋人司马光《涑水纪闻》卷3：“王嗣宗，汾州人，太祖时举进士，与赵昌言争状元于殿前，太祖乃命二人手搏，约胜者与之。昌言发秃，嗣宗殴其幞头坠地，趋前谢曰：‘臣胜之！’上大笑，即以嗣宗为状元，昌言次之。”司马光《论上元令妇人相扑状》：“臣窃闻今月二十八日，圣驾御宣德门，召诸色艺人各进技艺，赐与银绢，内有妇人相扑者亦被赏赉。臣愚窃以宣德门者，国家之象魏，所以垂宪度，布号令也。今上有天子之尊，下有万民之众。后妃侍旁，命妇纵观，而使妇人裸戏于前，殆非所以隆礼法示四方也。”（图2–16）

图 2–15　南宋《仙馆秾花》画中的单勾栏

图 2–16　宋画中的探搏图

潘楼东街巷

潘楼[1]东去十字街，谓之土市子[2]，又谓之竹竿市[3]。又东十字大街，曰从行裹角茶坊[4]，每五更点灯博易[5]、买卖衣服、图画、花环、领抹之类，至晓即散，谓之『鬼市子』[6]。以东街北赵十万宅，街南中山正店[7]、东榆林巷、西榆林巷[8]。北郑皇后宅[9]。东曲首向北墙畔单将军庙[10]，乃单雄信墓也，上有枣树，世传乃枣槊[11]发芽，生长成树，又谓之枣冢子巷。又投东则旧曹门街[12]，北山子茶坊，内有仙洞、仙桥，仕女往往夜游，吃茶于彼。又李生菜小儿药铺、仇防御药铺。出旧曹门，朱家桥瓦子。下桥南斜街、北斜街，内有泰山庙[13]，两街有妓馆。桥头人烟市井，不下州南。以东牛行街[14]、下马刘家药铺[15]、看牛楼酒店，亦有妓馆，一直抵新城。自土市子南去，铁屑楼酒店[16]、皇建院街[17]，得胜桥郑家油饼店，动二十余炉，直南抵太庙街[18]、高阳正店[19]，夜市尤盛。土市北去，乃马行街也，人烟浩闹。先至十字街，曰鹟儿市，向东曰东鸡儿巷[20]，西向曰西鸡儿巷，皆妓馆所居。近北街曰杨楼街，东曰庄楼[21]，今改作和乐楼[22]，楼下乃卖马市也。近北曰任店，今改作欣乐楼[23]，对门马铛家羹店。

注解

[1] **潘楼**：亦称樊楼，白矾楼，为当时京师著名的酒楼。宋人楼钥《北行日录》：乾道五年（1169年）十二月“十二日癸巳，晴，五更出驿，穿御街，循东御廊，过宣德楼侧，东角楼下潘楼街头，东过左掖门，出马行街头，北过东华门，出旧封丘门。”又见本卷《酒楼》注6“白矾楼”。

[2] **土市子**：大概相当于现在开封市南北土街一线。明人李梦阳《空同集》卷29《繁台春集》：“土市子东，曹门西，衡门之下聊栖栖古堂，疏豁还高榻故国行，藏有杖藜，已多佳树，琴书静，复值炎天，雷雨低幡，幡麦秀真堪，喜阮籍穷途未足啼。”宋人范成大《石湖诗集》卷12《市街》：“梳行讹杂马行残，药市萧骚土市寒。惆怅软红佳丽地，黄沙如雨扑征鞍。”

[3] **竹竿市**：可能又称竹竿巷。宋人周辉《清波别志》卷1：“东坡守杭，所属尝申漏税，乃远方获荐士，以裹粮置货封掩，赝作某上杭州知府苏内翰，士辞穷吐实，且曰：‘今负天下重名，孰逾先生，沿涂既赖以免，自此入京，意通行无碍，不虞败获也。’坡乃呼笔吏俾易掩面，用已衔至京师竹竿巷苏学士，且语之：‘乃舍弟子由也。’此真无碍矣，仍赒其行。士喜过望。倘遇俗吏苛刻，必断治伪冒，没入其货，还有此气象乎。”

[4] **裹角茶坊**：拐角处的茶坊。元人郑廷玉《后庭花》第四折：“我出的这衙门来，转过隅头，抹过裹角，来到李顺家里。”宋人王明清《摭青杂说》：“京师樊楼畔，有一小茶肆。甚潇洒清洁，皆一品器皿，椅桌皆齐楚，故卖茶极盛。熙丰间，有一士人，乃邵武李氏。在肆前遇一旧相知，引就茶肆，相叙阔别之怀。先有金数十两，别为袋子系于肘腋，以防水火盗贼之虞。时春月乍暖，士人因解卸衣服次，置此金于茶桌上未及收拾。未几，招往樊楼会饮，遂忘遗出，既饮极欢。夜深将办灭灯火、方始省记。李以茶肆中往来者如织，必不可根究，遂不更去询问。”

[5] **博易**：交易、贸易。唐人韩愈《论变盐法事宜状》：“多用杂物及米谷博易，盐商利归于己，无物不取。”伊永文先生的《东京梦华录笺注》将“博易”解释为一种赌博性质的游戏，引用的亦是此方面的文献。从上文来看，这是早市，哪有一早就表演游戏的。

[6] **鬼市子**：指夜市。唐人郑熊《番禺杂记》：“海边时有鬼市。半夜而合，鸡鸣而散，人从之多得异物。”

[7] **中山正店**：北宋东京著名的大酒楼之一，位居“在京正店七十二户”之列。正店，为大型酒店，资本雄厚，购买官曲后，可以造酒、卖酒，并在划定的地区内，向脚店经营批发酒的业务。宋人朱弁《曲洧旧闻》卷7：“中山正店全名唤中山园子正店，自制‘千日春’，为东京名酒。”

[8] **榆林巷：**宋代阙名《异闻总录四》："吕文靖公宅在京师榆林巷。群从数十，遇时节朔望，则昧旦共集于一处，以须尊者之出。"金人刘祁《归潜志》卷1："飞伯尝有诗云：'宣平坊里榆林巷，便是临淄公子家。寂寞画堂豪贵少，时容词客听琵琶。'"吕本中《东莱紫微师友杂志》："元丰间，亲丧服除，至京师，寓予家榆林旧第。日以粗饭置一盆，又以一盆盛菜蔬，兄弟分食之，甘如饴蜜，不求于人。"

[9] **郑皇后：**宋徽宗赵佶皇后，靖康之变后徽宗与郑皇后北迁至五国城，建炎九年（1135年）死于五国城，终年51岁。宋人王偁《东都事略》卷14《世家二》："显肃皇后郑氏，开封人也。父绅，始为直省官，以后贵，累封太师，乐平郡王，后本钦圣殿押班。徽宗为端王，每日朝慈德宫，钦圣命郑王二押班供侍，及即位，钦圣以二人赐之。王后封贵妃，郓王母也。崇宁初，后封贤妃，迁贵妃，后有异宠。徽宗多赉以词章，天下歌之。王后崩，政和元年立为皇后，钦宗即位，尊后为道君太上皇后，居宁德宫。靖康元年，金人犯京师，后从徽宗北迁云。"

[10] **单将军庙：**为纪念隋末农民起义将领单雄信所建之庙。唐人段成式《酉阳杂俎》卷12："单雄信幼时，学堂前植一枣树。至年十八，伐为枪，长丈七尺，拱围不合刃，重七十斤，号为'寒骨白'。常与秦王卒相遇，秦王以大白羽射中刃，火出，因为尉迟敬德拉折。"

[11] **枣槊：**用枣木做杆的长矛。五代十国前蜀人贯休《观怀素草书歌》："忽如鄂公喝住单雄信，秦王肩上搨著枣木槊。"元人脱脱《宋史》卷279《呼延赞传》："赞具装执鞬驰骑，挥铁鞭、枣槊，旋绕廷中数四。"

[12] **旧曹门街：**向东通往旧曹门的街道。宋人张师正《括异志》卷1《曹门谣》："天圣末洎明道中，京师市井坊巷之人，凡物之美嘉者，即曰'曹门好'，物之高大者，即曰'曹门高'，耆壮童稚无不道者。"

[13] **泰山庙：**宋人马纯《陶朱新录》："宣和间，舒州司录李知雄云，顷赴调寓，居京师。一日，乘马过旧曹门角路，遇回风盘旋，马首不散，俄昏然如醉，时头上席帽为风飘，不知所向。既归，觉愦愦不佳，乃就枕梦为人召去，至一官府，有朱紫二人，据厅事，揖李，同坐。紫衣者谓李曰，且喜同事绯衣者，举二指曰：'他尚有二十年在。'久之，李辞去。紫衣又曰：'吃南食，着南衣，于南窗下相见。'既觉，异之。后偶到曹门外泰山庙，见向所失席帽，挂于庙中录事堂椅子上。"宋人李焘《长编》卷66：景德四年（1007年）七月丙子，"龙图阁待制陈彭年言：'按汉书高平侯魏洪坐酎宗庙骑至司马门，削爵一级。此则骑不得过庙司马门之明文也。今太庙别有偏门及东门，祀官入斋宫，去殿庭尚远，其后庙唯有一门，每遇禘祫，神主由之出入。兼斋宫政与殿门相对，数步而已，祀官皆乘马而入，实非恭恪。望自今中书、门下行事，许乘马入太庙东门，自余并不得乘入。庶彰寅恭，以广孝思。'诏祀官遇雨，许乘马入东门，导从止门外，余如所请"。

[14] **牛行街：**宋人贺铸《夏夜雨晴遣怀》注："癸酉岁，京师春夏厌雨，吾居望春门东牛行街，故西枢渤海公之高斋，嘉树清风，殊不知暑湿。时卧病杜门，每把书自适。五月望，雨始收霁，疾亦少间，因赋是诗。"

［15］**刘家药铺：**宋人洪迈《夷坚丙志》14“綦叔厚条”：“翁不见井子刘家药肆乎。高门赫然。正面大屋七间。吾虽不善骑，必不至单马撞入，误触器物也。恶少皆大笑称善。翁亦羞沮。以俚语谓綦曰：‘也得也得。’遂释之。井子者，刘氏所居京师大药肆也。故綦用以为答。”

［16］**铁屑楼酒店：**孔宪易先生认为是当时犹太人所开设的酒店。“铁屑”，乃以色列的中文译音（孔宪易：《北宋东京犹太人开设的酒楼——铁屑楼》,《开封文博》1992年1～2期）。元人郝经《龙德宫怀古一十四首》之一，曾描写过宋徽宗临幸过铁屑楼：“人间未省有金国，地底唯知幸铁楼，忽见城头鹧鸪舞，卖花声断不胜愁。”

［17］**皇建院：**宋代无名氏《分门古今类事》卷2：“周宗遇僧世宗，南征得六合僧，善知人言。世宗数事，若合符契。又曰：‘陛下得三十年。’帝大悦，赐紫袍、师号，又赐皇建院居之，即太祖龙潜之旧宅也。及世宗即世，人咸以为谬。后幼主逊位，方验三十年者，乃三主十年也。帝王世数，非前定乎。《纪异录》：‘周宗遇僧，世宗南征，得六合僧，善知人言世宗数事，若合符契。’”宋人薛居正《旧五代史·周书后妃列传》：“贵妃张氏，恒州真定人也。……汉隐帝末，萧墙变起，屠害大臣，太祖在邺都被谗，妃与诸皇属同日遇害于东京旧第。太祖践阼，追册为贵妃。……世宗嗣位，以太祖旧宅，即妃遇祸之地，因施为僧院，以皇建院为名焉。”宋人陶谷《清异录》卷下《花糕员外》：“皇建僧舍旁有糕坊，主人由此入赀为员外官，盖显德中也。都人呼花糕员外，因取糕目录笺之。”

［18］**太庙街：**宋人李攸《宋朝事实》卷6《太庙戟门》：“太常礼院言：‘天子宗庙皆有常制。今太庙之南门立戟，即庙正门也。又有外墙棂星门，即汉时所谓壖垣，乃庙之外门也。昨新建面西墙门，原在通衢，以止车马之过庙者。其臣僚下马，宜勿禁。’从之。初，知宗正丞赵恭和言：‘今庙壖短，而去民居近，非所以严宗庙。请别为复墙，以甓累之。’故又设面西之门，然而非制也。”宋人陆游《避暑漫抄》：“艺祖受命之三年，密镌一碑，立于太庙寝殿之夹室，谓之‘誓碑’，用销金黄幔蔽之，门钥封闭甚严。因敕有司。自后时享及新天子即位，谒庙礼毕，奏请恭读誓词。是年秋，享礼官奏请如敕。上诣室前，再拜升阶，独小黄门不识字者一人从，余皆远立庭中。黄门验封，启钥先人，焚香明烛，揭幔，亟走出阶下，不敢仰视。上至碑前，再拜跪瞻，默诵讫，复再拜而出。群臣及近侍皆不知所誓何事。自后列圣相承，皆踵故事，岁时伏谒，恭读如仪，不敢漏泄。虽腹心大臣如赵韩王、王魏公、韩魏公、富郑公、王荆公、文潞公、司马温公、吕许公、申公，皆天下重望，累朝最所倚任，亦不知也。靖康之变，金人入庙，悉取礼乐、祭祀诸法物而去，门皆洞开，人得纵观。碑止高七八尺，阔四尺余，誓词三行：一云柴氏子孙有罪，不得加刑。纵犯谋逆，止于狱中赐尽，不得市曹刑戮，亦不得连坐支属。一云不得杀士大夫及上书言事人。一云子孙有渝此誓者，天必殛之。”

［19］**高阳正店：**酒店名，北宋东京著名的大酒楼之一，位居“在京正店七十二户”之列。据宋人张能臣《酒名记》所载，酿有名酒“流霞”。宋人张淏《云谷杂记补编》卷1《寿山艮岳》：“前列巨石，凡三丈许，号‘排衙石’。巧怪崭岩，藤萝蔓衍，若龙若凤，不可殚穷。麓云半山居右，极目萧森居左，北俯景龙江，长波远岸，弥十余里，其上流注山间，西行潺湲为‘漱玉轩’，

又行石间，为烧丹亭、凝观图山亭，下视水标见高阳酒肆、清斯阁。”

[20] **鸡儿巷：**指妓院集中之地。元人乔吉《水仙子·忆情》：“说相思难拨回头，夜月鸡儿巷，春风燕子楼，一日三秋。”

[21] **庄楼：**洪迈《夷坚甲志》18《李舒长仆》：“越数日，又遇于马行市中，邀饮于壮楼。”

[22] **和乐楼：**北宋东京著名的大酒楼之一，位居“在京正店七十二户”之列。据宋人张能臣《酒名记》所载，酿有名酒“琼浆”。宋人张知甫《可书》：“宣和间，京师建欣乐、和乐、丰乐三酒楼，壮观之盛，虽从官亦许游宴，时高丽遣使贺正，赐宴其上。”宋人徐梦莘《三朝北盟会编》卷72：“午刻有从政郎陈行率先诣开封府投状，乞以见开和乐楼正店内银器，尽数输官以犒军。”

[23] **欣乐楼：**北宋东京著名的大酒楼之一，位居“在京正店七十二户”之列。据宋人张能臣《酒名记》所载，酿有名酒“仙醪”。

酒楼

凡京师酒店门首，皆缚彩楼欢门[1]。唯任店[2]入其门，一直主廊约百余步，南北天井两廊皆小閤子[3]，向晚灯烛荧煌，上下相照，浓妆妓女[4]数百，聚于主廊槏面上，以待酒客呼唤，望之宛若神仙。北去杨楼[5]以北穿马行街，东西两巷，谓之大小货行，皆工作伎巧所居。小货行通鸡儿巷妓馆，大货行通笺纸[6]店。白矾楼[7]，后改为丰乐楼[8]。宣和间，更修三层相高，五楼相向，各有飞桥栏槛，明暗相通，珠帘绣额，灯烛晃耀。初开数日，每先到者赏金旗，过一两夜则已。元夜则每一瓦陇中，皆置莲灯一盏。内西楼后来禁人登眺，以第一层下视禁中[9]。大抵诸酒肆、瓦市，不以风雨寒暑，白昼通夜，骈阗如此。州东宋门外仁和店[10]、姜店[11]，州西宜城楼、药张四店、班楼，金梁桥下刘楼，曹门蛮王家、乳酪张家，州北八仙楼[12]，戴楼门张八家园宅正店，郑门河王家、李七家正店，景灵宫东墙长庆楼。在京正店七十二户，此外不能遍数，其余皆谓之『脚店』[13]。卖贵细下酒，迎接中贵饮食，则第一白厨，州西安州巷张秀，以次保康门李庆家，东鸡儿巷郭厨，郑皇后宅后宋厨，曹门砖筒李家，寺东骰子[14]李家，黄胖[15]家。九桥门街市酒店，彩楼相对，绣旆[16]相招，掩翳天日。政和后来，景灵宫东墙下长庆楼尤盛。

[1] **彩楼欢门：**酒店门口的装饰物，用于招引顾客。从宋画《闸口盘车图》及《清明上河图》中看，整个彩楼可分为底部、中段和顶部三部分，其中，中段附有形式上与传统楼阁建筑腰檐和平座相对应的部分，顶部可理解为相当于传统楼阁建筑的屋面和上檐的两组构件（图2-17）。宋人郭若虚《图画见闻志》称其为“酒肆边绞缚楼子”。

[2] **任店：**可能是任修武所开的酒店。宋人何薳《春渚纪闻》卷4：“次日，呼贾扑正店任修武至，讯之曰：‘今都城糯价不增，而酒值三倍，何也？’任恐悚以对曰：‘某等开张承业，欲罢不能，而都城自贼马已来，外居宗室及权贵亲属私酿至多，不如是，无以输纳官曲之直与工役油烛之费也。’公曰：‘我为汝尽禁私酿，汝减直百钱，亦有利入乎？’任扣额曰：‘若尔则饮者俱集，多中取息，足办输役之费。’公熟视久之曰：‘且寄汝头颈上，出率汝曹。’即换招榜，一角止作百钱足，不患乎私酝之搀夺也。明日出令：‘敢有私造酒曲者，捕至不问多寡，并行处斩。’于是倾糟破瓶者不胜其数。数日之间，酒与饼直既并复旧，其它物价不令而次第自减。既不伤市人，而商旅四集，兵民欢呼，称为神明之政。时杜充守北京，号南宗北杜云。”

[3] **閤子：**小室。宋人王明清《投辖录》：“都城楼上酒客所坐，各有小室，谓之酒閤子。”

[4] **妓女：**宋人王林《燕翼诒谋录》卷3：“官榷酒酤，其来久矣。太宗皇帝深恐病民，淳化五年三月戊申，诏曰：‘天下酒榷，先遣使者监管，宜募民掌之。灭常课之十二，使其易办，

图 2-17 宋画《闸口盘车图》（左）及《清明上河图》（右）中酒店前的“彩楼欢门”

吏勿复预。'盖民自鬻则取利轻，吉凶聚集，人易得酒，则有为生之乐，官无讥察警捕之劳，而课额一定，无敢违欠，公私两便。然所入无赢余，官吏所不便也。新法既行，悉归于公，上散青苗钱于设厅，而置酒肆于谯门，民持钱而出者，诱之使饮，十费其二三矣。又恐其不顾也，则命娼女坐肆作乐以蛊惑之。小民无知，争竞斗殴，官不能禁，则又差兵官列枷杖以弹压之，名曰：'设法卖酒。'此'设法'之名所由始也。太宗之爱民，宁损上以益下，新法惟剥下奉上，而且诱民为恶，陷民于罪，岂为民父母之意乎？今官卖酒用妓乐如故，无复弹压之制，而'设法'之名不改，州县间无一肯厘正之者，何耶？"宋人沈括《梦溪笔谈》卷9："石曼卿居蔡河下曲，邻有一豪家，日闻歌钟之声，其家僮仆数十人，常往来曼卿之门。曼卿呼一仆问：'豪为何人？'对曰：'姓李氏，主人方二十岁，并无昆弟，家妾曳罗绮者数十人。'曼卿求欲见之，其人曰：'郎君素未尝接士大夫，他人必不可见，然喜饮酒，屡言闻学士能饮酒，意亦似欲相见，待试问之。'一日，果使人延曼卿，曼卿即着帽往见之。坐于堂上，久之方出，主人头巾，系勒帛，不具衣冠见曼卿，全不知拱揖之礼。引曼卿入一别馆，供帐赫然，坐良久，有二鬟妾各持一小盘至曼卿前，盘中红牙牌十余，其一盘是酒，凡十余品，令曼卿择一牌。其一盘肴馔名，令择五品。既而二鬟去，有群妓十余人，各执肴果、乐器、妆服，人品皆艳丽粲然，一妓酌酒以进。酒罢乐作，群妓执果肴者萃立其前。食罢则分列其左右，京师人谓之软盘。酒五行，群妓皆退，主人者亦翩然而入，略不揖客，曼卿独步而出。曼卿言豪者之情状，懵然愚痴，不分菽麦，而奉养如此，极可怪也。他日试使人通郑重，则闭门不纳，亦无应门者，问其近邻，云：'其人未尝与人往还，虽邻家亦不识面。'古人谓之钱痴，信有之。"

［5］**杨楼：** 为北宋东京城的一处酒楼。宋人吴自牧《梦粱录》卷16："曩者东京杨楼、白矾、八仙楼等处酒楼，盛于今日，其富贵可知矣。"

［6］**笺纸：** 元人费著《笺纸谱》："纸以人得名者，有谢公，有薛涛。所谓谢公者，谢司封景初、师厚创笺样以便书尺，俗因以为名。……谢公有十色笺：深红、粉红、杏红、明黄、深青、浅青、深绿、浅绿、铜绿、浅云，即十色也。杨文公亿《淡苑》载韩浦寄弟诗云：'十样蛮笺山益州，寄来新自浣花头。'谢公笺出于此乎。"

［7］**白矾楼：** 宋人吴曾《能改斋漫录》卷9："京师东华门外景明坊有酒楼，人谓之矾楼，或者以为楼主之姓，非也。本商贾鬻矾于此，后为酒楼，本名白矾楼。"宋人周密《齐东野语》卷11："一日携上樊楼，楼乃京师酒肆之甲，饮徒常千余人。沈遍语，在坐皆令极量尽欢，至夜尽，为还所直而去。于是豪侈之声，满三辅，既而擢第，尽买国子。"清人徐松《宋会要·食货》卷20："（天禧三年）八月，三司言：'白矾楼自来日输钱二千，岁市官曲五万，主掌三岁无逋负者，与班行。十五年来，豪民承货货。大亏本钱，继日积欠，以至荡破家产，填输不足，由是兼以外县场务，复迭兴争竞。'寇准曰：'如此，国家所得至少，所损乃多。若令三司与减日赁之直，仍许取便收市官曲，亦不烦酬奖。其外县场务，并令三司举官监辖。'从之。诏既下，中外以为便。"宋人施德操《北窗炙輠录》卷下："又一夜，在宫中闻丝竹歌笑之声，问曰：'此何处作乐？'宫人曰：'此民间酒楼作乐处。'宫人因曰：'官家且听，外间如此快活，都不似我宫中

图 2–18　复建的开封樊楼

如此冷冷落落也。’仁宗曰：‘汝知否？我因如此冷落，故得渠如此快活。我若为渠，渠便冷落矣。’呜呼，此真千古盛德之君也！”（图2–18）

[8] **丰乐楼：**宋人王明清《挥麈录·后录》卷2：“又诏翰林学士王安中，令登丰乐楼望而赋诗云：‘日边高拥瑞云深，万井喧阗正下临。金碧楼台虽禁籞，烟霞岩洞却山林。巍然适构千龄运，仰止常倾四海心。此地去天真尺五，九霄歧路不容寻。’”元人脱脱《宋史》卷62：“丰乐楼酒保朱氏子之妻，可四十余，楚州人，忽生髭，长仅六七寸，疏秀而美，宛然一男子，特诏度为女道士。”宋人王明清《投辖录·龙主》：“宣和七年元日，有太学生数人，共登丰乐楼会饮。都城楼上凡酒客坐所，各有小室，谓之酒閤子。邻阁有一客，引杯独酌至数斗，浩歌箕踞，旁若无人，衣冠甚伟。诸生异之，因相率与之揖，且邀至共坐。客亦不辞，来前又饮斗镣，议论锋出，凡所启问悉出人意表。诸生降问及姓氏。曰主姓龙，弃家访道，随所寓而安之，亦有年矣。诸生因以先生目之，问曰：‘先生休歇之地可得闻乎？’客曰：‘在景龙门外某人小邸中安下。诸公翌日幸早至彼，恐差晚则某亦出矣。’诸生中有如期访之者，客果在焉。一室潇然，一榻，一老仆，他无有也。语生曰：‘某亦欲与诸君小款，但逆旅非所宜，某日有暇，幸与前日同席诸君子偕行出郊，为毕景之集，某之愿也。’生诺之以告二三子。至日，谒告以往，客复在焉。命老仆携钱数千，出都门外沽酒，市果饵。”

[9] **以第一层下视禁中：**宋人窦仪《宋刑统》卷7：“诸登高临宫中者徒一年，殿中加二等。疏议曰：‘宫殿之所皆不得登高临视，若视宫中徒一年，视殿中徒二年。’”

[10] **仁和店：**宋人欧阳修《归田录》卷上：“仁宗在东宫，鲁肃简公宗道为谕德。其居在宋门外，俗谓之‘浴堂巷’，有酒肆在其侧，号‘仁和’，酒有名于京师，公往往易服微行，饮于其中。一日，真宗急召公，将有所问。使者及门而公不在，移时乃自仁和肆中饮归。”又据宋人张能臣《名酒记》所载，仁和店所造之酒称为“琼浆”。

[11] **姜店：**据宋人张能臣《名酒记》所载，姜宅园子正店所造之酒称为“羊羔”。

[12] **八仙楼：**宋人吴自牧《梦粱录》卷16：“曩者东京杨楼、白矾、八仙楼等处酒楼，盛

于今日，其富贵可知矣。”

［13］**脚店：**从正店批发酒进行零售的小酒店。“脚”，小的意思。宋人魏泰《东轩笔录》卷7：“于是以脚船数十，前设巨碓，以捣流冰。”清人徐松《宋会要·食货》20之5：“（天圣四年）八月，诏三司：‘白矾楼酒店如有情愿买扑，出办课利，令于在京脚店酒户内拨定三千户，每日于本店取酒沽卖。’”清人徐松《宋会要·食货》20：“（大中祥符）八年六月，诏令曲院出牓召在京酒户，除本店自来赊买曲货，于大中祥符五年至七年内取一年中等数立充本店旧买曲额外，相度逐厢市肆人烟别认所买曲货数目，依例赊买，只得本店造曲，般担清酒出门，须得于指射厢分界至内开店沽卖。仍与限一月，内经曲院投状，以认买得曲多者，许令置店开沽。如更要添买，不以数目多少，并听取便赊买，即不得亏元桩并添买数及城外印造，乃三年一替。如开沽后更有添买曲货□夺，须候三年，满日即得承替开沽。其赊曲抵当物，即依曲院久例施行。”（图2–19）

［14］**骰子：**唐人李济翁《资暇集》卷下《投子》：“投子者，投掷于盘筵之义。今或作头字，言其骨头所成，非也。因此兼有作骰字者。案诸家之书，骰即股字尔，不音投。”

［15］**黄胖：**宋人叶绍翁《四朝闻见录》卷5：“韩以春日宴族人于西湖，用土为偶，名曰‘黄胖’，以线击其首，累至数十人。此以‘黄胖’充劝酒之具，流动于哪位宾客之前，该人即当饮酒。京都万物所聚，唯出其不意方有收效，更何况烹煮盘案，亦复擅名，如羊饭恭家、鹅鸭梅家、从食曹家、卞家、瓠羹徐家、油饼郑家、奶酪王家、酪麦贺家、熬物段家、奶房王家、胡饼三家……故饮食必趋有名之家，而借‘黄胖’之著名，寓玩于饮，标新立异，以广招徕，顾客岂不多哉？”

［16］**绣旆：**绣制的尾端像燕尾状的酒旗（图2–20）。宋人洪迈《容斋随笔·续笔》卷16《酒肆旗望》：“今都城与郡县酒务及凡鬻酒之肆，皆揭大帘于外，以青白布数幅为之……唐人多咏于诗。然其制盖自古以然矣。《韩非子》云：宋人有酤酒者，升概甚平，遇客甚谨，为酒甚美，悬帜甚高，而酒不售，遂至于酸。”

图 2–19 《清明上河图》中的十千脚店

图 2–20 《清明上河图》中的绣旆

饮食果子

凡店内卖下酒厨子，谓之「茶饭量酒博士[1]」。至店中小儿子，皆通谓之「大伯」[2]。更有街坊妇人，腰系青花布手巾，绾危髻[3]，为酒客换汤、斟酒，俗谓之「焌糟」。更有百姓入酒肆，见子弟少年辈饮酒，近前小心供过使令，买物命妓、取送钱物之类，谓之「闲汉」[4]。又有向前换汤、斟酒、歌唱，或献果子、香药之类，客散得钱，谓之「厮波」[5]。又有下等妓女，不呼自来，筵前歌唱，临时以些小钱物赠之而去，谓之「劄客」，亦谓之「打酒坐」[6]。又有卖药或果实、萝卜之类，不问酒客买与不买，散与坐客，然后得钱，谓之「撒暂」[7]。如此处处有之。唯州桥炭张家、乳酪张家，不放前项人入店，亦不卖下酒，唯以好淹藏菜蔬，卖一色好酒。所谓茶饭者，乃百味羹、头羹、新法鹌子羹、三脆羹[8]、二色腰子、虾蕈、鸡蕈、浑炮等羹、旋索粉[9]玉棋子群仙羹、假河鲀[10]、白渫齑、货鳜鱼[11]、假元鱼、决明兜子[12]、决明汤齑、肉醋托胎衬肠[13]、沙鱼两熟、紫苏鱼[14]、假蛤蜊[15]、白肉夹面子[16]、茸割肉、胡饼[17]、汤骨头[18]、乳炊羊[19]、炖羊、闹厅羊[20]、角炙腰子、鹅鸭排蒸、荔枝腰子、还元腰子、烧臆子、入炉细项莲花鸭签、酒炙肚胘、虚汁垂丝羊头、入炉羊、羊头签[21]、鹅鸭签、鸡签、盘兔、炒兔、葱泼兔、假野狐、金丝肚羹、石肚羹、假炙獐、煎鹌子、生炒肺、炒蛤蛎[22]、炒蟹、渫蟹、洗手蟹[23]之类，逐时旋行索唤，不许一味有阙。或别呼索变。造下酒，亦即时供应。又有外来托卖炙鸡、燠鸭、羊脚子、点羊头、脆筋巴子、姜虾、酒蟹[24]、獐巴[25]、鹿脯[26]、从食蒸作、海鲜[27]、时果[28]、旋切莴苣、生菜、西京笋[29]。又有小儿子，着白虔[30]布衫，青花手巾[31]，挟白磁缸子，卖辣菜。又有托小盘卖干果子，乃旋炒银杏[32]、栗子、河北鹅梨[33]、梨条、梨干、梨肉、胶枣、枣圈、梨圈、桃圈、核桃肉、牙枣、海红、嘉庆子[34]、林檎旋、乌李、李子旋[35]、樱桃煎、西京雪梨、夫梨、甘棠梨、凤栖梨、镇府浊梨、河阴石榴、河阳查子、查条、沙苑榅桲、回马孛萄、西川乳糖、狮子、糖霜蜂儿、橄榄、温柑、绵枨、金橘、龙眼、荔枝[36]、召白藕、甘蔗、漉梨、林檎干、枝头干、芭蕉干、人面子、巴览子[37]、榛子、榧子[38]、虾具之类。诸般蜜煎、香药果子、罐子党梅、柿膏儿、香药小元儿、小腊茶、鹏沙元之类。更外卖软羊诸色包子，猪羊荷包，烧肉干脯、玉板鲊、犯鲊[39]、片酱之类。其余小酒店，亦卖下酒，如煎鱼、鸭子、炒鸡兔、煎燠肉、梅汁、血羹、粉羹之类。每分不过十五钱。诸酒店必有厅院，廊庑掩映，排列小閤子，吊窗花竹，各垂帘幕，命妓歌笑，各得稳便。

注解

［1］**博士：**古代指从事某种职业的技能人员，如造塔博士、造石棺博士、酒博士、茶博士等。唐人封演《封氏闻见录》卷6："茶毕，命奴子取钱三十文酬煎茶博士。"

［2］**大伯：**宋人杨湜《古今词话·柳永》："仁宗皇帝览而恶之。及御差注至耆卿，抹其名曰：'此人不可仕宦，尽从他花下浅斟低唱。'由是沦落贫窘。终老无子，掩骸僧舍。京西妓者，鸠钱葬于枣阳县花山。既出郊原，有浪子数人戏曰：'这大伯做鬼也爱打哄。'"

［3］**绾危髻：**头上盘着高高的发髻（图2–21）。唐人苏鹗《杜阳杂编》："大中初，女蛮国入贡，危髻金冠，缨络披体，故号菩萨蛮队。当时倡优遂制《菩萨蛮曲》，文士亦往往声其词。"宋人陆游《入蜀记》卷6："有妇人负酒卖，亦如负水状。呼买之，长跪以献。未嫁者，率为'同心髻'，高二尺，插银钗至六双，后插大象牙梳，如手大。"

［4］**闲汉：**宋话本《宋四公大闹禁魂张》："那老儿是郑州奉宁军人，姓宋，排行第四，人叫他做宋四公，是小番子闲汉。"

［5］**厮波：**即酒店侍者（图2–22）。宋人吴自牧《梦粱录》卷19《闲人》："更有一等不本色业艺，专为探听妓家宾客，赶趁唱喏，买物供过，及游湖酒楼饮宴所在，以献香送欢为由，乞觅赡家财，谓之'厮波'。"宋人洪迈《夷坚志·丁志》卷2《燕太尉楼》："燕达太尉，元祐初以殿前都指挥使，终于京师。家有楼，甚宏丽。其孙诂，年

图 2–21　宋代晋祠中彩塑中的"危髻"

图 2–22　山西柳林宋墓中手持酒壶的侍者砖雕

十三岁，颇刚果。一夕，见吏士数十辈，拥一男子，著浅黄衫，裹青荷巾，执白羽扇，径登楼。歌童舞女继至，男子正中坐，众姬以次奏伎，酒行正洽，诂自隙窥之。唤仆妾执器仗，欲上，才至梯，半闻空中人厉声曰：'汉王子在此，不可无礼。'逮至楼，阒无所睹，而酒炙果实在焉。所用尊、罍、匕、箸悉燕氏物也。高明鬼瞰其语诚然。自后不复至。"

［6］**打酒坐：**宋代妓女至筵席前歌唱，向客人讨取些小钱物之称。宋人洪迈《夷坚志·甲志》卷7："陈东，靖康间尝饮于京师酒楼，有倡打座而歌者。东不顾，乃去倚栏独立，歌《望江南》词，音调清越，东不觉倾听。……歌罢，得数钱下楼。"南宋人刘过《酒楼》："夜上青楼去，如迷洞府深。妓歌千调曲，客杂五方音。藉白玲珑玉，柑黄磊落金。酣歌恣萧散，无复越中吟。"

［7］**撒暂：**宋人周密《武林旧事》卷6《酒楼》："有以法制青皮、杏仁、半夏、缩砂、豆蔻、小蜡茶、香药、韵姜、砌香、橄榄、薄荷，至酒阁分俵得钱，谓之'撒哲'。"

［8］**三脆羹：**宋人林洪《山家清供》卷之下《山家三脆》："嫩笋、小蕈、枸杞头，入盐汤焯熟，同香熟油、胡椒、盐各少许，酱油、滴醋拌食。赵竹溪酷嗜此。"

［9］**索粉：**明人韩奕《易牙遗意》卷下《汤饼类·索粉》："每干粉一斤，用湿粉二两，打成厚浆，放镟中。每添滚汤一次解薄，便连镟子放汤锅内煮之。取出，不住手打搅，务要稠腻。如此数次，候十分熟。大概春夏浆宜稍厚，秋冬宜薄，以筯锹起成牵丝，垂下不断方好。候温，和干粉成剂。如索不下，添些热汤，如大注下，添些调匀。团在手中，搓索下滚汤中，浮起便捞在冷水中，沥干，随意荤素浇供。只用芥辣尤妙。"

［10］**河鲀：**有毒海产鱼类，其血液、肝脏、性腺和消化道等均含有剧毒（图2-23）。宋人蔡絛《铁围山丛谈》卷3："崇宁中有一名士，过浙右姑苏，有州将夙戒尝河鲀者，士人甚惧，预语其家人：'我闻河鲀有大毒，中之者必杀人。今州将鼎贵，且厚遇。逆之必不可。为之奈何？倘一中毒，是独有人屎可救解。汝辈当志吾言也。'及就之，主人愧艴而谢客曰：'且力求河鲀，反不得，幸贳其责。愿张饮以尽欢。'坐客于是咸为之竟醉。士人者归，沉顿略不省人事，因大吐。其家人环之争号，谓果中毒矣。夜走取人秽，急投以水，绞取而灌之焉。辄复吐，则又灌不已。举室伺守。天殆晓，酒醒，能语言，始话不得河鲀，则已弗及。"宋人袁褧《枫窗小牍》

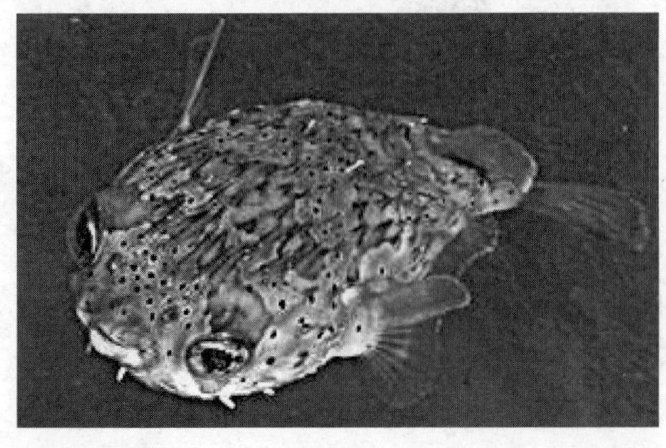

图 2-23　河鲀

下："东坡谓食河鲀值得一死。余过平江姻家张谏院，言南来无它快事，只学得手煮河鲀耳。须臾烹煮。对余方且共食。忽有客见顾，俱起延款，为猫翻盆。犬复佐食。顷之猫犬皆死。幸矣哉，夺两人于猫犬之口也。乃汴中食店以假河鲀饷人。以今念之，亦足半死。"宋人张耒《明道杂志》卷1："河豚鱼，水族之奇味也，而世传以为有毒，能杀人。中毒则觉胀，亟取不洁食乃可解，不尔必死。余时守丹阳及宣城，见土人户食之，其烹煮亦无法，但用蒌蒿、荻笋、菘菜三物，云最相宜。用菘以渗其膏耳，而未尝见死者。或云：土人习之故不伤。是大不然。苏子瞻是蜀人，守扬州，晁无咎济州人，作倅，河豚出时，每日食之，二人了无所觉，但爱其珍美而已。南人言鱼无颊无鳞与目能开阖及作声者有毒，而河豚备此五者，故人畏之。而此鱼自有二种，色淡黑有文点，谓之班子，云能毒人，而土人亦不甚以捕也。苏子瞻在资善堂与数人谈河豚之美，诸人极口譬喻称赞。子瞻但云：'据其味，真是消得一死。'人服以为精要。余在真州会上食假河豚，是用江鮰作之，味极珍。有一官妓谓余曰：'河豚肉味颇类鮰而过之。'又鮰无脂脿也。"

[11] **鳜鱼：**又称鳌花鱼、桂鱼、鳜鱼，是我国"四大淡水名鱼"中的一种。肉质细嫩，刺少而肉多，其肉呈瓣状，味道鲜美，向为鱼中之佳品（图2–24）。宋人罗愿《乐雅翼》卷29《鳜鱼》："鳜鱼，巨口而细鳞，鬐鬣皆圆，黄质黑章皮厚而肉紧，特异常鱼。夏月盛热时，好藏石罅中，人即而取之。又其斑文尤鲜明者，雄也；稍晦昧者，雌也；渔者以索贯一雄，置之溪畔，群雌来啮，曳之，不舍掣而取之，常得十数尾。说者以为昔仙人刘凭常食石桂鱼，今此鱼犹有鳜名，恐即是也。能食小鱼，今人以为凡牛羊之属，有肚故能嚼鱼；无肚，不嚼鳜，独有肚能嚼。《山海经》曰：'鳜鱼，大口而细鳞有斑彩。'"唐朝诗人张志和《渔歌子》中有"西塞山前白鹭飞，桃花流水鳜鱼肥"之句。

[12] **决明兜子：**决明是鲍鱼另称，就是将鲍鱼肉加工成鱼仁，配以多种辅料，煸炒成馅，以粉皮包裹成兜，蒸制而成。元代无名氏《居家必用事类全集·饮膳正要》："兜子，为淀粉所制薄皮儿，一张粉皮划为四片，每片成一兜子皮儿；兜子馅心，用料多达二十余种。"

[13] **衬肠：**宋人周辉《清波杂志》卷9："客言：苏伯昌初筮长安狱掾，令买鱼饲猫，乃供猪衬肠。诘之，云：'此间例以此为猫食。'乃一笑，留以充庖，同寮从而遂日买猫食。盖西北

图 2–24　鳜鱼

品味，止以羊为贵。”

[14] **紫苏鱼：**用紫苏作调料所烹制的鱼。

[15] **假蛤蜊：**元人陈元靓《新编群书类要事林广记》卷4《癸集假蛤蜊法》：“用鳜鱼，批取精肉，切做蛤蜊片子，用葱丝、盐、酒、胡椒淹一处，淹了，别作虾汁为汤熟。”

[16] **白肉：**耐得翁《都城纪胜》：“又有误名之者，如呼熟肉为白肉是也。盖白肉别是砧压去油者。”宋人周烨《清波杂志》卷9《御府折食钱》：“旧制：御厨折食钱凡十一等。第一等，旧折八十余千，绍兴初减半，余递减有差。至第十一等，旧折三十千，亦损其半。然尚宫内人赴景灵宫酌献，却系临安府依格馔造。食味每分白肉胡饼、汤肉粉杂饤、炊作、炒肉、煮菜羹饭、软肉，所破料止羊肉十三两，面五两，绿豆粉二两，米五合，薪炭之属准此，其俭如此。或云乃承平旧制，虽御厨末等折食则例，亦不致是之窘也。”

[17] **胡饼：**北魏贾思勰《齐民要术》卷9《饼法》：“髓饼法：以髓脂、蜜，合和面，厚四五分，广六七寸。便著胡饼炉中，令熟。勿令反覆。饼肥美，可经久。”宋人吴曾《能改斋漫录》卷15《胡麻饼》：“饼，并也，溲面使合并也。胡饼，言以胡麻著之也。晋书云：‘王长文在市中啮胡饼。’《肃宗实录》云：‘杨国忠自入市，衣袖中盛胡饼。’刘禹锡嘉话云：‘刘晏入朝，见卖蒸胡饼之处买啖之。’此胡饼皆胡麻之饼也。《缃素杂记》：‘谓张公所论市井有鬻胡饼者。’不晓名之所谓，乃易其为炉饼，论此为误，诚然。”汉人刘熙《释名·释饮食》：“饼，并也，溲面使合并也。胡饼，作之大漫冱，亦以胡麻著上也。”

[18] **汤骨头：**宋人温革《分门琐碎录》：“京师卖煮猪肉，香味珍绝者，熳肉只断血便止，又使其锅釜煮肉，早晚不曾断便添水，非釜毁不易也。今临安有四十年不易之汁，盖食日久不断火，少则加水□□，锅满人众，不□煮物速庶糜者就之，顷刻百烂，盖以肉汗，而煮从香感故也。”

[19] **乳炊羊：**可能应是“炊乳羊”。宋人朱彧《萍洲可谈》卷2：“英州碧落洞生钟乳，牧羊者多往焉。或云羊食钟乳间水，有全体如乳白者，其肉大补羸，谓之‘乳羊’。活时了不能识，刲之然后见，极难得，或一岁得一二枚，郡守即献广帅、监司。”

[20] **闹厅羊：**客人点羊，现宰现烹。后唐人冯贽《云仙散录》卷29《过厅羊》：“《青州杂记》曰：‘熊翻每会客，客至酒半，阶前旋杀羊。令众客自割，随所好者，彩线击定记号，毕，蒸之。各自认取，以刚竹刀切食。一时盛行，号过厅羊。’”

[21] **羊头签：**即羊头羹汤，时人将羹惯称为签。宋人洪巽《旸谷漫录》：“食品第一为羊头佥，菜品第一为葱齑，余皆易便者。厨娘谨奉旨，数举笔砚，具物料，内羊头五分，各用羊头十个也。葱齑五碟，合用葱五斤，它称是。守因疑其妄然，未欲遽尔，以俭鄙姑从之，而密觇其所用。翌旦，厨师告物料齐。厨娘，发行箧，取锅铫、盂勺、汤盘之属，令小婢先擦以行，璀璨夺目，皆白金所为，大约计该五、七十两。至如刀砧杂器，亦一一精致。傍观啧啧。厨娘更围袄围裙，银索攀膊，掉臂而入，踞坐胡床，缕切，徐起取抹批脔，惯熟条理，真有运斤成风之势。其治羊头也，漉置几上，别留脸肉，余悉掷之地。其治葱齑也，取葱微铡过沸汤，悉去须叶，视碟

图 2–25 宋代厨娘图（河南偃师酒流沟宋墓的画像砖图案）

大小分寸而截之，又除其外数重，取条心之似韭黄者，以淡酒、醯浸渍，余弃置而不惜。”（图 2–25）

［22］**蛤蜊：**宋人王巩《青虚杂著》：“京师旧未尝食蚬蛤，自钱司空始访诸蔡河，不过升勺，以为珍馔。自后士人稍稍食之，蚬蛤亦随而增盛。其诸海物，国初以来亦未尝多有。钱司空以蛤蜊为酱，于是海错悉醢以走四方。”

［23］**洗手蟹：**宋人祝穆《事文类聚・介虫・蟹》：“北人以蟹生析之，调以盐梅芼橙椒，盥手毕即可食，目为洗手蟹。”

［24］**酒蟹：**把螃蟹放在盐酒中泡渍而成。宋人欧阳修《归田录》卷下：“淮南人藏盐酒蟹，凡一器数十蟹，以皂荚半挺置其中，则可藏经岁不沙。”

［25］**獐巴：**宋人方岳《赵丞饷酒蟹獐巴》：“公子无肠秋满壳，山吏无魂饱霜箨。寒浦醉骨糟丘台，鸣髇数肋凌烟阁。故人斜封三印红，秋江已在吾目中。角声唤起边城梦，雪岸打围芦荻风。”

［26］**鹿脯：**鹿肉干。宋人周密《癸辛杂识》续集下：“凡驴马之自毙者，食之皆能杀人，不特生丁疮而已。岂特食之，凡剥驴马亦不可近，其气熏人，亦能致病，不可不谨也。今所卖鹿脯，多用死马肉为之，不可不知。”

［27］**海鲜：**朱彧《萍洲可谈》卷2：“广南食蛇，市中鬻蛇羹。东坡妾朝云随谪惠州，尝遣老兵买食之，意谓海鲜。问其名，乃蛇也。哇之，病数日，竟死。”

［28］**时果：**应时的水果。唐人韩愈《祭女挐女文》：“维年月日，阿爹阿八，使汝奶以清酒、时果、庶羞之奠，祭于第四小娘子挐子之灵。”宋人袁采《袁氏世范》卷下：“人有小儿，须常

戒约，莫令与邻里损折果木之属。人养牛羊，须常看守，莫令与邻里踏践山地六种之属。人养鸡鸭，须常照管，莫令与邻里损啄菜茹六种之属。有产业之家，又须各自勤谨。坟茔山林，欲聚丛长茂荫映，须高其墙围，令人不得逾越。园圃种植菜茹六种及有时果去处，严其篱围，不通人往来，则亦不至临时责怪他人也。”宋人庄季裕《鸡肋编》卷上：“京师卖生果，凡李子必摘其蒂，不敢触其实，必留上衣令勃勃然，人方以新而为好，至食者须雪去之。元祐中，有李阏待制，字子光，朝中戏以为谜云：‘卖者不识买者识。’盖以‘识’为‘拭’也。”

[29] **西京笋：**北宋西京洛阳所产的笋。宋人欧阳修在书信中曾说：“修顿首。使至，承教，惠以洛阳花、笋。笋不食十余年，花不见二十余年矣，其为感宜如何!谨且以此附还使为谢，不宣。修再拜大学士尚书。坐前谨空。”（东英寿、陈羽中：《新见九十六篇欧阳修散佚书简辑存稿》，《中华文史论丛》2012年1期）。

[30] **白虔：**宋代虔州所产的白苧布。宋人朱熹《朱子语类》卷85《丧服经传》：“今人齐衰用布太细，又大功、小功皆用苎布，恐皆非礼。大功须用市中所卖火麻布稍细者，或熟麻布亦可。小功须用虔布之属，古者布帛精粗，皆有升数，所以说‘布帛精粗不中度，不鬻于市’。今更无此制，听民之所为。所以仓卒难得中度者，只得买来自以意择制之尔。”

[31] **手巾：**宋人高承《事物纪原》卷8：“礼浴用二巾，上絺下绤。虽上下异用，而无异名。此三代之制也。汉王莽之斥逐王闳也，闳伏泣，元后亲以手巾拭之，于是始见手巾之目。其事虽出于三代，而制名当自汉世也。”（图2–26）

[32] **旋炒银杏：**刚刚炒熟的银杏。银杏：宋人朱弁《曲洧旧闻》卷1：“银杏出宣歙，京师始惟北李园地中有之，见于欧梅唱和诗。今则畿甸处处皆种。”宋人张邦基《墨庄漫录》卷5：“禁中旧有鸭脚子四本，俗谓之银杏，大皆合抱。其三在翠芳亭之北，岁收实至数斛，而所托阴隘，无可临赏之所；其一在太清楼之东，得地显敞，可以就赏而未尝著花也。裕陵尝临观而兴

图 2–26　宋人《妃子浴儿图》中的手巾

叹，以为事有不能适人意者如此。越明年，一枝遂花，而结实至十余，莹大可爱。裕陵大悦，命宴太清楼赏之，分赐禁从有差。迨次年，则不复花矣。中官带御器械石璘者，老于禁掖供奉，常为何正臣去非言之。正臣尝记是事，且谓：凡草木之华实，盖有常性。人主者为起一念，乃能感格穹壤，使阴阳造化之功，为之巧顺曲从，以适其一时之所欲。岂为天子者，凡一言动致穹高之鉴听若影响之速耶？由是观之，为人上者，使有宋景公之言，时发于诚心，则召应岂俟终日哉！正臣所论如此。邦基尝以正臣之子蘧子楚见其手书，因复记之。”

[33] **鹅梨：**宋人张邦基《墨庄漫录》卷5：“北京压沙寺梨谓之御园，其栽接之故，先植棠梨木与枣木相近，以鹅梨条接于棠梨木上，候始生枝条，又于枣木大枝上凿一窍，度接活梨条于其中，不一二年即生合，乃斫去枣之上枝，又断棠梨下干根脉，即梨条已接于枣本矣。结实所以甘而美者以此。顷又见北人云：‘以胡桃条接于柳本，易活而速实。’”

[34] **嘉庆子：**一种李子。宋人程大昌《演繁露》卷15：“韦述《两京记》：‘东都嘉庆坊有李树，其实甘鲜，为京城之美，故称嘉庆李。’今人但言嘉庆子，盖称谓既熟，不加李亦可记也？”

[35] **李子旋：**宋人庄绰《鸡肋篇》卷上：“京师卖生果，凡李子必摘其蒂，不敢触其实，必留上衣令勃勃然，人方以新而为好，至食者须雪去之。元祐中，有李阅待制，字子光，朝中戏以为谜云：‘卖者不识买者识。’盖以‘识’也。”

[36] **荔枝：**东京市面上以福建所产为主。宋人蔡襄《荔枝谱》：“（福建荔枝）水浮陆转，以入京师，外至北漠、西夏，其东南舟行新罗、日本、流求、大食之属。”

[37] **巴览子：**宋人朱弁《曲洧旧闻》卷4：“巴榄子如杏核，色白，褊而尖长，来自西蕃。比年，近畿人种之亦生。树似樱桃，枝小而极低。惟前马元忠家，开花结实，后移植禁籞，予尝游其圃。在诗云：‘花到上林开。’即谓此也。”

[38] **榧子：**即香榧。宋人寇宗奭《本草衍义》卷15《榧实》：“榧实大如橄榄，壳色紫褐而脆，其中子，有一重粗黑衣，其仁黄白色。嚼久，渐甘美也。”

[39] **犯鲊：**扎成束的鱼制食品。宋人周焊《清波别志》卷3：“京师东华门何吴二家造鱼鲊，十数脔作一把，号把鲊。著闻天下，文士有为赋诗，夸为珍味，其鱼初自澶滑河上斫造，以荆笼贮入京师。”宋人陶谷《清异录》卷下：“吴越有一种玲珑牡丹鲊，以鱼叶斗成牡丹状。既熟，出大面积盎中，微红如初开牡丹。”

马行街北诸医铺

马行[1]北去，乃小货行、时楼、大骨传药铺，直抵正系旧封丘门，两行金紫医官[2]药铺，如杜金钩家、曹家独胜元[3]、山水李家口齿咽喉药[4]、石鱼儿班防御、银孩儿柏郎中家医小儿、大鞋任家产科。其余香药[5]铺席，官员宅舍，不欲遍记。夜市北[6]州桥又盛百倍，车马阗拥，不可驻足，都人谓之『里头』。

注解

［1］**马行：**马行街，为东京药铺集中之地。宋人蔡绦《铁围山丛谈》卷4："马行街南北几十里，夹道药肆，盖多国医，咸巨富。"宋人陶谷《清异录》卷下《玉罗汉屏》："京城北，医者孙氏，有木煩小石屏，石色赤绿，上有正白如蒙头坐僧，颇类真。京人相沿号'玉罗汉屏孙家'。"

［2］**金紫：**寄禄官名。北宋神宗元丰三年（1080年）九月，由吏部尚书阶改名。宋人岳珂《愧郯录》卷4《执政官阶封爵》："然在昔时，侍从官得至吏部尚书，实今金紫。"宋人赵升《朝野类要》卷2《国医》："此名医中选，差充诊御脉，内宿祗应，此是翰林金紫医官。"医官：医职名，在翰林医官院供奉医药或外任差遣。宋人洪迈《容斋随笔》卷16《医职冗滥》："神宗董正治官，立医官，额止于四员。及宣和中，自和安大夫至翰林医官，凡一百十七人，直局至祗候，凡九百十九人，冗滥如此。三年五月始诏大夫二十员，郎以三十员，医效至祗候，以三百人为额。而额外人免改正，但不许作官户，见带遥郡人并依元丰旧制，然竟不能循守也。"（图3–1）

图 3–1 《清明上河图》中的医官赵太丞药铺

［3］**独胜元：**“元”应作“丸”，因避钦宗名讳桓而改。明人朱橚《普济方》卷270《独胜丸，治疟疾》：“以桃仁一枚，和皮尖双仁者，劈作两片，一片内书奉敕斩鬼字，一片内书奉敕杀鬼字，却合作一枚，以线系定，五更新汲水吞下。”

［4］**山水李家口齿咽喉药：**宋人张杲《医说》卷4《治喉闭》：“元公张少卿说，开德府士人，携仆入京。其一忽患喉闭胀，满气塞不通，命在顷刻。询诸郡人，云惟马行街山水李家可看治，即与之往。李骇曰：‘证危甚，犹幸来此，不然即死。’何疑乃于笥中取一纸捻，用火点着，才烟起吹灭之，令仆张口刺于喉间，俄吐出紫血半合，实时气宽，能言及啖粥，饮掺药傅之立愈。”伊永文先生《东京梦华录笺注》将“山水李家”误认为是北宋画家李成。

［5］**香药：**宋人彭乘《墨客挥犀》卷8：“王文正太尉气羸多病。真宗面赐药酒一瓶，令空腹饮之，可以和气血，辟外邪，文正饮之大觉安健，因对称谢，上曰‘此苏合香酒也’，每一斗酒以苏和香丸一两同煮，极能调五脏，却腹中诸疾，每冒寒夙，兴则饮一杯，因各出数盒赐近臣，庶之家皆效为之，因盛于时。”（图3–2）

［6］**北：**为“比”之误。

图 3–2　出土的鎏金银香薰（引自周迪人等：《德安南宋周氏墓》，江西人民出版社，1999年）

大内西右掖门外街巷

大内西去，右掖门祆庙[1]，直南浚仪桥。街西尚书省东门，至省前横街，南即御史台[2]，西即郊社[3]。省南门正对开封府后墙，省西门谓之西车子曲[4]，史家瓠羹、万家馒头[5]，在京第一。次曰吴起庙。出巷乃大内西角楼[6]大街，西去踊路街南，太平兴国寺后门[7]，北对启圣院[8]。街以西殿前司[9]，相对清风楼[10]、无比客店[11]、张戴花洗面药、国太丞、张老儿、金龟儿、丑婆婆药铺、唐家酒店，直至梁门，正名阊阖[12]。出梁门西去，街北建隆观[13]，观内东廊于道士卖齿药，都人用之。街南蔡太师宅[14]。西去州西[15]瓦子，南自汴河岸，北抵梁门大街，亚其里瓦[16]，约一里有余。过街北即旧宜城楼。近西去金梁桥街、西大街荆筐儿药铺、枣王家金银铺[17]。近北巷口熟药惠民西局[18]。西去瓮市子，乃开封府刑人之所也。西去盖防御药铺，大佛寺[19]，都亭西驿[20]，相对京城守具所。自瓮市子北去大街，班楼酒店，以北大三桥子至白虎桥，直北即卫州门。

注解

［1］**祆庙：**祭拜祆神的庙。祆，拜火教神名，源于古波斯，南北朝时传入中国。

［2］**御史台：**宋代中央监察机关。元人脱脱《宋史》卷164《职官四》："御史台掌纠察官邪，肃正纲纪。大事则廷辨，小事则奏弹。其属有三院：一曰台院，侍御史隶焉；二曰殿院，殿中侍御史隶焉；三曰察院，监察御史隶焉。凡祭祀、朝会，则率其属正百官之班序。"宋人王应麟《玉海》卷162："盖御史台建于宣化坊，自开宝五年，才有东西狱。七年，雷德骧分判三院事，请而大之，屋不及百楹。天禧二年，复诏增广至三百六十楹，讫于元丰垂七十年。神宗伻图程工，以授有司，旧阙大夫听事，踵郧都制度。阙门北乡，取阴杀之义。至是，置大夫听事。辟门东乡，上即政之初，实遵先训，犹以大夫虚员始省营筑。辟门北乡，仍故不改。以元祐二年六月乙亥始事，三年八月庚辰卒，功为屋三百五十一楹。"

［3］**郊社：**这时指社坛。元人脱脱《宋史》卷102《礼志》55："社稷，自京师至州县，皆有其祀。岁以春秋二仲月及腊日祭太社、太稷。州县则春秋二祭，刺史、县令初献，上佐、县丞亚献，州博士、县簿尉终献。如有故，以次官摄。若长吏职官或少，即许通摄，或别差官代之。牲用少牢，礼行三献，致斋三日。其礼器数：正配坐尊各二，笾、豆各八，簠、簋各二，俎三。从祀笾、豆各二，簠、簋、俎各一。太社坛广五丈，高五尺，五色土为之。稷坛在西，如其制。社以石为主，形如钟，长五尺，方二尺，剡其上，培其半。四面宫垣饰以方色，面各一屋，三门，每门二十四戟，四隅连饰罘罳，如庙之制，中植以槐。其坛三分宫之一，在南，无屋。庆历用羊、豕各二，正配位笾、豆十二，山罍、簠、簋、俎二，祈报象尊一。"元人白珽《湛渊静语》卷2引《使燕日录》："复出太庙，向西行，一屏墙绰楔门。入门行二十步，西南一门即社坛，周围皆墙，四角有楼，内有社稷二坛、东西南北四门，遇祭祀则开，导迎四方之气。"（图3-3）

［4］**西车子曲：**宋人邵博《闻见后录》卷28："一日，保衡语其友人曰：'予适过西车子曲，见一小第门有车马，有数妇人，始下车皆不以物蔽其首；其第二下车者，年二十许，颇有容色，意其士大夫自外至京师者，必其妻也。予欲今夕就子前舍小饮，当召向所见妇人观之。'友人曰：'良家子，汝焉可妄召，必累我矣。'保衡曰：'非召其人，乃摄其生魂，聊以为戏耳。然必至夜，俟其寝寐，乃召之若梦中。'"

［5］**馒头：**类似现代的包子。宋人高承《事物纪原》卷9："稗官小说云：诸葛武侯之征孟获，人曰蛮地多邪术，须祷于神，假阴兵以助之。然蛮俗必杀人，以其首祭之，神则飨之，为出兵也。武侯不从，因杂用羊豕之肉，而包之以面，像人头以祠，神亦飨焉，而为出兵。后人由此

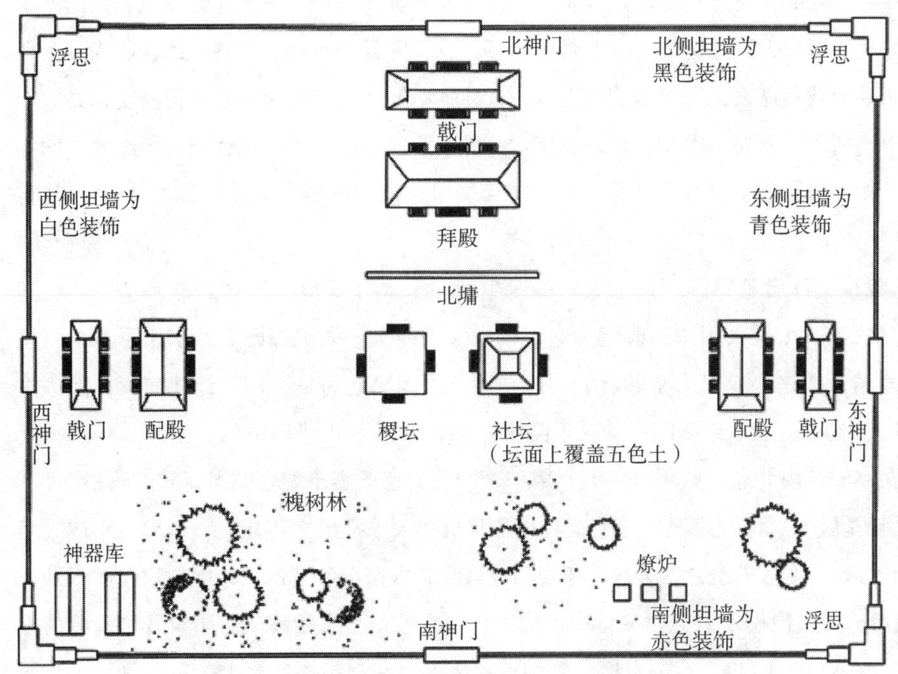

图 3-3　社坛布局复原图（引自吴书雷硕士论文：《北宋东京祭坛建筑研究》，河南大学，2005年）

为馒头。”宋人魏泰《东轩笔录》卷15：“书之肥者譬如厚皮馒头，食之味必不佳，而每命之为俗物矣。”宋话本《宋四公大闹禁魂张》：“只见汴河岸上，有个馒头店。门前有个妇女，玉井栏手巾勒着腰，叫道：‘客长，吃馒头点心去。’门前牌儿上写着：‘本行侯家，上等馒头点心。’”

［6］**大内西角楼：**即宋东京皇城西角楼。宋人朱彧《萍洲可谈》卷1：“三省俱在禁中，元丰间移尚书省于大内西，切近西角楼，人呼为‘新省’。崇宁间，又移于大内西南，其地遂号‘旧省’，以建左右班直。”

［7］**太平兴国寺：**宋人杨亿《杨文公谈苑》卷43《建寺》：“太平兴国寺，旧龙兴寺也，世宗废为龙兴仓。国初，寺主僧屡击登闻鼓，求复为寺，上遣中使持剑以诘之，曰：‘此寺前朝所废，为仓敖以贮军粮，汝何故烦渎帝庭？朝命令断取汝首。’仍戒之曰：‘傥偃蹇怖畏，即斩之。或临刑无惧，即未可行刑。’既讯，其僧神色自若，引颈就戮。中使以闻，上大感叹，复以为寺。官为营葺，极于宏壮。又修旧封禅寺为开宝寺，前临官街，北镇五丈河，屋数千间，连数坊之地，极于巨丽。”宋人宋敏求《春明退朝录》卷上：“太平兴国中，始置译经院于太平兴国寺，延梵僧翻译新经。”宋人叶寘《爱日斋丛钞》卷1：“宋敏求《东京记》载：‘太平兴国寺，故龙兴寺，周显德中废为仓。昌陵之初，主僧挝鼓求复其旧，遣中使持剑往，视其怖畏即斩之。至则神色自若，引颈就戮，遂诏复为寺。”宋人袁褧《枫窗小牍》卷下：“乾德四年三月，遣僧行勤等一百五十七人访经西域。兴国五年，北天竺僧天息灾与施护各持梵筴来献，及中天竺僧法天有意翻译，乃诏内侍郑守钧于太平兴国寺大殿两度地作译经院，中设译经堂，其东序为润文堂，西序

为正义堂。七年六月院成，召息灾等三人入院，以所赍梵本各译一经，命光禄卿汤悦、兵部郎张洎润色，法进等笔受缀文，慧达苛证义。七月十二日，息灾等各上新译经二卷，诏镂版入藏。自是取禁中梵策藏录半载者译之，每诞圣节。五月一日即献新经。八年改译经院为传法院，又置印经院。十月甲申出新译经五卷示宰相。天禧五年十一月丁丑以宰臣丁谓、王钦若为译经使。四年十二月丙子夏，竦上《译经音义》七十卷。景佑二年九月，法护惟净以华梵对参为《天竺字源》七卷。"

[8] **启圣院：** 又称启圣禅院，为宋太宗的诞生地。宋人叶梦得《石林燕语》卷1："启圣禅院，太宗诞降之地。太平兴国中，既建为寺，以奉太宗神御。太祖降诞街西京山子营，以失其处，真宗朝尝遣人访之，或以为骁胜营旁马厩隙地有二冈隐起为是，即其地建应天禅院，以奉太祖。"宋人王应麟《玉海》卷168："太宗降生之地，兴国六年建启圣院。雍熙二年成，凡九百六十区，在京旧城内北隅。咸平二年九月甲午，奉安太宗圣容于院之新殿。"宋人高承《事物纪原》卷7《启圣院》："即太宗诞生之地，晋护圣营也。太平兴国六年建院，雍熙二年成赐名启圣。《东京记》曰：'本晋护圣营，天福四年宣祖典禁兵，太宗诞圣其地，兴国中建院也。'"

[9] **殿前司：** 清人徐松《宋会要·官职》32之1："殿前司，掌殿前诸班诸直及步骑诸指挥之名籍，及训练之政令。国初，有都点检、副都点检之名，在都指挥使之上，后不复置。其属吏之名并如侍卫司，而都指挥使、都虞候三局吏人之数各有差降。《两朝国史志》：殿前司都指挥使、副都指挥使、都虞候、副都虞候，掌殿前诸〔班〕直及步骑诸指挥之名籍，及训练之政令。国初，有都点检、副都点检之名，在都指挥使之上，后不复置。都指挥使司孔目官、勾押官、押司官、开拆官各一人，前行六人，后行十八人，通引官十一人；都虞候司勾押官一人，前行一人，后行一人，通引官一人；主管殿前司一员，都吏、副都吏、典史、副典史各一名，书吏六人，典书二十一人，副典书二十人，抄写四人。分掌事务：兵案，掌诸军班功赏、大教转资、内外转补、排连新旧行门拍试、换官等事差使。磨勘案，掌过茶殿侍年满出职，使人到阙差入驿殿侍，诸宫院下差抱笏殿侍，并磨勘奏补逐班祇应参班。仓案，关支诸军班应干请受，尚书省斋筵，并使人到阙差祇应人等。骑胄案，主管诸军班教阅，收支将校兵级鞍马，关请军兵军器并衣甲，请纳将校朱记。推案，勘鞫取会追呼诸军班诸般词状公事，差替诸处仓场库务巡防兵级等，收捉审验逃走人。兵法司检引条法，开拆司收接词状，及诸处发到文字等。"

[10] **清风楼：** 宋人司马光《和孙器之清风楼》："贤侯宴枚马，歌鼓事繁华。晚吹来千里，清商落万家。平原转疏雨，远树隔残霞。宋玉虽能赋还须念景差。"

[11] **无比客店：** 指大型客店，东京旧宋门内亦有一所无比客店。宋人彭乘《墨客挥犀》卷7："参政赵侍郎宅，在东京丽景门内，后致政归睢阳旧第，东门之宅，更以为客邸。而材植雄壮，非他可比，时谓之无比店。李给事师保厘西京，时驼马市有人新构酒楼，李乘马过其下，悦其壮丽，忽大言曰：'有巴。'时人对曰：'酒苑叔平无比店，洛中君锡有巴楼。'"

[12] **阊阖：** 即阊阖门。宋人李廌《师友谈记》："东坡先生，居阊阖门外白家巷中。"宋人朱熹《宋名臣言行录·后集》卷13："陈衍初管当御药院，公为谏议，僦居城西白家巷，东邻陈

衍园也。衍每至园中，不敢高声，谓同列曰：'范谏议一言到上前，吾辈不知死所矣。'" 宋人陶谷《清异录》卷下《馔羞门·张手美家》："阊阖门外，通衢有食肆，人呼为'张手美家'。水产陆贩，随需而供，每节则专卖一物，遍京辐凑，号曰'浇店'。偶记其名，播告四方事口腹者：元阳脔（元日），油画明珠（上元油饭），六一菜（人日），涅盘兜（二月十五），手里行厨（上巳），冬凌粥（寒食），指天馂餡（四月八），如意圆（重午），绿荷包子（伏日），辣鸡脔（二社饭），摩睺罗饭（七夕），玩月羹（中秋），盂兰饼餤（中元），米锦（重九糕），宜盘（冬至），萱草面（腊日），法王料斗（腊八）。"

［13］**建隆观：** 宋人王应麟《玉海》卷100："又阊阖外，周世宗建太清观，建隆初重修，改名'建隆观'，斋修率就是观。天禧四年正月十四日，幸建隆观。" 宋人李攸《宋朝事实》卷7《道释》："建隆初，太祖遣使诣真源祠老子，于京城修建隆观。观在阊阖门外，周世宗建曰太清观，帝命重修，赐今名，自是斋修率就是观。" 宋人郭若虚《图画见闻志》卷3："牟谷，不知何许人。工相术，善传写，太宗朝为图画院祗候。……闲居阊阖门外，久之。真宗幸建隆观，谷乃以所写《太宗正面御容》张于户内，上见之，敕中使收赴行在。诘其所由，谷具以实对，上命释之。"

［14］**蔡太师宅：** 蔡京的宅园。蔡京，徽宗时拜太师。宋人陆游《老学庵笔记》卷5："蔡京赐第有六鹤堂，高四丈九尺，人行其下，望之如蚁。" 宋人马纯《陶朱新录》："靖康间，都尉钱景臻既捐馆舍而火焚，其第蔡京赐第在梁门外，即阊阖门也。南临汴水，北枕通衢，连楹千百，壮丽冠天下。时籍没入官，乃借钱氏。大长公主居之未几，颇见怪卓椅之属，皆白昼自行。一日，有栲栳历阶而上，周流堂庑数匝，忽舍于中堂，钱氏子弟婢妾环视，莫敢近。遂呼小吏辈，令举之，凡数人方能动。其下一妇人，髻子红巾，约之膏，泽光润如新沐状。众大骇异莫测，栲栳遽复，自合相顾之间，已失所在。" 宋人蔡绦《铁围山丛谈》卷4："鲁公（蔡京）崇宁末不入政事堂，以使相就第。时赐第于阊阖门外，俗号梁门者。修筑之际，往往得唐人旧冢，或有志文，皆云'葬城西二里'。大梁实唐宣武节度，梁门外知已为墓田矣。盖多得妇人胫骨，率长于今时长大男子几寸焉。或谓吾曰：'尝亲见陕晋间古长平为秦白起坑赵卒处，白骨尚存，其胫长大，异隋唐时也。'知今人浸鲜小，释氏之语或不妄。"

［15］**州西：** 见本书《序》中注［3］。

［16］**亚其里瓦：** 杨宽在《中国古代都城制度史研究》中说，"亚"通"淹"，深藏之意，是说州西瓦子所占之地，南自汴河堤岸，北到梁门大街，把"里瓦"深藏在后面，有一里多长。说明这处瓦子分为中瓦与里瓦两部分。

［17］**金银铺：** 宋人何薳《春渚纪闻》卷10："常闻京师栾家金肆为天下第一，若往彼市之无疑，则真仙秘术也。袱被而行，至都，以十两就市。栾氏取其家金较之，则体柔而加紫焰，即得高直以归。时共寓相国寺东客邸中，复相庆曰：'我辈穷访半生，今幸遇此，可以安心养道矣。万一未能免俗，则饮酒食肉，可毕此生。今当共作百两，分以为别。'即市半边官酝，大嚼酣饮而烹铜。" 宋人马端临《文献通考》卷9《钱币考》："大观三年鲁公（蔡京）既罢，朝议改为当

三，当三则折阅倍焉，虽县官亦不能铸矣，而大钱遂废，初议改当三也。宰执争辇钱而市黄金，在都金银铺未之知，不两月命下。时传以为讪笑。”

[18] **熟药惠民西局：**熟药，经加工炮制的药材。宋人洪迈《夷坚丙志·綦叔厚》：“药架甚华楚，上列白陶缶数十，陈熟药其中。”宋人周辉《清波杂志》卷12《惠民局》：“神宗朝创置卖药所，初止一所，崇宁二年增为五局，又增和剂二局，第以都城东、西、南、北壁卖药所为名，议者谓失元创药局惠民之意。”宋人蔡绦《铁围山丛谈录》卷6：“都邑惠民多增五局，货药济四方，甚盛举也。岁校出入，得息钱四十万缗，入户部助经费，然往时议者甚大不然矣。时上每饬和剂局，凡药材告阙，俾时上请焉。大观间，和剂局官一日请内帑授药犀百数，归解之。”

[19] **大佛寺：**即宝相寺。宋人周密《癸辛杂识别集上·汴都杂事》：“汴城宝相寺俗呼为大佛寺，在五百罗汉塑像，甚奇古。又噀水石龙，镌刻甚精，皆故宫物也。”明人李濂《汴京遗迹志》卷10：“宝相寺，在大梁门外，世传古锤和尚订果之处。五代唐明宗长兴元年创建，晋高祖天福三年赐额。内有慈尊阁与弥勒佛大像，俗名大佛寺。寺内又有罗汉塑像五百尊，元末俱为兵毁。洪武二十年，都纲善春因故址重建。”

[20] **都亭西驿：**接待河西蕃部（包括西夏）使者之所。宋人王应麟《玉海》卷172：“都亭西驿，旧曰上源西驿，在惠宁西坊，掌河西蕃部贡奉，祥符元年改今名。”

大内前州桥东街巷

大内前，州桥之东，临汴河大街，曰相国寺。有桥平正如州桥[1]，与保康门相对。桥西贾家瓠羹，孙好手馒头，近南即保康门潘家黄耆圆[2]。延宁宫[3]禁女道士观，人罕得入。街西保康门瓦子[4]，东去沿城皆客店，南方官员、商贾、兵级，皆于此安泊。近东四圣观、袜袎巷。以东城角定力院[5]，内有朱梁高祖御容[6]。出保康门外，新建三尸庙[7]、德安公庙。南至横街，西去通御街，曰麦稍巷[8]。口以南太学东门，水柜街[9]、余家染店[10]。以南街东法云寺[11]。又西去横街、张驸马宅[12]。寺南佑神观[13]。

注解

［1］**有桥平正如州桥：**这座桥像州桥一样端正、平整，有别于汴河之虹桥。这座桥可能指延安桥，即相国寺桥。宋人王应麟《玉海》卷172：“祥符五年九月七日，车驾临视新作延安桥。先是七月戊辰，徙汴河广济桥于相国寺前，榜曰‘延安’。”

［2］**黄耆圆：**宋人陈自明《妇人大全良方》卷21：“治产后蓐劳，寒热进退，头目眩痛，骨节酸疼，气力乏。”宋代太平惠民和剂局编写的《太平惠民和剂局方》卷5《治诸虚·黄耆圆》：“治丈夫肾脏风虚，上攻头面虚浮，耳内蝉声，头目昏眩，项背拘急；下注腰脚，脚膝生疮，行步艰难，脚下隐栗，不能踏地。筋脉拘挛，不得屈伸，四肢少力，百节酸疼，小便滑数，及瘫缓风痹，遍身顽麻。又疗妇人血风，肢体痒痛，脚膝缓弱，起并宜服之。”

［3］**延宁宫：**原为延宁观。宋人李焘《长编》卷119：“（景祐三年）秋七月己卯，新作延宁观。观本王中正旧第，保庆太后出奁中物市其地以建。初有诏罢修寺观，及是，谏官、御史以为言，帝谓辅臣曰：‘此太后奁中物尔。谏官、御史欲邀名耶？’参知政事宋绶进曰：‘彼岂知太后所为，但见兴土木违近诏，即论奏之。’”宋人王应麟《玉海》卷100《祥符延祥观》：“庆历六年四月己未，以延宁观为延宁宫。”

［4］**街西保康门瓦子：**从有关文献来看，“街西”应为“街东”，并且位于保康门之北。宋人徐梦莘《三朝北盟会编》卷90：“二月二十八日，保康门东瓦子，沿烧街，西延宁宫时，太后急就天汉桥南遇仙店，门垂帘幕以避，移居观音院西私第。《靖康后录》曰：‘元祐皇后，居瑶华宫近二十余年，缘金人破城，移入旧城延宁宫。延宁宫火，自东瓦子，经五楼归私第。是时太后脱身，都人亦不知其无恙，故金人《独遗记闻》曰：‘初三日，中旨令开封府，差察使人遍寻元祐皇后去处，闻先在延宁宫，因二月间遗火烧却本宫，归在观音院。’”

图3-4　朱温画像

［5］**定力院：**明人李濂《汴京遗迹志》卷11：“太祖之自陈桥还也，太夫人杜氏方设斋于定力院。闻变，王夫人惧，杜太夫人曰：‘吾儿平生奇异，人皆言当极富贵，何忧也。’言笑自若。是日太祖即位，契丹、北汉兵皆退。”宋人李攸《宋朝事实》卷6：“今京师定力院有太祖御容。”宋人欧阳修《定力院七叶木》：“伊洛多佳木，沙罗旧得名。常于佛家见，宜在月宫生。扣砌阴铺静，虚堂子落声。夜风疑雨过，朝露炫霞明。车马王都盛，楼台梵宇闳。惟应静者乐，时听野禽鸣。”

［6］**朱梁高祖：**指五代后梁太祖朱温（图3-4）。御容：皇

帝的画像。宋人郭若虚《图画见闻志》卷3："王霭，京师人，工画佛道人物，长写貌。五代间以画闻。今定力院太祖御容梁祖真像，皆出于王霭笔。"

［7］**三尸庙：**供奉三尸神之庙。清人周诚《宋东京考》卷16："三尸庙在保康门外，祀三尸神也。始建未详，后废。按修真家言，凡人身中有三尸神，常以庚申日，乘人寐时，将本人罪过奏闻上帝，减其禄命。上尸名彭踞，中尸名彭踬，下尸名彭硚。每遇庚申日守夜不寐，则三尸不得上奏。"

［8］**麦稍巷：**应为麦秸巷。见本书卷之二《朱雀门外街巷》注［1］"麦秸巷"。

［9］**水柜街：**宋人魏泰《东轩笔录》卷13："丁谓为宰相，将治第于水柜街，患其卑下，既而于集禧观凿池，取弃土以实其基，遂高爽。又奏开保康门为通衢，而宅据要会矣。"宋人吴曾《能改斋漫录》卷12："唐公肃远识待制唐公肃，雅有远识。先与丁晋公同举进士，剧相善。居水柜街，与晋公宅相对。"

［10］**余家染店：**姓余的染房店。宋人叶梦得《避暑录话》卷下："张友正，邓公子季子。少喜学书，不出仕，有别业，价三百万，尽鬻以买纸笔。迹高简，有晋、宋人风味，尤工于草书。故庐在甜水巷，一日弃去，从水柜街僦小屋，与染工为临，或问其故，答曰：'吾欲假其缣素学书耳。'于是与约：凡有欲染皂者，先假之一端，酬二百金，如是日书数端。"宋人洪迈《夷坚志・乙志》卷15《诸般染铺》："王锡文在京师，见一人推小车，车上有瓮，其外为花门，立小榜曰：'诸般染铺'。架上挂杂色缯十数条，人窥其瓮，但贮浊汁斗许。或授以尺绢，曰：'欲染青'。受而投之，少顷取出，则成青绢矣。又以尺纱欲染茜，亦投于中，及取出，成茜纱矣。他或黄，或赤，或黑，或白，以丹为碧，以紫为绛，从所求索，应之如响。而斗水未尝竭。视所染色，皆明洁精好，如练肆经日所为者，竟无人能测其何术。"

［11］**法云寺：**宋人李焘《长编》卷297："以龙卫废营地，赐卫国公主，地与主第相直也，主后以其地建法云寺。"宋人邵伯温《邵氏闻见录》卷15："长老道楷者，崇宁中以朝廷命住京师法云寺。上一日赐紫方袍及禅师号，楷曰：'非吾法也。'却不受。"

［12］**张驸马宅：**应是驸马张敦礼，娶宋英宗第三女韩魏国大长公主，是他营建了其住宅附近的法云寺。宋人岑象求《上哲宗论佛老》："近岁朝廷减出卖祠部度牒而增其直，若非二圣知道爱民，何由及此？然贵戚妃后之家，起造寺观，莫知其数，如曹佾起休粮道者院，张敦礼建法云寺，皇亲盖洞真宫，敕修开宝寺、乾明寺殿、相国寺东塔之类，以至天下郡县营造，不可悉记。"

［13］**佑神观：**与九成宫相邻。宋人蔡絛《铁围山丛谈》卷1："崇宁甲申议作九鼎，有司即南郊为冶，用中夜时上为致肃不寐，至是于寝望之，焚香而再拜焉，既乃就寝，傍四鼓矣。忽有神光达禁中，政烛福宁殿，红赤异常，宫殿于是尽明如昼，迨晓始熄。鼎一铸而成，乃取佑神观旁地立九成宫，随其方为室，成九室以奠鼎，命鲁公为奉安礼仪使。"

相国寺内万姓交易

相国寺每月五次[1]开放，万姓交易[2]。大三门[3]上皆是飞禽猫犬之类，珍禽奇兽，无所不有。第二、三门皆动用什物，庭中设彩幕露屋[4]、义铺，卖蒲合[5]、簟席[6]、屏帏[7]、洗漱、鞍辔、弓剑、时果、腊脯之类。近佛殿，孟家道冠王道人蜜煎[8]、赵文秀笔[9]及潘谷墨[10]，占定两廊，皆诸寺师姑[11]卖绣作、领抹[12]、花朵、珠翠头面[13]、生色销金[14]花样幞头、帽子[15]、特髻[16]、冠子[17]、绦线[18]之类。殿后资圣门[19]前，皆书籍、玩好[20]、图画[21]，及诸路罢任官员土物、香药之类。后廊皆日者[22]、货术[23]、传神[24]之类。寺三门阁上并资圣门，各有金铜铸罗汉五百尊[25]、佛牙[26]等。凡有斋供，皆取旨方开三门。左右有两瓶琉璃塔[27]，寺内有智海、惠林、宝梵、河沙东、西塔院[28]，乃出角院舍，各有住持僧官。每遇斋会[29]，凡饮食茶果、动使、器皿，虽三五百分，莫不咄嗟而办。大殿两廊，皆国朝名公笔迹[30]，左壁画炽盛光佛降九曜鬼百戏[31]，右壁佛降鬼子母揭盂[32]。殿庭供献乐部马队[33]之类。大殿朵廊[34]，皆壁隐楼殿人物，莫非精妙。

注解

［1］**五次：**应为八次。宋人王得臣《麈史》卷下："都城相国寺最据冲会，每月朔、望、三、八日即开。技巧百工列肆，罔有不集，四方珍异之物，悉萃其间。因号相国寺为破赃所。"每月朔（初一）、望（十五）、三（初三、十三、二十三）、八（初八、十八、二十八），故为八次。南宋人白珽在《湛渊静语》卷2："绍定癸巳（1233年），北朝（蒙古）遣使王楫来通好，朝迁札京湖制司就差官邹伸之等六员北朝审实，于次年六月回，抵汴中途，……次日往相国寺，……寺通阛阓，往时每月八次开寺，听商贾贸易。"

［2］**万姓交易：**形容交易之人极多。宋人王栐《燕翼诒谋录》卷2："东京相国寺，乃瓦市也。僧房散处，而中庭两庑可容万人，凡商旅交易皆萃其中。四方趋京师以货物求售、转售他物者，必由于此。"宋人孙升《谈圃》："张文定尝苦脚疾，无药可疗。一日游相国寺，有卖药者，得绿豆两粒，服之遂愈。"

［3］**大三门：**相国寺的大门。宋人王栐《燕翼诒谋录》卷2："太宗皇帝至道二年，命重建三门，为楼其上甚雄。宸墨亲填书金字曰：'大相国寺'。五月壬寅赐之。"陈师道《后山谈丛》卷2："东都相国寺楼门，唐人所造。国初木工喻浩曰：'他皆可能，惟不解卷檐尔。'每至其下仰而观焉，立极则坐，坐极则卧，求其理而不得。门内两井亭。"宋人宋白《修相国寺碑记》："唯相国寺敕建三门，御书赐额，余未成就，我当修之。乃宣内臣饬大匠，百工馆至，众材山积。岳立正殿，翼舒长廊，左钟曰楼，右经曰藏，后拔曾阁，北通便门。广庭之内，花木罗生，中庑之外，僧居鳞次。大殿睟容，即慧云法师所铸弥勒瑞像也，前楼众结圣，即颍川所迎五百罗汉也。"（图3-5）

图 3-5　民国时期的相国寺大门

［4］**彩幕露屋：**用彩色布临时设置搭盖，半边显露的摊档铺面棚屋。

［5］**蒲合：**用蒲草编的席子。宋人李焘《长编》卷360：元丰三年七月丁亥，“又太庙牙床上，各有蒲合，并紫席褥、曲几、直几，如遇祭享，于牙床上铺设。褅袷则缘室合用物，并前一日移出殿上”。

［6］**簟席：**竹席。《礼记·丧大记》：“大敛于阼，君以簟席，大夫以蒲席，士以苇席。”陈澔集说：“簟席，竹席也。”

［7］**屏帏：**屏帐。唐人白居易《和杨师皋伤小姬英英》：“玳瑁床空收枕席，琵琶弦断倚屏帏。”宋人周紫芝《鹧鸪天》中有“一点残红欲尽时。乍凉秋气满屏帏”之语。

［8］**蜜煎：**即蜜饯。元人陶宗仪《说郛》卷77引宋人蔡襄《荔枝谱》：“蜜煎，剥生荔枝，榨去其浆，然后蜜煮之。予前知福州，用晒及半干者为煎，色黄白而味美可爱。”

［9］**赵文秀笔：**赵文秀所制之笔。宋人欧阳修《居士外集》卷4《圣俞惠宣州笔戏书》：“京师诸笔工，牌榜自称述；累累相国东，比若衣缝虱。”宋人庄绰《鸡肋篇》卷上：“江浙无兔，系笔多用羊毛，惟明、信州为佳，毛柔和而不挛曲；亦用鹿毛，但脆易秃。湖南二广又用鸡毛，尤为软弱。高丽用猩猩毛，反太坚劲也。其用鼠须，只一两茎置笔心中。如狸毛则见于《唐史》，疑亦太弱。南方春夏梅雨蒸湿，墨皆胶败，滞笔而无光。徽州世出墨工，多佳墨，云以置灰中，则阴润不能坏也。”

［10］**潘谷墨：**潘谷所制的墨，质量上乘，有“墨仙”之称（宋人陆友《墨史》卷中）。宋人何薳《春渚纪闻》卷8《都下墨工》：“潘谷卖墨都下。元祐初，余为童子，侍先君居武学直舍中，（墨）谷尝至，负墨篋而酣咏自若，每笏止取百钱。……其用胶不过五两之制，亦遇湿不败。”宋人晁贯《墨经》：“人制墨莫有及谷者，正在煎胶之妙。”宋人邵博《见闻后录》卷28：“黄鲁直就几阁间，取小锦囊，中有墨半丸，以示潘谷。谷隔锦囊手之，即置几上，顿首曰：‘天下之宝也。’出之，乃李珪作耳。又别取小锦囊，中有墨一丸，谷手之如前，则叹曰：‘今老矣，不能为也。’出之，乃谷少作耳。其艺之精如此。”宋人何薳《春渚纪闻》卷8：“墨工制名，多相蹈袭，其偶然耶？亦好事者冀其精艺追配前人，故以重名之也。南唐李廷珪，子承宴；今有沈珪，珪子宴；又有关珪。国初张遇，后有常遇，和之子；又有潘遇，谷之子。黟川布衣张谷所制得李氏法，而世不多有；同时有潘谷；又永嘉叶谷作油烟与潭州胡景纯相上下，而胶法不及。陈赡之后，又有梅赡云。耿德真，江南人，所制精者不减沈珪。惜其早死，藏墨之家不多见也。”宋人苏轼《苏文中公全集》卷70《书潘谷墨》：“卖墨者潘谷，余不识其人，然闻其所为，非市井人也。墨既精妙而价不二。士或不持钱求墨，不计多少与之。此岂徒然者哉！余尝与诗云：‘一朝入海寻李白，空看人间画墨仙。’一日，忽取欠墨钱券焚之，饮酒三日，发狂浪走，遂赴井死。人下视之，盖趺坐井中，手尚持数珠也。见张元明，言如此。”

［11］**师姑：**宋人庄绰《鸡肋篇》卷上：“京师僧讳和尚，称曰大师；尼讳师姑，呼为女和尚；南方举子至都，讳蹄子，谓其为爪与獠同音也。”绣作：刺绣。宋人杨延龄《杨公笔录》：“女郎曾布蕴作诗立成。一日游乾明寺，见诸尼作绣工，尼乞诗，乃应声为集句：‘睡起杨花满绣

图 3-6　白沙宋墓壁画的领抹

床，为他人作嫁衣裳。因过竹院逢僧话，始觉空门气味长。’”

［12］**领抹：**妇女衣领上的服饰（图3-6）。宋人无名氏《阮郎归·端五》词：“及妆时结薄衫儿，蒙金艾虎儿，画罗领抹褫裙儿，盆莲小景儿。香袋子，搐钱儿。”

［13］**珠翠头面：**用珍珠、翠玉制成的首饰。

［14］**销金：**用金线编织。宋人李焘《长编》卷136：庆历二年五月戊辰，“诏有司申明前后条约，禁以销金、贴金、缕金、间金、蹙金、圈金、剔金、陷金、明金、泥金、楞金、背金、阑金、盘金、织金、线金、捻金为服饰，自宫庭始，民庶犯者必致之法”。宋人魏泰《东轩笔录》卷10：“英宗素愤戚里之奢僭，初即位，殿前马步军都指挥使李璋家犯销金，即日下有司，必欲穷治。知开封府沈遘从容奏曰：‘陛下出继仁宗，李璋乃仁宗舅家也。’英宗惕然曰：‘初不思也，学士为我平之。’遘退坐府，召众匠出衣示曰：‘此销金乎？销铜乎？’匠曰：‘铜也。’沈即命火焚衣而罢。”周煇《清波杂志》卷7《卧榻缕金》：“天圣七年，诏士庶、僧道不得以朱漆床榻。至宣和间，蔡行家虽卧榻亦用滴粉销金为饰，赵忠简公亲见之。其奢俭不同如此。”

［15］**帽子：**宋人吴处厚《青箱杂记》卷7：“王衍在蜀，好私行，恐人识之，令民戴大帽，又令民戴危脑帽，狭小，锐（俯）首即坠。”宋人江休复《江临几杂志》：“近岁都下裁翠纱帽直一千。至于下俚，耻戴京纱帽，御帽例用京纱，未尝改易也。”宋人陶谷《清异录》卷上《衣服门·钦帽》：“道士所顶者橐籥冠，或戴星朝上巾，曰‘笼绡’。尝跨马都市间，曰：‘暑热何不去钦帽？’试回视之，乃老黄冠卸其上巾矣。”

［16］**特髻：**宋人朱熹《朱子语类》：“妇人环髻，今之特髻是其意义，不戴冠。”宋人高承《事物纪原》卷3《特髻》：“燧人始为髻，至周王后首服为副编，郑云三辅谓之假髻，今特髻其遗事也。”（图3-7）

［17］**冠子：**宋人高承《事物纪原》卷3《冠子》：“引二仪实录曰：爰自黄帝制为冠冕，而

图 3-7　宋代妇女的发髻

妇人者之首饰服无文，至周始有，不过副笄而已。汉宫掖承恩者始赐碧或绯芙蓉冠子，则其物自汉始矣。《古今注》曰：魏文帝有绝宠四人：莫琼树制蝉鬓，缥缈如蝉翼，段巧笑始锦衣丝履，作紫粉拂面，陈尚衣能歌舞，薛夜来尚为衣裳，一时冠绝。一云冠起当世。”宋人陶谷《清异录》卷3：“士大夫暑天不欲露髻，则顶矮冠。清泰间，都下星货铺卖一冠子，银为之，五朵平云作三层安置。计止是梁朝物，匠者遂依效造小样求售。”

［18］**绦线：**丝线，丝带。宋人苏轼《艾子杂说》：“夫鹰隼击物，或入林中，而绊足绦线偶为木之所绾，则振羽之际，铃声可寻而索也。”

［19］**资圣门：**相国寺资圣阁之大门。宋人周密《癸辛杂识别集上·汴都都事》：“楼阁最高而见存者，相国寺资圣阁、朝元宫阁登云楼。资圣阁雄伟，五檐滴水，庐山五百铜罗汉在焉，国初曹翰所取也。”元人陈孚《陈刚中诗集》卷2《登大相国寺资圣》：“大相国阁天下雄，天梯缥缈凌虚空。三千歌吹灯火上，五百缨缦烟云中。洛汭已掩西坠日，汉津空送南飞鸿。阑干倚遍忽归去，飒飒两鬓生秋风。”

［20］**玩好：**供玩赏的奇珍异宝。北齐颜之推《颜氏家训·教子》：“（琅邪王）年十许岁，骄恣无节，器服玩好，必拟乘舆。”

［21］**图画：**宋人朱弁《曲洧旧闻》卷4：“黄鲁直于相国寺得宋子京《唐史》书稿一册。归而熟观之，自是文章日进，此无他也，见其窜易句字与初造意不同，而识其用意故也。”宋人魏泰《东轩笔录》卷3：“（穆修）晚年得柳宗元集，募工镂板，印数百帙，携入京相国寺，设肆鬻之。有儒生数辈至其肆，未评价值，先展揭披阅。修就手夺取，瞑目谓曰：‘汝辈能读一篇，不失句读，吾当以一部赠汝。’其忤物如此，自是经年不售一部。”宋人袁褧《枫窗小牍》卷下：“余家藏《春秋繁露》，中缺两纸，比从藏书家借对，缺纸皆然，即馆阁订本亦复尔尔，不知当时校勘受赏银绢者得无愧乎？后从相国寺资圣门买得抄本，两纸俱全，此时欢喜，如得重宝，架橐似为生气。及离乱南来，缺本且不可得矣。”宋人郭若虚《图画见闻志》卷4：“吴僧继肇，工画山水。与巨然同时，体虽相类，而峰峦稍薄怯也。相国寺资圣阁院有所画屏风。”

［22］**日者：**以占卜为业的人。宋人陈鹄《耆旧续闻》卷7：“郑燕公居中达夫。开封人。……一日同至相国寺。有日者榜卦肆。一卦万钱。公如其数扣之。日者云：‘此命大贵与蔡太师正相类。’究其详，则拾起卦子不复言矣。”元人脱脱《宋史》卷462《僧智缘传》：“僧智缘，随州人，善医。嘉祐末，召至京师，舍于相国寺。每察脉，知人贵贱、祸福、休咎，诊父之脉而能道其子吉凶，所言若神，士大夫争造之。”宋人范镇《东斋记事》卷3：“张邓公尝谓予曰：某举进士时，寇莱公同游相国寺，前诣一卜肆。卜者曰：‘二人皆宰相也。’既出，逢张相齐贤、王相随，复往诣之。卜者大惊曰：‘一日之内，而有四人宰相。’相顾大笑而退。因是卜者声望日消，亦不复有人问之，卒穷饿以死。四人其后皆为宰相，共欲为之作传，未能也。”宋人何薳《春渚纪闻》卷2《谢石拆字》：“谢石润夫，成都人，宣和间至京师，以相字言人祸福。求相者但随意书一字，即就其字离拆而言，无不奇中者。名闻九重，上皇因书一‘朝’字，令中贵人持往试之。石见字，即端视中贵人曰：‘此非观察所书也。然谢石贱术，据字而言，今日遭遇，即因此字；黥配远行，亦此字也。但未敢遽言之耳。’中贵人愕然。”

［23］**货术：**宋人苏轼《东坡志林》卷2《记道人戏语》：“绍圣二年五月九日，都下有道人坐相国寺卖诸禁方，缄题其一曰：卖‘赌钱不输方’。少年有博者，以千金得之。归，发视其方，曰：‘但止乞头。’道人亦鬻术矣，戏语得千金，然亦未尝欺少年也。”

［24］**传神：**即画肖像画。宋人张师正《括异志》卷6《许偏头》：“成都画师许偏头者，忘其名，善传神，开画肆于观街。一日有贫人弊衣憔悴，约四十许，负布囊诣许求传神。许笑曰：‘君容状若此，而求传神，得非有所禀而召仆也邪？’曰：‘非也。闻君笔妙，故来耳。幸无见鄙。’”

［25］**金铜铸罗汉五百尊：**宋人周密《癸辛杂识别集》卷上：“楼阁最高而见存者，相国寺资圣阁、朝元宫阁、登云楼资圣阁，雄丽五檐滴水，庐山五百铜罗汉在焉。”元人白珽《湛渊静语》卷2：“次日往相国寺，寺门成劫灰，止存佛殿一区，高广异常，朱碧间错，吴蜀精蓝所未有。后一阁参云，凡三级，榜曰‘资善之阁’，上有铜罗汉五百尊。”宋人叶梦得《石林诗话》卷51：“元丰间，尝久旱不雨，裕陵禁中斋祷甚力。一日，梦有僧乘马驰空中，口吐云雾，既觉而雨大作。翌日，遣中贵人寻梦中所见，物色于相国寺三门五百罗汉中，第十三尊像仿佛，即迎入内视之，正所梦也。王丞相禹玉作《喜雨诗》云：‘良弼为霖所（宿）辜雨望，神僧做雾应精求。’元参政厚之云：‘仙骥蹑云穿仗下，佛花吹雨匝天流。’盖记此。相国寺罗汉，本江南李氏时物，在卢山东林寺。曹翰下江南，尽取其城中金帛宝货，连百余舟，私盗以归，无以为之名，乃取罗汉，每舟载十许尊献之，诏因赐于相国寺，当时谓之神罗汉云。”（图3–8）

［26］**佛牙：**南宋天台僧侣志盘《佛祖统纪》卷45：“（庆历三年）诏迎相国寺佛牙入内殿躬祷，须臾雨大注。乃作金殿四门以象天宫，用以奉藏。复制发愿文，以见归敬。”元人释觉岸《释氏稽古略》：“初，太祖迎洛阳唐高宗显庆年间大沙门宣律师天王太子所献佛牙舍利，于东京相国寺灌顶院安奉。至是，帝亲以烈火煅试，晶莹坚固，光彩五色照人……改灌顶院为法华院。遂制赞曰：‘功成积劫印文端，不是南山得恐难。眼睹数重金色润，手擎一片玉光寒。炼经百火

图 3-8 相国寺罗汉殿外观图

精神透，藏处千年莹彩完。定果熏修真秘密，正心莫作等闲看。真宗尝迎供开宝寺灵感塔下，瞻拜之夕，神光洞发，遂制偈赞：西方有圣释迦文，接物垂慈世所尊。常愿进修增胜果，庶期饶益富黎民。'"

[27] **琉璃塔：**以琉璃为釉的佛塔（图3-9）。

[28] **智海、惠林、宝梵、河沙东、西塔院：**释志盘《佛祖统记》卷45："元丰五年，诏相国寺辟六十四院为八禅二律，以东西序为慧林、智海二巨刹。"元人白珽《湛渊静语》卷2："其寺旧包十院，今存其八。右偏定慈、广慈、善慈律三院，智海禅院一。东偏宝梵、宝严、宝觉律院三，慧休禅院一。"宋人王稑《默记》卷中："李后主手书金字心经一卷，赐其宫人乔氏。后入太宗禁中，闻后主薨，自内廷出其经，舍在相国寺西塔以资焉。且自书于后曰：'故李氏国主宫人乔氏，伏遇国主百日，谨舍昔时赐妾所书《般若心经》一卷，在相国寺西塔院，伏愿弥勒尊前，持一花而见佛。'云云。"宋人高承《事物纪原》卷7《相国寺》："唐房僚《石幢记》曰：相国寺肇自中宗叶梦，始置于兹。宋敏求《东京记》以本北齐大建国寺，后废。唐为郑审宅，因病舍为招提坊。神龙二年，僧惠云建为寺。延和元年，睿宗以旧封相王，因改为相国寺。《宋朝会要》曰：

图 3-9 河南密县法海寺地宫出土的宋代琉璃塔

至道中，太宗御题额易曰‘大相国寺’。东塔曰‘普满’。唐至德二载建，开宝六年，太祖修。西塔曰‘广愿’，元祐元年，僧中惠立。会要又云：咸平五年名后阁曰‘资圣’。东京记则云：景德五年赐名也。神宗熙宁间重修饬之，并诸院为八，东曰宝严、宝梵、宝觉、惠林；西曰定慈、广慈、普慈、智海。东京记又曰：仁济殿，天圣八年建，后与宝奎殿同赐名也。”

［29］**斋会：**指农历四月初八释迦牟尼佛圣诞。宋人金盈之《新编醉翁谈录》卷4《四月》：“八日。……僧尼道流，云集相国寺，是会独甚。常年平明，合都士庶妇女骈集，四方挈老扶幼交观者，莫不蔬素。众僧环列既定，乃出金盘，广四尺余，置于佛殿之前。仍以漫天紫幕覆之于上，其紫幕皆销金为龙凤花木之形。又置小方座，前陈经案，次设香盘，四隅立金频伽，磴道阑槛，无不悉具。盛陈锦绣襜褥，精巧奇绝，冠于一时。良久，吹螺击鼓，灯烛相映，罗列香花。迎拥一佛子，外饰以金，一手指天，一手指地，其中不知何物为之。唯高二尺许，置于金盘中。众僧举扬佛事，其声振地，士女瞻敬以祈恩福。或见佛子于金盘中周行七步，观者愕然。”

［30］**国朝名公笔迹：**宋人沈括《梦溪笔谈》：“相国寺旧画壁，乃高益之笔。有众画工奏乐，一堵最有意。”宋人郭若虚《图画见闻志》卷3：“王道真，蜀郡新繁人，工画佛道人物，兼长屋木。太宗朝用高文进荐引，授图画院祇候。尝被旨画相国寺，并玉清昭应宫壁。今相国寺殿东画《给孤独长者买只陀太子园因缘》，并殿西画《志公变》、《十二面观音像》，其迹并存。……高怀节，文进长子，太宗朝为翰林待诏，颇有父风。尝与其父同画相国寺壁。兼长屋木，为人称爱也。……李元济，太原人，工画佛道人物，精于吴笔。熙宁中召画相国寺壁，命官较定众手。时元济艺与崔白为劲敌，议者以元济学遵师法，不妄落笔，遂推之为第一。其间佛铺，多是元济之迹也。……陈坦，晋阳人，工画佛道人物。都下奉先、普安二佛刹尤多功德墙壁。相国寺北廊《高僧》，乃坦所画。其于田家，固为独步。有《村医》、《村学》、《田家娶妇》、《村落祀神》、《移居》、《丰社》等图传于世。王端，字子正，瓘之子，工画山水。专学关同，得其要者惟刘永与端耳。相国寺净土院旧有画壁，惜乎主僧不鉴，遂至圬墁。端虽以山水著名，然于佛道、人马，自为绝格。兼善传写。尝写真庙御容，称旨，授三班奉职。有《佛道功德》、故事人物、《四时山水》传于世。”宋人郭若虚《图画见闻志》卷3：“王易，鄜州人，亦工佛道人物，学邻元济。时同画相国寺壁，画毕，名归乡里。都人称伏之。”宋人郭若虚《图画见闻志》卷5：“治平乙巳岁雨患，大相国寺以汴河势高，沟渠失治，寺庭四廊，悉遭淹浸，圮塌殆尽。其墙壁皆高文进等画，惟大殿东西走马廊相对门庑，不能为害。东门之南，王道真画《给孤独长者买祇陁太子园因缘》；东门之北，李用及与李象坤合画《牢度义斗圣变相》；西门之南，王道真画《志公变》、《十二面观音像》；西门之北，高文进画《大降魔变相》，今并存之，皆奇迹也。其余四面廊壁皆重修复后，集今时名手李元济等，用内府所藏副本小样，重临仿者，然其间作用，各有新意焉。”

［31］**炽盛光佛降九曜鬼百戏：**宋人郭若虚《图画见闻志》卷3：“高益，涿郡人，工画佛道鬼神、蕃汉人马。太祖朝，潜归京师。始货药以自给，每售药必画鬼神或犬马于纸上，藉药与之，由是稍稍知名。时太宗在潜邸，外戚孙氏喜画，孙氏有酒楼。一日，遇四老人饮酒有异，疑

其神仙，因谓之四皓楼，亦谓孙氏为孙四皓也。因厚遇益，请为图画。未几，太宗龙飞。孙氏以益所画《搜山图》进上，遂授翰林待诏。后被旨画大相国寺行廊《阿育王》等变相暨《炽盛光》、《九曜》等，有位置小本，藏于内府。后寺廊两经废置，皆饬后辈名手依样临仿。又画崇夏寺大殿善神，笔力绝人。有《南国斗象》、《卫士骑射》、《蕃汉出猎》等图传于世。”宋人李荐《德隅斋画品·玉皇朝会图》：“又尝见恪所作《鬼百戏图》，钟馗夫妇，对案置酒，供张果肴，及执事左右，皆述其情太态，前有大小鬼数十合乐，呈伎俩，曲尽其妙。此图玉皇像，不敢深戏，然犹不免悬蟹，欲调后人之笑耳。”（图3-10）

图 3-10 “炽盛光佛降九曜星宫房宿相”彩画（山西省应县辽代佛宫寺释迦塔）

[32] **佛降鬼子母揭盂：** 清光绪年间《御选云栖莲池袾宏大师语录·鬼子母揭钵图》：“鬼母失儿情太戚，天上人间求未得。钵盂指示空睹形，尽其神力不能出。回光省过大归依，刹那母子重相识。重相识，迟八刻。自家怀里抱婴儿，何必向如来膝下殷勤觅？”（图3-11）

[33] **殿庭供献乐部：** 宋人曾巩《曾巩集》卷13《序相国寺维摩院听琴记》：“治平三年夏，得洪君于京师，始合同舍之士，听其琴于相国寺之维摩院。”

[34] **朵廊：** 大殿的左右走廊。

图 3-11 宋代画家李公麟《揭钵图》（局部）

寺东门街巷

寺东门大街，皆是幞头、腰带[1]、书籍、冠朵[2]铺席，丁家素茶。寺南即录事巷[3]妓馆。绣巷皆师姑绣作居住[4]。北即小甜水巷[5]，巷内南食店[6]甚盛，妓馆亦多。向北李庆糟姜[7]铺。直北出景灵宫东门前。又向北曲东税务街、高头街[8]，姜行[9]后巷，乃脂皮画曲妓馆。南北讲堂巷[10]、孙殿丞[11]药铺、靴店。出界北巷，巷口宋家生药铺[12]，铺中两壁皆李成[13]所画山水。自景灵宫东门大街向东，街北旧乾明寺[14]，沿火[15]改作五寺三监[16]。以东向南曰第三条甜水巷，以东熙熙楼客店，都下着数。以东街南高阳正店，向北入马行。向东，街北曰车辂院[17]，南曰第二甜水巷。以东审计院[18]，以东桐树子韩家[19]，直抵太庙前门。南往观音院[20]，乃第一条甜水巷也。太庙北入榆林巷，通曹门大街，不能遍数也。

注解

［1］**腰带：**宋人张知甫《张氏可书》："京师一富人，质得金带一条，常常系之。每送迎宾客，辄止中门而返，必曰：'腰带有碍，不敢出门，且告不罪也。'"宋人蔡绦《铁围山丛谈》卷6："太宗时得巧匠，因亲督视于紫云楼下，造金带，得三十条，匠者为之神耗而死。于是独以一赐曹武穆彬，其一太宗自御之，其后随入熙陵。而曹氏所赐带，则莫知何往也。"（图3-12）

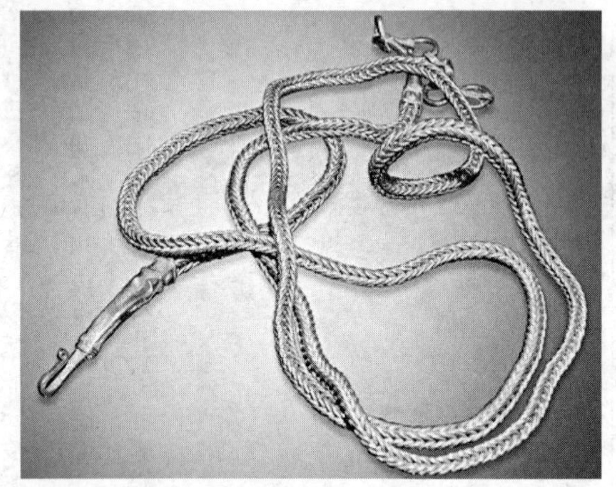

图 3-12　广东阳江南海一号博物馆珍藏的宋代金腰带

［2］**冠朵：**固定冠的簪子。宋人马端麟《文献通考》卷104："神宗元丰八年，礼部言：'太皇太后生辰，旧所供奉物，于令式宜增一倍。冠朵旧用九，花旧用五，至是各增为十二。'八月，礼部言：'皇太妃冠服之属，减皇后又五分之一。'诏详定，而邓温伯等言：'皇太妃冠服，礼令不载，亦无故事。'于是，从礼部所请而冠朵用牙鱼。"

［3］**寺南即录事巷：**"寺南"应为"寺东"。因为寺南为临汴河大街，不可能再有街巷，并且有史料为证。宋人陆游《老学庵笔记》卷6："苏叔党，政和中至东都，见妓称录事。太息语廉宣仲曰：'今世一切变古，唐以来旧语尽废，此犹存唐旧为可喜。前辈谓妓为酒纠，盖谓录事也。'相蓝之东有录事巷。传以为朱梁时名妓崔小红所居。"宋人邹浩《道乡集》卷40《冯贯道传》："贯道寿春人，举进士不偶，弃去游京师，居相国寺东录事巷，以训童子为业，二十余年如一日。其容舒而野，其言简而直，其与人交淡而久。自朝廷公卿以至闾巷之人，往往知其所为，而厚其礼。贯道持一意接之，未尝毫末加损于其间。"

［4］**绣巷皆师姑绣作居住：**宋人朱彧《萍洲可谈》卷2："抚州莲花纱，都人以为暑衣，甚珍重。莲花寺尼凡四院造此纱，燃织之妙，外人不可传。一岁每院才织近百端，市供尚局并数当路，计之已不足用。寺外人家织者甚多，往往取以充数，都人买者，亦自能别寺外纱，其价减寺内纱什二三。"宋人庄绰《鸡肋篇》卷上："而京师僧讳'和尚'，称曰'大师'。尼讳'师姑'，呼为'女和尚'。南方举子至都，讳'蹄子'，谓其为爪，与獠同音也。而秀州又讳'佛种'，以昔有回头和尚以奸败，良家女多为所染故尔。"

［5］**甜水巷：**宋人楼钥《北行日录》卷上："入旧宋门，旧曰丽景，今曰宾曜，亦列三门。

由北门入，尤壮丽华好。门外有庙，曰灵护。两门里之左右皆有阙亭，门之南即汴河也，故街南无巷，街北即甜水巷，过郑太宰宅西南角，有小楼，都人列观。”宋人洪迈《夷坚三志巳九·甜水巷蛤蜊条》：“李士美丞相刘行简给事，因入京师，同僦甜水巷客邸，傍一富家相近。李与之姻旧，常相游从。”宋人李心传《旧闻证误》卷2：“熙宁中，王和甫尹开封，忽内降文字一纸，乃陈首有谋乱者姓名，凡数十人。内有一薛六郎者，居甜水巷，以典库为业。”宋人叶梦得《避暑录话》卷下：“张友正邓公之季子，少喜学书，不出仕，有别业价三百万，尽鬻以买纸。笔迹高简，有晋宋人风味，尤工于草书。故庐在甜水巷，一日弃去，从水柜街僦小屋，与染工为邻，或问其故，答曰：吾欲假其缣素学书耳。于是与约：凡有欲染皂者先假之一端，酬二百金，如是日书数端米元章书。”宋人魏泰《东轩笔录》卷9：“是时许初罢判开封府，税居于甜水巷，驭者惧逼夜禁，急鞭马，马跃，许失绥坠地，腰膝尽伤，驭者扶之于鞍，又疾驱而去，至则宅门已闭。”宋人曾敏行《独醒杂志》卷1：“包孝肃公尹京，人莫敢犯者。一日闾巷火作，救焚方急。有无赖子相约乘变调公，亟走声喏于前曰：‘取水于甜水巷耶，于苦水巷耶？’公弗省，亟命斩之。由是人益畏服。”

[6] **南食店：**为在开封的南方人所开的饭店。宋人吴自牧《梦粱录》卷16《面食店》：“向者汴京开南食面店、川饭分茶，以备江南往来士夫，谓其不便北食故耳。”宋人朱彧《萍洲可谈》卷2：“大率南食多咸，北食多酸，四边及村落人食甘，中州及城市人食淡，五味中只苦不可食。”人宋蔡绦《铁围山丛谈》卷6：“开宝末，吴越王钱俶始来朝。垂至，太祖谓大官：‘钱王，浙人也，来朝宿共账内殿矣，宜创作南食一二以燕衎之。’于是大官仓卒被命，一夕取羊为醢，以献焉，因号旋鲊。”宋人朱彧《萍洲可谈》卷2：“闽、浙人食蛙，湖湘人食蛤蚧，大蛙也。中州人每笑东南人食蛙，有宗子任浙官，取蛙两股脯之，给其族人为鹑腊，既食然后告之，由是东南谤少息。或云蛙变为黄鸧。广南食蛇，市中鬻蛇羹，东坡妾朝云随谪惠州，尝遣老兵买食之，意谓海鲜，问其名，乃蛇也，哇之，病数日，竟死。琼管夷人食动物，凡蝇蚋草虫蚯蚓尽捕之，入截竹中炊熟，破竹而食。顷年在广州，蕃坊献食，多用糖蜜脑麝，有鱼虽甘旨，而腥臭自若也，唯烧笋菹一味可食。先公使辽日，供乳粥一椀甚珍，但沃以生油，不可入口。谕之使去油，不听，因给令以他器贮油，使自酌用之，乃许，自后遂得淡粥。大率南食多盐，北食多酸，四夷及村落人食甘，中州及城市人食淡，五味中唯苦不可食。”

[7] **糟姜：**元人倪云林《云林堂饮食制度集·糟姜法》：“净布揩去嫩芽，每姜一斤用糟一斤半，炒盐一两半拌匀，即入瓶，以炒盐少许面封之。”明人高濂《遵生八笺》卷12《糟姜方》：“姜一斤，糟一斤，盐五两，拣社日前可糟，不要见水，不可损了姜皮，用干布擦去泥，晒半干后，糟盐拌之入瓮。”

[8] **高头街：**宋人曾巩《隆平集》卷2《招隐逸》：“医师能太丞，居京师高头街。”明人杨士奇《历代名臣奏议》卷21：“或者以谓若东展（东景灵宫）旧基，则高头街之地必见侵掘，国之左臂不可侵也。”

[9] **姜行：**宋人苏轼《东坡志林》卷1《记梦》：“宣德郎、广陵郡王院大小学教授眉山任伯

雨德公，丧其母吕夫人，六十四日号踊稍间，欲从事于佛。或劝诵《金光明经》，具言世所传本多误，惟咸平六年刊行者最为善本，又备载张居道再生事。德公欲访此本而不可得，方苦卧柩前，而外甥进士师续假寐于侧，忽惊觉曰：'吾梦至相国寺东门，有鬻姜者云：有此经。梦中问曰：非咸平六年本乎？曰：然。有《居道传》乎？曰：然。此大非梦也！'德公大惊，即使续以梦求之，而获睹鬻姜者之状，则梦中所见也。"

［10］**讲堂巷：**宋人文莹《湘山野录》卷下："潘阆于讲堂巷，开药肆，刘少逸、鲍少孤二人者为药童，唐巾韦带，气貌爽秀。"宋人魏泰《东轩笔录》卷13："旧传东京相国寺乃魏公子无忌之宅，至今地属信陵坊，寺前旧有公子亭，丁谓开保康门，对寺架桥，始移亭子近东寺，基旧极大，包数坊之地，今南北讲堂巷即寺之讲院，戒身巷即寺之戒坛也。"宋人文莹《湘山野录》卷下："潘逍遥阆有诗名，所交游者皆一时豪杰，卢相多逊欲立秦邸，潘预其谋。混迹于讲堂巷，开药肆，刘少逸、鲍少孤二人者为药童，唐巾韦带，气貌爽秀。"

［11］**孙殿丞：**宋人董汲《脚气治法总要》卷上："嘉祐二年正月二十六日，殿直郭中立来求孙殿丞，兆诊脉久，患脚气疼痛，身发寒热胀满气上，服热药即甚兆，与九味延年茯苓饮子，以下其气，每用六物麻仁丸，以泄其热后，又上气呕逆烦热，遂令服局方紫雪，大效。"

［12］**生药铺：**药材店。宋人袁褧《枫窗小牍》下："名画李成，以山水供奉禁中。……不易为人落笔。惟性嗜香药名酒，人亦不知，独相国寺东宋药家，最与相善，每往醉必累日。不特楮素挥洒，盈箱满箧，即铺门壁，亦为淋漓泼染。识者谓壁画家入神妙，惜在白垩上耳。"

［13］**李成：**北宋前期著名的山水画家。宋人无名氏《宣和画谱》卷11："李成，字咸熙，其先唐之宗室，五季艰难之际，流寓于四方，避地北海，遂为营丘人。父、祖以儒学吏事闻于时，家世中衰，至成犹能以儒道自业。善属文，气调不凡，而磊落有大志。因才命不偶，遂放意于诗酒之间。又寓兴于画，精妙初非求善，唯以自娱于其间耳。故所画山林薮泽，平远险易，萦带曲折，飞流危栈，断桥绝涧，水石风雨，晦明、烟云、雪雾之状，一皆吐其胸中而写之笔下。如孟郊之鸣于诗，张颠之狂于草，无适而非此也，笔力因是大进。于时凡称山水者，必以成为古今第一，至不名而曰李营丘焉。然虽画家、素喜讥评、号为善褒贬者，无不敛衽以推之。尝有显人孙氏，知成善画得名，故贻书招之。成得书且愤且叹曰：'自古四民不相杂处，吾本儒生，虽游心艺事，然适意而已。奈何使人羁致入戚里宾馆，研吮丹粉，而与画史冗人同列乎？此戴逵之所以碎琴也！'却其使，不应。孙忿之，阴以贿厚赂营丘之在仕相知者，冀其宛转以术取之也。不逾时，而果得数图以归。未几，成随郡计赴春官较艺，而孙氏卑辞厚礼复招之，既不获已，至孙馆，成乃见前之所画张于谒舍中，成作色振衣而去。其后，王公贵戚皆驰书致币，恳请者不绝于道，而成漫不省也。晚年好游江湖间，终于淮阳逆旅。子觉，以经术知名，践历馆阁。孙宥，尝为天章阁待制，尹京，故出金帛，以购成之所画甚多，悉归而藏之。自成殁后，名益著，其画益难得。故学成者，皆摹仿成所画峰峦泉石，至于刻画图记名字等，庶几乱真，可以欺世。然不到处，终为识者辨之。第名之不可揜，而使人慕之如是，信公议所同焉。或云：又兼善画龙水，亦奇绝也，但所长在于山水之间，故不称云。'"（图3–13）。

图 3-13　宋代画家李成的山水画

［14］**乾明寺：**旧名报先寺，太平兴国二年（977年）八月以太宗生日乾明节而改名，重新修葺。宋人李焘《长编》卷67：景德四年（1007年）：十月，“己未，秦国长公主言：‘先于乾明寺署无量寿院，令家人披剃焚修。缘院宇窄隘，请于步廊十二间通之，仍令掌寺东门事。’上以步廊乃寺众出入之所，东门自有主者不许”。

［15］**沿火：**因火。

［16］**五寺三监：**宋人洪迈《夷坚支丁一》：“崇宁以来，既隆道教，故京师佛寺多废。先以崇夏寺地为殿中省。政和中，又以乾明寺为五寺三监。杨戬又议取太平兴国寺改为邸店及民舍，以收僦直。初拆正殿，瘗佛像于殿基之下，至于支体破裂。已而戬病，亦胸腹溃拆而死。时中贵复有欲毁启圣院者，坐是乃止。”

［17］**车辂院：**见本书卷之一《外诸司》注［8］。

［18］**审计院：**即审计司。宋人马端临《文献通考·职官》10《太府卿》：“审计司掌审受给之数、驱磨当否。”宋人赵升《朝野类要》卷2《六院》：“登闻检院，登闻鼓院，官告院，都进奏院，诸军、司粮料院，两审计司，皆储材擢用之地。”

［19］**桐树子韩家：**宋人吴曾《能改斋漫录》卷11《桐木朝家》：“韩子华兄弟皆为宰相，门有梧桐，京师人以桐木韩家呼之，以别魏公也。子华下世，陆农师作为挽章云‘棠棣行中排宰相，梧桐名上识韩家’，皆纪其实也。子华其家呼为三相公，持国为五相公。”

［20］**观音院：**宋人王明清《挥麈后录》卷6：“观音院，盖承平时执政丐外待罪之地也。”东京城外尚有一所观音院。宋人王明清《挥麈后录》卷7《蔡元度与门下士观画壁》：“蔡元度为枢密，与其兄内相搏，力祈解政，迁出于郊外观音院，去留未定也。平时门下士悉集焉。是时所厚客已有叛元度者，元度心不能平。饭已，与诸君步廊庑，观壁间所画炽盛光佛降九曜变相，方群神逞威之际，而其下趋走，有稽首默敬者。元度笑以指示群公曰：‘此小鬼最叵耐。上面胜负未分，他底下早已合掌矣。’客有惭者。”

上清宫

上清宫[1]，在新宋门里街北，以西茆山下院。醴泉观[2]，在东水门里。观音院[3]，在旧宋门后太庙南门。景德寺[4]，在上清宫背[5]，寺前有桃花洞，皆妓馆。开宝寺[6]，在旧封丘门外斜街子，内有二十四院，惟仁王院最盛。天清寺[7]，在州北清晖桥。兴德院[8]，在金水门外。长生宫[9]，在鹿家巷[10]。显宁寺在炭场巷[11]北。婆台寺[12]，在陈州门里。兜率寺，在红门道。地踊佛寺，在州西草场巷街南。十方静因院[13]，在州西油醋巷。浴室院[14]，在第三条甜水巷。福田院[15]，在旧曹门外。报恩寺，在卸盐巷。太和宫女道士，在州西洪桥子大街。洞元观[16]女道士，在班楼北。瑶华宫[17]，在金水门外。万寿观[18]，在旧酸枣门外十王宫前。

[1]**上清宫：**为道教名观。宋人王应麟《玉海》卷100：“上清宫，在朝阳门内。端拱元年二月，太宗取晋邸太祖所赐金帛建宫，为民祈福。命杨继宏主其役。至道元年正月丙辰，宫成，总千二百四十二区，御书额金填字赐之。车驾临幸。”宋人高承《事物纪原》卷7《上清宫》：“宋敏求《东京记》曰：端拱元年二月，太宗诏取晋邸时太祖所赐金帛建宫。至道元年八月宫成，帝御书额金填其字赐之。仁宗庆历三年十一月，遭焚毁。熙宁元丰间，灵惠法师王太初再营之。元祐初年，宣仁太皇太后重建置也。”

[2]**醴泉观：**宋人高承《事物纪原》卷7《醴泉观》：“《东京记》曰：本拱圣营，天禧元年营卒有见龟蛇者，军士因建真武堂。二年闰四月，泉涌堂侧，汲不竭，民疾疫者饮之多愈。乃诏就其地建观，十月观成，名祥源。《宋朝会要》曰：天禧二年闰四月，诏拱圣营醴泉所宜立观，以祥源为名，仁宗时观灾既重立，易今名曰醴泉。”宋人韩维《同曼叔诸君登醴泉观凝碧亭》：“门前车马尘，当昼塞昏雾。安知此亭上，秋色生四顾。黄花散晴阳，赤叶变寒露。境非游览旧，人得朋从素。乐幽鱼群行，赏俊鸟横度。惜无一樽酒，留连清景暮。”元人脱脱《宋史・王素传》：“京师旱，素请帝祷于郊，……帝曰：‘然则明日诣醴泉观。’素曰：‘醴泉之近，犹在朝耳。岂惮暑不远出邪？’”宋人蔡绦《铁围山丛谈》卷5：“昔与小王先生者言：‘王舒公介甫何至于无后？’小王先生曰：‘介甫，上天之野狐也。又安得有后？’吾默然不平，归白诸鲁公。鲁公曰：‘有是哉！’吾益骇。鲁公始乃为吾言，曰：‘顷有季士宁者，异人也。一旦因上七日入醴泉观，独倚殿所之楯柱，视卿大夫络绎登阶拜北神者。’”

[3]**观音院：**宋人吴曾《高斋漫录》：“蔡京崇宁中以星文罢相，般出观音院待罪。客有过之者，京泣曰：‘京若负国，即教三子都没前程。’好事者戏云：‘两行珠泪下，三个凤毛灾。’”

[4]**景德寺：**宋人王得臣《麈史》卷中：“余少时，同伯氏从学于里人郑毅夫，假馆京师景德寺之白土院。皇佑壬辰，是岁秋试，郑与予兄弟皆举国学进士。时已差考试官矣，一日院僧德珍者，言‘昨梦院内南忽有池，水中一龙跃而起，与空中龙斗，池龙腾而归。’其时旁院书生有曰：‘某当作状元’。毅夫微笑曰：‘状元当出此院。’于是伯氏书僧梦与日月在于寝室门。时八月也。明年癸巳春试，郑公果状元。予自东华门迓郑归白士院坐定，僧及取所记梦帖子曰：‘果验矣。’”明人李濂《汴京遗迹志》卷10：“景德寺，在丽景门外迤东。周世宗显德五年，以相国寺僧多居隘，诏就寺之蔬圃别建下院分处之，俗呼东相国寺。显德六年赐额‘天寿寺’，宋真宗景德二年改名‘景德寺’。寺后有定光释迦舍利砖塔，累经兵燹河患，今为平地。”

[5] **背：**背面，即景德寺与上清宫相隔以宋内城东墙。

[6] **开宝寺：**旧名独居寺，北齐天保十年（559年）创建，唐开元十七年（729年）玄宗东封还，改为封禅寺。宋开宝三年（970年）二月，又名开宝寺，重起缭廊朵殿，凡280区。太宗端拱二年（989年）八月，开宝寺喻浩所建木塔成，八角十三层，高360尺。宋人欧阳修《归田录》卷1："开宝寺塔，在京师诸塔中最高，而制度甚精，都料匠预浩所造也。塔初成，望之不正而势倾西北。人怪而问之，浩曰：'京师地平无山，而多西北风，吹之不百年，当正也。'其用心之精如此。"宋人王辟之《渑水燕谈录》卷1《说论》："庆历中，开宝寺塔灾，国家遣人凿塔基，得旧瘗舍利，迎入内庭，送本寺令士庶瞻仰。传言在内庭时，颇有光怪，将复建塔。余襄公靖言：'彼一塔不能自卫，何福逮于民凡腐草皆有光，水精及珠之圆者夜亦有光，乌足异也。梁武造长干塔，舍利长有光，台城之败，何能致福！乞不营造。'仁宗从之。"宋人杨亿《杨文公谈苑》："帝初造塔于开宝寺，得浙东匠人喻浩，浩性绝巧，乃先作塔式以献。每建一级，外设帷帟，但闻椎凿之声，凡一月而一级成。其有梁柱龃龉未安者，浩周旋视之，持巨槌撞击数十，即皆牢整。自云：'此可七百年无倾动。'人或问其北面稍高，浩曰：'京城多北风，而此数十步乃大河，润气津浃，经一百年则北隅微垫，而塔正矣。'浩素不茹荤，求度为僧，数月死，世颇疑其异。"宋人文莹《玉壶清话》："郭忠恕画楼合重之状，梓人较之，毫厘无差。太宗闻其名，诏授监丞。时将造开宝寺塔，浙匠喻浩料一十三层，郭以浩所造小样末底一级折而计之，至上层余一尺五寸，收杀不得。谓浩曰：'宜审之。'浩因子夕不寐，以尺较之，果如其言，黎明扣其门，长跪以谢。"宋人王铚《默记》卷中："喻皓所造开宝塔，为天下之冠。康定中，白昼，人见塔上一灯明，顷刻数盏以至千百盏。须臾，大雷雨作而焚尽。都人大骇，此真天火也。祖母为先子言。"（图3-14）

图 3-14　北宋东京开宝寺塔

［7］**天清寺：**宋人薛居正《旧五代史》卷270《周世宗纪》："（显德四年）冬十月丙辰，赐京城内新修四寺，额以天清、天寿、显静、显宁为名。"宋人王铚《默记》卷7："艺祖初自陈桥推戴入城，周恭帝即衣白襕，乘轿子，出居天清寺。世宗节名，而寺其功德院也。"另外，还有一座天清寺，在宋城南墙陈州门里。

［8］**兴德院：**又称兴德禅院。宋人王明清《挥麈录》上："英宗以齐州防御使入继大统。治平二年，改齐州为兴德军。熙宁八年八月，诏潜邸为佛寺，以本镇封之，赐名'兴德禅院'。仍给淤田三千顷。"

［9］**长生宫：**宋人马端临《文献通考》卷80："徽宗崇宁元年，诏建长生宫于洞真宫旧址，以祠荧惑。"

［10］**鹿家巷：**宋人廖刚《高峰文集》卷10《次韵侯思孺席间作》："辛卯间，寓居相国寺前鹿家巷，与朱希参、黄敦言：'侯思孺同过乔通叔小饮时，通叔得郡。'"

［11］**炭场巷：**有的文献作"炭坊巷"。宋人洪迈《夷坚乙志》卷10《金马驹》："京师人郭自明太尉，以事太宗藩邸恩至濮州刺史，赐宅于炭坊巷。"

［12］**婆台寺：**又称天清寺，因寺内建有繁（婆）台而得名。明人李濂《汴京遗迹志》卷10："天清寺，在陈州门里繁台上，周世宗显德中创建。世宗初度之日，曰天清寺，故名寺曰天清寺。寺之内，砖塔曰兴慈塔，俗称名繁塔。宋太宗太平兴国二年重修，元末兵燹，寺塔俱废。"宋人王瓘《北道刊误志》："天清寺在繁台下，周显德二年置，在清远坊，六年徙于此，有兴慈塔，开宝中建。"1984年9月，在繁塔第一层塔心室地下1.7米处，发现一处"地宫"，内有一通《繁塔地宫碑记》碑，上刻："大宋开宝七年，岁次甲戌，四月乙卯朔八日□□收藏定光佛舍利，比丘□鸿彻，有愿，亲下手造砖塔一座，高二百四十尺，当寺僧众四百余人。"（图3-15）

图 3-15　北宋东京繁台寺中的繁塔

［13］**十方静因院：**又称十方净因院。宋人释普济《五灯会元》："汴京自周毁寺。太祖建隆间，复兴两街，止是南山律部慈恩贤首抄疏义学而已。天台止观达磨禅宗未行也。皇祐中，内侍李允宁始施汴宅一区，创兴禅席，赐额十方净因院。"

［14］**浴室院：**宋人徐梦莘《三朝北盟会编》卷34："于是上遣中使召余及师道入内对。余闻命惶惧，固辞不敢行，而宣诏者络绎而至，中使迫促，不得已上马出浴室院，由宋门街抵驰道趋东华门。军民山积，几不可进。"

［15］**福田院：**元人脱脱《宋史》卷178《食货志》："京师旧置东、西福田院，以廪老疾孤穷丐者，其后给钱粟者才二十四人。英宗命增置南、北福田院，并东、西各广官舍，日廪三百人。岁出内藏钱五百万给其费，后易以泗州施利钱，增为八百万。又诏：'州县长吏遇大雨雪，蠲僦舍钱三日，岁毋过九日，着为令。'熙宁二年，京师雪寒，诏：'老幼贫疾无依丐者，听于四福田院额外给钱收养，至春稍暖则止。'"明人李濂《汴京遗迹志》卷10："福田院，在仁和门外之东北，唐太宗贞观二年创建。后金兵毁。"

［16］**洞元观：**又称洞源观。明人李濂《汴京遗迹志》卷10："洞源观，在大梁门外大佛寺迤西。宋仁宗景佑二年，富平郡王姑施氏愿入道为女冠，乃以崔怀道私第八十间，改为道观，赐名洞源，后毁于金兵。"

［17］**瑶华宫：**宋人陆游《老学庵笔记》卷2："本朝废后入道，谓之教主。郭后曰金庭教主，孟后曰华阳教主，其实乃一师号耳。政和后，群黄冠乃敢上道君尊号曰教主。不祥甚矣。孟后在瑶华宫，遂去教主之称，以避尊号。吁也怪也。"元人白珽《湛渊静语》卷2引《使燕日录》："次日，又往城西隅，看故瑶华宫，昔隆佑太后所居之宫，仅存一殿，相近琼林苑、金明池，苑余墙垣，池存废沼。"

［18］**万寿观：**宋人王应麟《玉海》卷100："万寿观即（玉清昭应）宫之长生殿也。有延圣殿，至和二年正月丁卯，奉安真宗金像。景祐元年九月十六日，幸万寿观，至宝元、庆历，凡四幸。至和元年十二月，观文大学士晏殊提举万寿观。政和七年建神霄玉清万寿宫。"宋人王昶《燕翼诒谋录》卷3："万寿观，本玉清昭应宫也，宫为火所焚，惟长生、崇寿殿存。殿有三像圣祖真宗各用金五千两余，昊天玉皇上帝用银五千余两。仁宗天圣七年，诏玉清昭应宫更不复修，以殿为万寿观。盖明肃太后尚有修营之意，宰臣犹带使领，至是始去之，示不复修营也。真宗皇帝朝，盛礼缛仪屡举，费金最多，金价因此顿长，人以为病。仁宗明道二年正月癸未，诏册宝法物，凡用金者，并用银，而以金涂之，自此十省其九。至今惟宝用金，余皆金涂也。"

马行街铺席

马行北去，旧封丘门外祆庙1、斜街、州北瓦子。新封丘门大街2，两边民户铺席，外余诸班直军营3相对，至门约十里余，其余坊巷院落，纵横万数，莫知纪极。处处拥门，各有茶坊4酒店，勾肆饮食。市井、经纪之家，往往只于市店旋买饮食5，不置家蔬6。北食7则矾楼前李四家、段家爊物8、石逢巴子，南食则寺桥金家、九曲子周家，最为屈指。夜市直至三更尽，才五更又复开张。如要闹去处，通晓不绝。寻常四梢远静去处，夜市亦有燋酸豏9、猪胰胡饼10、和菜饼、獾儿、野狐肉、果木翘羹、灌肠11、香糖果子之类。冬月虽大风雪阴雨，亦有夜市：㓷子、姜豉、抹脏、红丝、水晶脍、煎肝脏、蛤蜊、螃蟹、胡桃、泽州饧12、奇豆、鹅梨、石榴、查子、榅桲、糍糕、团子、盐豉汤之类。至三更，方有提瓶卖茶者。盖都人公私荣干，夜深方归也。

注解

［1］**祆庙：**宋人张邦基《墨庄漫录》卷4："东京城北有祆庙，祆神本出西域，胡神也。与大秦穆护同入中国，俗以火神祠之。京师人畏其威灵，甚重之。其庙祝姓史名世爽，自云：家世为祝累代矣，藏先世补受之牒凡三，有曰怀恩者，其牒唐咸通二年宣武节度使令狐给。令狐者，丞相绹也。有曰温者，周显德三年端明殿学士权知开封府所给。王乃朴也。有曰贵者，其牒亦周显德五年枢密使权知开封府王所给，亦朴也。自唐以来，祆神已祀于汴矣，而其祝乃能继其职，逾二百年，斯亦异矣。"

［2］**新封丘门大街：**又称景阳门街头。宋人李焘《长编》卷21：太平兴国五年五月己巳，"八作使段仁诲部修天驷监，筑垣墙，侵景阳门街，上怒，令毁之，仁诲决杖，责授崇仪副使"。宋人王应麟《玉海》卷171《祥符瑞圣园》："会要：瑞圣园在景阳门外道东，初为北园，太平兴国二年诏名含芳，以三班及内侍监领军校兵隶及主典，凡二百一十二人。大中祥符三年，监官王承勋言：'初泰山天书至都，奉安于此，乞加崇饰。'诏改今名，岁时节物进供入内，孟秋驾幸省，敛谷实锡，从臣宴饮赏，赉园官啬夫有差。凡皇城诸园池入官者皆属焉。咸平六年正月三日，宴宗室含芳园；四年八月壬子，观稼；祥符六年八月至天禧元年八月，三幸瑞圣园观稼；天圣三年八月至皇祐元年八月，凡七幸。"

［3］**诸班直军营：**宋人文莹《湘山野录》卷中："太宗善望气。一岁春晚，幸金明，回跸至州北合欢拱圣营，雨大下。时有司供拟无雨仗，因驻跸辕门以避之。谓左右曰：'此营他日当出节度使二人。'盖二夏昆仲守恩、守赟在营方丱，后侍真庙于藩邸，当龙飞，二公俱崇高。后守恩节为度使，守赟知枢密院事，终于宣徽南、北院使。"

［4］**茶坊：**茶馆。宋人袁采《袁氏世范》卷中："市井街巷，茶坊酒肆，皆小人杂处之地。吾辈或有经由，须当严重其辞貌，则远轻侮之患。或有狂醉之人，宜即回避，不必与之较可也。"宋人陈师道《后山丛谈》卷3："太祖阅蜀宫画图，问其所用，曰：'以奉人主尔。'太祖曰：'独揽孰若使众观邪？'于是以赐东门外茶肆。"宋人蔡绦《铁围山丛谈》卷6："宣和元年夏五月，都邑大水。未作前，雨数日连夕如倾。及霁，开封县前茶肆有晨起拭格榻者，睹若有大犬蹲其旁，明视之，龙也，其人大叫而倒。茶肆适与军器作坊近，遂为作坊士群取而食之，屏不敢奏。都人皆图画传玩。其身仅六七尺，若世所绘。龙鳞作苍黑色，然驴首，而两颊宛如鱼，头色正绿，顶有角座极长，其际始分两岐焉，又其声如牛。"（图3-16）

［5］**旋买饮食：**现买饮食。宋人周辉《清波别志》卷中："辉幼小时，见人说京师人家，日供常膳，未识下箸。食味非取于市，不属餍。"宋人叶梦得《避暑录话》卷上："晏元宪公虽早

图 3-16 河北宣化辽代张匡正墓中的煮茶图

富贵，而奉养极约。惟喜宾客，未尝一日不燕饮。而盘馔皆不预办，客至旋营之。顷有苏丞相子容，尝在公幕府，见每有嘉客必留，但人设一空案、一杯，既命酒，果实蔬茹渐至。亦必以歌乐相佐，谈笑杂出。数行之后，案上已灿然矣。”

［6］**家蔬：**自家烹制的菜肴。唐人刘长卿《过鹦鹉洲王处士别业》诗：“白首此为渔，青山对结庐。问人寻野笋，留客馈家蔬。”

［7］**北食：**朱彧《萍洲可谈》卷2：“大率南食多盐，北食多酸，四夷及村落人食甘，中州及城市人食淡，五味中惟苦不可食。”宋人庄绰《鸡肋编》卷上：“南人作面饵，有戏语云：‘孩儿先自睡不稳，更将桿面杖拄门。何如买个胡饼药杀着！’盖讥不北食也。”

［8］**爊物：**宋人程大昌《演繁露》卷9：“镳于刀切，《玉篇》引《说文》云：温器也，世言爊某肉，当书为爊，言从此爊器之中，和五味以致其熟也。今人见霍去病传，有鏖战之文，又注家以多杀人为鏖，遂书为鏖，非也，又今人食馔有杂五味于肉中而熟之，当为米焦，而皆书为米脯，尤无义理也。齐民要术杂五味于米肉而熟之，书为米焦，言和米而熟之于缶也，玉篇音缶，且云火熟也。”

［9］**酸豏：**即酸馅。宋人郭彖《睽车志》卷4：“素令日以僧食啖之。酸豏至，顿食五十枚。”宋人黄庭坚《山谷简尺》卷上：“少间，纳烧饼十枚去，今日不知作何物，若有蒸饼、酸豏各惠数枚，不必多。庭坚再拜。”元人元名氏《居家必用事类全集》庚集《素食·素馅》：“馒头皮同，褶儿较粗，馅子任意。豆馅或脱或光者。”

［10］**猪胰胡饼：**宋人耐得翁《都城纪胜·食店》：“猪胰胡饼，自中兴以来只东京脏三家一分，每夜在太平坊巷口，近来又或有效之者。”

［11］**灌肠：**北魏贾思勰《齐民要术》卷9："灌肠法，取羊盘肠净洗，治细剉羊肉，令如笼肉细切。葱、白盐、豉汁、姜椒末调和，令咸淡适口，以灌肠，两条夹而炙之，割食甚香美。"

［12］**泽州饧：**泽州出产的饧糖。泽州，治所在丹川，今山西晋城东北。宋人王明清《玉照新志》卷3："绍圣中，有王毅者，文贞之孙，以滑稽得名。除知泽州，不满其意，往别时宰章子厚，子厚曰：'泽州油衣甚佳。'良久，又曰：'出饧极妙。'毅曰：'启相公，待到后，当终日坐地，披着油衣食饧也。'"

般载杂卖

东京般载车，大者曰『太平』[1]，上有箱无盖，箱如构栏而平，板壁前出两木，长二三尺许，驾车人在中间，两手扶捉鞭绥驾之，前列骡或驴二十余，前后作两行；或牛五七头拽之。车两轮与箱齐，后有两斜木脚拖；夜，中间悬一铁铃[2]，行即有声，使远来者车相避。仍于车后系骡驴二头，遇下峻险桥路，以鞭虢之，使倒坐缍车，令缓行也。可载数十石。官中车惟用驴，差小耳。其次有『平头车』[3]，亦如『太平车』而小，两轮前出长木作辕，木梢横一木，以独牛在辕内，项负横木，人在一边，以手牵牛鼻绳驾之，酒正店多以此载酒梢桶[4]矣。梢桶如长水桶，面安靥口，每梢三斗许，一贯五百文。又有宅眷坐车子[5]，与『平头车』大抵相似，但棕作盖，及前后有构栏门，垂帘。又有独轮车[6]，前后二人把驾，两旁两人扶枴，前有驴拽，谓之『串车』，以不用耳子转轮也，般载竹木瓦石。但无前辕，止一人或两人推之。此车往往卖糕及糕麋之类，人用，不中载物也[7]。平盘两轮，谓之『浪子车』，唯用人拽。又有载巨石大木，只有短梯盘而无轮，谓之『痴车』，皆省人力也。又有驼骡驴驮子，或皮或竹为之，如方匾竹笈两搭背上，斛㪷则用布袋[8]驼之。

注解

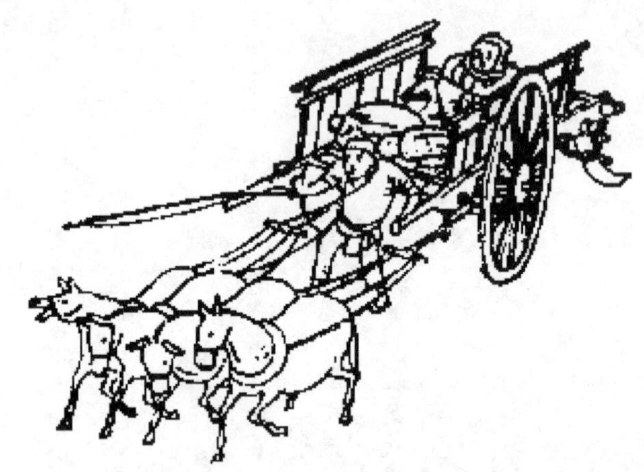
图 3–17　《清明上河图》中的“太平车”

[1] **太平：** 此指太平车，是较大的一种车，二轮或四轮（图3–17）。宋人邵伯温《邵氏闻见后录》卷22：“今之民间锱车，重大椎朴，以牛挽之，日不能行三十里。少蒙雨雪，则跬步不进，故俗谓之‘太平车’。”宋人周密《癸辛杂识续集上》：“北方大车可载四五千斤，用牛骡十数驾之。管车者仅一主一仆，叱咤之声，牛骡听命惟谨。凡车必带数铎，铎声闻数里之外。其地乃荒凉空野故耳，盖防其来车相遇，则预先为避，不然恐有突冲之虞耳。终夜劳苦，殊不类人。雪霜泥泞，尤艰苦异常，或泥滑陷溺，或有折轴，必须修整乃可行。”宋人郭若虚《图画见闻志》卷4：“支选，不知何许人，仁宗朝为图画院祗候。工画太平车及江州车。又画酒肆边绞缚楼子，有分疏界画之功。兼工杂画。”宋人晁补之《鸡肋集》卷62：“曹州民王坦避水患，以其车载人货取直至京师都税院。栏头甲绐之曰：‘车无火印匿税也。贿我则免。’”

[2] **铁铃：** 宋人苏轼《东坡居士艾子杂说》：“一日，造艾子问曰：‘凡大车之下，与橐驼之项，多缀铃铎，其故何也？’艾子曰：‘车、驼之为物甚大，且多夜行，忽狭路相逢，则难于回避，以借鸣声相闻，使预得回避尔。’”

[3] **平头车：** 宋人李焘《长编》卷491，绍圣四年（1097年）九月庚午，“昨平夏城去边界三十余里，用太平车数千，小车万两及驼马牛驴般运一日，才能足一日之费。今道路险远如此，水路既不可行，陆运还有尔许车乘否。”（图3–18）

[4] **梢桶：** 木制的圆桶（图3–19）。宋人李昉《太平广记》卷250引《启颜录·邓玄挺》：“唐邓玄挺入寺行香，与诸僧诣园，观植蔬。见水车以木桶相连，汲于井中，乃曰：‘法师等自蹋此车，当大辛苦。’答曰：‘遣家人挽之。’”

[5] **宅眷坐车子：** 为富贵人家女眷所坐之车（图3–20）。宋人陆游《老学庵笔记》卷1：“京师承平时，宗室戚里岁时入禁中，妇女上犊车，皆用二小鬟持香球在旁，而袖中又自持两小香球。车驰过香烟如云，数里不绝，尘土皆香。”宋人陆游《老学庵笔记》卷2：“成都诸名族妇女，出入

图 3-18　西安南郊出土的元代灰陶平头车

图 3-19　《清明上河图》中的梢桶

图 3-20　《清明上河图》中的宅眷坐车子

皆乘犊车。惟城北郭氏车最鲜华，为一城之冠，谓之郭家车子。江渎庙西厢有壁车犊车，库祝指示予曰：'此郭家车也。'"宋代日僧成寻《参天台五台山记》："见从桥上牛悬车过行，虽似日本车，屋形，前后左右有四柱窗，尽柱也。"

［6］**独轮车：**宋人沈括《梦溪笔谈》卷9："柳开少好任气，大言凌物。应举时，以文章投主司于帘前，凡千轴，载以独轮车。引试日，衣襕自拥车入，欲以此骇众取名。时张景能文有名，唯袖一书帘前献之。主司大称赏，擢景优等。时人为之语曰：'柳开千轴，不如张景一书。'"元人脱脱《宋史·杨允恭传》："允恭因建议曰……莫若用诸葛木牛之制，以小车发卒，分铺运之，每一车四人挽之，旁设兵卫，另戈地其上，寇至，则聚四于中，合士卒之力御寇于外。"宋人高承《事物纪原》卷8《舟车帷幄部·小车》："蜀相诸葛亮之出征，始造木牛流马以运饷，盖巴蜀道阻，便于登陟故耳。木牛即今小车之有前辕者，流马即今独推者是。"宋人陈师道《后山丛谈》卷4："蜀中有小车，独推，载八石，前如牛头。又有大车，用四人推，载十石，盖木牛流马出。"

［7］**人用，不中载物也：**人可坐，但不适宜于载重物。这种车子，葛亮之出征，始造木牛流马以运饷，盖巴蜀道阻，便于登陟故耳。木牛，即今小车之有前辕者；流马，即今独推者也，而民间谓之江州车子。民国人丁传靖《宋人轶事汇编》卷10引《吕氏杂记》："荆公（王安石）好乘江州车，坐其一箱，其相对一箱，苟无宾朋，即使村仆坐焉。"

［8］**布袋：**布制的袋子。宋人朱翌《猗觉寮杂记》卷上："世号赘婿为布袋，多不晓其义。如入布袋，气不得出。顷附舟入浙，有一同舟者号李布袋。篙人问其徒云：'如何入舍婿谓之布袋？'众无语。忽一人曰：'语讹也，谓之补代。人家有女无子，恐世代自此绝，不肯嫁出，招婿以补其世代尔。'此言极有理。"

都市钱陌

都市钱陌[1]，官用七十七[2]，街市通用七十五，鱼、肉、菜七十二陌，金银七十四，珠珍、雇婢妮、买虫蚁[3]六十八，文字五十六陌，行市各有长短使用。

注解

［1］**钱陌：**一百个钱之数。宋人沈括《梦溪笔谈》卷4《辩证》2："今之数钱，百钱谓之陌者，借陌字用之，其实只是百字，如什与伍耳。"宋人高承《事物纪原》卷10《钱陌》："自古用钱，贯皆以千,百皆以足。梁武帝时，自破岭以东，八十为陌，名东钱；江郢以上，七十，名西钱；京师，九十，名长钱。大同元年，诏通用足，而人不从，钱陌益少，末年遂以三十五为陌。钱以八十为陌，盖自梁始也，其事见《通典》。唐昭宗时，京师用钱，八百五十为贯；河南府以八百为贯。"宋人马端临《文献通考》卷9《钱币考二》："国初因汉制，其输官钱亦用八十或八十五为陌，然诸州私用各随俗，至有以四十八钱为陌。是岁，所在用七十七陌为贯，及四斤半以上。"宋人李焘《长编》卷：18太平兴国二年（977年）九月乙未，"唐天佑中，兵乱窘乏，始令以八十五钱为百，后唐天成中又减五钱，汉乾祐初复减三钱。国初因汉制，其输官亦用八十或八十五，然诸州私用犹各随俗，至有以四十八钱为百者。丁酉，诏所在悉用七十七为百，每千钱必及四斤半以上。禁江南新小钱，民先有藏蓄者，悉令送官，官据铜给其直。"（图3–21）

［2］**官用七十七：**官府使用七十七文为一陌。罗大经《鹤林玉露》卷1："五代史汉王章为三司使，征利剥下，缗钱出入元以八十为陌，章每出钱，百必减其三，至今七十七为官省钱者自章始。然今官府于七十七之中，又除头子钱五文有奇，则愈削于章矣。"

图 3–21　宋代崇宁通宝

［3］**虫蚁：**对禽鸟等小动物的通称。唐人杜甫《缚鸡行》："家中厌鸡食虫蚁，不知鸡卖还遭烹。"金人董解元《西厢记诸宫调》卷1："虫蚁儿里多情的，莺儿第一。"明人施耐庵《水浒传》第62回："却说燕青为无下饭，拿了弩子去近边处寻几个虫蚁吃。"（图3-22）

图 3-22　宋代无名氏《霜篠寒雏图》

雇觅人力

凡雇觅人力[1]，干当人[2]、酒食、作匠[3]之类，各有行老供雇。觅女使[4]即有引至牙人[5]。

[1] **人力**：男性仆人。宋人谢深甫《庆元条法事类》卷16：“主殴人力、女使有愆犯，因决罚邂逅致死，若遇恩，品官、民庶之家，并合作杂犯。”宋人司马光在《涑水家仪》：“凡男仆，有忠信可任者重其禄，能干家事次之。其专务欺诈，背公徇私，屡为盗窃，弄权犯上者逐之；凡女仆，年满不愿留者纵之。勤旧少过者资而嫁之。其两面二舌，饰虚造馋、离间骨肉者逐之，屡为盗窃者逐之，放荡不谨者逐之，有离叛之志者逐之。”

[2] **干当人**：宋人吴自牧《梦粱录》卷19《顾觅人力》：“凡雇倩人力及干当人，如解库堂事，贴窗铺席，主管酒肆食店博士、镫头、行菜、过买、外出鬙儿、酒家人师公、大伯等人。”

[3] **作匠**：作手艺活（图3–23）。宋人邵伯温《河南邵氏闻见录》卷2：“仁宗时，一日，天大雷震，帝衣冠焚香再拜，退坐静思所以致变者，不可得。偶后苑作匠进一七宝枕屏，遽取碎之。呜呼，帝敬天之威如此，其当太平盛时享国长久，宜矣！”明人凌蒙初《二刻拍案惊奇》卷10：“他平生有三恨：一恨天地，二恨爹娘，三恨杂色匠作。”

[4] **女使**：家人女佣人（图3–24）。宋人谢深甫《庆元条法事类》卷110《诸色犯奸》：“诸于人力、女使、佃客称主者，谓同居应有财分者，称女使者，乳母同。”宋人洪巽《旸谷漫录》：“京都中下之户，不重生男，每生女，则爱护如捧璧擎珠。甫长成，则随其资质教以艺业，用备士大夫采拾娱侍，名目不一，有所谓身边人、本事人、供过人、针线人、堂前人、剧杂人、拆洗

图3–23 《清明上河图》中的“作匠”场面

图 3-24　河北宣化辽代张世卿壁画墓中的女使

人、琴童、厨娘等级，截乎不紊。就中厨娘，最为下色，然非极富贵家不可用。”宋人周密《齐东野语》卷8《罗春伯政事》：“所有女使，候主人有词日根究。”

［5］**牙人**：活动于买卖人双方之间，从中撮合，以获取佣金的人。清人徐松《宋会要·刑法》2之155：“品官之家典雇女使，妄作养女立契，如有违犯，其雇主并引领牙保人并依律不应为，从杖八十科罪，钱不追，人还主，仍许被雇之家陈首。”《名公书判清明集》卷11《牙侩》：“大凡求利，莫难于商贾，莫易于牙侩。奔走道途之间，蒙犯风波之险，此商贾之难也，而牙侩则安坐而取之；数倍之本，趁锥刀之利，或计筭不至，或时月不对，则亏折本柄者常八、九，此又商贾之所难也，而牙侩则不问其利息之有无，而己之所解落者一定而不可减。故曰莫难于商贾，莫易于牙侩。为矛侩者，当念其勤劳，念其险阻，公平其心，与之交易可也。乃又从而欺瞒之，其不仁亦甚矣。颜文龙不远千里，兴贩货物，投托李四之父子，前后赢余其牙钱，亦必不少，颜文龙意其可托，遂以银、会寄于其家，取守会以为证，自谓他日必可执券取偿。岂料李四父子全无信行，遽欲从而干没之。及至到官，乃谓保正立双头文字，系是寻常富室欺凌愚民之所为。李四父子既为牙侩，乃世间狡猾人也，岂肯甘心立此等文字，与远乡客人乎！此盖万无是理。李四为此言，不特以颜文龙为可欺，是以太守为亦可欺矣！欺商且不可，况欺太守乎？为牙人至于敢欺太守，则前后之被其欺者，不知几人矣。欠负之罪轻，欺瞒之罪大，李七五、李四杖一百，押出府界，仍监还所欠钱、银。”

防火

每坊巷三百步许，有军巡铺屋[1]一所，铺兵五人，夜间巡警[2]，收领公事。又于高处砖砌望火楼[3]，楼上有人卓望。下有官屋数间，屯驻军兵[4]百余人，及有救火家事[5]，谓如大小桶[6]、洒子、麻搭[7]、斧锯、梯子[8]、火叉[9]、大索、铁猫儿之类。每遇有遗火去处，则有马军奔报军厢主。马步军、殿前三衙[10]、开封府各领军级扑灭，不劳百姓[11]。

[1] **巡铺屋：**用于防火防盗的哨所。清人徐松《宋会要·兵》3之6：“（巡铺）冠以坊名，具绠勺储水器，暑以疗暍，火以濡焚，书之于籍。”清人徐松《宋会要·兵》3之5～7：“神宗熙宁元年十二月九日，诏新旧城里都巡检，诸处巡铺图二面，如有可省罢分明签贴进入，乃减罢八十六铺，计五百四十六人。先是京城巡铺所占禁军人数甚多，步军兵士尤众，不得番休，故量行裁省，其铺分远近，不均者委巡检使移那焉。……政和六年春某月甲子，开封尹臣革奏事殿中，建言：‘臣所部都城四厢，无虑若干坊，坊有徼巡卒合若干人数，尝筑庐以居。岁久庐坏，或废徙亡失，无以庇风雨，御寒暑。卒皆侨寄他处，往往讬民篱下，私贾贩以自营，讼者莫知所诉，盗贼益玩驼无忌惮，甚不称诏令。愿下将作，以时缮完。臣昧死以闻。’皇帝曰：‘嘻，弊有甚于此者邪！顾将作役多，力弗能专，汝言可续，甚为朕典司之。’因出御府钱二万缗，下开封府，如章。臣既承诏，鸠工揆材，相方视址，均远近，视要害，有迁有仍，或因或革，作以某月之甲子，成于某月之甲子，若干区，棋布星列，纵见横出，股引钩联，声通气接。都人聚观，愕怡踊跃。旧舍甲乙之次，杂取旁近官寺若佛老之居，以为题号，久或迁易，浸失本真，因一切削去讹舛，冠以坊名。具绠勺储水器，暑以疗暍，火以濡焚。书之于籍，转相付授，月校季考，稽比以时，有可以资备预者，无弗饬也。”

[2] **夜间巡警：**宋人袁采《世范》卷下：“火之所起，多从厨灶。盖厨屋多时不扫，则埃墨易得引火，或灶中有留火，而灶前有积薪接连，亦引火之端也。夜间最当巡视。”

[3] **望火楼：**宋人李诫《营造法式》卷29《望火楼》：“望火楼，一坐四柱，各高三十尺，基高十尺，上方五尺，下方一丈一尺。造作功，柱四条，共一十六功，榥三十六条，共二功八分八厘，梯脚二条，共二分功。蜀柱，二枚；搏风版，二片；右各共六厘功；抟三条，共三分功；角柱，四条；厦屋版，二十片；右各八分功；护缝，二十二条，共二分二厘功；压脊，一条，一分二厘功；坐版，六片，共三分六厘功，右以上穿凿安卓，共四功四分八厘。”（图3-25）

[4] **屯驻军兵：**清人徐松《宋会要·兵》3之1：“（大符祥中）六年三月，开封府勘，宿铺兵士三人，因寒食节假质库衣装，财赌博不胜，遂谋于五更时，伺行人击之，弃尸河流，取衣装贸易，赎其所质。帝曰：‘太宗时，巡铺兵士不令同指挥人一处，须马步军相参分擘。缘军分不同，未相谙，委责令各相觉察。此乃朝廷机事，何故不能遵守。枢密院可申前诏行之。’”袁褧《枫窗小牍》卷下：“临安扑救，视汴都为疏。东京每坊三百步，有军巡铺一所，又于高处有望火楼，上有人探望，下屯军百人，及水桶、洒帚、钩锯、斧杈、梯索之类。每遇火发扑救，须臾便灭。”

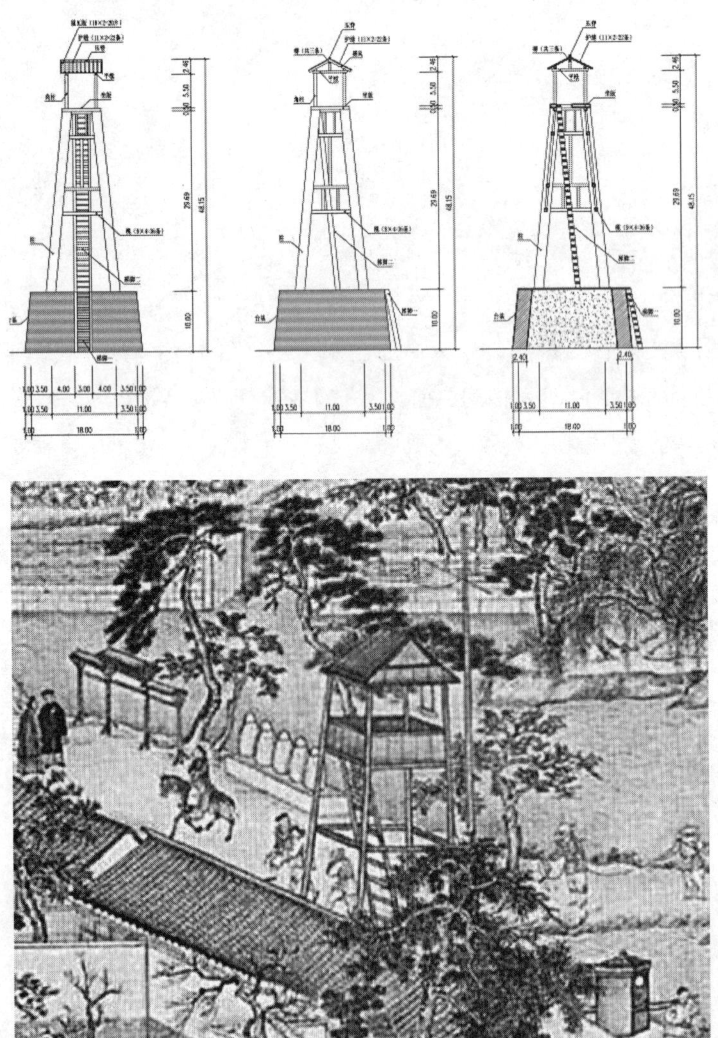

图 3-25 《营造法式》中的“望火楼”复原图（上，引自刘涤宇：《北宋东京望火楼复原研究》）与清代画家徐扬《盛世滋生图》中的望楼（下）。

[5] **救火家事**：宋人佚名《道山清话》：“京城界多火，在法放火者一不获，则主吏皆坐罪。民有欲中伤官吏者，至自熟其所居，罢免者纷然。时邵安简为提点府界县镇公事，廉得其事，乃请自今非延及旁家者，虽失捕勿坐，自是绝无遗火者，遂著为令。”宋人魏泰《东轩笔录》卷10：“京师火禁甚严，将夜分，即灭烛。故士庶家凡有醮祭者，必先关白厢使，以其焚楮币在中夕之后也。至和、嘉祐之间，狄武襄为枢密使，一夕夜醮，而勾当人偶失告报厢使，中夕骤有火光，探子驰白厢主，又报开封知府。比厢主、判府到宅，则火灭久矣。”宋代无名氏《州县提纲》卷2《修举火政》：“治舍及狱，须于天井四隅各置一大器储水，又于其侧备不测取水之器。市民团五家为甲，每家储水之器各置于门。救火之器分置，必预备立四隅，各隅择立隅长以辖焉。四隅则又总于一官。月终，勒每甲各执救火之具呈点，必加检察，无为具文。设有缓急，仓卒可集。若不预备，临期张皇，束手无策。此若缓而甚急者，宜加意焉。”

图 3–26　麻搭灭火图

图 3–27　《武经总要》中的“火叉”

［6］**大小桶：**元人脱脱《宋史》卷66《志·五行》：“开宝初，广南刘铱令民家置贮水桶，号‘防火大桶’。”

［7］**麻搭：**宋人曾公亮《武经总要·上集》：“麻搭，以八尺杆系散麻二斤，蘸泥浆，皆以蹙火。”（图3–26）

［8］**梯子：**宋人欧阳修《归田录》卷2：“庆历八年正月十八日夜，崇政殿宿卫士作乱于殿前，杀伤四人，取准备救火长梯登屋入禁中。”

［9］**火叉：**宋人曾公亮《武经总要·前集》卷10《守城》：“火叉以铁为两歧，凡攻城将透积薪草松明麻籸于地道中，加以膏油纵火焚城，续之令不灭，则施四物以备用，烧之三日，其城自摧。”（图3–27）

［10］**殿前三衙：**宋代以殿前司、侍卫亲军马军司、侍卫亲军步军司掌领禁军，谓之“三衙”，为掌管禁军的机构。宋人欧阳修《归田录》卷1：“旧制，侍卫亲军与殿前分为两司。自侍卫司不置马步军都指挥使，止置马军指挥使、步军指挥使以来，侍卫一司，自分为二，故与殿前司列为三衙也。”

［11］**不劳百姓：**清人徐松《宋会要》刑法2：“（天圣元年）九年正月十八日，诏：‘京城救火，若巡检军校未至前，听集邻众赴救。因缘为盗者奏裁，当行极断。’帝闻都辇闾巷有延燔者，火始起，虽邻伍不敢救，第俟巡警者至，以故焚燔滋多，因有是命。”

天晓诸人入市

每日交五更，诸寺院行者打铁牌子或木鱼，循门报晓[1]，亦各分地分，日间求化[2]。诸趋朝[3]、入市之人，闻此而起。诸门桥市井已开，如瓠羹店门首坐一小儿，叫饶[4]骨头，间有灌肺[5]及炒肺。酒店多点灯烛沽卖，每分不过二十文，并粥、饭、点心。亦间或有卖洗面水，煎点汤茶药[6]者，直至天明。其杀猪羊作坊，每人担猪羊及车子上市，动即百数。如果木亦集于朱雀门外及州桥之西，谓之果子行。纸画儿亦在彼处，行贩不绝。其卖麦面，秤作一布袋，谓之『一宛』；或三五秤作一宛，用太平车或驴、马驮之，从城外守门入城货卖，至天明不绝。更有御街、州桥至南内前，趁朝卖药及饮食者[7]，吟叫百端[8]。

注解

［1］**循门报晓：**沿着门户报晓。此前宋东京是以街鼓报晓。宋人宋敏求《春明退朝录》卷上："京师街衢，置鼓于小楼之上，以警昏晓。太宗时命张公洎制坊名列牌于楼上。按唐马周始建议，置鼕鼕鼓，惟两京有之，后北都亦有鼕鼕鼓，是则京都之制也。二纪以来，不闻街鼓之声，金吾之职废矣。"

［2］**求化：**和尚化缘。

［3］**趋朝：**上朝。宋人朱彧《萍洲可谈》卷1："朝时自四鼓，旧城诸门启关放入，都下谓之四更时。"

［4］**饶：**另送。此字现在仍存在于开封人的口语中。

［5］**灌肺：**宋人林洪《山家清供》卷上《玉灌肺》："真粉、油饼、芝麻、松子、核桃去皮，加莳（音时）萝少许；白糖、红曲少许，为末拌和，入甑（音赠）蒸熟，切作肺样块子，用辣汁供。今后苑名曰御爱玉灌肺，要之不过一素供耳。然以此见九重崇俭不嗜杀之意，居山者岂宜侈乎？"

［6］**煎点：**烹制方法。汤茶药：宋人朱彧《萍洲可谈》卷1："今世俗客至则啜茶，去则啜汤。汤取药材甘香者屑之。或温或凉，未有不用甘草者。此俗遍天下。"宋人丁谓《煎茶》："轻微缘人麝，猛沸却如蝉。罗细烹还好，铛新味更全。"宋人蔡襄《茶录・茶论・点茶》："茶少汤多，则云脚散；茶多汤少，则粥面聚。钞茶一钱七，先注汤，调令极匀，又添注入，环回击拂。汤上盏可四分则止，视其面色鲜白，着盏无水痕为绝佳，建安斗试，以水痕先没者为负，耐久者为胜，故较胜负之说曰：'相去一水两水。'"（图3-28）

［7］**趁朝卖药及饮食者：**卖给早朝官员药及饮食。趁朝，即上朝。宋人王禹偁《寄主客安员外十韵》："趁朝骑瘦马，赁宅住闲坊。"宋人丁谓《丁晋公谈录》："徐铉职居近列，……每睹待漏院前灯火人物卖肝夹粉粥，来往喧杂，即皱眉曰：'真同寨下耳。'"

［8］**吟叫百端：**各种不同的叫卖声。宋人高承《事物纪原》卷9："京师凡卖物，必有声韵，其吟哦俱不同。"宋人吴自牧《梦粱录》："今街市与宅院，往往效京师叫声。"宋人曾慥《类说》卷54《鬻饼讴歌》："刘伯刍侍郎所居巷口，有鬻饼者。早过户，必闻讴歌当垆，召与万钱，令多其本，日取胡饼偿之。后过其户，寂不联歌声，呼至问曰：'何辍歌之遽乎？'曰：'本流既大，心计转麄，不暇唱矣。'"庄绰《鸡肋篇》卷上《馓子》："食物中有'馓子'，又名'环饼'，或曰即古之'寒具'也。京师凡卖熟食者，必为诡异标表语言，然后所售益广。尝有货环饼者，不言何物，但长叹曰：'亏便亏我也！'谓价廉不称耳。"

图 3-28　南宋无名氏《卖浆图》

诸色杂卖

若养马，则有两人日供切草[1]；养犬则供饧糟；养猫则供猫食并小鱼。其锢路[2]、钉铰[3]、箍桶[4]、修整动使、掌鞋、刷腰带、修幞头帽子、补角冠[5]。日供打香印者，则管定铺席、人家牌额，时节即印施佛像等。其供人家打水者，各有地分坊巷。及有使漆、打钗环[6]、荷大斧、斫柴[7]、换扇子柄、供香饼子、炭团，夏月则有洗毡、淘井[8]者，举意皆在目前。或军营放停乐人，动鼓乐于空闲[9]，就坊巷引小儿、妇女观看，散糖果子之类，谓之『卖梅子』，又谓之『把街』。每日如宅舍宫院前，则有就门卖羊肉、头肚、腰子、白肠、鹑兔、鱼虾、退毛鸡鸭、蛤蜊、螃蟹、杂燠、香药果子，博卖[10]冠梳、领抹、头面、衣着、动使、铜铁器、衣箱、磁器之类。亦有扑上件物事者，谓之『勘宅』。其后街或空闲处，团转盖局屋，向背聚居，谓之『院子』，皆小民居止。每日卖蒸梨枣[11]、黄糕麋、宿蒸饼[12]、发芽豆之类。每遇春时，官中差人夫，监淘在城沟渠[13]，别开坑盛淘出者泥，谓之『泥盆』，候官差人来捡视了方盖覆。夜间出入，月黑宜照管也[14]。

[1] **切草：**沈从文《中国古代服饰研究》："李公麟绘《百马图》，画中切草为两人，一人俯身持铡刀下切，一人蹲向铡刀槽内入草，两切草者衣袖均用绳索搂起缚定挂于颈间，以利操作，不经意间之切草，见宋之一发明，即专为切草之类者劳动之工具名为'襻膊儿'。"

[2] **锢路：**即"锢漏"，焊补金属器具。宋人张邦基《墨庄漫录》卷1："误呼汝矣，适欲唤一锢漏者耳。"宋人陆游《老学庵笔记》卷1："市井中有补治故铜铁器者，谓之'骨路'。莫晓何义。《春秋正义》曰：'《说文》云：'锢，塞也。'铁器穿穴者，铸铁以塞之，使不漏。禁人使不得仕宦，其事亦似之，谓之禁锢。'余案：'骨路'正是'锢'字反语。"

[3] **钉铰：**洗镜、补锅、锔碗等杂活。宋人李昉《太平广记》卷162引唐无名氏《报应录·刘行者》："唐庐陵阛阓中有一刘行者，以钉铰为业。"宋人钱易《南部新书》："里有胡生，性落魄，家贫，少为洗镜、锼钉之业……远近号为'胡钉铰'。"元人韦居安《梅涧诗话》卷中："（刘下加）六岁误触瓮碎，家人更谯之。神色自若曰：'俟钉铰者来，当全之。'"

[4] **箍桶：**宋人文莹《湘山野录》卷下："阆服僧服髡须，五更持磬，出宜秋门至秦亭，挈檐为箍桶匠，投故人。阮思道为秦理掾，阴认之，遂呼至庭，俾葺故桶。阮提钱三镪，明示于阆，大掷于案，乘马遂出。阆谕其意，提金直入于室，因匿焉。既归，责阍者曰：'案上三镪及桶匠安在？'皆曰：'不知。'遂痛杖阍者，令捕之。"

[5] **角冠：**白角制的女冠。南宋人风月主人《绿窗新语·引青琐高议》："仙女问张俞曰：'今日妇女首饰衣服如何？'俞对：'多用白角为冠，金珠为饰。'"宋人沈括《梦溪笔谈·器用》："济州金乡县发一古冢，乃汉大司徒朱鲔墓……妇人亦有如今之垂肩冠者，如近年所服角冠，两翼抱面，下垂及肩，略无小异。"宋人江邻几《醴泉笔录》下："钱明逸知开封府，都下妇人白角冠四尺，梳一尺余。禁官上疏禁止，重其罚，告者有赏。"

[6] **钗环：**钗簪与耳环。宋人宋祁《益部方物略记·蚀》："金虫，出利州山中，蜂体绿色，光若金星，里人取以佐妇钗环之饰。"

[7] **斫柴：**砍柴。宋人陆游《老学庵笔记》卷1："蜀人爨薪，皆短而粗，束缚齐密，状如大饼。不可遽烧，必以斧破之，至有以斧柴为业者。孟蜀时，周世宗志欲取蜀，蜀卒涅面为斧形，号为'破柴都'。"

[8] **淘井：**清理出井中淤泥和污物，并把浑水汲出。宋人祝穆《诗话》47《淘井》："东坡在黄州梦参寥所作新诗，觉而记两句云：'寒食清明都过了，石泉槐火一时新。'梦中曰火固新矣，泉何故新？答曰俗以清明日淘井。"元代无名氏《居家必用来类全集·丁集》："俗以清明淘

井为新，以铅十余斤，置之井中，水清而甘。”宋人李诫《营造法式》卷25：“淘井每一眼径四尺至五尺，二功。”明人朱棣《普济方》卷255《杂治门》：“夏月不可淘井。多致杀人。出传信适用方宜先以鸡毛放井中试之。如摇动不肯便下。是有毒气。不可入。古冢亦然。五月七月尤甚。如已中毒。以水噀其面。”

［9］**动鼓乐于空闲：** 在空闲之地跳“动鼓乐”舞。宋人赵汝适《诸蕃志》：“（黎族）俗尚鬼，不事医药，病则宰牲畜动鼓乐以祀，谓之作福。”

［10］**博卖：** 扑卖，是以物作赌资，以钱作博具的赌博游戏。

［11］**蒸梨枣：** 先蒸梨，再与枣一并用冰糖水、蜂蜜慢火煎煮。

［12］**宿蒸饼：** 宋人林洪《山家清供》卷上《酥琼叶》：“宿蒸饼薄切，涂以蜜，或以油，就火上炙，铺纸地上散火气，甚松脆，且止痰化食。”

［13］**监淘在城沟渠：** 宋人洪迈《夷坚丁志》卷11《蔡河秀才》：“乡人董昌朝、在京师，同江东两秀才，自外学晚出游，方三月，开沟乱石栏道，至坊曲转街处。”宋人魏泰《东轩笔录》卷15：“礼部引试举人常在正月末，及试经学已在二月中旬，京师适淘渠矣。旧省前乃大渠，在三礼生就试，误坠渠中，举体沾湿。仲春尚寒，晨兴尤甚，三礼者不胜其苦。”宋人陆游《老学庵笔记》卷6：“京师沟渠极深广，亡命多匿其中，自名为‘无忧洞’，甚者盗匿妇人，又谓之‘鬼樊楼’，国初至兵兴常有之，虽才尹不能绝也。”宋人袁褧《枫窗小牍》：“宣和三年二月，新郑门官夫淘沟，从助产朱婆婆墙外沟底得一铜器如壶，两旁有环，腹上有线，其色翡翠，间之以绿，其文曰：‘绥和元年，供三昌为汤宜造三十炼铜黄涂壶，容二斗，重十二斤八两，涂工乳护纹级样。’临主守在亟同守令宝省，第重六斤耳。汉权虽减，不宜如许，权知开封府王革上之内府。”

［14］**夜间出入，月黑宜照管也：** 宋人梅尧臣《淘渠》：“开春沟，畎春泥，五步掘一堑，当途如坏堤。车无行辙马无蹊，遮截门户鸡犬迷。屈曲措足高复低，芒鞋苔滑雨凄凄。老翁夜行无子携，眼昏失脚非有挤。明日寻者尔瘦妻，手提幼女哭嘶嘶。金吾司街务欲齐，不管人死兽颠啼。”宋人张师正《括异志》卷5《李氏碑》：“贾国傅大冲尝说，有李某屡典郡，既卒，家人归京师借居，有老婢，凡京城巷陌无不知者，家之贸易、饮膳、衣着，洎亲家传导往来，悉赖焉。邑君爱之如儿侄。明道春，方淘沟，俾至亲家通起居，抵幕不归，数日寻访无迹。邑君曰：‘是媪苦风眩疾作，坠沟死矣。’即命诸婢设灵座祭焉，家之吉凶亦来报，邑君泣曰：‘是媪虽死，不忘吾家。’明年春，自外来，家人皆以为鬼也。媪拜曰：‘去岁令妾传语某人至某处，风眩作堕沟中，某人宅主姥见之令人拯出，涤去秽污，加以药饵，得不死。某誓佣一年以报，今既期，即辞归。’往询某氏果然。”元人脱脱《宋史》卷94《河渠志·京畿沟洫》：“汴都地广平，赖沟渠以行水潦。真宗景德二年五月，诏开京城濠以通舟楫，毁官水硙三所。三年，分遣入内内侍八人，督京城内外坊里开浚沟渠。先是，京都每岁春浚沟读，而势家豪族，有不即施工者。帝闻之，遣使分视，自是不复有稽迟者，以至雨潦暴集，无所壅遏，都人赖之。大中祥符三年，遣供备库使谢德权治沟洫，导太一宫积水抵陈留界，入亳州涡河。五年三月，帝宣示宰臣曰：‘京师所开沟渠，虽屡钤辖，仍令内侍分察吏扰。’”

军头司

军头司[1]每旬休[2]，按阅内等子[3]、相扑手、剑棒手[4]格斗。诸军营殿前指挥使直，在禁中有左右班、内殿直、散员、散都头、散直、散指挥。御龙左右直[5]，系打御从物，御龙骨朵子直[6]、弓箭直[7]、弩直、习驭直、骑御马、钓容直[8]、招箭班[9]、金枪班、银枪班。殿侍诸军东西五班常入祗候，每日教阅野战。每遇诸路解到武艺人对御[10]格斗。天武[11]、捧日[12]、龙卫[13]、神卫[14]，各二十指挥[15]，谓之“上四军”，不出戍。骁骑、云骑[16]、拱圣、龙猛、龙骑，各十指挥。殿前司[17]、步军司[18]，有虎翼[19]，各二十指挥。虎翼水军、宣武，各十五指挥，神勇、广勇各十指挥，飞山床子弩、雄武、广固等指挥。诸司则宣效六军，武肃、武和、街道司[20]诸司，诸军指挥，动以百数。诸宫观宅院，各有清卫、厢军、禁军、剩员[21]十指挥。其余工匠：修内司、八作司[22]、广固作坊、后苑作坊、书艺局、绫锦院、文绣院、内酒坊、法酒库、牛羊司、油醋库、仪鸾司、翰林司[23]、喝探[24]、武严、辇官[25]、车子院[26]、皇城官、亲从官[27]、亲事官[28]、上下宫皇城黄皂院子[29]、涤除[30]，各有指挥，记省不尽。

注解

［1］**军头司：**禁军官司名，为御前忠佐军头司的简称。宋人马端临《文献通考》卷58《御前忠佐军头引见司》："宋初但曰军头、引见司。端拱元年，改军头司为御前忠佐军头司，引见司为御前忠佐引见司。军头司掌崇班供奉及诸州驻泊捕捉之事。引见司掌军头名籍、诸军搜阅引见之事。"

［2］**旬休：**官员每十天休假一天，故曰"旬休"。宋人李焘《长编》卷331：元丰五年（1085年）十二月"丙寅，上特御延和殿，引奉议郎、权发遣府界常平等事张询以下十人进对。是日旬休，百司不治事，上特御便殿延见髑臣，逾午始罢。"宋人宋祁《旬休》："散带家居首任蓬，闭关穷巷避雌风。官非言责如余裕，流在儒家觉少功。慢熊已成书几积，黠姿无半画厨空。此生信有天年乐，堪置蒙庄大社中。"

［3］**内等子：**禁卫兵员，隶御前忠佐军头引见司。宋人赵升《朝野类要》卷1《等子》："军头引见司等子，旧是诸州解发强勇之人，经由递传至京师。今则只取殿前旧司捧日等指挥人兵拣为之。故今之等子年劳，授诸州排军受事人员之职。出职之日，旧皆诣都进奏院行谢。盖奏院辖递铺故也。等子之上，谓之忠佐军头，皆由百司人兵亲兵及随龙人年劳升为之，或幕士带之。"

［4］**剑棒手：**使用剑、棒者。

［5］**御龙左右直：**殿前诸直之一，隶殿前司，分为左直与右直。

［6］**御龙骨朵子直：**殿前诸直之一，隶殿前司，因其手执骨朵，故称（图4-1）。骨朵，古代兵器，用铁或硬木制成，像长棍子，顶端瓜形。后来只用作仪仗，叫金瓜。宋人宋祁《宋景文公笔记・释俗》："国朝有骨朵子直，卫士之亲近者。"宋人李焘《长编》卷99：乙亥，"太后出入鸣鞭仪卫：凡御龙直总五十四人，骨朵子直总八十四人，弓箭直、弩直各五十四人"。宋人陈世崇《随隐漫录》卷2："二十四班行门，长入祗后殿前指挥左右班、御龙直、金枪班、银枪班、散员散指挥、骨朵直、散祗候、散都头，东一至五，西一至二。"

图 4-1　福建尤溪发现宋代壁画墓中的执骨朵仪卫

［7］**弓箭直：**殿前诸直之一，隶殿前司，挑选天武左、右厢以下诸军中材貌魁伟俊杰者充，分第一、二、

图 4-2　金代砖雕吹筚篥俑（山西博物馆藏品）

三、四、五直。为皇宫步兵近卫、仪卫（《宋史·兵志》1《建隆以来之制·步军》、《长编》卷364乙酉）。

［8］**钧容直：**军乐队，隶殿前司。清人徐松《宋会要·职官》22之31："钧容直者，军乐也。有内侍一人，或二人监领。有押班二人，执乐二百三十二人。旧有百三十六人，景德三年加歌二人，杂剧四十人，板十人，琵琶七人，笙九人，筝九人，觱篥四十五人，笛三十五人，方响十一人，杖鼓三十四人，大鼓八人，羯鼓三人，喝诞十人，小乐器一人，排乐四十人，掌撰词一人。太平兴国三年，诏：'籍军中之善乐者，命曰引龙直，每巡省、游幸、亲征，则骑导车驾而奏乐。若御楼观灯、赐酺，或赏花、习射、观稼，则亦与。'"宋人叶梦得《石林燕语》卷3："燕乐教坊外，复有云韶班、钧容直二乐。"元人脱脱《宋史·乐志十七》："钧容直，亦军乐也。太平兴国三年，诏籍军中之善乐者，命曰引龙直。每巡省游幸，则骑导车驾而奏乐。淳化四年，改名钧容直，取钧天之义。"（图4–2）

［9］**招箭班：**殿前诸班之一，隶殿前司。为皇宫近卫，或为外国使者表演射技（《宋史·兵志》1、《长编》卷119戊午）。宋人姚宽《西溪丛语》卷下："大礼毕，赏给诸军次第：第一曰殿前左右班御龙直、骨朵直、内殿直、散员、散指挥、散都头、散只候、金枪班、银枪班，东第一至第五，西第一至第二，茶酒新旧班、招箭班、弓箭直、弩直、散直、钧容直，习驭直、随龙忠佐。"

［10］**对御：**皇帝赐宴，与群臣共饮。宋人蔡绦《铁围山丛谈》卷1："至凡大礼后恭谢，上

元节游春，或幸金明池琼花，从臣皆扈跸而随车驾，有小燕，谓之对御。”

[11] **天武：**禁军步兵编制之一，隶殿前司。职掌为守京师、备征戍、供仪卫，并分管京师开封旧城右厢及殿前司马军（《玉海》卷139《宋朝四厢军》、《宋史·兵志》1）。

[12] **捧日：**禁军编制名，隶殿前司，为上四军之一，殿前司骑兵诸军主力。职掌为守京师、备征戍，并分管京师旧城左厢及殿前司马军诸军公事（《玉海》卷139《宋朝四厢军》）。

[13] **龙卫：**禁军骑兵编制，隶侍卫亲军马司，为上四军之一。职掌为守京师，备征戍，并分管京师新城左厢及马军司马军（王应麟《玉海》卷139《宋朝四厢军》）。

[14] **神卫：**禁军步兵编制，隶侍卫亲军步军司，为上四军之一。职掌为守卫京师、备召征戍，并分管京师新城右厢及步军司马军（王应麟《玉海》卷139《宋朝四厢军》）。

[15] **指挥：**为军队编制单位，其上为厢、军，其下为都，都百人，五都为一指挥。宋人曾公亮《武经总要·前集》卷1：“本朝……禁军，大凡百人为都，五都为营（指挥），五营为军，十军为厢。”一指挥为五百人。

[16] **云骑：**禁军骑军编制，隶侍卫马军司。五代番号为左、右备征。北宋建隆二年（961年）改称云骑军。共十五指挥，其中驻京十一指挥，四指挥驻外（《宋史·兵志》1）。

[17] **殿前司：**禁军官司名。清人徐松《宋会要·职官》32之1：“殿前司，掌殿前诸班诸直及步骑诸指挥之名籍及训练之政令。国初，有都点检、副都点检之名，在都指挥使之上，后不复置。其属吏之名并如侍卫司，而都指挥使、都虞候三局吏人之数各有差降。”

[18] **步军司：**侍卫亲军步军司简称，掌侍卫亲军步军诸指挥之名籍及统制、训练、轮番宿卫与戍守、迁补、赏罚等事（《宋会要·职官》32之4）。

[19] **虎翼：**禁军步兵编制名，隶侍卫亲军步军司。职掌为守卫京师，听召征戍。步军司与殿前司均有虎翼军，两者皆可称虎翼。

[20] **街道司：**官司名，隶都水监。元人脱脱《宋史·职官志》5《都水监》：“街道司，掌辖治道路人兵，若车驾行幸，则前修治，有积水则疏导之。”

[21] **剩员：**指从厢军、禁军淘汰下来从事杂役的人员。

[22] **八作司：**清人徐松《宋会要·职官》30之7《东、西八作司》：“东西八作司，旧分两使，止一司。太平兴国二年，分两司。景德四年，并一司，监官通掌。天圣元年，始分置官局，东司在安仁坊，西司在安定坊。勾当官各三人，以诸司使副及内侍充。其八作曰泥作、赤白作、桐油作、石作、瓦作、竹作、砖作、井作。又有广备指挥，主城之事。总二十一作，曰大木作、锯匠作、小木作、皮作、大炉作、小炉作、麻作、石作、砖作、泥作、井作、赤白作、桶作、瓦作、竹作、猛火油作、钉铰作、火药作、金火作、青窑作、窟子作。二坊领杂役广备四指挥、工匠三指挥。”宋人谢采伯《密斋笔记》卷1：“《东京记》：旧八作司，太平兴国二年，分东西二司，乃泥作、赤白作、桐油作、石作、砖作、瓦作、竹作、井作，以上名八作。后兼备攻城之事，乃二十一作。天圣元年，置官属，今八作司独传。伎巧之物。若致远务、裁造院、茶汤磨院、针线院、布库、铸场务、煎胶务、击鞠院、云韶班院、印经院、烧朱所、新衣库、菜库，纤悉毕备。

及前宰执侍从大第，环拱盖以百数。钱塘驻跸，庶事草创。追想全盛，太息久之。”

［23］**翰林司：**清人徐松《宋会要·职官》21之8《翰林司》：“翰林司在大宁门内，掌供御酒茗、汤果及游幸宴会、内外筵设，兼掌翰林院执役者之名籍，而奏其番宿。勾当官四员，以诸司使、副使及内侍充。兵校三百人，药童十一人。”

［24］**喝探：**兵士，为皇帝扈从仪仗中传呼喝道的兵士（清人徐松《宋会要·职官》22之13）。

［25］**辇官：**辇官院所属供御辇官、次供御辇官、下都辇官通称。清人徐松《宋会要·职官》19之18：“供御、次供御、下都辇官权以一千人为额。”

［26］**车子院：**监当局名，隶御辇院，职掌分配宫中及诸王宫、王子院、大长公主、公主宅的驾车，有兵士89人（清人徐松《宋会要·职官》19之16）。

［27］**亲从官：**禁军卒，隶皇城司。职掌宫殿管钥契勘，皇宫内巡察、宿卫及洒扫诸殿等事。

［28］**亲事官：**禁军卒，隶皇城司，职掌听候应副皇城内宿卫、守门（殿门、宫门、皇城门），稽验四色敕号等差役（元人脱脱《宋史·兵志》1、2）。

［29］**皇皂院子：**穿黄、黑色衣服的仆役。

［30］**涤除：**清扫皇宫的杂役。

皇太子纳妃

皇太子纳妃1，卤部2仪仗，宴乐3仪卫4。妃乘厌翟车5，车上设紫色团盖6，四柱维幕，四垂大带，四马驾之。

注解

[1] **皇太子纳妃：**宋人郑居中《政和五礼新仪》卷172、173《皇太子纳妃仪》及宋人马端临《文献通考》卷255《皇太子纳妃仪》对纳妃仪式记载甚详，主要有采择、问名、告吉、告期、告成、奏告、册妃、醮戒、亲迎、同牢、设对位、妃朝见、盥馈等。

[2] **卤部：**即古代帝王出外时在其前后的仪仗。汉人蔡邕《独断》："天子出，车驾次第，谓之卤簿。" 宋人封演《封氏见闻录》卷5："舆驾行幸，羽仪导从，谓之卤簿。自秦汉以来始有其名……按，字书：'卤，木楯也。' 字亦作'橹'，又作'樐'，音义皆同，卤以甲为之，所以捍敌……甲楯有先后，部伍之次，皆著之簿籍，天子出，则案次导从，故谓之卤薄耳。" 宋人叶梦得《石林燕语》卷4："大驾仪仗，通号'卤簿'，蔡邕《独断》已有此名。唐人谓卤，橹也，甲楯别名。凡兵卫以甲楯居外前导，捍蔽其先后，皆著之簿籍，故曰'卤簿'。因举南朝御史中丞、建康令皆有'卤簿'，为君臣通称，二字别无义，此说为差近。或又以'卤'为'鼓'，'簿'为'部'，谓鼓驾成于部伍，不知'卤'何以谓之'鼓'？又谓石季龙以女骑千人为一'卤部'，'簿'乃作'部'，皆不可晓。今有《卤簿记》，宋宣献公所修，审以'部'为簿籍之'簿'，则既云'簿'，不应更'记'。"（图4–3）

[3] **宴乐：**多作"燕乐"。隋唐时期，在汉族及少数民族民间音乐基础上，吸收部分外来

图 4–3　宋画《大驾卤簿图》局部

音乐而形成的供宫廷宴饮、娱乐时用的音乐的统称。宋人沈括《梦溪笔谈》卷5《乐律一》："自唐天宝十三载，始诏法曲与胡部合奏，自此乐奏全失古法。以先王之乐为'雅乐'，前世新声为'清乐'，合胡部者为'宴乐'。"（图4–4）

［4］**仪卫：** 仪仗和卫士之统称，文的称仪，武的称卫。宋人周辉《清波杂志》卷6《北郊斋宫》："绍圣北郊斋宫告成，卜日乘舆出观，宰执奏：'臣等愿预一观。'翊日，从驾幸北郊，仪卫兵仗如金明。凌晨，微风霾，即开霁。进食，召两府、亲王入受福殿。既升殿，上由东朵殿，步过东西庑，行自西朵殿还御座，宰臣以下从行。"

［5］**厌翟车：** 古代后妃乘坐的以雉羽为饰的车子。《周礼·春官·巾车》："翟车，贝面组总，有握。"郑玄注："以翟饰车之侧……后所乘以出桑。"唐人魏征《隋书·礼仪志五》："翟车，黄质，金饰诸末。轮画朱牙。其车侧饰以翟羽。"元人脱脱《宋史》卷150《舆服志》："徽宗政和三年，议礼局上皇后车舆之制：重翟车，青质，金饰诸末，间以五采。轮金根朱牙。其箱饰以重翟羽，四面施云凤、孔雀，刻镂龟文。顶轮上施金立凤、耀叶。青罗幰衣一，紫罗画云龙络带二，青丝络网二，紫罗画帷一，青罗画云龙夹幔二。车内设红褥及坐，横辕上施立凤八。香匮设香炉、香宝，香匮饰以螭首。前后施帘，长辕三，饰以凤头，青缯裹索。驾青马六，马有铜面，插翟羽，鞶缨，攀胸铃拂，青屉，青包尾。若受册、谒景灵宫，则乘之。厌翟车，赤质，其箱饰以次翟羽；紫幰衣，红丝络网，红罗画络带，夹幔锦帷，余如重翟车。驾赤骝四。若亲蚕则乘之。"

［6］**团盖：** 即圆形的车盖（图4–5）。团，圆也。吴均《八公山赋》："桂皎月而常团，云望空而自布。"

图 4–4　五代南唐顾闳《韩熙载夜宴图》中的宴乐

图 4-5　大晟钟上所铸车辆上的团盖

公主出降

公主出降[1]，亦设仪仗、行幕[2]、步障[3]、水路[4]。凡亲王[5]公主出则有之。皆系街道司兵级数十人，各执扫具、镀金银水桶，前导洒之，名曰水路。用檐床数百，铺设房卧[6]，并紫衫卷脚幞头[7]天武官抬舁。又有宫嫔数十，皆真珠钗插、吊朵，玲珑簇罗头面，红罗销金[8]袍帔，乘马双控双搭，青盖前导，谓之『短镫』。前后用红罗销金掌扇[9]遮簇，乘金铜檐子[10]，覆以剪棕[11]，朱红梁脊，上列渗金铜铸云凤花朵，檐子约高五尺许，深八尺，阔四尺许，内容六人，四维垂绣额珠帘，白藤间花。匡箱之外，两壁出栏槛，皆缕金花，装雕木人物神仙。出队两竿十二人，竿前后皆设绿丝绦[12]，金鱼勾子勾定。

注解

[1] **公主出降：**即公主出嫁。宋人吴曾《能改斋漫录》卷12《公主称》："本朝制度，多循用前代故事。皇女称公主，姊妹称长公主，诸姑称大长公主。至徽宗末年，一例改作帝姬。建炎元年六月八日，臣寮建言不便。以为古者妇人称姓，故周曰王姬，犹宋子齐姜之类是也。本朝为商后，非姬姓，不可以称。用是改正。"宋人李焘《长编》卷13，开宝五年（972年）七月"甲申，永庆公主出降右卫将军、驸马都尉魏咸信。咸信，仁浦子也。公主尝衣贴绣铺翠襦入宫中，帝见之，谓主曰：'汝当以此与我，自今勿复为此饰。'主笑曰：'此所用翠羽几何？'上曰：'不然，主家服此，宫闱戚里必相效。京城翠羽价高，小民逐利，展转贩易，伤生寖广，实汝之由。汝生长富贵，当念惜福，岂可造此恶业之端。'主髯谢。主因侍坐，与皇后同言曰：'官家作天子日久，岂不能用黄金装肩舆，乘以出入？'上笑曰：'我以四海之富，宫殿悉以金银为饰，力亦可办，但念我为天下守财耳，岂可妄用。古称以一人治天下，不以天下奉一人。苟以自奉养为意，使天下之人何仰哉，当勿复言。'"

[2] **行幕：**出行使用的帐幕。

[3] **步障：**用以遮蔽风尘或视线的一种屏幕。唐人房玄龄《晋书·石崇传》："崇与贵戚王恺、羊琇之徒，以奢靡相尚。恺作紫丝布步障四十里，崇作锦步障五十里以敌之。"

[4] **水路：**为防止尘土，用水洒路。宋人周辉《清波杂志》卷2："旧说汴都细车前列数人，持水罐子，旋洒路过车，以免埃尘蓬勃。……凡贵游出，令一二十人持镀金水罐子前导，旋洒路过车。都人名曰水路。"

图 4-6　河南禹县白沙宋墓壁画中的"卷脚幞头"

[5] **亲王：**凡皇帝之叔伯、兄弟、诸子封王国者，尊称亲王。

[6] **房卧：**泛称铺盖衣饰，引申为嫁妆。宋人朱弁《曲洧旧闻》卷1："良久，降指挥：自某人以下三十人，尽放出宫，房卧所有，各随身不得隐落。"明人冯梦龙《警世通言·三现身包龙图断冤》："那厮姓王名兴，浑名唤做王酒酒，又吃酒，又要赌。迎儿嫁将去，那得三个月，把房卧都费尽了。"

[7] **卷脚幞头：**指两脚弯曲的幞头（图4-6），"卷脚"又称"局脚"。宋人沈括《梦

溪笔谈》卷1：“本朝幞头有直脚、局脚、交脚、朝天、顺风，凡五等，唯直脚贵贱通服之。”宋人邵伯温《邵氏闻见前录》卷17：“熙宁初，洛阳有老人党翁者卖药，日于水街南北往来，行步甚快，少年不及也。自言五代清泰年为兵，尝事柴世宗，有放停公帖可验。戴卷脚幞头，衣黄衫，系革带，犹唐装也。有妻无子，问其事，则不答。至元丰中，不知所在。余尝亲见之，亦异人也矣。”

［8］**销金：**用金线或金色丝线作装饰。宋人王永《燕翼诒谋录卷》2：“咸平、景德以后，粉饰太平，服用浸侈，不惟士大夫之家，崇尚不已，市井闾里以华靡相胜，议者病之。大中祥符元年二月，诏：‘金箔、金银线、贴金、销金、间金、蹙金线装贴什器土木玩之物，并行禁断。非命妇不得以金为首饰。许人纠告，并以违制论。寺观饰塑像者，赍金银并工价，就文思院换易。’四年六月，又诏：‘宫院、苑囿等，止用丹白装饰，不得用五彩。皇亲士庶之家，亦不得用。春幡胜除宣赐外，许用绫绢，不得用罗，诸般花用通草，不得用缣帛。’八年三月庚子，又诏：‘自中宫以下，衣服并不得以金为饰，应销金、贴金、缕金、间金、戭金、圈金、解金、剔金、捻金、陷金、明金、泥金、榜金、背金、影金、阑金、盘金、织金金线，皆不许造。’然上之所好，终不可得而绝也。仁宗继统，以俭朴躬行，于庆历二年五月戊辰，申严其禁，上自宫掖，悉皆屏绝，臣庶之家，犯者必置于法。然议者犹有憾，以为有未至焉。自是而后，此意泯矣。”清人徐松《宋会要·职官》36之74：“（嘉祐）六年十二月二十二日，详定利害所言：‘文思院定每铤销金百两破火耗五钱，杂白银百两破一两，每成锅铤银百两破五钱，并不使行人。后苑每铤销金百两却破火耗二钱半，杂白铤银破五钱，须要行人承受。斤两销折不尽，至界满收为出剩；如火折过，勒行人陪填。看详两所铤销并同，收耗不等，乞应今后诸行人赴后苑作铤销金银，并依文思院所破火耗则例。’从之。”

［9］**掌扇：**古代障尘蔽日的用具，即“障扇”（图4-7）。汉代模仿雉尾扇而制成的长柄扇。宋人程大昌《演繁露》卷15：“今人呼乘舆与所用扇为掌扇，殊无义，盖障扇之讹也。江夏王义恭为宋孝武所忌，奏革诸侯制度，障扇不得用雉尾是也。凡扇言障，取遮蔽为义，以扇自障，通上下无害，但用雉尾饰之，即乘舆制度耳。”

图4-7　唐代阎立本《步辇图》中的掌扇

［10］**檐子：**肩舆之类的工具，用杆抬（图4-8）。宋人高承《事物纪原》卷8：“引《旧唐书·舆服志》曰：开成末定制，宰相三公诸司官及致仕官疾病官许乘檐子，如汉魏载舆之制。按唐乾元以来，始用兜笼代车舆，疑自此又为檐子之制也。”宋人李焘《长编》卷79：大中祥符五年（壬子，1012年）闰十月“壬申，上谓宰相曰：‘顷闻郑国长公主肩舆出行，民有犯其前导者，即捕笞之。朕在东宫日，有犯者，第委之府县，未尝辄自棰掠也。宜令开封府，自今有此类未得决丝，具名以闻。仍严戒约诸宅勾当使

臣’。”元人脱脱《宋史·舆服志二》:“龙肩兴，一名棕檐子，一曰龙檐子，舁以二竿，故名檐子，南渡后所制也。”

［11］**剪棕：**剪裁整齐的棕片纤维（图4–9）。元人脱脱《宋史》卷153：“神宗熙宁九年，禁朝服紫色近黑者；民庶止令乘犊车，听以黑饰，间五彩为饰，不许呵引及前列仪物。哲宗绍圣二年，侍御史翟思言：‘京城士人与豪右大姓，出入率以轿自载，四人舁之，甚者饰以棕盖，彻去帘蔽，翼其左右，旁午于通衢，甚为僭拟，乞行止绝。’从之。”

［12］**丝绦：**用丝线编织成的花边或扁平的带子。

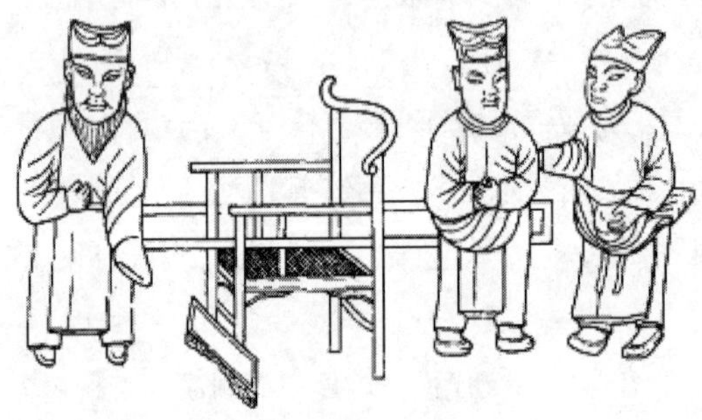

图 4–8 上为《清明上河图》中的檐子与江苏江阴市青阳镇里泾坝宋墓中的檐子石刻图；下为引自翁雪花、刁文伟《江苏江阴市青阳镇里泾坝宋墓》《考古》，2008年第3期

图 4–9 剪棕

皇后出乘舆

皇太后、皇后出乘者，谓之『舆』[1]。比檐子稍增广，花样皆龙，前后檐皆剪棕，仪仗与驾出相似而少，仍无驾头[2]警跸[3]耳。士庶家与贵家婚嫁，亦乘檐子，只无脊上铜凤花朵。左右两军，自有假赁所在。以至从人衫帽，衣服从物俱可赁，不须借措。余命妇王宫士庶，通乘坐车子，如檐子样制，亦可容六人，前后有小勾栏，底下轴贯两挟朱轮，前出长辕约七八尺，独牛驾之，亦可假赁。

注解

[1] **舆：**宋人叶梦得《石林诗话》卷上："神宗皇帝天性俭约，奉慈寿宫尤尽孝道。慈圣太后尝以乘舆服物未备，因同天节作珠子鞍辔为寿。神宗一御于禁中，后藏去不复用。"

[2] **驾头：**宋代皇帝出行时专供上马下马踩踏之具（图4-10）。宋人沈括《梦溪笔谈》卷1《故事》："正衙法座，香木为之，加金饰，四足，堕角，其前小偃，织藤冒之。每车驾出幸，则使老内臣马上抱之，曰驾头。"宋人陆游《老学庵笔记》卷2："驾头，旧以一老宦者抱绣裹兀子于马上。高庙时犹然，今乃代以阁门官，不知自何年始也。"宋人赵升《朝野类要》卷1《驾头》："孔毅父谈苑云，驾头者，祖宗即位时所坐也。皇朝类苑曰：谓之正衙法座，香木为之，加金饰，四足堕其角。其前小偃，织藤冒之。驾头至，则宣赞喝引。迎驾者，起居也。又沈存中笔谈，谓是中贵官捧月样杌子于马上，今系阁门宣赞舍人。"

[3] **警跸：**古代帝王出入时，于所经路途侍卫警戒，清道止行，谓之'警跸'，出为警，入为跸（图4-11）。西汉司马迁《史记·淮南王传》："（厉王）出入称警嘴，称制，自为法令，拟于天子。"南朝范晔《后汉书·杨秉传》："王者至尊，出入有常，警跸而行，静室而止。"晋崔豹《古今注·舆服》："警跸，所以戒行徒也。周礼跸而不警，秦制出警入跸，谓出军者皆警戒，入国者皆跸止也。"

图4-10　宋画《春游晚归图》中的驾头

图4-11　明代《出警出跸图》局部

杂赁

若凶事出殡[1]，自上而下，凶肆[2]各有体例。如方相[3]、车舆、结络、彩帛[4]，皆有定价，不须劳力。寻常出街市干事，稍似路远倦行，逐坊巷桥市[5]，自有假赁鞍马[6]者，不过百钱。

[1] **出殡：**宋人朱熹《朱子家礼》卷4《柩行》："（方相等前导如陈器之叙。）主人以下男女哭，步从（如朝祖之叙。出门则以白幕夹障之。）尊长次之，无服之亲又次之，宾客又次之（皆乘车马。亲宾或先待于墓所，或出郭哭拜辞归。）亲宾设幄于郭外道旁，驻柩而奠（如在家之仪）涂中遇哀则哭（若墓远，则每舍设灵座于柩前，朝夕哭奠。食时上食，夜则主人兄弟皆宿柩旁，亲戚共守卫之。）及墓下棺祠后土题木主成坟，未至，执事者先设灵幄（在墓道西，南向，有倚卓。）亲宾次（在灵幄前十数步，男东女西，女次北，与灵幄相直，皆南向。）妇人幄（在灵幄后，圹西。）方相至（以戈系圹四隅。）明器等至（陈于圹东南，北上。）灵车至（祝奉魂帛就幄，座主箱亦置帛后），遂设奠而退（酒菓脯醢。）柩至（执事者先布席于圹南，柩至，脱载，置席上，北首。执事者取铭旌，去杠，置柩上。）主人男女各就位哭（主人诸丈夫立于圹东西向。主妇诸妇女立于圹西幄内，东向。皆北上，如在涂之仪。）宾客拜辞而归（主人拜之，宾答拜。）"

[2] **凶肆：**出售丧葬用物的店铺。唐人白行简《李娃传》："生怨懑，绝食三日，遘疾甚笃，旬余愈甚。邸主惧其不起，徙之于凶肆之中。"宋人洪迈《夷坚乙志·余杭宗女》："父坚忍之人也，愈益怒，不俟所择日至，立呼凶肆之人，舆薪厝火，斧棺而爇之。"宋人魏泰《东轩笔录》卷9："是时，吕居简为京东转运使，谓中使曰：'若发棺空，而介果北走，则虽孥戮不足以为酷。万一介尸在，未尝叛去，即是朝廷无故剖人冢墓，何以示后世耶？'中使曰：'诚如金部言，然则若之何以应中旨？'居简曰：'介之死，必有棺敛之人，又内外亲族及会葬门生无虑数百，至于举柩窆棺，必用凶肆之人，今皆檄召至此，劾问之，苟无异说，即皆令具军令状，以保任之，亦足以应诏也。'中使大以为然，遂自介亲属及门人姜潜已下并凶肆棺敛舁柩之人，合数百状，皆结罪保证，中使持以入奏，仁宗亦悟竦之谮，寻有旨放介妻子还乡，而世以居简为长者。"

图 4–12　方相

[3] **方相：**古代传说中驱除疫鬼和山川精怪的神灵（图4–12）。《周礼·夏官·方相氏》："方相氏掌：蒙熊皮，黄金四目，玄衣朱裳，执戈扬盾，帅百隶而时傩，以索室驱疫。大丧，先匶，及墓，入圹，以戈击四隅，驱方良。"郑玄曰："蒙，冒也。冒熊皮者，以惊驱疫疠之鬼，

如今魌头也。时傩，四时作方相氏以难却凶恶也。”宋人王楙《燕翼诒谋录》卷3：“丧家命僧道诵经，设斋作醮作佛事，曰‘资冥福’也。出葬用以导引，此何义耶？至于铙钹，乃胡乐也，胡俗燕乐则击之，而可用于丧柩乎？世俗无知，至用鼓吹作乐，又何忍也开宝三年十月甲午，诏开封府禁止士庶之家丧葬不得用僧道威仪前引。太平兴国六年，又禁送葬不得用乐，庶人不得用方相魌头。今犯此禁者，所在皆是也。祖宗于移风易俗留意如此，惜乎州县间不能举行之也！”

［4］**彩帛：**彩色丝绸。南朝范晔《后汉书·梁冀传》：“赏赐金钱、奴婢、彩帛、车马、衣服、甲第，比霍光。”唐人冯贽《云仙杂记·棠木印》：“张宝，凡衣服采帛，皆以所任官印之。”

［5］**桥市：**桥头集市（图4-13）。唐人周繇《津头望白水》诗：“城郭半淹桥市闹，鹭鸶缭绕入人家。”元人盛如梓《庶斋老学丛谈》卷4：“南轩先生赴静江，至羊楼桥市。方食，吏执名纸立于庭下。食毕，先生呼吏见客，曰：‘已留名刺去矣。’曰：‘吾无语，尔辄遣之，速请来。’市仅数家，一呼皆至，衣冠鄙陋，举止周章。”元人陶宗仪《南村辍耕录》卷7《赵魏公书画》：“田君良卿，于骆驼桥市中买得此卷，持来求跋，为书其后。因思自五岁入小学学书，不过如世人漫尔学之耳。不意时人持去可以粥钱，而吾良卿又捐钱若干缗以购之，皆可笑也。”。

［6］**假赁鞍马：**租赁鞍马。宋人魏泰《东轩笔录》卷9：“许将坐太学狱，下御史台禁勘，仅一月日，洎伏罪，台吏告曰：‘内翰今晚当出矣。’许曰：‘审如是，当为白中丞，俾告我家取马也。’至晚欲放，放丞蔡确曰：‘案中尚有一节未完，须再供答。’及对毕，开门，已及二更以后，而从人谓许未出，人马却还矣。许坐于台门，不能进退。适有逻卒过前，遂呼告之曰：‘我台中放出官员也，病不能行，可烦为于市桥赁一马。’逻卒怜之，与呼一马至，遂跨而行。”宋人江洎《江邻几杂志》：“温仲舒判开封府。一进士早出探榜，其妻续有人报其父母船至水门。亟僦驴往省之。至宋门，为醉人驱击。僦驴者又慎证佐留滞，潜遁去。府中人以醉人亦有指爪痕，俱仗而遣之。归家号泣，夫自外归，亦落第而泣。两不相知其由，徐知妻被杖，诣所司诉冤。不听，于州桥夫妻投河溺死。真宗闻之怒，知府以下悉罢去。吴冲卿云，小刑责亦不可不慎也。”

图 4-13　宋人张择端《清明上河图》中的“桥市”

修整杂货及斋僧请道

倘欲修整屋宇，泥补墙壁，生辰忌日[1]，欲设斋僧尼道士，即早辰桥市街巷口，皆有木竹匠人[2]，谓之杂货工匠，以至杂作人夫，道士僧人，罗立会聚，候人请唤，谓之『罗斋』。竹木作料[3]，亦有铺席。砖瓦泥匠，随手即就。

[1] **忌日：**父母或祖先死亡的日子。古时每逢这一天，家人忌饮酒，所以称忌日。《礼记·祭义》："君子有终身之丧，忌日之谓也。"宋人吴曾《能改斋漫录》卷2《忌日行香》："忌日行香。始于唐贞元五年八月，敕天下诸州，并宜国忌日，准式行香。然行香事，按《南山钞》云：'此仪自道安法师布置。'又《贤愚经》云：'为蛇施金设斋，令人行香僧手中。'《普达王经》云：'佛昔为大姓家子，为父供养三宝。父命子传香。'此云'行香僧手中'与'传香'，今世国忌日尚行此意。至人君诞节，遂以拈香为别矣。按《唐会要》：'开成五年四月，中书门下奏，天下州府，每年常设降诞斋。行香后，便令以素食，宴乐，唯许饮酒及用脯醢等。'以此知唐朝虽诞节，亦只云行香。姚令威以为行香始于后魏江左，非也。"

[2] **木竹匠人：**宋人岳珂《愧郯录》卷13《京师木工》："今世郡县官府营缮创缔，募匠庀役，凡木工率计在市之朴斫规矩者，虽居楔之技无能逃。平时皆籍其姓名，鳞差以俟命，谓之当行。"清人徐松《宋会要·方域》4之12："（景德）三年六月，诏：'近日京中廨宇营造频多，匠人因缘为奸利，其频有完葺，以故全不月（用）心，未久复以损坏。自今明行条约，凡有兴作，皆须用功尽料。仍令随处志其修葺年月、使臣工匠姓名，委省司覆验。他时颓毁，较岁月未久者，劾罪以闻。'"（见图3-23）

[3] **作料：**匠人所用的材料。明人凌蒙初《二刻拍案惊奇》卷1："又在城里接了一个高手的裱匠，买了作料，一同到寺里来。"

筵会假赁

凡民间吉凶筵会[1]，椅桌陈设[2]，器皿合盘，酒檐动使之类，自有茶酒司[3]管赁。吃食下酒，自有厨司。以至托盘[4]，下请书，安排坐次，尊前执事，歌说劝酒[5]，谓之『白席人』[6]，总谓之『四司人』。欲就园馆亭榭寺院游赏命客之类，举意便办，亦各有地分，承揽排备，自有则例，亦不敢过越取钱。虽百十分，厅馆整肃，主人只出钱而已，不用费力。

注解

[1] **筵会：**这里指在办理喜事或丧事时宴请宾客。宋人苏辙《龙川别志》卷下："（寇莱公）谓允则曰：'闻君在雄，筵会特盛，能为老夫作小会否？'允则曰：'方入奏，不敢留，还日当奉教。'及还，莱公宴之，幄帟、器皿、饮食、妓乐，百物华侈，意将压之。"

[2] **椅桌陈设：**宋人朱熹《朱子语类》卷90："先生家祭享不用纸钱。凡遇四仲时祭，隔日涤椅桌，严办。次日侵晨，已行事毕。"宋人朱熹《朱子语类》卷120："林仲参问下学之要受用处。曰：'泼底椅桌在屋下坐，便是受用。若贪慕外面高山曲水，便不是受用底。'举诗云：'贫家净扫地，贫女好梳头。下士晚闻道，聊以拙自修。'"（图4–14）

[3] **茶酒司：**掌管火炉之人（图4–15）。宋人魏泰《东轩笔录》卷1："周世宗寿春之役，太祖为将，太宗亦在军中，是时寿春久不下，世宗决淮水灌其城。一日，艺祖、太宗及节度使武行德共乘小艇，游于城下，艇中惟有一卒司镣炉，世谓之茶酒司，一矢而毙，太祖、太宗安座以至回舟，矢石终不能及。"宋人程大昌《演繁露》卷2《镣炉》："《谈苑》载，镣炉曰镣者，白金也，意谓以白金饰炉也。是固有本矣，然恐语讹耳尔。《雅》云，烘燎煁烓也，烘谓烧燎也，煁今之三隅灶也。然则烓者无釜之灶，其上燃火谓之烘，本为此灶止以燃火照物，若今之生麻秆盆也，然则镣炉亦不为镣，当为燎炉耳。"

[4] **托盘：**又称托子。宋人高承《事物纪原》卷8《托子》："又曰建中初，崔宁女以金盏无

图 4–14　北宋李公麟《孝经图》中的椅桌

图 4-15　宋代茶酒司图（河南偃师酒流沟宋墓出土的画像砖图案，图为温酒厨娘，头戴高冠，身穿小袖对襟、旋袄，站在方形火炉旁，火炉上有一酒壶，厨娘正在拨火温酒）

储，病其熨指，取楪子承盛之。既啜，而倾乃以蜡环楪子中，坐之杯遂定，即遣匠以漆环易蜡宁寄之，制名托子，遂行于代。后传者更环其底。”

［5］**歌说劝酒：**宋人孙光宪《北梦琐言》卷6：“陆相扆出典夷陵时，有士子修谒。相国与之从容，因命酒酌劝。此子辞曰：‘天性不饮酒。’相曰：‘诚如所言，已校五分矣。盖平生悔吝有十分，不为酒困，自然减半也。’”宋人陈师道《后山丛谈》卷2：“文元贾公居守北都，欧阳永叔(修)使北还，公预戒官妓办词以劝酒，妓唯唯。复使都听召而喻之，妓亦唯唯。公怪叹以为山野。既燕，妓奉觞歌以为寿，永叔把盏侧听，每为引满。公复怪之，召问所歌，皆其词也。”宋人魏泰《东轩笔录》卷15：“北番每宴使人，劝酒器不一，其间最大者，剖大瓠之半，范以金，受三升，前后使人无能饮者，惟方偕一举而尽，戎主大喜，至今目其器为方家瓠，每宴南使，即出之。”

［6］**白席人：**宋人陆游《老学庵笔记》卷8：“北方民家吉凶辄有相礼者，谓之白席，多鄙俚可笑。韩魏公自枢密归邺。赴一姻家礼席，偶取盘中一荔支欲啖之。白席者遽唱言曰：‘资政吃荔支，请众客同吃荔枝。’魏公憎其喋喋。因置不复取。白席者又曰：‘资政恶发也。却请众客放下荔支。’魏公为一笑，恶发犹云怒也。”

会仙酒楼

如州东仁和店、新门里会仙楼正店，常有百十分斤馆动使，各各足备，不尚少阙一件。大抵都人风俗奢侈，度量稍宽，凡酒店中不问何人，止两人对坐饮酒1，亦须用注碗2一副，盘盏3两副，果菜碟各五片，水菜碗三五只，即银近百两矣。虽一人独饮，碗遂亦用银盂4之类。其果子菜蔬，无非精洁。若别要下酒，即使人外买软羊、龟背、大小骨、诸色包子5、玉板鲊、生削巴子、瓜姜之类。

注解

［1］**对坐饮酒：**宋人欧阳修《归田录》卷2：“石曼卿磊落奇才，知名当世，气貌雄伟，饮酒过人。有刘潜者，亦志义之士也，常与曼卿为酒敌。闻京师沙行王氏新开酒楼，遂往造焉，对饮终日，不交一言，王氏怪其所饮过多，非常人之量，以为异人，稍献肴果，益取好酒，奉之甚谨。二人饮啖自若，傲然不顾，至夕殊无酒色，相揖而去。明日都下喧传：王氏酒楼有二酒仙来饮，久之乃知刘、石也。”明人彭大翼《山堂肆考》卷10《西窗烈日》：“宋吕正献公居家，夏不挥扇，冬不附火。一日盛夏，杨大夫环宝，字器之，将赴官，来辞杨，乃吕氏甥。吕公于西窗下烈日中，公裳对坐饮酒三杯，杨汗流浃背，公凝然不动。”

［2］**注碗：**指注子，古代酒器，使用时碗内放适量热水，注子内盛酒置于碗中，合称注碗（图4-16）。宋人张端义《贵耳集》卷中：“高宗南渡，有将水晶注碗在榷场交易，高宗得之。”

图 4-16　宋代注碗（故宫博物院）

图 4-17　出土的宋代银盘盏（引自周迪人等：《德安南宋周氏墓》，江西人民出版社，1999年）

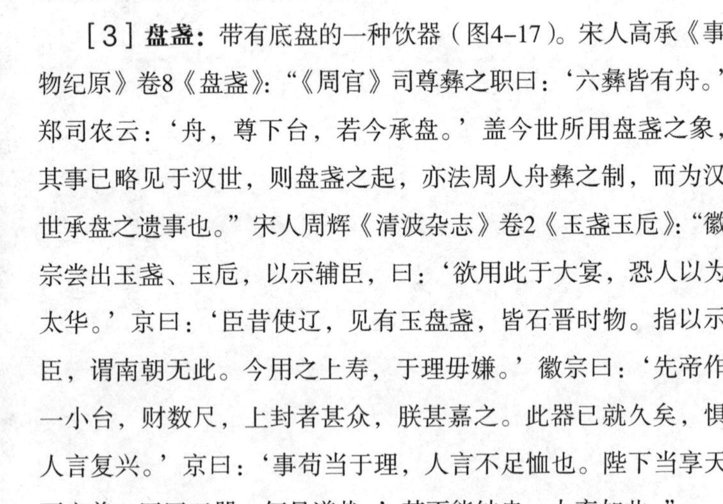

［3］**盘盏：**带有底盘的一种饮器（图4-17）。宋人高承《事物纪原》卷8《盘盏》：“《周官》司尊彝之职曰：‘六彝皆有舟。’郑司农云：‘舟，尊下台，若今承盘。’盖今世所用盘盏之象，其事已略见于汉世，则盘盏之起，亦法周人舟彝之制，而为汉世承盘之遗事也。”宋人周辉《清波杂志》卷2《玉盏玉卮》：“徽宗尝出玉盏、玉卮，以示辅臣，曰：‘欲用此于大宴，恐人以为太华。’京曰：‘臣昔使辽，见有玉盘盏，皆石晋时物。指以示臣，谓南朝无此。今用之上寿，于理毋嫌。’徽宗曰：‘先帝作一小台，财数尺，上封者甚众，朕甚嘉之。此器已就久矣，惧人言复兴。’京曰：‘事苟当于理，人言不足恤也。陛下当享天下之养，区区玉器，何足道哉。’其不能纳忠，大率如此。”

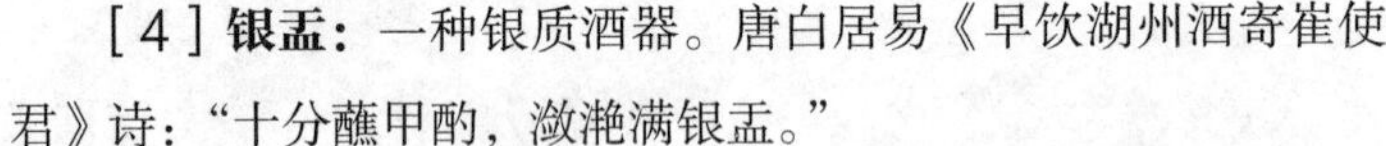

［4］**银盂：**一种银质酒器。唐白居易《早饮湖州酒寄崔使君》诗：“十分蘸甲酌，潋滟满银盂。”

［5］**诸色包子：**宋代有各式包子。宋人北宋陶谷《清异录》说当时的“食肆”中有“绿荷包子”。宋代诗人黄庭坚《宜州乙酉家乘》：“十三日壬子，雨，作素包子。”宋代陆游《剑南诗稿》中有《食野味包子戏作》诗：“珍饷贫居少，寒云万里宽。叠双初中鹄，牢九已登盘。放箸摩便腹，呼童破小团。犹胜瀼西老，菜把仰园官。”

食店

大凡食店，大者谓之『分茶』，则有头羹、石髓羹、白肉[1]、胡饼、软羊、大小骨、角炙、犒腰子[2]、石肚羹、入炉羊、罨生软羊面、桐皮面、姜泼刀回刀、冷淘[3]、棋子、寄炉面饭之类。吃全茶，饶齑头羹。更有川饭店，则有插肉面、大燠面、大小抹肉淘、煎燠肉、杂煎事件、生熟烧饭。更有南食店、鱼兜子[4]、桐皮熟脍面、煎鱼饭。又有瓠羹店[5]，门前以枋木及花样沓结缚如山棚，上挂成边猪羊，相间三二十边。近里门面窗户，皆朱绿装饰，谓之欢门。每店各有厅院东西廊，称呼坐次。客坐，则一人执箸纸，遍问坐客。都人侈纵，百端呼索[6]，或热或冷，或温或整，或绝冷、精浇、膘浇之类，人人索唤不同。行菜[7]得之，近局次立，从头唱念，报与局内。当局者谓之『铛头』，又曰『着案』。讫，须臾，行菜者左手杈三碗、右臂自手至肩，驮叠约二十碗，散下尽合各人呼索，不容差错。一有差错，坐客白之主人，必加叱骂，或罚工价，甚者逐之。吾辈入店，则用一等琉璃浅棱碗，谓之『碧碗』[8]，亦谓之『造羹』，菜蔬精细，谓之『造齑』，每碗十文。面与肉相停，谓之『合羹』；又有『单羹』，乃半个也。旧只用匙，今皆用箸[9]矣。更有插肉、拨刀、炒羊[10]、细物料棋子、馄饨店[11]，及有素分茶[12]，如寺院斋食也。又有菜面、胡蝶齑疙瘩，及卖随饭、荷包白饭、旋切细料馉饳儿、瓜齑[13]、萝卜之类。

注解

［1］**白肉：**白开水煮熟的猪肉。宋人周辉的《清波杂志》卷9："食味每分白肉胡饼汤、肉粉杂饤、炊作、炒肉、煮菜羹饭、软肉，所破料止羊肉十三两，面五两，绿豆粉二两，米五合，薪炭之属准此，其俭如此。"

［2］**犒腰子：**应为"烤腰子"，即是将新鲜的羊腰切开，用竹签串起，放在木炭上烧烤，待七八分熟时撒上盐、味精、孜然等调味料，即可食用。

［3］**冷淘：**古代夏令消暑食品，始于唐代的"槐叶冷淘"。其制法大致为：采青槐嫩叶捣汁和入面粉，做成细面条，煮熟后放入冰水中浸漂，其色鲜碧，然后捞起，以熟油浇拌，放入井中或冰窖中冷藏。食用时再加佐料调味，成为令人爽心适口的消暑佳食。《唐六典》："太官令夏供槐叶冷淘。凡朝会燕飨，九品以上并供其膳食。"唐杜甫《槐叶冷淘》诗："青青高槐叶，采掇付中厨。新面来近市，汁滓宛相俱。……万里露寒殿，开冰清玉壶。君王纳凉晚，此味亦时须。"至宋代，又有甘菊冷淘等。宋人王禹偁《甘菊冷淘》诗："淮南地甚暖，甘菊生篱根。俸面新加细，溲牢如玉墩。随刀落银缕，煮投寒泉盆。杂此青青色，芳香敌兰荪。"清人潘荣陛《帝京岁时纪胜·五月夏至》："夏至大祀方泽，乃国之大典。京师于是日家家俱食冷淘面，即俗说过水面是也，乃都门之美品。向曾询及各省游历友人，咸以京师之冷淘面爽口适宜，天下无比。"宋代胡仔《苕溪渔隐丛话后集》卷28："上庠录云：'两学公厨，例于三八课试日，设别馔，春秋炊饼，夏冷淘，冬馒头。'"宋人王溥《唐会要·光禄寺》："冬月，量造汤饼及黍臛，夏月冷淘、粉粥。"仇兆鳌注："朱曰：以槐叶汁和面为冷淘。"

［4］**鱼兜子：**是将鱼肉加工成鱼仁，配以多种辅料，煸炒成馅，以粉皮包裹成兜，经蒸制而成。成菜软嫩鲜香，若蘸醋食用，风味尤佳。元人无名氏《居家必用事类全集》己集："'杂馅兜子'，每十只熟羊肺二两。熟羊肚五两。熟白肠二两。乘热缕切。羊脂一两骰块切。猪膘二两缕切。香油炒葱丝一两。细料物二钱。杏仁川椒各少许。盐酱四钱酒半合。醋一合。姜橘丝少许。面牵同。'蟹黄兜子'，熟蟹大者三十只。斫开取净肉。生猪肉斤半细切。香油炒碎鸭卵五个。用细料末一两。川椒胡椒共半两擂。姜橘丝少许。香油炒碎葱十五茎。面酱二两。盐一两。面牵同打拌匀。尝味咸淡再添盐。每粉皮一个。切作四片。每盏先铺一片。放馅折掩盖定笼内。蒸熟供。'荷莲兜子'，羊肉二斤。淖去血水细切。粳米饭半斤。香油二两，炒葱一握。肉汤三盏调面三两作丝。橘皮一个细切。姜米一两。椒末少许。巳上一处拌匀。每粉皮一个切作四片。每盏内先铺一片，装新莲，肉去心。鸡头肉松、仁胡桃、仁杨梅、仁乳饼、蘑菇木耳鸭饼子，却放肉馅，掩折定蒸熟，匙翻在楪内供，用浓麻泥汁，和酪浇之。"

[5] **瓠羹店：**出售用瓠叶等煮成的浓汁食品的饭店。北魏贾思勰《齐民要术》卷9《瓠羹》："下油水中煮极热，瓠横切厚二分，沸而下，与盐豉胡芹累奠之。"

[6] **呼索：**呼叫索取。宋人范仲淹《奏乞拒契丹所请绝元昊和约》："（赵元昊）必乘我之失，大有呼索。"宋人庄绰《鸡肋篇》卷下："齐志道在洪州，一日忽病，状如伤寒发热，已而手足厥冷，汤剂不能下，昏昏熟睡，但微喘息。迫暮，忽大呼索汤饼，家人急奉之，乃以手取面抟成块龁啮之。家人惊异，乃曰：'朝议才省来，且慢吃。'遂怒目曰：'那得朝议来？我是密州高安县贩邵武军客人，被尔朝议在吉州权县，将我六个平人，悉做大辟杀了，今来取命。尔朝议已去久矣！'家人听其声，乃东人语音，状怒可畏，但涕泣而已，少顷遂仆。徐明叔与齐乡人，知其不妄。"

[7] **行菜：**指端送菜肴的人，即饮食店里的跑堂。宋人洪瑹《永遇乐·送春》词："金钗斗草，玉盘行菜，往事了无凭据。"

[8] **碧碗：**唐人杜甫《喜闻盗贼蕃寇总退口号》之四："勃律天西采玉河，坚昆碧碗最来多。"唐人唐彦谦《叙别》诗："翠盘擘脯胭脂香，碧碗敲冰分蔗浆。"宋人周密《齐东野语》卷7《王敦之诈》："王敦初尚武帝女武阳公主。如厕，见漆箱盛干枣，本以塞鼻。王谓厕上亦下果食，遂至尽食。既还，婢擎金藻盆盛水，琉璃盌盛澡豆，因倒着水中而饮之，谓是干饮，群婢莫不掩口而笑之。"（图4–18）

[9] **箸：**筷子（图4–19）。元人孔齐《至正直记》卷1《止箸》："宋季大族设席，几案间必用箸瓶查斗，或银或漆木为之，以箸置瓶中。遇入座，则仆者移授客，人人有止箸，状类笔架而小，高广寸许，上刻二半月弯，以置箸，恐坠于几而有污也，以铜为之。"宋人朱淑真《咏箸》诗："两个娘子小身材，捏着腰儿脚便开。若要尝中滋味好，除非伸出舌头来。"宋人程良规《竹箸》："殷勤问竹箸，甘苦乐先尝。滋味他人好，乐空去来忙。"

[10] **炒羊：**明人宋诩《竹屿山房杂部》卷3《油炒羊》："用羊为轩，先取锅，熬油入肉，加酒水烹之，以盐蒜葱花椒调和。"

[11] **馄饨店：**宋人程大昌《演繁露》卷9《馄饨》："世言馄饨是塞外浑氏屯氏为之。案方言饼谓之饦，或谓之张，或谓之馄，则其来已久矣，非出塞外也。"宋人周密《癸辛杂识别集

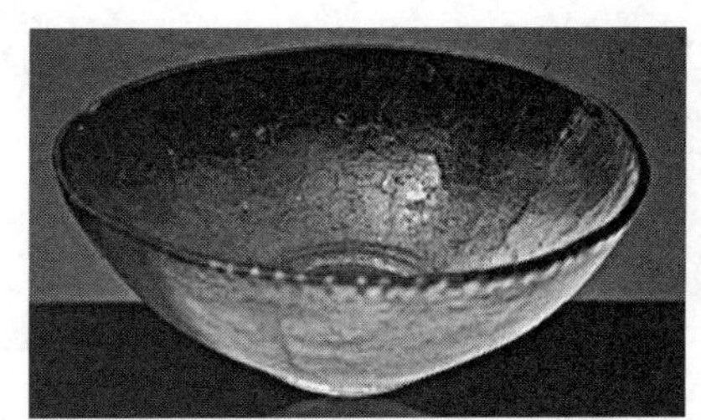

图 4–18　宋代琉璃碗

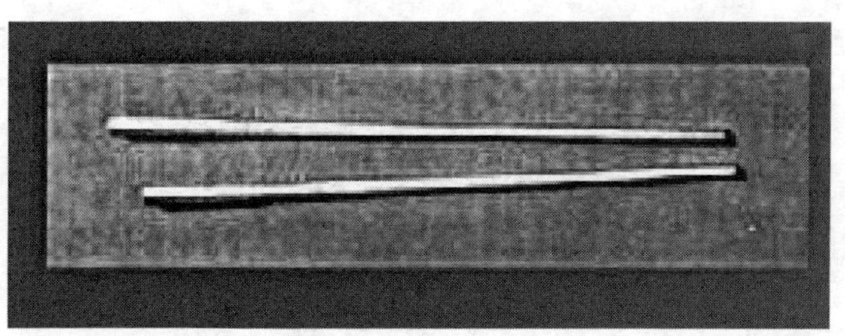

图 4–19　江西安乐出土的南宋银箸（引自刘云：《中国箸文化大观》，科学出版社，1996年）

上・蟛螁馄饨》:"轩渠录载，有人以糟蟹馓子同荐酒者，或笑曰：'只是家中没物事，然此二味作一处怎生吃？'众以为笑。近传溆浦富家杨氏尝宴客作蟛螁馄饨，真可作对也。"元人无名氏《居家必用事类》:"馄饨皮，白面一斤，用盐半两凉水和。如落索状，频入水。搜和如饼剂，停一时再搜。绝为小剂。豆粉为米□孛。骨鲁搥捍圆边微薄。入馅蘸水合缝。下锅时。将汤搅转逐个下。频洒水火长要鱼津滚。候熟供。"明人高濂《遵生八笺》卷13《馄饨方》:"白面一片，盐三钱，和如落索面。更频入水搜和为饼剂，少顷操百遍，摘为小块，擀开，绿豆粉为饽，四边要薄，入馅其皮坚。膘脂不可搭在精肉，用慕白先以油炒熟，则不荤气。花椒、姜末、杏仁、砂仁、酱，调和得所，更宜笋菜，炸过莱菔之类，或虾肉、蟹肉、藤花、诸鱼肉，尤妙。下锅煮时，先用汤搅动，置竹筱在汤内，沸，频频洒水，令汤常如鱼津样滚，则不破，其皮坚而滑。"

[12] **素分茶：**卖素食品的饮食店。宋人彭乘《墨客挥犀》卷2:"绍圣初，曾子宣在西府，渊材往谒之。论边事，极言官军不可用，用士人为良，子宣喜之。既罢，与余过兴国寺和尚食素分茶，甚美。"

[13] **瓜齑：**宋人周辉《清波杂志・别志》卷2:"赵州瓜齑，自昔著名。瓜为小为贵，味甘且脆，汉使至，用定盆贮于各位门，任取以食。辉北征亦得品尝，仍携数枚归家，夷李太者，夙俾治酱，因得渍瓜法。北客赏其逼真，既老辞去，仗以自给。绍兴辛巳，驾幸江上，经从无锡，小黄门入市，偶售以奉玉食，后屡宣索，亦尝呼唤至夜。"

肉行

坊巷桥市，皆有肉案，列三五人操刀，生熟肉从便索唤，阔切[1]、片批[2]，细抹、顿刀之类。至晚即有燠爆熟食[3]上市。凡买物不上数钱得者是数[4]。

[1] **阔切：**割肉的一种操作方法。宋人徐梦莘《三朝北盟会编》卷20：“胡法，饮酒食肉不随盏下，俟酒毕，随粥饭一发致前，铺满几案。地少羊，惟猪、鹿、兔、雁。馒头、炊饼、白熟、胡饼之类最重油煮。面食以蜜涂拌，名曰‘茶食’，非厚意不设。以极肥猪肉或脂润切大片一小盘子，虚装架起，间插青葱三数茎，名曰‘肉盘子’，非大宴不设，人各携以归舍。虏人每赐行人宴，必以贵臣押伴。”

[2] **片批：**切肉的一种刀法，刀略倾斜，切之使肉成片状。

[3] **燠爆熟食：**宋人吴自牧《梦粱录》卷16《肉铺》：“更待日午，各铺又市燠爆熟食：头、蹄、肝、肺四件，杂蹄爪事件，红白肉等。亦有盘街货卖，更有铺，兼货生熟肉。且如，名件最多，姑言一二。其䏧鲊者：算条、影戏、盐豉、皂角、铤松、脯界、方条、线条、糟猪头肉、玛瑙肉、鹅鲊、旋鲊、寸金鲊、鱼头酱、三和鲊、切鲊、桃花鲊、骨鲊、饭鲊、槌脯、红羊䏧、大鱼鲊、鲟鳇鱼鲊等类。”

[4] **凡买物不上数钱得者是数：**不足一定的钱数，得到的是这个数额的东西。

饼店

凡饼店有油饼店，有胡饼店。若油饼店，即卖蒸饼1、糖饼2，装合、引盘之类。胡饼店即卖门油、菊花、宽焦3、侧厚、油砲、髓饼4、新样满麻。每案用三五人捍剂卓花入炉。自五更卓案之声远近相闻。唯武成王庙5前海州张家、皇建院前郑家最盛，每家有五十余炉6。

注解

[1] **蒸饼：**馒头（图4-20）。宋人吴处厚《青箱杂记》卷2："仁宗庙讳贞，语讹近蒸，今则内庭上下皆呼蒸饼为炊饼。"宋人朱熹《朱子语类》卷15："意诚如蒸饼，外面是白面透着是白面；意不诚，如蒸饼外面虽白，里面却只是粗面一般。"宋人庞元英《文昌杂录》卷5："世谓胡饼者。《释名》云：'以胡麻着之也。'《前赵录》曰：'石季龙讳胡，改胡饼曰麻饼，今俗字增食非也。'《齐书》曰：'永明九年，诏太庙四时荐面起饼。'岂今之蒸饼邪。"宋人苏轼《东坡志林》卷4："数年前朝廷作汴河斗门以淤田，识者皆以为不可，竟为之，然卒亦无功。方樊山水盛时放斗门，则河田坟墓庐舍皆被害，及秋深水退而放，则淤不能厚，谓之'蒸饼淤'，朝廷亦厌之而罢。偶读白居易《甲乙判》，有云：'得转运使以汴河水浅不通运，请筑塞两河斗门，节度使以当管营田悉在河次，在斗门筑塞，无以供军。'乃知唐时汴河两岸皆有营田斗门，若运水不乏，即可沃灌。古有之而今不能，何也？当更问知者。"宋人佚名《张氏可书》："徽宗幸迎祥池，见栏槛间丑石，顾问内侍杨戬曰：'何处得之？'戬云：'价钱三百万，是戬买来。'伶人焦德进曰：'犹自似戬也。'上大笑。"

[2] **糖饼：**宋代日僧成寻《参天台五台山记·第一》："（延久四年四月）七日丙辰，雨下，依潮干，不出船。食糖饼，以小麦粉作果子也，其体似饼，大三寸许。同饼厚五分许，中入糖，其味甘美。"

图4-20 《清明上河图》中的馒头

图 4-21 宋代烙饼之图（引自郑州市文物研究所：《登封高村壁画墓清理简报》，《中原文物》2004年第5期）

［3］**宽焦：**一种又薄又脆的油炸食物，犹今之薄脆。明人胡侍《真珠船·侧厚》："宽焦，即《武林旧事》所谓宽焦薄脆者，今京师但名薄脆。"

［4］**髓饼：**用牛羊的骨髓炼作的脂膏作馅的饼。北魏贾思勰《齐民要术》卷7《饼法》："髓饼法：以髓脂、蜜合和面，厚四五分，广六七寸，便着胡饼炉中令熟，勿令反复，饼肥美，可经久。"明人宋诩《竹屿山房杂部》卷2《骨髓饼》："用白糯米粉五升，牛骨髓半斤，白砂糖半斤，酥四两，沸汤溲为饼，铁锅中熯熟。"

［5］**武成王庙：**西周开国谋臣姜尚，至唐肃宗时，封为武成王。《古今合璧类备要后集》卷15《命去白起》："建隆二年，先是上临幸武成王庙，观所画白起曰：'起杀已降不武'，乃命去之。"

［6］**炉：**烙饼之炉。宋人庄绰《鸡肋篇》卷上："京师凡卖熟食者，必为诡异标表语言，然后所售益广。尝有货环饼者，不言何物，但长叹曰：'亏便亏我也！'谓价廉不称耳。"（图4-21）

鱼行

卖生鱼则用浅抱桶[1]，以柳叶间串，清水中浸，或循街出卖，每日早惟新郑门、西水门、万胜门，如此生鱼有数千檐入门[2]。冬月即黄河诸远处客鱼来，谓之『车鱼』，每斤不上一百文。

[1] **浅抱桶：** 宋人周密《癸辛杂识别集上·鱼苗》："江州等处水滨产鱼苗，地主至于夏，皆取之出售，以此为利。贩子辏集，多至建昌，次至福建、衢、婺。其法作竹器似桶，以竹丝为之，内糊以漆纸，贮鱼种于中，细若针芒，戢戢莫知其数。着水不多，但陆路而行，每遇陂塘，必汲新水，日换数度。别有小篮，制度如前，加其上以盛养鱼之具。又有口圆底尖如罩篱之状，覆之以布，纳器中，去其水之盈者。以小椀又择其稍大而黑鳞者，则去之。不去则伤其众，故去之。终日奔驰，夜亦不得息，或欲少憩，则专以一人时加动摇。盖水不定则鱼洋洋然，无异江湖；反是则水定鱼死，亦可谓勤矣。至家，用大布兜于广水中，以竹挂其四角，布之四边出水面尺余，尽纵苗鱼于布兜中。其鱼苗时见风波微动，则为阵顺水旋转而游戏焉。养之一月半月，不觉渐大而货之。或曰：'初养之际，以油炒糠饲之，后并不育子。'"

[2] **如此生鱼有数千檐入门：** 檐，同"担"。宋人刘攽《观鱼诗》："清濠环城四十里，蒹葭苍苍天接水。使君褰帷乘大舸，观鱼今从北关起。开门渔师百舟入，大罟密罾云务集。小鱼一举以千数，赤鲤强梁犹百十。"可见宋东京外城濠为一处大型养鱼场，从新郑门、西水门、万胜门所来之鱼即来自这里。宋人范镇《东斋纪事》卷5："京师大水时，城西民家油坊为水所坏。水定后，瓮中得鱼千余斤，与油价相当。"清人徐松《宋会要·刑法二》："（大中祥符）八年八月二十四日，禁护龙河鱼者。初皇城司言，民有私捕河鱼，故命开封府谕禁之。"

民俗

凡百所卖饮食之人，装鲜净盘合器皿，车檐[1]动使[2]，奇巧可爱，食味和羹，不敢草略。其卖药[3]卖卦[4]，皆具冠带。至于乞丐[5]者，亦有规格。稍似懈怠，众所不容。其士农工商，诸行百户，衣装各有本色[6]，不敢越外。谓如香铺裹香人，即顶帽披背；质库[7]掌事，即着皂衫[8]、角带[9]不顶帽之类。街市行人，便认得是何色目。加之人情高谊，若见外方之人为都人凌欺，众必救护之。或见军铺收领到斗争公事，横身劝救，有陪酒食檐，官方救之者，亦无惮也。或有从外新来，邻左居住，则相借措动使，献遗汤茶，指引买卖之类。更有提茶瓶[10]之人，每日邻里互相支茶，相问动静。凡百吉凶之家，人皆盈门。其正酒店户，见脚店三两次打酒，便敢借与三五百两银器[11]。以至贫下人家，就店呼酒，亦用银器供送。有连夜饮者，次日取之。诸妓馆只就店呼酒而已，银器供送，亦复如是。其阔略大量，天下无之也。以其人烟浩穰，添十数万众不加多，减之不觉少。所谓花阵酒池，香山药海。别有幽坊小巷，燕馆歌楼，举之万数，不欲繁碎。

注解

［1］**车檐：**车载肩挑（图5-1）。檐，通“担”。元人脱脱《宋史》卷97《河渠志七》：“徒手者犹惮往来，而车檐牛马几不敢行，甚者扼之中流，以邀索钱物。”

图 5-1 《清明上河图》中的肩挑

［2］**动使：**日常应用的器具。明人冯梦龙《古今小说·宋四公大闹禁魂张》：“宋四公取出蹊跷作怪的动使，一挂挂在屋檐上。”

［3］**卖药：**宋人李焘《长编》卷29：端拱元年三月甲子，“太平兴国初，侯莫陈利用卖药京城，多变幻之术，眩惑闾里。枢密承旨陈从信得之，亟闻于上，即日召见，试其术颇验，即授殿直，骤加恩遇，累迁至郑州团练使。前后赐与，宠泽莫二，遂恣横，无复畏惮，至于居处服玩，皆僭乘舆宫殿之制”。宋人彭乘《墨客挥犀》卷3：“貉行十数步辄睡，以物击竹警之乃起，既行复睡，性嗜纸，状如兔，毛质滑腻可爱。予元符中于京师卖药翁处见之。”

［4］**卖卦：**宋人周辉《清坡杂志》卷6：“徽宗在潜邸，密使人持诞生年月，俾术人陈彦论之。彦一见，问：‘谁使若来？’再三诘之，乃告以实。彦曰：‘覆大王，彦即今闭铺，六十日内望富贵。’后以随龙，官至节钺，其验如此。都人目曰‘卖卦陈’。时又见郭天信者，亦以术显。靖康之祸，其有以炎正中否之兆告上者乎？时识者皆知必致夷虏乱华，不谓如是之速，如是之酷！”（图5-2）

图 5-2 《清明上河图》中的卖卦场面

［5］**乞丐：**宋人赵抃《赵清献公集》卷2《奏状乞赈救流移之民》：“臣窃闻旬日以来，大段有府界并河北、京东路流移之民入京城乞丐，或假

途以过。扶老携幼，累累满街。艰困饥殍，深可伤悯。”清人徐松《宋会要·食货》68之128：“熙宁二年闰十一月二十五日，诏：‘京城内外，值此寒雪，应老疾孤幼无依乞丐者，令开封府并拘收分擘于四福田院注泊，于见今额定人数外收养，仍令推判官、四厢使臣，依福田院条贯看验，每日特与依额内人例支给与钱养活，无令失所。至立春后，天气稍暖日，申中书省住支，所有合用钱于左藏府见管福田院钱内支拨。”宋人蔡绦《铁围山丛谈》卷1：“太宗始嗣位，思有以帖服中外。一日，辇下诸肆，有为丐者不得乞，因倚门大骂为无赖者。主人逊谢，久不得解。即有数十百众，方拥门聚观，中忽一人跃出，以刀刺丐者死，且遗其刀而去。”宋人李焘《长编》卷199：仁宗嘉祐八年（1063年）十二月，“庚寅诏：‘京师老疾孤穷丐者，虽有东西福田院，给钱米者才二十四人。可别置南北福田院，并东西各盖屋五十间，所养以三百人为额。岁出内藏五千贯给之。’”清人徐松《宋会要·食货》68之132：大观元年（1107年）闰十月，“诏：‘在京遇冬寒，有乞丐人无衣赤露，往往倒于街衢，其居养院止居鳏寡孤独不能自存之人，应遇冬寒雨雪，有无衣服赤露人，并收入居养院，并依居养院法。’”宋人李焘《长编》卷270：熙宁八年（1075年）十一月辛巳，“开封府请京城内外老病孤幼乞丐者，遇大寒，委本府选差官并职员贵钱于新旧城门、相国寺给散，内有冻俘病患不能赴集者，量支钱救济。从之”。清人徐松《宋会要·食货》68之135：“（政和六年）十月十八日，开封府尹王革言：‘本府令每岁冬月，吏部差小使臣于都城里外救寒冻倒卧、并拘收无衣赤露乞丐之人，送居养院收养，会到吏部所差当短使人即无酬奖，惟已经短使再差或借差及三月以上，减一年半；二月以上，减一年；一月以上减半年磨勘。止是短使专法，本府别无立定酬赏，欲今后应救济无遗阙，除省部依短使酬赏外，管勾四月以上特减二年磨勘，不及四月者，以管勾过月日，比附省部短使依减年酬赏。’从之。”（图5-3）

［6］**衣装各有本色：**宋人王栐《燕翼诒谋录》卷1：“国初，士庶所服革带未有定制，大抵贵者以金，贱者以银，富者尚侈，贫者尚俭。太平兴国七年正月壬寅，诏三品以上銙以玉，四品以金，五品、六品银銙金涂，七品以上并未常参官并内职武官以银。上所特赐，不拘此令。八品、九品以黑银，今世所谓药点乌银是也。流外官、工商、士人、庶人以铁角二色。其金荔枝銙，非三品以上不许服，太宗特新此銙，其品式无传焉。其后球文笏头、御仙又出于太宗，特制以别贵贱。而荔枝反为御仙之次，虽非从官特赐，皆许服。初品京官特赐带者，即服紫矣。鞍辔之别，亦始于太宗时，太平兴国七年正月，诏常参官银装鞍、丝绦，六品以下不得闹装，不得用刺绣金皮饰鞯。未仕者乌漆素鞍。则是一命以上皆可以银装鞍也。近岁惟郡太守犹存银装、丝绦之制，此外无敢用者。若乌漆则庶人通用，而鞍皮之巧，无所不至，其用素鞍者，鲜矣。国初仍唐旧制，有官者服皂袍，无官者白袍，庶人布袍，而紫惟施于朝服，非朝服而用紫者，有禁。然所谓紫者，乃赤紫，今所服紫谓之黑紫，以为妖，其禁尤严。故太平兴国七年诏曰：‘中外官并贡举人或于绯、绿、白袍者，私自以紫于衣服者，禁之。止许白袍或皂袍。’至端拱二年，忽诏士庶皆许服紫，所在不得禁止。而黑紫之禁，则申严于仁宗之时，今虏中之服，乃是国初申严之制，此理所不可晓也。”宋人吴曾《能改斋漫录》卷13：“京城内近日有衣装杂以外裔形制之人，以戴毡笠子、着番束带之类，开封府宜严行禁止。”元人脱脱《宋史》卷153《舆服志》：“士庶

人车服之制。太宗太平兴国七年，诏曰：‘士庶之间，车服之制，至于丧葬，各有等差。近年以来，颇成逾僭。宣令翰林学士承旨李昉详定以闻。’昉奏：‘今后富商大贾乘马，漆素鞍者勿禁。近年品官绿袍及举子白襕下皆服紫色，亦请禁之。其私第便服，许紫皂衣、白袍。旧制，庶人服白，今请流外官及贡举人、庶人通许服皂。工商、庶人家乘檐子，或用四人、八人，请禁断，听乘车；兜子，舁不得过二人。’并从之。端拱二年，诏县镇场务诸色公人并庶人、商贾、伎术、不系官伶人，只许服皂、白衣，铁角带，不得服紫。文武升朝官及诸司副使、禁军指挥使、厢军都虞候之家子弟，不拘此限。幞头巾子，自今高不过二寸五分。妇人假髻并宜禁断，仍不得作高髻及高冠。其销金、泥金、真珠装缀衣服，除命妇许服外，余人并禁。至道元年，复许庶人服紫。"

［7］**质库：**当铺。宋人吴曾《能改斋漫录》卷2《以物质物为解库》："江北人谓以物质钱为解库，江南人谓为质库，然自南朝已如此。"宋人李焘《长编》卷262：熙宁八年（1075年）四月，"京师大姓多止开质库，市易摧兼并之效似可见"官办的当铺，又称"抵当所"。元人脱脱《宋史》卷186《食货志上》："（元丰）四年从都提举贾青请，于新旧城外置四抵当，遣官掌之，罢市易上界等处抵当以便民。"宋人耐得翁《都城纪胜》："（杭州）间有府第富室质库十数处，皆不以贯万收质。"宋人朱彧《萍州可谈》卷2："崇宁初行当十大钱，秤重三小钱。后以币轻物重，令东南改当五钱，轻于东北，私铸盗贩不可禁，乃一切改为当三，轻重适平，然后定。是时内帑藏钱无算，折阅万亿计。京师一旦自凌晨，数骑走出东华门，传呼里巷，当十改为当三，顷刻遍知。故凡富人，无所措手。开封府得旨，民间质库，限五日作当十赎质。细民奔走趋利，质者不堪命，稍或拥遏，有司即以重刑加之。有巨豪善计者，至官限满，自展五日，依旧作当十赎质，大榜其门。朝廷闻而录赏之。"清人徐松《宋会要·兵》3之1："（大中祥符）六年三月，开封府勘宿铺兵士三人，因寒食节，假质库衣装赌博，不胜，遂谋于五鼓时伺行人击之，弃尸河流，取衣装贸易，赎其所质。帝曰：‘太宗时巡铺兵士不令同指挥人一处，须马步军相参分擘。缘军分不同，未相谙委，责令各相觉察。此乃朝廷机事，何故不能遵守?’枢密院可申前诏行之。"（图5–4）

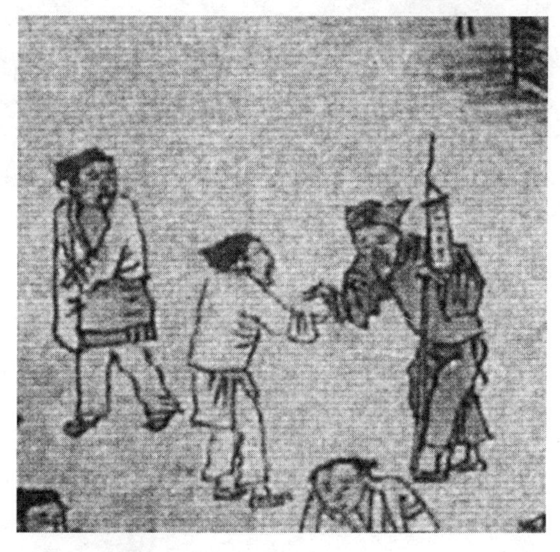

图 5–3 《清明上河图》中的乞丐

［8］**皂衫：**黑色短袖单衣。元人脱脱《宋史》卷153《舆服志五》："进士则幞头、襕衫带，处士则幞头、皂衫带。"

［9］**角带：**以角为饰的腰带，为宋时下级官吏及庶民服饰。宋人王明清《玉照新志》卷2："以大观元年十一月除通直郎，试中书舍人，赐三品服，故事三品服角带佩金鱼为饰。一日，徽宗顾见公谓左右曰：

‘给舍等耳，而服色相绝如此。’诏令大中大夫以上，犀带垂鱼。”

［10］**提茶瓶：**宋人耐得翁《都城纪胜·茶坊》：“提茶瓶，即是趁赴充茶酒人，寻常月旦望，每日与人传话往还，或讲集人情分子。又有一等，是街司人兵，以此为名，乞见钱物，谓之龊茶。”宋人马端临《文献通考》卷20《市籴考一》：“京师如街市提瓶者必投充茶行，负水担粥以至麻鞋头之属，无敢不投行者。”

［11］**银器：**元人陶宗仪《说郛》卷43下：“京师有富家子，少孤，专财，群无赖百方诱导之。而此子甚好看弄影戏，每弄至斩关羽，辄为之泣下，嘱弄者且缓之。一日，弄者曰：‘云关圣，猛将也，今斩之，其鬼或能祟。请既斩而祭之。’此子闻甚喜。弄者乃求酒肉之费，此子出银器数十。至日斩罢，大陈饮食如祭者，群无赖聚享之，乃白此子：‘请遂散此器。’此子不敢逆，于是共分焉。旧闻此事不信，近见事有类是事，聊记之，以发异日之笑。”

图 5-4 《清明上河图》中的“解”字招牌

京瓦伎艺

崇观以来，在京瓦肆伎艺，张廷叟、孟子书主张。小唱[1]李师师[2]、徐婆惜、封宜奴、孙三四等，诚其角者。嘌唱[3]弟子[4]张七七、王京奴、左小四、安娘、毛团等。教坊减罢并温习。张翠盖、张成、弟子薛子大、薛子小、俏枝儿、杨总惜、周寿奴、称心等。般杂剧[5]，枝头傀儡[6]任小三，每日五更头回小杂剧，差晚看不及矣。悬丝傀儡[7]张金线、李外宁。药发傀儡[8]张臻妙、温奴哥、真个强、没勃脐、小掉刀，筋骨上索杂手伎[9]、浑身眼。李宗正、张哥，球杖[10]、锡弄[11]。孙宽、孙十五、曾无党、高恕、李孝详，讲史。李慥、杨中立、张十一、徐明、赵世亨、贾九，小说[12]。王颜喜、盖中宝、刘名广，散乐[13]。张真奴，舞旋[14]。杨望京，小儿相扑[15]。杂剧、掉刀、蛮牌董十五、赵七、曹保义、朱婆儿、没困驼、风僧哥、俎六姐。影戏[16]丁仪、瘦吉等弄乔影戏。刘百禽，弄虫蚁[17]。孔三传、耍秀才诸宫调[18]。毛详、霍伯丑商谜[19]。吴八儿合生[20]。张山人说诨话[21]。刘乔、河北子、帛遂、胡牛儿、达眼五重明、乔骆驼儿、李敦等杂班[22]外入。孙三神鬼。霍四究说《三分》[23]，尹常卖《五代史》，文八娘叫果子[24]。其余不可胜数。不以风雨寒暑，诸棚看人，日日如是。教坊、钧容直，每遇旬休按乐[25]，亦许人观看。每遇内宴前一月，教坊内勾集弟子小儿，习队舞作乐，杂剧节次。

注解

[1] **小唱：**在酒宴前唱小曲者，或者清唱，或者有一人用乐器伴奏。宋人耐得翁《都城纪胜》："唱叫小唱，谓执板唱慢曲曲破，大率重起轻杀，故曰浅斟低唱，与四十大曲舞旋为一体，今瓦市中绝无。"

[2] **李师师：**北宋东京末年的名妓。宋人张邦基《墨庄漫录》卷8："政和间，汴都平康之盛，而李师师、崔念月二妓名著一时，晁冲之叔用每会饮。多召侑席。其后十许年，再来京师，二人尚在，而声名溢于中国。李生者门第尤峻。叔用追往昔，成二诗以示江子之，其一云：'少年使酒来京华，纵步曾游小小家。看舞《霓裳羽衣曲》，听歌《玉树后庭花》。门侵杨柳垂珠箔，窗对樱桃卷碧纱。坐客半惊随逝水，吾人星散落天涯。'其二云：'春风踏月过章华，青鸟双邀阿母家。系马柳低当户叶，迎人桃出隔墙花。鬓深钗暖云侵脸，臂薄衫寒玉照纱。莫作一生惆怅事，邻州不在海西涯。'靖康中，李生与同辈赵元奴及筑毬吹笛、袁陶武震辈例籍其家，李生流落来浙中，士大夫犹邀之，以听其歌，然憔悴无复向来之态矣。"宋人张端义《贵耳集》卷下："道君幸李师师家，偶周邦彦先在焉。知道君至，遂匿于床下。道君自携新枨一颗，云江南初进来，遂与师师谑语。邦彦悉闻之，檃栝成《少年游》云：'并刀如水，吴盐胜雪，纤手破新枨。'后云：'严城上，已三更，马滑霜浓，不如休去，直是少人行。'李师师因歌此词。道君问：'谁作？'李师师奏云：'周邦彦词。'道君大怒，坐朝宣谕蔡京云：'开封府有监税周邦彦者，闻课额不登，如何京尹不按发来？'蔡京罔知所以，奏云：'容臣退朝，呼京尹叩问，续得复奏。'京尹至，蔡以御前圣旨谕之。京尹云：'惟周邦彦课额增羡。'蔡云：'上意如此，只得迁就。'将上得旨：'周邦彦职事废弛，可日下押出国门。'隔一二日，道君复幸李师师家，不见李师师，问其家，知送周监税。道君方以邦彦出国门为喜，既至不遇。坐久，至更初，李始归，愁眉泪睫，憔悴可掬。道君大怒云：'尔去那里去？'李奏：'臣妾万死，知周邦彦得罪，押出国门，略致一杯相别，不知官家来。'道君问：'曾有词否？'李奏云：'有《兰陵王词》，今《柳阴直》者是也。'道君云：'唱一遍看。'李奏云：'容臣妾奉一杯，歌此词为官家寿。'曲终，道君大喜，复召为大晟乐正。后官至大晟乐乐府待制。邦彦以词行当时，皆称美，成词，殊不知美成文笔，大有可观。作《汴都赋》如笺奏杂着，皆是杰作。可惜以词掩其他文也。当时李师师家有二邦彦，一周美成，一李士美，皆为道君狎客。士美因而为宰相。吁君臣遇合于倡优下贱之家，国之安危治乱，可想而知矣。"明人顾起元《说略》卷9："李师师东京角妓，住金线巷，色艺冠绝。徽宗自政和后，多微行，乘小轿子，往来师师家。"

[3] **嘌唱：**歌曲中宛转引长其声。宋人程大昌《演繁露》卷9："凡今世歌曲，比古郑卫，

又为淫靡。近又即旧声而加泛滟者，名曰嘌唱。”宋人吴自牧《梦粱录》卷20《妓乐》：“盖嘌唱为引子四句就入者，谓之下影带。无影带者，名为散呼，若不上鼓面，止敲盏儿，谓之打拍。”

［4］**弟子：**古时称戏剧、歌舞艺人，也用以侍宴。宋人程大昌《演繁露》卷6：“开元二年，玄宗……选乐工数百人，自教法曲于梨园，谓之皇帝梨园弟子。至今谓优女为弟子，命伶魁为乐营将者，此其始也。”宋人朱彧《萍州可谈》卷3：“近世择姿容，习歌舞，迎送使客侍宴女子，谓之弟子，其魁谓之行首。”

［5］**般杂剧：**宋人耐得翁《都城纪胜》：“杂剧中末泥为长。每四人或五人为一场，先做寻常熟事一段，名曰艳段；次做正杂剧，通名为两段。末泥色主张，引戏色分付，副净色发乔，副末色打诨，又或添一人装孤，其吹曲破断送者谓之把色。大抵全以故事世务为滑稽，本是鉴戒，或隐为谏诤也。故从便跣露，谓之无过虫。”（图5-5）

［6］**枝头傀儡：**是用一小直棍，一头安装木做傀儡头部，脸部则按人物角色不同进行彩绘；另有两个小曲棍作为左右臂，支撑傀儡上衣；由表演者双手配合把持木棍动作，使傀儡活动起来。

［7］**悬丝傀儡：**即在细小木棍上系丝线数根，再将丝线系于傀儡的头部和四肢或系于其坐骑、手中所持器物，人在幕后挑动木棍带动丝线，使傀儡动作（图5-6）。宋人葛立方《韵语阳秋》卷17：“傀儡之戏旧矣，自周穆王与盛姬观偃师造倡于昆仑之道，其艺已能夺造化通神明矣。晏元献公尝为《傀儡赋》云：‘外眩刻琱，内牵缠索，朱紫坌并，银黄煜爚生杀自口，荣枯在握’者，可谓曲尽其态。李义山作《宫妓》一绝，云：‘朱箔轻明拂玉墀，披香新殿斗腰支。不须更看鱼龙戏，终恐君王怒偃师。’是以观倡不如观舞也。然唐明皇好舞《霓裳》，以至于乱，杜牧所谓‘霓裳一曲千峰上，舞破中原始下来’是也。汉高祖白登之围，以刻木为美人而围解，《乐录》谓即今之傀儡。则是舞或乱唐，而刻木或可以兴汉，与义山之诗异矣。”

图 5-5　宋人《杂剧人物图》中穿背子的杂剧女演员

图 5-6　南宋《骷髅幻戏图》中的悬丝傀儡

[8] **药发傀儡：**宋人金盈之《新编醉翁谈录》卷4《京城风俗记·四月》："迎拥一佛子，外饰以金，一手指天，一手指地，其中不知何物为之。唯高二尺许，置于金盘中。众僧举扬佛事，其声振地，士女瞻敬以祈恩福。或见佛子于金盘中周行七步，观者愕然。今之药傀儡者，盖得其遗意。"

[9] **杂手伎：**宋人魏泰《东轩笔录》卷2："一日，宴宫僚于斋厅，有杂手伎俗谓弄碗注者，献艺于庭，丁顾语夏曰：'古无咏碗注诗，舍人可作一篇。'夏即席赋诗曰：'舞拂挑珠复吐丸，遮藏巧便百千般。主公端坐无由见，却被傍人冷眼看。'丁览读变色。"宋人吴自牧《梦粱录》卷20《百戏伎艺》："且杂手艺，即使艺也，如踢瓶、弄碗、踢磬、踢钟、踢缸、弄花线、花鼓槌、踢笔墨、壁上睡、虚空挂香炉、弄花球儿、拶筑球、弄斗、打硬、教虫蚁、弄熊、藏人、烧火、藏剑、吃针、射弩端、亲背、攒壶瓶等，锦包儿、撮米酒、撮放生等艺。淳祐以后，艺术高者有包喜、陆寿、施半仙、金宝、金时好、宋德、徐彦、沈兴、赵安、陆胜、包寿、范春、吴顺、金胜等。此艺施呈，委是奇特；藏去之术，则手法疾而已。"

[10] **球杖：**古时击球用具（图5-7）。宋人徐兢《宣和奉使高丽图经》卷10《仪物二·球杖》："球杖之制，以木制成，裹以白金，中有小好贯采绶而垂之。大礼，则以散员校尉十人执之，

图 5-7　河北巨鹿出土宋代绢画《击鞠图》中的"球杖"

立于会庆殿阶下。”宋人高承《事物纪原》卷3《球杖》：“《宋朝会要》曰：‘球杖，非古盖，唐世尚之，以资玩乐。’”

［11］**锡弄：**称在百戏中扮演角色或表演节目。宋人吴自牧《梦粱录》卷20《百戏伎艺》：“百戏踢弄家，每于明堂郊祀年分，丽正门宣赦时，用此等人，立金鸡竿，承应上竿抢金鸡。兼之百戏，能打筋斗、踢拳、踏跷、上索、打交辊、脱索、索上担水、索上走装神鬼、舞判官、斫刀蛮牌、过刀门、过圈子等。”

［12］**小说：**明人郎瑛《七修类稿》卷22《小说》：“小说，起宋仁宗。盖时太平盛久，国家闲暇，日欲进一奇怪之事以娱之，故小说得胜。头回之后，即云：‘话说赵宋某年，间阎淘真之本之起。’亦曰：‘太祖太宗真宗帝，四帝仁宗有道君。’”

［13］**散乐：**即古代的百戏（图5-8）。后晋沈昫《旧唐书》卷29《音乐志》：“散乐者，历代有之，非部伍之声，俳优歌舞杂奏。……如是杂变，总名百戏。”宋人赵彦卫《云麓漫钞》卷12：“今人呼路岐乐人为散乐。按《周礼》：‘掌教散乐。’释云：‘散乐，野人为乐之善者。’以其不在官之员内，谓之散乐。”

［14］**舞旋：**一种回旋的舞蹈。宋人周辉《清波杂志》卷6：“翌日，上问辅臣：‘记得有艺。’

图 5-8　河北省曲阳县灵山镇五代王处直墓中的彩绘散乐图

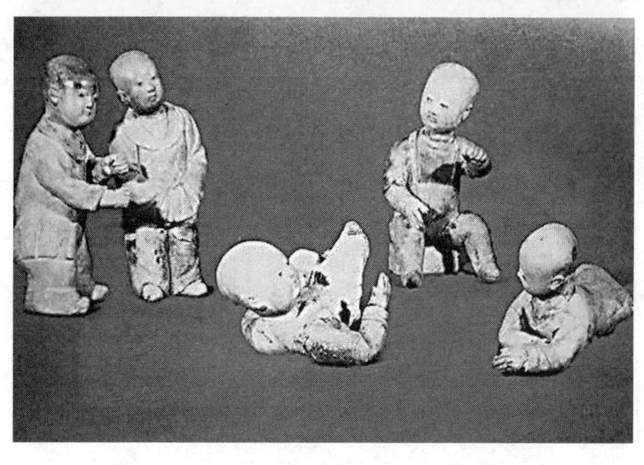

图 5-9　江苏镇江大市口出土的宋代小儿相扑泥娃娃

盖记其工篆学也。章申国对云：‘会舞旋。’上遽云：‘如此岂可使一路！’遂罢。”

[15] **小儿相扑：**明人惠康野叟《识余》卷3：“今小儿俯身，两手据地，以头相触，作牛斗状者，即古角抵之戏。”1980年江苏镇江市大市口出土五个反映宋代小儿相扑状的捏像泥娃娃，经过烧制，淡彩绘，两个小儿相扑而倒，笑容可掬，中间坐着的小儿，一本正经地充当裁判，另两个站着的小儿，目不转睛地看着相扑（图5–9）。

[16] **影戏：**即皮影戏。宋人高承《事物纪原》卷9《影戏》：“故老相承言，影戏之原，出于汉武帝李夫人之亡，齐人少翁言能致其魂，上念夫人无已，乃使致之。少翁夜为方帷，张灯烛，帝坐它帐，自帷中望见之，仿佛夫人像也，盖不得就视之。由是世间有影戏。历代无所见。宋朝仁宗时，市人有能谈三国事者，或采其说加缘饰作影人，始为魏吴蜀三分战争之像。”宋人耐得翁《都城纪事》：“凡影戏，乃京师人初以素纸雕镞，后用彩色装皮为之，其话本与讲史书者颇同。大抵真假相半，公忠者雕以正貌，奸邪者与之丑貌，盖亦寓褒贬于世俗之眼戏也。”

[17] **弄虫蚁：**调教小鸟。宋人岳珂《桯史》卷9《万岁山瑞禽》：“艮岳初建，诸巨珰争出新意，土木既宏丽矣，独念四方所贡珍禽之在圃者不能尽驯。有市人薛翁，素以豢扰为优场戏，请于童贯，愿役其间，许之。乃日集舆卫，鸣跸张黄屋以游，至则以巨柈贮肉炙粱米。翁仿禽鸣以致其类，乃饱饫翔泳，听其去来。月余而囿者四集，不假鸣而致，益狎玩立鞭扇间，不复畏，遂自命局曰来仪所。一日徽祖幸是山，闻清道声，望而群翔者数万。翁先以牙牌奏道左曰：‘万岁山瑞禽迎驾。’上顾罔测所以，大喜，命以官，赉予加厚。靖康围城之际，有诏许捕，驯御者皆不去，民徒手得之，以充飧云。”

[18] **诸宫调：**中国宋、金、元时期的一种大型说唱艺术。有说有唱，以唱为主。歌唱部分是用多种宫调的若干不同曲调组成，故称为诸宫调，亦称诸般宫调。这一曲种形成于北宋神宗年间。宋人王灼《碧鸡漫志》卷2：“熙丰年间……泽州孔三传者，首创诸宫调古传，士大夫皆能诵之。”宋人耐得翁《都城纪胜》：“诸宫调，本京师孔三传编撰传奇、灵怪，入曲说唱。”

[19] **商谜：**以猜谜语形式为特征的滑稽风趣的说唱艺术。庄绰《鸡肋编》卷下：“苏公尝会孙贲公素，孙畏内殊甚，有官妓善商谜，苏即云：‘蒯通劝韩信反，韩信不肯反。’其人思久之，曰：‘未知中否？然不敢道。’孙迫之使言，乃曰：‘此怕负汉也。’苏大喜，厚赏之。”

[20] **合生：**又称“唱题目”，后来在宋金杂剧中发展为“题目院本”，成为由艺人扮演角色来演唱的形式。宋人张齐贤《洛阳缙绅旧闻记》卷1《少师佯狂》：“有谈歌妇人杨苎罗，善合生杂嘲，辨慧有才思，当时罕与比者。少师以侄女呼之，每令讴唱，言词捷给，声韵清楚，真秦青、韩娥之俦也。少师以侄女呼之，盖念其聪俊也。”宋人欧阳修《新唐书》卷119《武平一传》：“伏见胡乐施于声律，本备四夷之数。比来日益流宕，异曲新声，哀思淫溺，始自王公，稍及闾巷，妖伎胡人，街童士子，或言妃主情貌，或列王公名质，咏歌蹈舞，号曰‘合生’。”

[21] **说诨话：**滑稽逗笑的说唱艺术。宋人王灼《碧鸡漫志》卷2：“长短句作滑稽无赖语，起于至和。嘉祐之前，犹未盛也。熙丰、元祐间，兖州张山人以诙谐独步京师，时出一两解。”

[22] **杂班：**即杂扮。宋人赵彦卫《云麓漫抄》卷10：“近日优人作杂班，似杂而剧而简略。”

［23］**说《三分》**：讲述三国故事。宋人苏轼《东坡志林》卷6《涂巷小儿听说三国语》："王彭尝云：'涂巷中小儿薄劣'其家所厌苦，辄与钱，令聚坐，听说古话。至说三国事，闻刘玄德败，颦蹙有出涕者；闻曹操败，即喜唱快。'"

［24］**叫果子**：模仿各种叫卖声。宋人高承《事物纪原》卷9《吟叫》："嘉祐末，仁宗上仙，自帝即位，至是殆五十年，天下稔于丰乐，不意邦国凶变之事。而英宗谅阴不言，能昭其功。然四海方遏密，故市井初有叫果子之戏。其本盖自至和嘉祐之间叫'紫苏丸'，泊乐工杜人经'十叫子'始也。京师凡卖一物，必有声韵，其吟哦俱不同；故市人采其声调，间以词章，以为戏乐也。今盛行于世，又谓之吟叫也。"（图5-10）

［25］**按乐**：奏乐。唐人韩偓《北齐》诗之一："后主猎回初按乐，胡姬酒醒更新妆。"宋人江休复《醴泉笔录》卷上："持国按乐，见弦断、弦续者，笙竽之类吹不成声。诘之，云：'自有按乐器，国家议黍尺，数年乃定，造乐器费以万计，乃用乐工私器以享宗庙。'"

图 5-10　宋代李嵩《货郎图》中的货卖场面

娶妇

凡娶媳妇[1]，先起草帖子[2]，两家允许，然后起细帖子[3]，序三代名讳，议亲[4]人有服亲田产官职之类。次檐[5]许口酒，以络盛酒瓶，装以大花八朵、罗绢生色或银胜[6]八枚，又以花红缴檐上，谓之『缴檐红』与女家。女家以淡水二瓶，活鱼三五个，筯一双，悉送在元酒瓶内，谓之『回鱼筯』。或下小定、大定，或相媳妇与不相。若相媳妇[7]，即男家亲人或婆往女家，看中即以钗子插冠中，谓之『插钗子』[8]；或不入意，即留一两端彩段，与之压惊，则此亲不谐矣。其媒人[9]有数等，上等戴盖头[10]，着紫背子[11]，说官亲宫院恩泽；中等戴冠子，黄包髻[12]，背子，或只系裙，手把青凉伞儿[13]，皆两人同行。下定了，即旦望媒人传语。遇节序，即以节物、头面、羊酒之类追女家，随家丰俭。女家多回巧作之类。次下财礼[14]，次报成结日子。次过大礼，先一日或是日早，下催妆[15]冠帔[16]、花粉[17]，女家回公裳[18]、花幞头之类。前一日女家先来挂帐，铺设房卧，谓之『铺房』[19]。女家亲人有茶酒、利市之类。至迎娶日，儿家以车子或花檐子[20]发迎客，引至女家门，女家管待迎客，与之彩段，作乐[21]，催妆上车，檐从人未肯起，炒咬利市，谓之『起檐子』，与了然后行。迎客先回至儿家门，从人及儿家人乞觅利市钱物花红等，谓之『拦门』。新妇下车子，有阴阳人[22]执斗，内盛谷豆钱果草节等，咒祝望门而撒，小儿辈争拾之，谓之『撒谷豆』[23]，俗云厌青羊等杀神也。新人下车檐，踏青布条或毡席，不得踏地，一人捧镜倒行，引新人跨鞍[24]蓦草及秤上过，入门，于一室内当中悬帐，谓之『坐虚帐』；或只径入房中，坐于床上，亦谓之『坐富贵』。其送女客，急三盏而退，谓之『走送』。众客就筵三杯之后，婿具公裳，花胜[25]簇面，于中堂升一榻，上置椅子，谓之『高坐』[26]，先媒氏请，次姨氏或妗氏[27]请，各斟一杯饮之；次丈母请，方下坐。新人门额，用彩一段，碎裂其下，横抹挂之，婿入房，即众争扯小片而去，谓之『利市缴门红』。婿于床前请新妇出，二家各出彩段，绾一同心，谓之『牵巾』，男挂于笏，女搭于手，男倒行出，面皆相向，至家庙前参拜毕，女复倒行，扶入房讲拜，男女各争先后，对拜毕，就床，女向左，男向右坐，妇女以金钱彩果散掷，谓之『撒帐』[28]。男左女右，留少头发，二家出匹段、钗子、木梳、头须之类，谓之『合髻』[29]。然后用两盏以彩结连之，互饮一盏，谓之『交杯酒』[30]。饮讫，掷盏并花冠子于床下，盏一仰一合，俗云大吉，则众喜贺。然后掩帐讫，宫院中即亲随人抱女婿去，已下人家即行出房，参谢诸亲，复就坐饮酒。散后，次日五更，用一卓盛镜台[31]镜子于其上，望上展拜，谓之『新妇拜堂』。次拜尊长亲戚，各有彩段巧作鞋袜等为献，谓之『赏贺』。尊长则复换一四回之，谓之『答贺』。婿往参妇家，谓之『拜门』。有力能趣办，次日即往，谓之『复面拜门』，不然，三日、七日皆可，赏贺亦如女家之礼。酒散，女家具鼓吹从物迎婿还家。三日，女家送彩段油蜜蒸饼，谓之『蜜和油蒸饼』[32]。其女家来作会，谓之『煖女』[33]。七日则取女归，盛送彩段头面与之，谓之『洗头』。一月，则大会相庆，谓之『满月』。自此以后，礼数简矣。

注解

［1］**凡娶媳妇：**宋人程颐《河南程氏文集》卷10《成婚》："期日婿氏告迎于庙。维昏《礼》虽云初昏，然当量居之远近。婿受命于所尊，谓醮而受告诫之命。出乘前引妇车，受命而出，乘马前引。妇车，迎妇之车也，今或用担子。执烛前马，使徒役持火炬居前照道，今用烛四或二。宾将至，宾，婿也。女氏之摈俟于大门之外，主人俟于门内，宾降下车也。摈进，揖请事，宾对今以介对。曰：'某称婿父。命某婿名。以兹初昏，将请承命。'摈对曰：'主人固以恭俟。'摈揖入门，主人揖宾及阶，主人揖升，介以宾升。介南面赞宾就位，东面。再拜，赞即席序，内告具。主人肃宾而先，宾从之见于庙。见女氏之先祖。至于中堂，见女之尊者，遍见女之党于东亭。赞者延宾出，就位。赞者以女氏之子侄为之。卒食兴辞，介以宾辞。主人请入戒女，氏奉女辞于庙。至于中堂，母南面于房外，女出于母左，父西面醮女而戒之。母施衿结悦，今谓之整冠饰。戒诸西阶之上。摈者出，婿降立于庭中，北面。妇降自西阶，婿揖前导，立于车前，既升而先俟于门外。先之者，导之也。门外，婿家大门外也。妇至，主人婿也。揖妇以入，及寝门，揖入，婿退就次。及期，赞者引婿入，赞者，婿氏之女相。立东席西面，姆侍奉妇立西席东面。赞揖婿，再拜，男下女也。姆侍扶妇答拜，遂即席。女之从者沃婿盥于南，婿之从者沃妇盥于北。沃盥，以水濯手也，于坐席之南北。婿播笏举妇蒙首，盖头也。复位。赞者进酌，用常酌。三酌用卺，姆助妇举，卒食。相者以婿妇兴，说服女之从者受婿服，婿之从者受妇服。烛出，康成云礼毕。女侍待呼于外。夙兴，妇缅笄衣服以俟见。质明，赞见妇于舅姑，进拜奠贽，还又拜见属之尊者长者于东偏南面东上，属自为别。是为见已，不复特见。若异宫则见诸父，各就其寝。幼者贱者皆见于堂下西面北上。舅姑入于室，妇盥馈，舅姑飨妇于堂之西偏。卒食，妇降自阼阶。飨，《礼》谓嫡妇。翌日，婿拜于妇氏之门。"宋人钱公铺《义田记》："范文正公，苏人也。平生好施与，择其亲而贫、疏而贤者，咸施之。……嫁女者五十千，再嫁者三十千；娶妇者三十千；再娶者十五千。"

［2］**草帖子：**元人刚应李《事文类聚翰墨全书》甲集五《男女家草贴正式》，见邓之诚：《东京梦华录注》，中华书局，1982年，第146页。

［3］**细帖子：**《事文类聚翰墨全书》甲集五《男女家草贴正式》，见邓之诚：《东京梦华录注》，中华书局，1982年，第147页。

［4］**议亲：**宋人袁采《世范》卷上："男女议亲，不可贪其阀阅之高，资产之厚。苟人物不相当，则子女终身抱恨，况又不和而生他事者乎！"宋人周辉《清波杂志》卷7《恩科议姻》"朴樕翁《陶朱集》载：闽人韩南老就恩科，有来议亲者，转以一绝示之曰：'读尽文章一百担，老

来方得一青衫。媒人却问余年纪，四十年前三十三。’朴楸，单父人，尝宦于政、宣间。或云陈君向也。”

［5］**檐：**即“担”的通假字。以下的“缴檐”、“花檐”、“檐从人”、“起檐子”、“车檐”等皆同此。

［6］**银胜：**古时妇女所戴头饰。一种剪银箔为人形的彩花。宋人陆游《残腊》诗之二：“乳糜但喜分香钵，银胜那思映彩鞭。”

［7］**相媳妇：**宋人江休复《江临几杂志》卷下：“京师风俗，将为婚姻者，先相妇，相退者，为女氏所告，依条决此妇人。物议云云，以为太甚。”

［8］**钗子：**由两股簪子交叉组合成的一种首饰，用来绾住头发，材质以金、银、玉、玛瑙等为多（图5-11）。五代马缟《中华古今注》卷中《钗子》：“盖古笄之遗象也。至秦穆公以象牙为之。敬王以玳瑁为之。始皇又金银作凤头，以玳瑁为脚，号曰凤钗。又至东晋，有童谣言：‘织女死时，人插白骨钗子，白妆，为织女作孝。’至隋炀帝，宫人插钿头钗子，常以端午日，赐百僚玳瑁钗冠。《后汉书》：‘贵人助簪玳瑁钗’。”

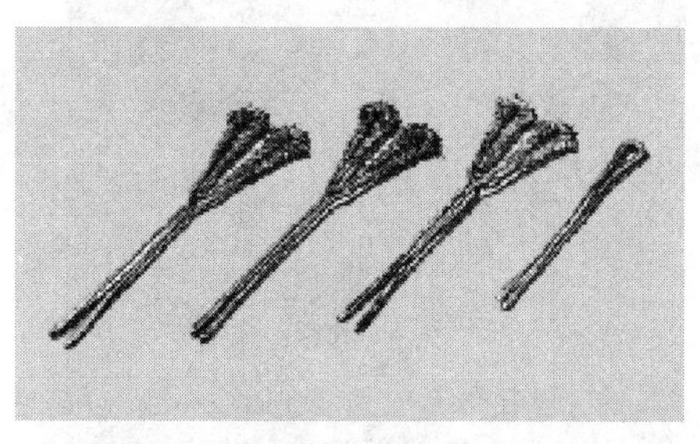

图 5-11　江西德安南宋周氏墓出土的金钗（引自周迪人等：《德安南宋周氏墓》，江西人民出版社，1999年）

［9］**媒人：**宋人袁采《世范》卷上《媒人之言不可轻信》：“古人谓‘周人恶媒’，以其言语反复。给女家则曰男富，给男家则曰女美，近世尤甚。给女家则曰：男家不求备礼，且助出嫁遣之资；给男家则厚许其所迁之贿，且虚指数目。若轻信其言而成婚，则责恨见欺，夫妻反目，至于仳离克者有之。大抵嫁娶固不可无媒，而媒者之言不可尽信。如此，宜谨察于始。”

［10］**盖头：**形式与风帽相似，宋人李嵩《货郎图》和《市担婴戏图》中绘有其式（图5-12）。从画面上看，这种盖头的制作方法比较简单，用一块帛巾，将覆盖头部的部分缝制成一个风兜，戴时套在头颅上，露出脸面，多余部分则披搭在背后。宋人周辉《清波别志》卷中：“士大夫于马上披凉衫，妇女步通衢，以方幅紫罗障蔽半身，俗谓之盖头。”宋人高承《事物纪原》卷3：“盖头，唐初宫人着幕罗，虽发自戎夷，而全身障蔽。王公之家亦用之。永徽之后，用帏帽。后又戴皂罗，方五尺，亦谓之幞头，

图 5-12　宋画《市担婴戏图》中的“盖头”

图 5-13　中国丝绸博物馆珍藏的南宋“背子”

图 5-14　深圳博物馆展出的宋代“包髻”

今曰盖头。”

［11］**背子：**又作“褙子”。唐时多指短袖上衣。宋代背子有数种：一种指贵族男子着在祭服、朝服内的衬里之衣，其制如古代中单，盘领、长袖，两腋开衩，下长至足；一种指武士、仪卫的圆领制服，对襟、短袖，下长至膝；还有一种妇女常用之服，对襟、直领，两腋开衩，下长过膝（图5-13）。宋人李荐《济南先生师友谈记》：“御宴惟五人，上居中，宝慈在东，长乐在西，皆南向。太妃暨中宫皆西向，宝慈暨长乐皆白角团冠，前后惟白玉龙簪而已；衣黄背子，衣无华彩。太妃暨中宫皆缕金云月冠，前后亦白玉龙簪，而饰以北珠，珠甚大，衣红背子，皆用珠为饰。”元人脱脱《宋史·舆服志》：“淳熙中，朱熹又定祭祀、冠婚之服，特颁行之。凡士大夫之家祭祀、冠婚，则具盛服。……妇人则假髻、大衣、长裙。女子在室者冠子、背子。众妾则假髻、背子。”

［12］**包髻：**发式造型已经定型以后，再将绢、帛一类的布巾加以包裹（图5-14）。

［13］**青凉伞儿：**宋人周辉《清波杂志》卷二《凉伞》：“京城士庶，旧通用青凉伞。大中祥符五年，唯许亲王用之，余并禁止。六年，始许中书、枢密院依旧用伞出入。近时臣寮建议士庶用皂伞者，不闻施行。政和间，亦诏非品官之家，不许乘暖轿。武臣任主兵差遣，缘边安抚官走马承受，并不得乘轿，亦绍圣之制。”宋人江休复《江临杂志》卷下：“刘子仪侍郎三入翰林，意望入两府，颇不怿，诗云：‘蟠桃三窃成何味，上尽鳌头迹转孤。’称疾不出朝。问候者继至询之，云：‘虚热上攻。’石八中立在坐中云：‘只消一服清凉散。’意谓两府始得用青凉伞缴也。”宋人叶梦得《石林燕语》卷7：“京城士人旧通用青凉伞。祥符五年，始诏惟亲王得用之，余悉禁。六年，中书、枢密院亦许用，然每车驾行幸，扈从皆撤去。既张伞而席帽仍旧，故谓之‘重戴’。余从官遇出京城门，如上池赐宴之类，门外皆张伞，然须却帽。寇莱

公、王武恭公皆宋偓婿，其夫人明德皇后亲妹也。当国主兵，皆不以为嫌。”

［14］**下财礼：**宋人司马光《书仪三·婚仪上》：“今世俗之贪鄙者，将娶妇，先问资装之厚薄；将嫁女，先问聘财之多少。至于立契约云：某物若干，某物若干，以求售其女者。亦有既嫁而复欺绐负约者，是乃狙驵卖婢鬻奴之法，岂得谓之士大夫婚姻哉？其舅姑既被欺绐，则残虐其妇以摅其忿。由是爱其女者，务厚其资装，以悦其舅姑者。殊不知彼贪鄙之人不可盈厌，资装既竭，则安用汝女哉？于是质其女以责货于女氏，货有尽而责无穷，故婚姻之家往往终为仇雠矣。是以世俗生男则喜，生女则戚，至有不举其女者，用此故也。然则，议婚姻有及于财者，皆勿与为婚姻可也。”

图 5-15　戴南薰殿旧藏《历代帝后像》明朝皇后的凤冠、霞帔

［15］**催妆：**女方出嫁须得男方多次催促，才梳妆启行。唐人徐璧《催妆》诗：“传闻烛下调红粉，明镜台前别作春。不须满面浑装却，留着双眉待画人。”

［16］**冠帔：**古代妇女之服饰（图 5 -15）。冠，帽子。帔，披肩。唐人韩愈《华山女》诗：“洗妆拭面着冠帔，白咽红颊长眉青。”宋人王巩《闻见近录》：“一日，儿女婚嫁，遣中使问其姓氏，悉赐冠帔。”

图 5-16　宋代银粉盒（引自周迪人等：《德安南宋周氏墓》，江西人民出版社，1999年）

［17］**花粉：**宋人苏轼《花粉歌》：“一斤松花不可少，八两蒲黄切莫炒，槐花杏花各五钱，两斤白蜜一起捣，吃也好，浴也好，红白容颜直到老。”（图5-16）

［18］**公裳：**公服。宋人胡仔《苕溪渔隐丛话后集·本朝杂记下》：“《吕氏童蒙训》：‘仲车一日因具公裳见贵官，因思曰：见贵官尚具公裳，岂有朝夕见母而不具公裳者乎？遂晨夕具公裳揖母。’”

［19］**铺房：**宋人司马光《书仪三·婚仪上》：“亲迎前期一日，女氏使人张陈其婿之室，俗谓之‘铺房’，古虽无之，然今世俗所用，不可废也。床榻、荐席、椅桌之类，婿家当具之；毡褥、帐幔、衾绹之类，女家当具之。所张陈者，但毡褥、帐幔、帐幕之类应用之物，其衣服袜履等不用者，皆锁之箧笥，世俗尽陈之，欲矜夸富多，此乃婢妾小人之态，不足为也。”宋人吴自牧《梦粱录》卷20《嫁娶》：“前一日，女家先往男家铺房，挂帐幔，铺设房奁器具等物，又以亲信妇人与从嫁女使看守房中，至迎亲日。”

［20］**花檐子：**花轿。宋人司马光《书仪三·婚仪上》：“今妇人幸有毡车可乘，而世俗重檐子，轻毡车。借使亲迎时，暂乘毡车，庸何伤哉！然人亦有性不能乘车，乘之即呕吐者，如此则

自乘檐子。其御三周之礼，更无所施，姆亦无所用矣。”

[21] **作乐：**宋人周辉《清波杂志》卷1《元祐大婚》：“元祐大婚，吕正献公当国，执议不用乐。宣仁云：‘寻常人家，娶个新妇，尚点几个乐人，如何官家却不得用？’钦圣云：‘更休与他懑宰执理会，但自安排着！’遂令教坊、钧容伏宣德门里。皇后乘翟车甫入，两部阑门，众乐具举。久之，伶官辇出赏物，语人曰：‘不可似得这个科第相公，却不教用。’《实录》具书纳后典礼，但言婚礼不贺，不及用乐一节。王彦霖《系年录》载六礼特详，亦不书此。”

[22] **阴阳人：**以占卜、看相、测风水等事项为职业的术士。

[23] **撒谷豆：**宋人高承《事物纪原》卷9：“汉世京房之女适翼奉子。奉择日迎之，房以其日不吉，以三煞在门故也。三煞者，谓青羊、乌鸡、青牛之神也。凡是三者在门，新人不得入，犯之损尊长及无子。奉以谓不然，妇将至门，但以谷豆与草禳之，则三煞自避，新人可入也。自是以来，凡嫁娶者，皆置草于门阃内，下车则撒谷豆，既至，蹙草于侧而入，今以为故事也。”

[24] **跨鞍：**宋人高承《事物纪原》卷九：“引苏氏演义曰：唐历云：国初以婚姻之礼，皆胡虏之法也，谓坐女于马鞍之侧，此胡人尚乘鞍马之义也。《酉阳杂记》曰：今士大夫家婚礼，新妇乘马鞍，悉北朝之余风也。今娶妇家新人入门跨马鞍，此盖其始也。”

[25] **花胜：**古代妇女的一种首饰，以剪彩为之，通常制成花草的形状插于髻上或缀于额前。《释名·释首饰》：“华胜，华，象草木之华也；胜，言人形容正等，一人着之则胜，蔽发前为饰也。”宋人司马光《书仪三·婚仪上》：“世俗新婿盛戴花胜，拥蔽其首，殊失丈夫之容体。必不得已，且随俗戴花一两枝，胜一两枚可也。”

[26] **高坐：**宋人欧阳修《归田录》卷2：“今之士族，当婚之夕，以两椅相背，置一马鞍，反令婿坐其上，饮以三爵，女家遣人三请而后下，乃成婚礼，谓之‘上高坐’。凡婚家举族内外姻亲，与其男女宾客，堂上堂下，竦立而视者，惟‘婿上高坐’为盛礼尔。”宋人周辉《清波杂志》卷八《高山仰止》：“顷岁，儿女合卺之夕，婿登高座，赋诗催妆为常礼，后皆略去。京师贵游纳婿，类设次通衢，先观人物。岳母忽笑曰：‘我女如菩萨，却嫁个麻胡子！’谓其多髯也。追索诗，乃大书曰：‘一双两好古来无，好女从来无好夫。却扇卷帘明点烛，待交菩萨看麻胡！’一座传观哄堂，盖婿亦不凡也。尝得其姓名，今失记。”

[27] **妗（jìn）氏：**舅母，现代开封方言还用“妗子”这一称呼。

[28] **撒帐：**《戊辰杂抄》说：“撒帐始于汉武帝。李夫人初至，帝迎入帐中共坐，饮合卺酒。预告官人，遥撒五色同心花果，帝与夫人以衣裾盛之，云得果多，得子多也。”

[29] **合髻：**即新婚夫妇在饮交杯酒前各剪下一绺头发，绾在一起表示同心。宋人欧阳修《归田录》卷2：“刘岳《书仪》，婚礼有‘女坐婿之马鞍，父母为之合髻’之礼。”

[30] **交杯酒：**是以竹或木或蛤壳的“珓杯”，饮酒与占卜共享。宋人程大昌《演繁露》卷3《卜教》：“卜教：后世问卜于神，有器名杯珓者，以两蚌壳投空掷地，观其俯仰，以卜休咎。自有此制后，后人不专用蛤壳矣。或以竹，或以木。略斫削使如蛤形，而中分为二。有仰有俯，故亦名杯珓。杯者，言蛤壳中空，可以受盛，其状如杯也。珓者，本合为教，言神所告教，现于此

之俯仰也。”宋人袁文《瓮牖闲评》卷7：“今人皆言珓杯，古人谓之杯珓。”宋人王得臣《麈史》卷下《风俗传》：“四方不同风，甚者，京师尤可笑。古者婚礼合卺，也以双杯彩丝连足，夫妇传饮，谓之交杯。媒氏祝之，掷杯于地，验其俯仰以为男女多寡之卜，媒即怀之而去。”

图 5–17　南白沙宋墓壁画中的镜台

[31] **镜台：**放置铜镜的台子（图5–17）。宋人高承《事物纪原》卷8《镜台》：“魏武《杂物疏》曰：镜台出魏宫中，有纯银参带镜台一，纯银七，贵人公主镜台也。”宋人陆游《老学庵笔记》卷4：“徐敦立言：往时士大夫家，妇女坐椅子兀子，则人皆讥笑其无法度。梳洗床、火炉床家家有之，今犹有高镜台，盖施床则与人面适平也。或云禁中尚用之，特外间不复用尔。”宋人李昉等《太平广记》卷226《马待封》：“待封又为皇后造妆具，中立镜台，台下两层，皆有门户。后将栉沐，启镜奁后，台下开门，有木妇人手执中栉至。后取已，木人即还。至于面脂妆粉，眉黛髻花，应所用物，皆木人执。继至，取毕即还，门户复闭。如是供给皆木人。后既妆罢，诸门皆合，乃持去。其妆台金银彩画，木妇人衣服装饰，穷极精妙焉。”

[32] **蜜和油蒸饼：**宋人施彦执《北窗炙輠》卷上：“姚进道在学士日，每夜必市两蒸饼。未尝食，明日辄以饲斋仆，同舍皆怪之。子韶问曰：‘公所市蒸饼不食，徒以饲仆，何耶？’进道曰：‘固也。某来时老母戒某云：学中夜间饥则无所得食，宜以蒸饼为备。某虽未尝饥，然不敢违老母之戒也。’市之如初，进道名□，华亭人。”

[33] **煖女：**宋人赵德麟《侯鲭录》卷3：“世之嫁女，三日送食，俗谓之暖女。”宋人邵博《闻见后录》卷27：“大儒宋景文公学该九流，于音训尤邃，故所著书用奇字，人多不识。尝纳子妇三日，子以妇家馈食物书白，一过目即曰：‘书错一字。姑报之！’至白报书，即怒曰：‘吾薄他人错字，汝亦尔邪！’子皇骇，却立缓扣其错，以笔涂‘暖’字，盖妇家书‘以食物暖女’云，报亦如之，子益骇，又缓扣当用何暖字？久之，怒声曰：‘从食从而从大。’子退检字书《博雅》，中出‘餪’字，注云：‘女嫁三日，饷食为餪女。’始知俗闻餪女云者，自有本字。”

育子

凡孕妇入月，于初一日，父母家以银盆，或鋑或彩画盆，盛粟秆一束，上以锦绣或生色帕复盖之，上插花朵及通草帖罗五男二女花样，用盘合装送馒头，谓之『分痛』，并作眠羊、卧鹿、羊生[1]、果实，取其『眠卧』之义。并牙儿衣物绷籍等，谓之『催生』。就蓐分娩讫，人争送粟米炭醋之类。三日落脐灸囟[2]。七日谓之『一腊』。至满月则生色及绷绣线，贵富家金银犀玉[3]为之，并果子，大展洗儿会[4]。亲宾盛集，煎香汤于盆中，下果子、彩钱、葱蒜等，用数丈彩绕之，名曰『围盆』。以钗子搅水，谓之『搅盆』。观者各撒钱于水中，谓之『添盆』。盆中枣子直立者，妇人争取食之，以为生男之征。浴儿毕，落胎发，遍谢坐客，抱牙儿入他人房，谓之『移窠』。生子百日，置会，谓之『百晬』[5]。至来岁生日，谓之『周晬』[6]，罗列盘盏于地，盛果木、饮食、官诰、笔研、算秤等，经卷、针线，应用之物，观其所先拈者，以为征兆，谓之『试晬』。此小儿之盛礼也。

注解

[1] **羊生：**应为象生，即将馒头做成眠羊、卧鹿样的象生花果。宋人杨万里《三月三日上忠襄坟因之行散得十绝句》之七：“……粉捏孙儿活逼真，象生果子更时新。输赢一掷浑闲事，空手入城羞杀人。长千桥外即乌衣，今著屠沽卖菜儿。晋殿吴宫犹碧草，王亭谢馆尽黄鹂。……”

[2] **灸囟（xìn）：**用灸法给小儿的囟门处理一下。囟，即囟门，指婴儿头顶骨未合缝的地方。

[3] **犀玉：**宋人蔡绦《铁围山丛谈》卷4：“祖宗故事，诞育皇子、公主，每侈其庆，则有浴儿包子并赉巨臣戚里。包子者，皆金银大小钱、金粟、涂金果、犀玉钱、犀玉方胜之属。如诞皇子，则赐包子罢，又逐后命中使人赍密赐来，约颁诸宰相，余臣不可得也。密赐者必金合，多至二三百两，中贮犀玉带或珍珠瑰宝。及太上朝，皇子既洗，时何执中为相，因力丐罢去密赐故事，上可之。”

[4] **洗儿会：**婴儿满月时亲朋会集庆贺，给婴儿洗身，称“洗儿会”。元人白朴《梧桐雨》楔子：“是贵妃娘娘与安禄山做洗儿会哩。”宋人苏轼《洗儿》：“人皆养子望聪明，我被聪明误一生。但愿孩儿愚且鲁，无忧无虑到公卿。”宋人胡寅《仲秋赴伯达浴儿会不见月》：“准拟清光满十分，论文那用醉红裙。天公有意韬阴采，风伯无威扫曳云。东道浴儿方洗腆，南斋留客更殷勤。朦胧碧涧三更路，衣袂悠然桂子芬。”（图5-18）

图5-18 “洗儿”唐三彩

图 5-19　宋代试晬图（引自伊永文：《宋代市民生活》中国社会出版社，1999年，290页）

［5］**百晬：**小儿诞生满百日举行的贺宴。宋人江少虞《事实类苑》卷57：“呼延赞以武勇为卫士直长。自言受国恩深，誓不与契丹同生，遍刺其体，作赤心杀契丹字，涅以黑文。及其唇内亦刺之，鞍鞯兵仗戎具，皆作其字。召善黥之卒，呼其妻，责以受重禄无补，当黥面为字以表感恩之意。苟不然者，立断其首。举家号泣，谓妇人黥面非宜，愿刺臂，许之。诸子及仆妾亦然。乘乌骓马，绯抹额。慕尉迟鄂公之为人，自称小尉迟。母姓李，拜郑州灵显王像为舅，自称甥。子病，割股肉为羹食之。幼子才百晬，服褓褓，持登城楼，掷于地不死。人问故，曰：‘聊试其命耳。’每至直舍，内侍近臣多环绕之。赞取佩刀刺胸出血，召从吏濡墨为书，奏言乞捍边杀虏。内侍或戏曰：‘何不割心以明忠？’赞曰：‘我非爱死，但契丹未灭，徒虚掷其躯耳。’”

［6］**周晬：**婴儿周岁日。南北朝人颜之推《颜氏家训·风操》：“江南风俗，儿女一周年时为其制新衣，洗浴装饰，男则用弓矢纸笔，女则用刀尺针缕并加饮食之物及珍宝服玩，置之儿前，观其发意所取，以验贪廉愚智，名之为试儿。”宋人释文莹《玉壶野史》卷1：“曹武惠彬始生，周晬日，父母以百玩之具罗于席，观其所取。武惠左手提干戈，右手取俎豆。斯须取一印，余无所视。后果为枢密、使相，卒赠济阳王，配享帝食。”元人脱脱《宋史·曹彬传》：“曹彬，字国华，真定灵寿人。父芸，成德军节度都知兵马使。彬始生周岁，父母以百玩之具罗于席，观其所取。彬左手持干戈，右手持俎豆，斯须取一印，他无所视，人皆异之。”（图5-19）

正月

正月[1]一日年节，开封府放关扑[2]三日。士庶自早互相庆贺。坊巷以食物、动使、果实、柴炭之类，歌叫关扑。如马行、潘楼街、州东宋门外、州西梁门外踊路，州北封丘门外，及州南一带，皆结彩棚[3]，铺陈冠梳、珠翠、头面、衣着、花朵、领抹、靴鞋[4]、玩好之类，间列舞场歌馆，车马交驰。向晚，贵家妇女纵赏关赌，入场观看，入市店饮宴，惯习成风，不相笑讶。至寒食冬至三日[5]亦如此。小民虽贫者，亦须新洁衣服，把酒相酬尔[6]。

注解

[1] **正月：**宋人金盈之《新编醉翁谈录》卷3《正月》："三日，放士庶赌博，多扑元夕所用百品灯笼之具。人日，正月初七日也。造面茧，以肉或素馅，其实厚皮馒头酸馅也。馅中置纸签，或削作木，书官品。人自探取，以卜异时官之高下。贵家或选取古今名人警摘句可以占前涂者，然亦但举其吉祥之词耳。故欧公有诗云'来时壁茧正探官'之句。前一日，探聚粪壤；人未行时，以煎饼七枚覆其上，弃之通衢以送穷。韩文公《送穷文》尚矣。又石曼卿《送穷诗》曰：'世人贪利意非均，交送穷愁与底人？穷鬼无归于我去，我心忧道不忧贫。'"

[2] **关扑：**以实物进行的赌博方式。宋人赵彦卫《云麓漫钞》卷5："关扑食物，法有禁。惟元正冬至寒食三节，开封府出榜放三日，或以数十笏银，或以乐艺女人为一掷，其他百物无不然，非如今常得关扑也。"清人徐松《宋会要·刑法7》："（大符祥中）六年三月，帝曰：'京师每遇冬至寒节假日，许士庶赌博，其禁军违犯，一例舍之。可再降宣命，晓示军人仍旧禁，犯者论如律。'"宋人李焘《长编》卷80：大中祥符六年（1013年）三月辛亥，"京师每正寒节假，止许庶民赌博，而禁卒有犯，官司亦例释之，甚无谓也，自今不得复然。"

[3] **彩棚：**宋人文同《依韵和张推官元夕》："山郡上元荣乐事，大开金地作遨场。烟云向晓谁教霁，灯烛乘春自有香。紫陌荧煌随步远，彩棚佳丽斗眉长。游人莫惜酬高直，买取银蟾一寸光。"

[4] **靴鞋：**明人黄淮、杨士奇《历代名臣奏议》卷120："靴鞋常履，必欲前尖后高，用皂革，谓之不到头。"宋人陆游《老学庵笔记》卷2："宣和末，妇人鞋底尖以二色合成，名错到底。竹骨扇以木为柄久矣，忽变为短柄，止插至扇半，名不彻头。"（图6–1）

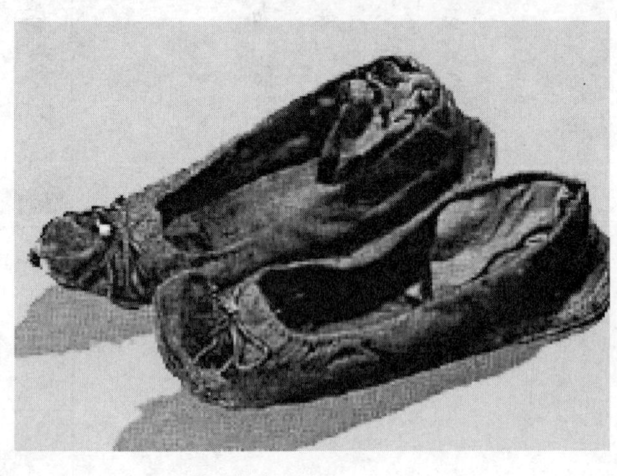

图 6–1　出土的宋代褐色罗翘头弓鞋（引自周迪：《德安南宋周氏墓》，江西人民出版社，1999年）

［5］**寒食冬至三日：**就是“七日”，指寒食、冬至各七日假。宋人庞元英《文昌杂录》卷1：“祠部休假岁凡七十六日，元日、寒食、冬至各七日。”宋人王琳《野客丛书》卷16：“国家官私以冬至、元正、寒食三大节为七日假，谓前三后四之说。”

［6］**把酒相酬尔：**宋人王安石《元日》：“爆竹声中一岁除，春风送暖入屠苏。千门万户曈曈日，总把新桃换旧符。”

元旦朝会

正旦[1]大朝会[2]，车驾[3]坐大庆殿，有介胄[4]长大人四人立于殿角，谓之『镇殿将军』[5]。诸国使人入贺，殿庭列法驾[6]仪仗，百官皆冠冕朝服[7]，诸路举人解首[8]亦士服立班，其服二量冠[9]、白袍青缘。诸州进奏吏，各执方物入献。诸国使人，大辽大使顶金冠[10]，后檐尖长如大莲叶，服紫窄袍[11]，金蹀躞[12]。副使展裹[13]，金带如汉服。大使拜则立左足，跪右足，以两手着右肩为一拜。副使拜如汉仪。夏国使、副皆金冠短小样制，服绯窄袍，金蹀躞，吊敦背，叉手展拜。高丽[14]与南番交州[15]使人并如汉仪。回纥[16]皆长髯高鼻，以匹帛缠头，散披其服。于阗[17]皆小金花毡笠[18]，金丝战袍束带，并妻男同来，乘骆驼毡兜铜铎入贡。三佛齐[19]皆瘦脊缠头、绯衣上织成佛面。又有南蛮五姓番[20]，皆椎髻[21]乌毡，并如僧人礼拜，入见，旋赐汉装锦袄之类。更有真腊[22]、大理[23]、大石[24]等国，有时来朝贡。其大辽使人在都亭驿，夏国在都亭西驿[25]，高丽在梁门外安

州巷同文馆[26]，回纥、于阗在礼宾院[27]，诸番国在瞻云馆或怀远驿[28]。唯大辽、高丽，就馆赐宴。大辽使人朝见讫，翌日诣大相国寺烧香。次日，诣南御苑射弓[29]，朝廷旋选能射武臣伴射[30]，就彼赐宴，三节人[31]皆与焉。先列招箭班十余于垛子[32]前。使人多用弩子[33]射，一裹无脚小幞头子、锦袄子[34]辽人，踏开弩子，舞旋搭箭，过与使人，彼窥得端正，止令使人发牙。例本朝伴射用弓箭中的，则赐闹装[35]、银鞍马、衣着、金银器物有差。伴射得捷，京师市井儿遮路争献口号，观者如堵。翌日，人使朝辞[36]。朝退，内前灯山已上彩，其速如神。

[1] **正旦：**农历正月初一。

[2] **大朝会：**指诸侯、臣属及外国使者朝见天子。宋人徐梦莘《三朝北盟会编》卷74："旧制正旦日朝会，车驾坐大庆殿，诸国使人入贺，殿庭列法驾仪仗，百官皆冠冕朝服。诸路举人解首亦士服立班，其服二梁冠、白袍、青缘。诸州进奏官各执方物入殿，诸国使人，大辽大使顶金冠，后檐尖长如大莲叶，服紫窄袍，金蹀躞，副使展裹金带，如汉仪。大使拜见，立左足、跪右足、以两手着右肩为一拜，如汉仪；夏国使副皆金冠、短小幞制，服绯窄袍、金蹀躞、皮靴，叉手展拜；高丽与南交州使人并如汉仪；回纥皆长髯、高鼻，以匹帛缠头，散披其服；于阗皆小金花毡笠、金丝战袍、束带，并妻男同来，乘骆毡兜铜铎，入贡三佛，齐皆瘦瘠，缠头绯衣，上织成佛面；又有南蛮五姓番，椎髻乌毡，并如僧人，礼拜入见，旋赐汉装、金袄之数；更有真腊、大理、大食等国有时朝贡。大辽使人在都亭驿，夏国在都亭西驿，高丽在梁门外，安放州巷同文馆，同纥、于阗在礼宾院，诸番国在瞻云馆怀远驿，唯大辽、高丽就馆赐宴。"宋人赵升《朝野类要》卷1《大朝会》："本朝礼制，有元日大朝会，如古之诸侯述职也。凡监司帅守，悉赴正旦大宴。乡贡进士亦预焉，诸道之进奏官亦预焉。盖进奏官乃唐之藩镇质子留司京都。承发文字，如今之机宜，故谓之侯邸。"宋人庞元英《文昌杂录》卷3："上御大庆殿会朝，始用新仪。开大庆门，张旗帜。兵部设黄麾仗五千人，夹门填街。太仆列五辂，殿中省舆辇伞扇。又复故事，陈天下贡物。百官冠服，分为七等，皆有司新制。不佩剑，不脱屦舄。中书侍郎押方镇表案，中书令读。给事中押祥瑞表案，门下侍郎读。户部尚书奏诸州贡物，诣付所司。礼部尚书奏诸蕃贡物，请付所司。太史奏云物祥瑞，光禄卿请允群臣上寿。既毕，延王公升殿，百官就坐。酒三行罢，所司承旨放仗。旧仪：宰臣、两省、学士、待制至殿中侍御史，先就丹墀位，乘舆升御座，方引诸司三品四品入大庆偏门，正安之乐作。"（图6-2）

[3] **车驾：**此指皇帝。宋人陆游《老学庵笔记》卷4："赵正夫丞相薨，车驾临幸。"

[4] **介胄：**介，铠甲；胄，头盔。唐人杜甫《垂老别》："男儿既介胄，长揖别上官。"元人脱脱《宋史·太祖本纪》："五季乱极，宋太祖起介胄之中，践九五之位，原其得国，视晋、汉、周亦岂甚相绝哉？"（图6-3）

[5] **镇殿将军：**禁军特种卫士名。大朝会时立于殿陛之角的披甲大武士。宋人吴自牧《梦粱录》卷1《旦大朝会》："遇大朝会，驾坐大庆殿，有介胄长大武士四人，立于殿陛之角，谓之'镇殿将军'。"宋人高承《事物纪原》卷1《殿门》："沈括《笔谈》曰：《周礼·天官》：掌舍无宫则供人门。今谓之殿门，天武官极天下长人之选上，御前殿则执钺立于紫宸门下，行幸则为禁围

图 6-2　宋画《景德四图卷》中的“契丹使朝聘图”

图 6-3　河南巩义市北宋永裕陵西侧镇陵将军所带介胄

行于仗门之前，今俗谓为镇殿将军者也。盖始于古人门。”元人陶宗仪《南村辍耕录》卷1《大汉》：“国朝镇殿将军，募选身躯长大异常者充，凡有所请给，名曰‘大汉衣粮’，年过五十方许出官。”

［6］**法驾：** 天子车驾的一种。天子的卤簿分大驾、法驾、小驾三种，其仪卫之繁简各有不同。汉人司马迁《史记》卷9《吕太后本纪》：“乃奉天子法驾，迎代王于邸。”裴骃集解引蔡邕曰：“天子有大驾、小驾、法驾。法驾上所乘，曰金根车，驾六马，有五时副车，皆驾四马，侍中参乘，属车三十六乘。”宋人庞元英《文昌杂录》卷6：“元丰六年癸亥，大庆殿元会。初设五辂于廷。除夜三更，大风自北，木拔，幕屋坏，新玉辂右轮入池数尺，玉饰皆碎。观者莫不骇愕。八年正月二日，先帝不豫。二月五日，遽宣遗制。方悟为变之兆也。”（图6-4）

［7］**朝服：** 君臣朝会时所穿的礼服。元人脱脱《宋史·舆服志》：“朝服，一曰进贤冠，二曰貂蝉冠，三曰獬豸。”

［8］**解首：** 即解元，科举时，州试第一名。

［9］**二量冠：** 即二梁冠。元人脱脱《宋史》卷152《舆服志》：“进贤冠以漆布为之，上缕纸为额花金涂银铜饰，后有纳言以梁数为差。凡七等，以罗为缨结之，第一等为七梁，加貂蝉笼巾貂鼠尾立笔。第二等无貂蝉笼巾，第三等六梁，第四等五梁，第五等四梁，第六等三梁，第七等二梁。”

［10］**金冠：** 元人脱脱《宋史》卷306《吴奎传》：“（吴奎）奉使契丹，会其主加称号，要入贺。奎以使事有职，不为往。归遇契丹使于涂，契丹以金冠为重，纱冠次之。故事，使者相

图 6–4　北宋卤簿钟上的车驾图案（引自王明琦：《卤簿钟的年代研究》，《辽海文物学刊》1992年第2期）

图 6–5　辽墓中出土的金冠

见，其衣服重轻必相当。至是，使者服纱冠，而要奎盛服。奎杀其仪以见，坐是出知寿州。”（图6–5）

［11］**服紫窄袍：**宋人李焘《长编》卷97：天禧五年（1021年）九月甲申，“（契丹）其衣服之制，国母与蕃官国服，国主与汉官即汉服。蕃官戴毡冠，上以金华为饰，或加珠玉翠毛，盖汉、魏时辽人步摇冠之遗象也。额后垂金花织成夹带，中贮发一总。服紫窄袍，加义襕，系鞊鞢带，以黄红色绦裹带为之用金玉、水晶、碧石缀饰。又有纱冠，制如乌纱帽，无檐，不擫双耳，额前缀金花，上结紫带，带末缀珠”。

［12］**金蹀躞：**一种多功能腰带，可以悬挂水壶、钱包、扇子、香囊、刀、剑、乐器、箭袋、笔、墨、纸、砚（图6–6）。宋人司马光《涑水记闻》卷9：“元昊遣使戴金冠，衣绯，佩蹀躞，奉表纳旌节告敕。”元人脱脱《辽史·二国外记传·西夏》：“其冠用金缕贴，间起云，银纸帖，绯衣，金涂银带，佩蹀躞、解锥、短刀、弓矢，穿靴，秃发，耳重环，紫旋襕六袭。”宋人沈括《梦溪笔谈》卷1：“中国衣冠，自北齐以来，乃全用胡服。窄袖、绯绿短衣、长靿靴、有鞢躞带，皆胡服也。窄袖利于驰射，短衣、长靿皆便于涉草。胡人乐茂草，常寝处其间，予使北时皆见之。虽王庭亦在深荐中。予至北庭日，新雨过，涉草，衣裤皆

濡，唯彼人都无所沾。带衣所垂蹀躞，盖欲佩带弓剑、帉帨、算囊、刀砺之类。自后虽去蹀躞，而犹存其环，环所以衔蹀躞，如马之鞧根，即今之带銙也。”宋人蔡绦《铁围山丛谈》卷6：“太宗时得巧匠，因亲督视于紫云楼下，造金带，得三十条，匠者为之神耗而死。于是独以一赐曹武穆彬，其一太宗自御，其后随入熙陵，而曹氏所赐带，则莫知何往也。余二十八条，时命贮之库，号镇库带焉。后人第徒传其名，而宗戚群珰，间一有服金带异花精致者，人往往辄指曰：‘此紫云楼带。’其实非也，故吾迄不得一识之。”

[13] **展裹：** 辽代职官公服。元人脱脱《辽史》卷56《仪卫志二》：“公服：谓之‘展裹’，着紫。”

[14] **高丽（lí）：** 公元918～1392年，又称高丽王朝、王氏高丽，是朝鲜封建王朝之一。宋人庞元英《文昌杂录》卷4：“元丰三年，高丽国遣使柳洪、副朴寅亮朝贡，且献日本国车一乘。洪云：‘诸侯不贡车服，诚知非礼。本国所以上进者，欲中朝见日本工拙尔。’朝廷为留之。高丽本箕子之国，其知礼如此。”宋人叶梦得《石林诗话》：“高丽自太宗后，久不入贡，至元丰初，始遣使来朝。神宗以张诚一馆伴，令问其复朝之意。云：其国与契丹为邻，每因契丹诛求，藉不能堪，国主王徽常颂《华严经》，祈至中国。一夕，忽梦至京师，备见城邑宫阙之盛，觉而慕之，乃为诗以记曰：‘恶业因缘近契丹，一年朝贡几多般。移身忽到京华地，可惜中宵漏滴残。’余大观间，馆伴高丽人，尝见诚一语录，备载此事。”

[15] **交州：** 宋人赵汝适《诸蕃志》卷上《交趾国》：“交趾，古交州。东南薄海，接占城；西通白衣蛮，北抵钦州。历代置守不绝，赋入至薄，守御甚劳。皇朝重武爱人，不欲宿兵瘴疠之区以守无用之土，因其献款，从而羁縻之。王系唐姓，服色饮食略与中国同；但男女皆跣足差异耳。每岁正月四日，椎牛飨其属。以七月十五日为大节，家相问遗，官寮以生口献其酋；十六日，开宴酬之。岁时供佛，不祭先。病不服药，夜不燃灯。乐以蚺蛇皮为前列。不能造纸笔，求之省地。土产沉香、蓬莱香、生金银、铁、朱砂、珠贝、犀象、翠羽、车渠、盐、漆、木棉、吉贝之属；岁有进贡。其国不通商。”

[16] **回纥：** 金人刘祁《归潜志》卷13：“其回纥国，地广袤，际西不见疆畛。四五月百草

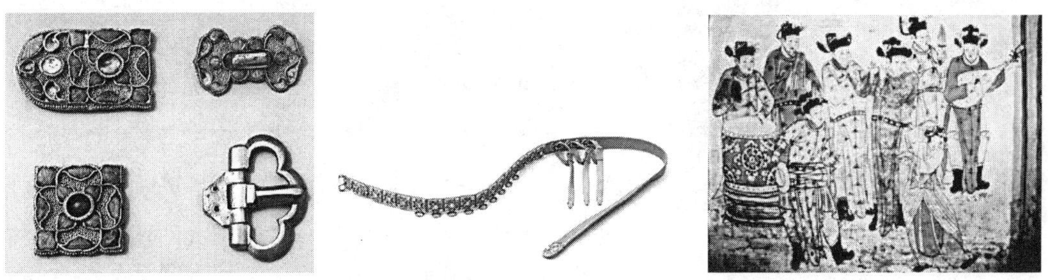

图 6-6　图左：蹀躞带饰四种（左，吉林和龙八家子渤海遗址出土）与复原之后的蹀躞带（中，吉林省博物馆藏复制品）及河北宣化辽代壁画墓中人物所带的蹀躞带（右）

图 6-7　回纥人石刻

图 6-8　西安元代王世英墓出土的毡笠帽女俑（引自王久刚、王磊：《西安南郊元代王世英墓清理简报》，《文物》2008年第6期）

枯如冬。其山，暑伏有蓄雪。日出而燠，日入而寒。至六月，衾犹绵。夏不雨，迨秋而雨，百草始萌。及冬，川野如春，卉木再华。其人种类甚众，其须髯拳如毛，而缁黄浅深不一。面惟见眼、鼻。其嗜好亦异。有没速鲁蛮回纥者，性残忍，肉必手杀而啖，虽斋亦酒脯自若。有遗里诸回纥者，颇柔懦，不喜杀，遇斋则不肉食。有印都回纥者，色黑而性愿，其余不可殚记。”（图6-7）

［17］**于阗：**位于今新疆和田县一带。元人脱脱《宋史》卷490《列传249·外国6》：“于阗国，自汉至唐，皆入贡中国。安史之乱，绝不复至。晋天福中，其王李圣天自称唐之宗属，遣使来贡。高祖命供奉官张匡邺持节册圣天为大宝于阗国王。建隆二年十二月，圣天遣使贡圭一，以玉为柙；玉枕一。本国摩尼师贡琉璃瓶二、胡锦一段。其使言：本国去京师九千九百里，西南抵葱岭与婆罗门接，相去三千余里。南接吐蕃，西北至疏勒二千余里。国城东有白玉河，西有绿玉河，次西有乌玉河，源出昆冈山，去国城西千三百里。每岁秋，国人取玉于河，谓之捞玉。土宜蒲萄，人多酝以为酒，甚美。俗事妖神。”

［18］**毡笠：**一种毡帽（图6-8）。宋人徐度《却扫编》下：“（王）亢为人深目、高准、多髯，事毳裘毡笠。”宋人吴曾《能改斋漫录》卷13《诏禁形制衣装》：“大观四年十二月诏：京城内近日有衣装杂以四夷形制之人，以戴毡笠子，着战袍，系番束带之类，开封府宜严行禁止。”

［19］**三佛齐：**为7~13世纪印度尼西亚苏门答腊一个古国。宋人赵汝适《诸蕃志》卷上《三佛齐国》：“三佛齐，间于真腊、阇婆之间，管州十有五。在泉之正南，冬月顺风月余方至凌牙门。经商三分之一始入其国。国人多姓蒲。累甓为城，周数十里。国王出入乘船，身缠缦布，盖以绢伞，卫以金镖。其人民散居城外，或作牌水居，铺板覆茅。不输租赋。习水陆战，有所征伐，随时调发，立酋长率领，皆自备兵器糗粮，临敌敢死，伯于诸国。无缗钱，止凿白金贸易。四时之气，多热少寒。

豢畜颇类中国。有花酒、椰子酒、槟榔蜜酒，皆非曲蘖所酝，饮之亦醉。国中文字用番书。以其王指环为印，亦有中国文字，上章表则用焉。国法严，犯奸男女悉寘极刑。国王死，国人削发成服，其侍人各愿徇死，积薪烈焰跃入其中，名曰同生死。有佛名金银山，佛像以金铸。”宋人朱彧《萍洲可谈》卷2：“海南诸国，各有酋长，三佛齐最号大国，有文书，善算。商人云，日月蚀亦预知其时，但华人不晓其书尔。地多檀香，乳香，以为华货。三佛齐舶赍乳香至中国，所在市舶司以香系榷货，抽分之外，尽官市。近岁三佛齐国亦榷檀香，令商就其国主售之，直增数倍，蕃民莫敢私鬻，其政亦有术也。是国正在海南，西至大食尚远，华人诣大食，至三佛齐修船，转易货物，远贾幅凑，故号最盛。”宋人周去非《岭外代答》卷2《三佛齐国》：“三佛齐国，在南海之中，诸蕃水道之要冲也。东自阇婆诸国，西自大食、故临诸国，无不由其境而入中国者。国无所产，而人习战攻，服药在身，刃不能伤。陆攻水战，奋击无前，以故邻国咸服焉。蕃舶过境，有不入其国者，必出师尽杀之，以故其国富犀象、珠玑、香药。其俗缚排浮水而居。其属有佛罗安国，国主自三佛齐选差。地亦产香，气味腥烈，较之下岸诸国，此为差胜。有圣佛，三佛齐国王再岁一往烧香。艺祖开基，建隆元年九月，三佛齐王悉利大霞里坛，按宋史悉利下有胡字。遣使来贡方物。二年五月复遣使进贡。三年三月又来贡，十二月又贡方物。至神宗元丰二年七月，遣詹卑国使来贡。哲宗元祐三年闰十二月又遣使入贡，五年复来贡。慕义来庭，与他国不侔矣。”

[20] **南蛮五姓番：**宋代西南少数民族中的五个部族。宋人周去非《岭外代答》卷2《外国门下·西南夷》：“西南五姓蕃部，曰龙、罗、方、石、张，自昔许上京入贡。龙、罗、方、石，自宜州入境，张蕃自邕州入境。或三年，或四五年，计五姓人徒凡九百六十人。所贡毡、马、丹砂。朝廷支赐锦衫银带，与其它费，凡二万四千四百余缗，回答之物不与焉。熙宁八年，令五姓蕃五年一进奉，纳方物于宜州，宜州估时价回答。又有西南韦蕃，亦五年一进奉，宜州受其方物，回答之费，凡一千二百余缗。羁縻州亦有进奉者，宜州管下安化三州一镇，旧许三年一上京进奉，额二百九十三人。后令纳方物于宜州思立寨，而亲赴州领赐。”

[21] **椎髻：**将头发结成椎形的髻（图6-9）。唐玄奘《大唐西域记》卷7《婆罗痆斯国》：“或断发，或椎髻，露形无服，涂身以灰，精勤苦行，求出生死。”

图 6-9　唐墓中出土的胡人俑的“椎髻”

[22] **真腊：**古国名，有今柬埔寨一带。宋人赵汝适《诸蕃志》卷上《真腊国》：“真腊，接占城之南，东至海，西至蒲甘，南至加罗希。自泉州舟行，顺风月余日可到。其地约方七千余里。国都号禄兀。天气无寒。其王妆束大概与占城同，出入仪从则过之。间乘辇驾，以两马或用牛。其县镇，亦与占城无异。官民悉编竹覆茅为屋。惟国王镌石为

室，有青石莲花池沼之胜，跨以金桥，约三十余丈。殿宇雄壮，侈丽特甚。王坐五香七宝床，施宝帐，以纹木为竿、象牙为壁。群臣入朝，先至阶下三稽首，升阶则跪，以两手抱膊，绕王环坐。议政事讫，跪伏而退。西南隅铜台上列铜塔二十有四，镇以八铜象，各重四千斤。战象几二十万，马多而小。奉佛谨严。日用番女三百余人，舞献佛饭，谓之阿南；即妓弟也。其俗淫，奸则不问。犯盗则有斩手、断足、烧火、印胸之刑。其僧道咒法灵甚。僧衣黄者，有室家；衣红者，寺居，戒律精严。道士以木叶为衣。有神曰婆多利，祠祭甚谨。以右手为净，左手为秽；取杂肉羹与饭相和，用右手掬而食之。厥土沃壤，田无畛域，视力所及而耕种之。米谷廉平，每两乌铅可博米二斗。土产象牙、暂速细香、粗熟香、黄蜡、翠毛、笃耨脑、笃耨瓢、番油、姜皮、金颜香、苏木、生丝、绵布等物。番商兴贩，用金银、瓷器、假锦、凉伞、皮鼓、酒、糖、酰醢之属博易。"

[23] **大理：** 宋代以白族为主体的少数民族在今云南一带建立的少数民族国家。

[24] **大石：** 即大食，古阿拉伯帝国。宋人赵汝适《诸蕃志》卷上《大食国》："大食，在泉之西北；去泉州最远，番舶艰于直达。自泉发船四十余日，至蓝里博易，住冬；次年再发，顺风六十余日，方至其国。本国所产，多运载与三佛齐贸易贾转贩以至中国。其国雄壮，其地广袤。民俗侈丽，甲于诸蕃。天气多寒，雪厚二、三尺；故贵毡毯。国都号蜜徐篱，据诸番冲要。王头缠织锦蕃布；朔望则戴八面纯金平顶冠，极天下珍宝，皆施其上。衣锦衣，系玉带，蹑间金履。其居以玛瑙为柱，以绿甘为壁，以水晶为瓦，以碌石为砖，以活石为灰。帷幕之属，悉用百花锦；其锦以真金线夹五色丝织成。台榻饰以珠宝，阶砌包以纯金，器皿鼎灶杂用金银。结真珠为帘，每出朝，坐于帘后。官有丞相，披金甲，戴兜鍪，持宝剑，拥卫左右。余官曰太尉，各领兵马二万余人。马高七尺，用铁为鞋。士卒骁勇，武艺冠伦。街阔五丈余，就中凿二丈深四尺，以备骆驼、马、牛驮负物货。左右铺砌青黑石板，尤极精致，以便来往。民居屋宇，与中国同；但瓦则以薄石为之。"宋人庞元英《文昌杂录》卷1："余本部掌朝贡录，见至道中大食国满希密遣男进贡云：'彼国但出犀象。'诏问：'以何法可取？'对云：'象用象媒诱致，以绳渐羁缚之。犀则使人卧大树、操弓矢，伺其至，射而杀之。其小者不须弓矢，亦可捕获。'"

[25] **都亭西驿：** 宋人王应麟《玉海》卷172《都亭西驿驿》："祥符都亭西驿，旧曰上源西驿，在惠宁西坊，掌河西蕃部贡奉。祥符元年改今名，祥符九年四月七日，以京城西旧染院为夏州蕃驿。熙宁五年四月乙亥，命修都亭驿，以待夏使。"

[26] **同文馆：** 清人徐松《宋会要·职官》25之11《同文馆》："同文馆在延秋坊，熙宁中创置，以待高丽国进奉人使。舍宇二百七十八间，看馆执役者二十二人，后减十二人。神宗熙宁七年正月，差入内内侍省内东头供奉官张士良兼勾当同文馆。三月，差资善堂后行苏士安相兼本馆主管官行遣文字祗应。十年十月十八日，入内内侍宋鼎臣言：'奉诏，每五日一次往同文馆，教阅招箭班殿侍。如有诸国进奉人在馆，即权赴琼林苑。本馆言近制不许指占，然时暂往彼就射垛教阅，即非指占置局。乞自朝廷指挥。'诏只于同文馆教阅。"宋人朱彧《萍洲可谈》卷2："京师置都亭驿待辽人，都亭西驿待夏人，同文馆待高丽，怀远驿待南蛮。元丰待高丽人最厚，沿路

亭传皆名高丽亭。高丽人泛海而明州，则由二浙遡汴至都下，谓之南路，或至密州，则由京东陆行至京师，谓之东路。二路亭传一新。常由南路，未有由东路者，高丽人便于舟楫，多赍辎重故尔。”

[27] **礼宾院：** 清人徐松《宋会要·职官》25之6《礼宾院》：“礼宾院在归德坊，掌蕃夷朝贡、互市，以阁门祇候已上及三班内侍二人监。旧有蕃驿院，景德三年并入。又有监生料内侍二人，复省领回鹘、吐蕃、党项、女真、南蛮、蕃客通事各二人。”清人徐松《宋会要辑稿·蕃夷》4之16：“元丰六年正月十日，中书省奏鸿胪寺状：‘于阗国进奉人安泊驿舍，踏逐礼宾院，今来礼宾院有西南蕃进奉人所指占，乞指占都亭西驿中位及东位安泊。’诏：‘于阗国般次卒未有期到京，及至阙下，西南蕃蛮人当已辞去，可只令于礼宾院安下。’”

[28] **怀远驿：** 宋人王应麟《玉海》卷172《景德怀远驿》：“初周世宗显德五年五月，江南称藩，城东置怀信驿以待其使。辛丑，幸皇朝，兴国二年八月四日改为都亭驿以馆契丹使，其诸蕃客使止于公府。景德三年十二月辛巳，作怀远驿于汴河北，以待南蕃、交州、西蕃、大食、龟兹、于阗、甘州等贡奉客使。祥符六年五月甲寅，以驿增修为。侄惟正等南宅。绍兴二十五年，安南入贡，六月九日诏行驿以怀远为名，十一月十六日赐占城使，宴享于怀远驿，二十六年十二月二十七日，赐三佛齐使宴于怀远驿，干道二年八月十一日，废为台谏廨舍，九年十一月一日，诏权以贡院为怀远驿，事已依旧。”

[29] **南御苑射弓：** 宋人李焘《长编》卷60：景德二年（1005年）五月乙亥，“又命节帅就玉津园伴射弓，赐来使银饰箭筒、弓一、箭二十，其中的又赐锦窄袍五件、金束带、鞍勒马。在馆遇节序，则遣近臣赐设。辞日，长春殿赐酒五行，赐大使盘球晕锦窄袍及衣七件、银器三百两、彩帛二百匹，副使紫花罗窄袍及衣六件、银器二百两、彩帛一百匹，并加金束带、杂色罗、锦、绫、绢百匹。从人各加紫绫花絁锦袍及银器、彩帛。将发，又赐银瓶、合盆、沙罗、注椀等。又令近臣饯于班荆馆，开封府推官饯于郊外，接伴副使复为送伴，沿路累赐设”。

[30] **朝廷旋选能射武臣伴射：** 宋人朱彧《萍洲可谈》卷3：“王德用为使相，黑色，俗号‘黑相’。尝与北使伴射，使已中的，黑相取箭焊头一发破前矢，俗号‘劈筈箭’。姚麟亦善射，为殿帅十年，伴射常蒙奖赐。崇宁初，王恩以遭遇处位殿帅，不习弓矢，岁岁以伴射为窘。伶人对御作俳，先一人持一矢入，曰，‘黑相劈筈箭，售钱三百万。’又一人持大矢入，曰：‘老姚射不输箭，售钱三百万。’后二人挽箭一车入，曰：‘车箭都卖一钱。’或问：‘是何人家箭，价贱如此。’答曰：‘王恩不及垛箭。’”

[31] **三节人：** 指夏、辽、金三国使节的随从。宋人沈作喆《寓简》卷6：“近岁衔命出疆，三节人从，赏给丰腆。”

[32] **垛子：** 即射垛，练习射箭之建筑。宋人李诫《营造法式》卷13《垒射垛》：“垒射垛之制：先筑墙，以长五丈、高二丈为率。墙心内长二丈，两边墙各长一丈五尺，两头斜收向里各三尺。上垒作五峰。其峰之高下，皆以墙每一丈之长，积而为法。中峰：每墙长一丈，高二尺。次中两峰：各高一尺二寸。其心至中峰心各一丈。两外峰：各高一尺六寸。其心至次中两峰各一丈

五尺。子垛：高同中峰。广减高一尺，厚减高之半。两边踏道：斜高视子垛，长随垛身。厚减高之半，分作一十二踏；每踏高八寸三分，广一尺二寸五分。子垛上当心踏台：长一尺二寸，高六寸，面广四寸。厚减面之半，分作三踏，每一尺为一踏。凡射垛五峰，每中峰高一尺，则其下各厚三寸；上收令方，减下厚之半。上收至方一尺五寸为止。其两峰之间，并先约度上收之广。相对垂绳，令纵至墙上，为两峰幽内圜势。其峰上各安莲华坐瓦火珠各一枚。当面以青石灰，白石灰，上以青灰为缘泥饰之。”

[33] **弩子：**即弩弓，古代一种利用机械力量射箭的弓（图6-10）。宋人洪迈《容斋三笔》卷16《神臂弓》：“神臂弓出于弩遗法，古未有也。熙宁元年，民李宏始献之入内，副都知张若水方受旨料简弓弩，取以进。其法以桑木为身，檀为杩，铁为蹬子枪头，铜为马面牙发，麻绳扎丝为弦。弓之身三尺有二寸，弦长二尺有五寸，箭木羽长数寸，射二百四十余步，入榆木半秸。”

[34] **锦袄子：**宋人潘汝士《丁晋公谈录》：“五代晋朝时，襄阳帅高怀德下亲随私通其爱姬，窃锦袄子与其皂，皂转令人鬻于市，高已知之，或有人告于高曰：‘大王锦袄子，有人将在市中卖。’高曰：‘锦袄子是人家宣赐得，岂只是我家有？莫乱执他人。’其皂都不觉其主已知也，后以他事阴去之。”明人陈耀文《天中记》卷38：“许孟容进士及第，学究登科，时号锦袄子上著莎衣。蔡京与孟容同。”

[35] **闹装：**用金银珠宝等杂缀而成的腰带。明人杨慎《诗品》：“京师有闹装带，其名始于唐。白乐天诗：‘贵主冠浮动，亲王带闹装。’薛田诗：‘九苞绾就佳人髻，三闹装成子弟鞯。’”

[36] **朝辞：**入朝叩辞帝王。宋人陈鹄《耆旧续闻》卷3：“凡贵臣出守，朝辞例有颁赐。”

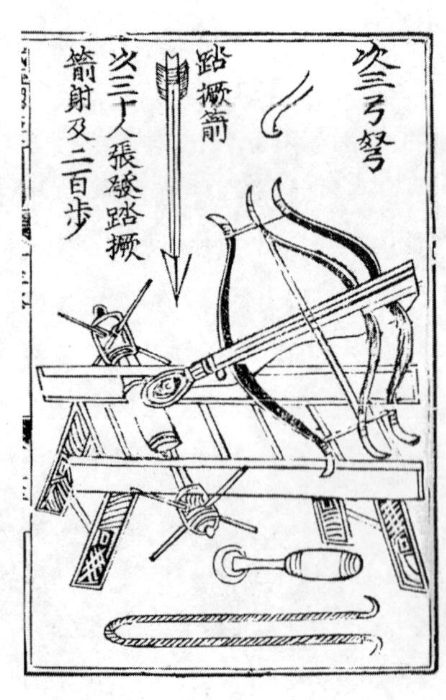

图 6-10　宋人曾公亮《武经总要》中的弓弩

立春

立春前一日，开封府进春牛[1]入禁中鞭春。开封、祥符两县，置春牛于府前。至日绝早，府僚打春，如方州仪。府前左右，百姓卖小春牛，往往花装栏坐，上列百戏人物。春幡[2]雪柳[3]，各相献遗。春日，宰执[4]、亲王、百官皆赐金银幡胜[5]。入驾讫，戴归私第。

注解

[1] **春牛：**用于打春的土牛，以示送寒迎暖，劝耕兆丰年之意（图6-11）。宋人金盈之《新编醉翁谈录》卷3《京城风俗记》："立春，开封府土牛进入禁中，开封县土牛。一日鼓乐迎置府南门上，天下真定府土牛最大。是日自郎官御史寺监长贰以上，皆赐春幡胜以罗为之，近臣皆加赐银胜。开封府鞭牛讫，官属大合乐宴饮，辨色人朝门谢春幡胜。"宋人庄绰《鸡肋编》卷上："《后汉·礼仪志》：'立春之日，夜漏未尽五刻，京师百官皆衣青衣。郡国县道下至计食令史，皆服青帻青旛，施土牛耕人于门外，以示兆民。'而今世遂有造春牛毛色之法，以岁干色为头，支色为身，纳音色为腹。立春日干色为角耳尾，支色为胫，纳音色为蹄。至于笼头缰索与策人衣服之类，亦皆以岁日为别。州县官吏击之，以示劝农之意。而庶民遂碎其牛，又不知何理所在。小人莫不争夺，而河东之人乃谓土牛之肉宜蚕，兼辟瘟疫，得少许则悬于帐上，调水以饮小儿，故相竞有致损伤者。处处皆用平旦，而衢州开化县须俟交气时刻，有至立春日之夜。而土牛么么，仅若狗犬，其陋尤可笑也。汉制又载：季冬之月，立土牛六头于国都郡城县外丑地，以送大寒。今时无有行者。"宋人黎靖德《朱子语类》卷138《杂类》："问：'春牛事未见出处。但月令载出土牛以送寒气，不知其原果出于此否？或又云，以示劝耕之意。未详孰是？''某尝见□□云，处士立于县庭土牛之南。恐古者每岁为一牛，至春日别以新易旧而送之也。'"

图 6-11　宋代打春牛（引自伊永文：《宋代市民生活》，中国社会出版社，1999年）

[2] **春幡：**立春日或挂春幡于树梢，或剪缯绢成小幡，连缀簪之于首，以示迎春之意（图6-12）。南朝陈徐陵《杂曲》："立春历日自当新，正月春幡底须故。"前蜀牛峤《菩萨蛮》词之3："玉钗风动春幡急，交枝红杏笼烟泣。"宋人辛弃疾《汉宫春·立春日》词："春已归来，看美人头上，袅袅春幡。"宋高承《事物纪原》卷8《岁时风俗·春幡》："《后汉书》曰立春皆青幡帻，今世或剪彩错缉为幡胜，虽朝廷之制，亦镂金银或缯绢为之，戴于首。"宋人辛弃疾《汉宫春·立春日》词："春已归来，看美人头上，袅袅春幡。"晋人周处《岁时风土记》："立春之日，士大夫之家，剪彩为小幡，谓之春幡。或悬于家人之头，或缀于花枝之下。"宋人周密《武林旧

事·立春》："是日赐百官春幡胜，宰执亲王以金，余以金裹银及岁帛为之，系文思院造进，各垂于幞头之左入谢。"宋人苏轼《减字木兰花》："春牛春杖，无限春风来海上。便丐春工，染得桃红胜肉红。春幡春胜，一阵春风吹酒醒。不似天涯，卷起杨花似雪花。"

［3］**雪柳：**宋代妇女在立春日和元宵节时插戴的一种绢或纸制成的头花。

［4］**宰执：**宰相与执政简称。宋先后以同平章事，尚书左右仆射，左右丞相为宰相，以参知政事，门下侍郎，中书侍郎、尚书左右丞、枢密使、枢密副使、知枢密院等事、同知枢密院事为执政，合称宰执。

［5］**金银幡胜：**一种用金银箔纸绢剪裁制作的装饰品，有的形似幡旗，故名幡胜。立春日戴在头上或系在花下。范成大《鞭春微雨》诗："幡胜丝丝雨，笙歌步步尘。"

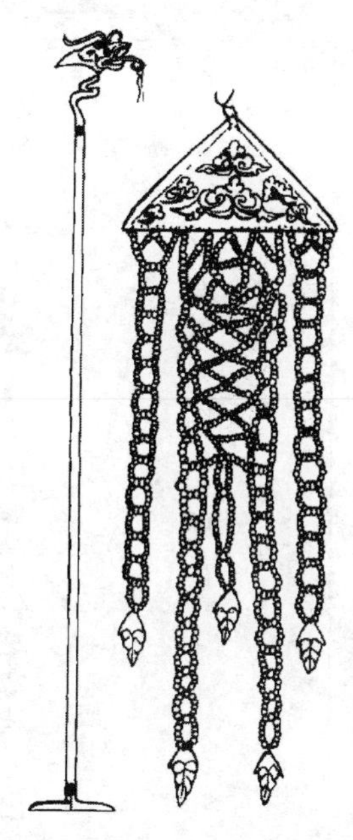

图 6-12　辽滨塔地宫出土银龙首珍珠幡（引自李晓钟：《沈阳新民辽滨塔塔宫清理简报》，《文物》2006年第4期）

元宵

正月十五日元宵[1]，大内前自岁前冬至后，开封府绞缚山棚[2]，立木正对宣德楼。游人已集御街，两廊下奇术异能[3]，歌舞百戏，鳞鳞相切，乐声嘈杂十余里。击丸[4]，蹴踘[5]，踏索[6]，上竿[7]，赵野人倒吃冷淘[8]，张九哥吞铁剑，李外宁药法傀儡，小健儿吐五色水[9]，旋烧泥丸子[10]，大特落灰药榾柮儿杂剧，温大头、小曹嵇琴[11]、党千箫管[12]，孙四烧炼药方，王十二作剧术，邹遇、田地广杂扮[13]，苏十、孟宣筑球[14]，尹常卖《五代史》，刘百禽虫蚁，杨文秀鼓笛[15]。更有猴呈百戏[16]，鱼跳刀门，使唤蜂蝶[17]，追呼蝼蚁[18]。其余卖药、卖卦、沙书[19]、地谜，奇巧百端，日新耳目。至正月七日，人使朝辞出门，灯山上彩，金碧相射，锦绣交辉。面北悉以彩结山沓，上皆画神仙故事。或坊市卖药卖卦之人，横列三门，各有彩结，金书大牌，中曰『都门道』，左右曰『左右禁卫之门』，上有大牌曰『宣和与民同乐』[20]。彩山[21]左右以彩结文殊、普贤，跨狮子、白象，各于手指出水五道，其手摇动。用辘轳绞水上灯山尖高处，用木柜贮之，逐时放下，如瀑布状。又于左右门上，各以草把缚成戏龙之状，用青幕遮笼，草上密置灯烛数万盏，望之蜿蜒如双龙飞走。自灯山至宣德门楼横大街，约百余丈，用棘刺围绕，谓之『棘盆』22。内设两长竿，高数十丈，以缯彩结束，纸糊百戏人物，悬于竿上，风动宛若飞仙。内设乐棚，差衙前乐人作乐杂戏，并左右军百戏23在其中，驾坐一时呈拽。宣德楼上皆垂黄缘帘，中一位乃御座。用黄罗设一彩棚，御龙直执黄盖，掌扇24，列于帘外。两朵楼各挂灯球一枚，约方圆丈余，内燃椽烛25。帘内亦作乐。宫嫔嬉笑之声，下闻于外。楼下用枋木垒成露台26一所，彩结栏槛，两边皆禁卫排列，锦袍，幞头簪赐花，执骨朵子27。面此乐棚，教坊、钧容直、露台弟子28，更互杂剧。近门则亦有内等子班直排立。万姓皆在露台下观看，乐人时引万姓山呼29。

图 6-13　清人黄钺《和丰协象之册》的上元灯节图

［1］**元宵：** 又称上元，即正月十五（图6-13）。宋人休复《江临几杂记》卷下："京师上元放灯三夕。钱氏纳土进钱买两夜。今十七、十八两夜灯因钱氏而添。"宋人金盈之《新编醉翁谈录》卷3《正月》："上元，自月初开东华门为灯市，十一日车驾谒原庙回，车马自阙前皆趋东华门外，如水之趋下，辐之凑毂。又有灯球、灯槊、绢灯笼、日月灯、诗牌绢灯、镜灯、字灯、马骑灯、凤灯、水灯、琉璃灯、影灯。诸灯之最繁者，棘盆灯为上。是灯于上前为大乐坊，以棘为垣，所以节观者谓之'棘盆'。山棚上、棘盆中皆以木为仙佛、人物、车马之像。尽集名娼，立山棚上。开封府奏衙前乐，选诸绝艺者在棘盆中。飞丸走索、缘竿掷剑之类，大率都城灯市所观者；车服罗绮器用之类，所谓车马往来人看人者是也。都人欲为夜宴，则绝无可往处，人多故也。妇人又为灯球、灯笼，大如枣栗，加珠翠之饰，合城妇女竞戴之。又插雪梅，凡雪梅，皆绘楮为之。又有宜男蝉，状如纸蛾，而稍加文饰。十八日谓之收灯。是日，辇声归内，亦稍稍解去，车马渐已稀少。晏丞相《正月十九日》诗云：'楼台寂寞收灯夜，里巷萧条扫雪天。'"宋人岳珂《桯史》卷1："王襄敏韶在京师，会元夕张灯，金吾弛夜。家人皆步出，幼子采，第十三，方能言。珠帽襐服，冯肩以从，至宣德门，喧拥阗咽，转盼已失所在。驺驭皆恇不知所为，狼狈归。"

［2］**绞缚山棚：** 结扎山棚。元宵节张灯用的高大木架，状如山林，故谓"山棚"。元人陶宗仪《说郛》卷69下《士女夜游》："正月十五夜，俗许三夜，夜游其寺观。街巷灯明若昼，山棚高百余尺，神龙以后复加严饰。"宋人范镇《东斋纪事》卷1："仁皇末年，有鹊巢于宣德门山棚上，毁而复累者、再识者、咸以为异初。正月十四日，上御楼，遣中使传宣从官曰：'朕非好游观，盖与万民同乐。'翌日，蔡君《谟献诗》纪其事。"清人徐松《宋会要·帝系》10之1："上元前后各一日，城中张灯，大内正门结彩为山楼影灯，起露台，教坊百戏。天子先幸寺观行香，遂御楼，或御东华门及东西角楼饮从臣，四夷、蕃客各依本国歌舞列于楼下。东华左右掖门、东西角楼、城门大道、大宫观寺院悉起山棚，张乐陈灯。皇城雉堞亦设之。其夕，开旧城门达旦，纵士民观。后增至十七、十八夜。太平兴国二年七月中元节，御东阁楼观灯，赐从臣宴饮。五年十月下元节，依中元例张灯三夜。"

［3］**奇术异能：** 宋人蔡绦《铁围山丛谈》卷4："百戏诸伎甚精者，皆挟法术。元丰中有艺

人，善藏舟，用数十人举而置之，当场万众不见也。尝经御楼前，上下莫不骇异。”

[4] **击丸：** 元代无名氏《丸经·因地章》云：“地形有平者、有凸者、有凹者、有峻者、有仰者、有阻者、有妨者、有迎者、有里者、有外者。”元代元名氏《丸经·定基章》云：“基，纵不盈尺，横亦不盈尺；择地而处之，直向而画之，瓦砾则除之。”宋人魏泰《东轩笔录》卷12：“余为儿童时，尝闻祖母集庆郡太守陈夫人言：江南有国日，有县令钟离君，与县令许君结姻。钟离女将出适，买一婢以从嫁。一日，其婢执箕帚治地，至堂前，熟视地之窊处，恻然泣下。钟离君适见，怪问之，婢泣曰：‘幼时我父于此穴地为球窝，道我戏剧，岁久矣，而窊处未改也。’”（图6–14）

[5] **蹴踘：** 我国古代的足球运动（图6–15）。东汉人班固《汉书·枚乘传》颜师古注云：“蹴，足蹴之也；踘，以革为之，中实以物；蹴蹋为戏乐也。”宋人刘筠《大酺赋》：“乃至角抵、蹴踘，分朋列族，其胜也气若雄虹，其败也形如槁木。”宋人马端临《文献通考》147《乐考二二〇》：“蹴球，盖始于唐，植两修竹，高数丈，络网于上，为门以度球，球工分左右朋，以角胜负。”

[6] **踏索：** 走索，即演员在悬空的绳索上表演节目。宋人司马光《司马文正公传家集》卷3《走索》：“伎儿欲夸众，喜占衢路交。系组不厌长，缚竿不厌高。空中纷往来，巧捷如飞猱。却行欠肤寸，倒纤连秋毫。参差有万一，齑粉安可逃。钱刀不盈掬，身世轻鸿毛。徒资旁观好，曹偶相称褒。岂知从事者，处之危且劳。”宋人马端临《文献通考》卷147《乐二十》：“絙戏，汉世以大丝绳系两柱头闲，相去数丈，两倡对舞，行于绳上，对面道逢，肩相切而不倾。张衡所谓‘跳丸剑之挥霍，走索上而相逢’是也。”宋人王铚《默记》卷下：“晏元献罢相守颍州。二日，有歧路人献杂手艺者，作踏索之技。已而掷索向空，索植立，遂缘索而上，快若风雨，遂飞空而去，不知所在。公大骇莫测。已而守衙排军白公曰：‘顷尝出戍，曾见此等事，但请合郡谯门大索，必获。盖斯等妖术未能遽出府门也。’公如请，戒众兵曰：‘凡遇非衙中旧有之物，即以斧斫之。’既周视无有。最后于马院旁一卒曰：‘旧有系马柱五枚，今有六枚，何也？’亟斫之，而大

图 6–14　山东泰安岱庙西城墙遗址下宋代石刻中的《捶丸图》

图 6–15　元代画家钱选临摹《宋太祖蹴鞠图》（上海博物馆）

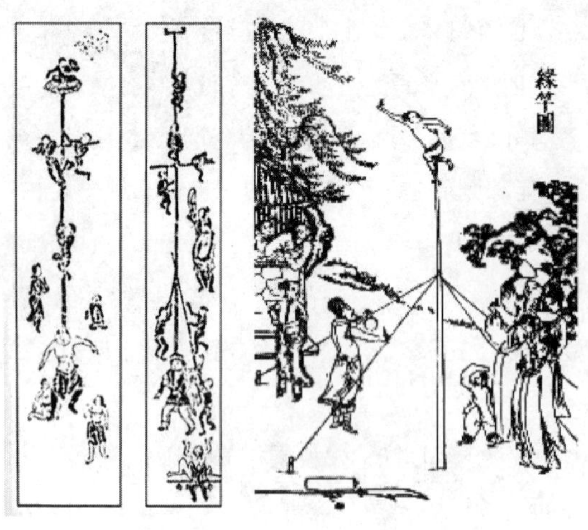

图 6–16　山东嘉祥武氏祠汉墓画像石中的“上竿”图（左）与明代《三才图会》中的“缘竿”图（右）

呼，乃人尔。遂获妖人。”宋人江少虞《皇朝事实类苑》：“蹴鞠以皮为之，中实以物，蹴蹹为戏乐也，亦谓为球焉。今所作牛彘胞，纳气而张之，则善跳跃，然或俚俗数少年簇围而蹴之，终无堕地，以失蹴为耻，久不堕为乐，亦谓为筑球鞠也。蹴，陈力之事，故习蹴蹹，乃习射之道。”南宋诗人戴表元《张君信诗序》：“余自追念少年血气盛强时，所好诸艺皆为无益，幸而不精，虽精于诗，亦复何用？曾不如医药、卜筮、方技，犹可以自给；蹴鞠博弈之流，犹为人所爱幸。”

［7］**上竿：**又称爬竿（图6–16）。宋人宋祁《上竿》诗：“回望场中百尺竿，趫材飞捷过跳丸。垂堂亦有千金子，不敢中衢徙倚看。”宋人马端临《文献通考》147《乐考二二〇》：“缘橦之技众矣。汉武帝时谓之都卢。都卢，国名，其人体轻而善缘也。”宋人叶梦得《避暑录话》卷下：“仁庙初即位，秋宴百戏，有缘撞竿者忽坠地碎其首，死，上恻然怜之，命以金帛厚赐其家，且诏自是撞竿减去三之一。晏元献作诗纪之曰：君王特轸推沟念，诏截危竿横赐钱。余往在从班侍燕时见百戏撞竿才二丈余，与外间绝不同。一老中贵人为余言，后阅元献诗，果见之，庙号称仁，信哉！”

［8］**冷淘：**见本书卷之四《食店》注［3］。

［9］**五色水：**南朝梁宗懔《荆楚岁时记》：“四月八日，诸寺设齐，以五色香水浴佛。共作龙华会按高僧传，四月八日浴佛，以都梁香为青色水，郁金香为赤色水，丘隆香为白色水，附子香为黄色水，安息香为黑色水，以灌佛顶。”

［10］**泥丸子：**宋人洪迈《夷坚志·支庚卷》第8《景灵宫道士》：“绍兴中，临安有老道士，年八十余岁，言旧为京城景灵宫道士。尝以冬日在三省门外空地聚众，用湿纸裹黄泥，向日少时即干，已成坚瓦。因白众曰：‘小术呈献诸君子为戏，却觅几文钱沽酒。’乃随地方所画金木水火土五字，各捻一丸泥，包以湿纸，置其上，就日色晒之，告观者勿遮阳光。少顷去纸，东方者色青如靛，南者则赤如丹，西则白如珠，北则黑如墨，中央如黄蜡然。往来人千百计，相顾欢异，各与之钱，而无取其泥者。天正寒，其人发黄面黧，只着单衣，必有道者也。”

［11］**嵇琴：**宋人陈元靓《事林广记》："嵇琴，本嵇康所制，故名嵇琴。二弦，一竹片轧之，其声清亮。"宋人沈括《补笔谈》卷上："熙宁中，宫宴，教坊伶人徐衎奏嵇琴，方进酒而一弦绝，衎更不易琴，只用一弦终其曲。"宋人高承《事物纪原》卷2《嵇琴》："杜挚赋序曰：秦末人苦长城之役，弦鼗而鼓之，记以为琵琶之始。按鼗如鼓而小，有柄，长尺余。然则击弦于鼓首而属之于柄末，与琵琶极不仿佛，其状今稽琴也。是稽康琴为弦鼗遗象明矣。"

［12］**箫管：**宋人陈旸《乐书》卷148《胡部·八音》："箫管之制六孔，旁一孔，加竹膜焉。足黄钟一均声。或谓之尺八管，或谓之竖篴，或谓之中管。"宋人沈括《梦溪笔谈》卷5《乐律一》："后汉马融所赋长笛，空洞无底，剡其上孔，五孔，一孔出其背，正似今之尺八。"

［13］**杂扮：**宋人吴自牧《梦粱录》卷20《妓乐》："又有杂扮，或曰杂班，又名经元子，又谓之拔和——即杂剧之后散段也。顷在汴京时，村落野夫，罕得入城，遂撰此端，多是借装为山东河北村叟，以资笑端。"（图6–17）

图 6–17　宋画中的杂剧图

［14］**筑球：**古代以杖击或以足踢球。宋人张邦基《墨庄漫录》卷8："靖康间，李生与同辈赵元奴及筑球吹笛袁绹、武震辈，例藉其家。李生流落来浙，士大夫犹邀之以听其歌，然憔悴无复向来之态矣。"元人脱脱《宋史》卷121《礼二十四》："打球，本军中戏。太宗令有司详定其仪。三月，会鞠大明殿。有司除地，竖木东西为球门，高丈余，首刻金龙，下施石莲华坐，加以采缋。左右分朋主之，以承旨二人守门，卫士二人持小红旗唱筹，御龙官锦绣衣持哥舒棒，周卫球场。"

［15］**鼓笛：**宋人邵伯温《邵氏闻见录》卷3："伯温侍长老言曰：'本朝唯真宗咸平、景德间为盛，时契丹通和，兵革不用，家给人足。以洛中言之，民以车载酒食声乐，游于通衢，谓之棚车鼓笛。'"

［16］**猴呈百戏：**清人李宗礼《宋稗类钞》卷29："京师货药者，多假弄狮子、猢孙为戏，聚集市人。供奉者形质么什颐颊尖薄，克肖猢狲，复委质于戏场焉。韦绳贯颈，跳踯不已。"

［17］**使唤蜂蝶：**宋人委心子《新编分门古今类事》卷5《异兆门下·燕王遇张》："张九哥，不知何地人，宋仁宗庆历中，问在京师，昼则闲行于市，或问人化钱，有余则复与人。……岁余，九哥诣宫门，谓门吏曰：'但道张九哥来别大王。'门吏不为通，九哥趋入。王闻諠哗，召门吏，吏以九哥对。王遽呼九哥，九哥曰：'尝蒙赐酒，将远游，故来别也。'王命左右酌酒饮之，九哥曰：'某有小技，欲以悦王，可乎？'王曰：'何技也？'九哥曰：'借帛一匹，金剪一柄。'王命取黄罗一匹及剪刀，九哥取罗重叠而剪为蜂蝶状，随剪皆飞去。少顷，罗无了遗，蜂蝶莫知其数，或习王之衣袂，或聚美人钗髻，他皆散飞庭中。王惊顾大喜，少选九哥曰：'恐失王之帛，乃呼之一一皆来，复为罗。一端罗中间一缺，似一蝶之痕，乃一蝶为宫人所捕也。'王曰：'此蝶可归乎？'九哥曰：'不可也。若随呼而来可，既久即已，亦留此为记异也。'王曰：'吾寿几

何？’九哥曰：‘王寿与开宝寺浮图齐坚。’又饮酒，乃去。后浮图灾，王亦薨，其先见之验如此。自此湖湘有人见之。丰神如旧。”

[18]**追呼蝼蚁：**唐人苏鹗《杜阳杂编》卷中：“飞龙卫士韩志和，本倭国人也，善雕木作鸾鹤鸦鹊之状，饮啄动静，与真无异。以关戾置于腹内，发之则凌云奋飞，可高三尺，至一二百步外方始却下。兼刻木作猫儿以捕鼠雀。飞龙使异其机巧，遂以事奏，上睹而悦之。志和更雕踏床，高数尺，其上饰之以金银彩绘，谓之见龙床。置之则不见龙形，踏之则鳞鬣爪牙俱出。及始进，上以足履之，而龙夭矫若得云雨，上怖畏，遂令撤去。志和伏于上前曰：‘臣愚昧，致有惊忤圣躬。臣愿别进薄伎稍娱至尊耳目，以赎死罪。’上笑曰：‘所解伎何？试为我作之。’志和遂于怀中出一桐木合子，方数寸，中有物名蝇虎子，数不啻一二百焉，其形皆赤，云以丹砂啖之故也。乃分为五队，令舞《凉州》。上令召乐以举其曲，而虎子盘回宛转无不中节。每遇致词处，则隐隐如蝇声。及曲终，累累而退，若有尊卑等级。志和臂虎子，令于上前猎蝇，于数百步之内，如鹞捕雀，罕有不获者。上嘉其小有可观，即赐以杂彩银椀。志和出宫门，悉转施于他人。不逾年，竟不知志和之所在。”

[19]**沙书：**一种技艺表演。其法，用手撮细沙或石粉挥洒成字。清人李宗礼《宋稗类钞》卷28：“胡少汲夜梦游一寺，与勒和尚衲僧六七人，共步长廊，少汲手持长镵划青方石，如锥画沙，书六句颂云。”宋人张君房《云笈七签》卷113下《续仙传・杜升》：“杜升，字可云，自言京兆杜陵人也，……常游城市门醉行。能沙书，好于水碗及盆内，以沙书龙字，浮而左右转，或叱之，则飞起，高丈余，隐隐若云雾，作小龙形，呼之复下水中。不就人求钱，人自以钱与之。召人穿檐行，少顷之间，得钱甚多，便散与贫人及酒家。”

[20]**宣和与民同乐：**宋人蔡绦《铁围山丛谈》卷1：“国朝上元节烧灯盛于前代，为彩山峻极而对峙于端门。彩山，故隶开封府仪曹及仪鸾司共主之。崇宁后有殿中省，因又移隶殿中，与天府同治焉。大观元年，宋乔年尹开封，乃于彩山中间高揭大膀金字书，曰：‘大观与民，同乐万寿。’彩山自是为故事。随年号而揭之，盖自宋尹始。”宋代元名氏《大宋宣和遗事・亨集》：“东自冬至日，下手架造鳌山高灯，长一十六丈，阔二百六十五步；中间有两条鳌柱，长二十四丈；两下用金龙缠柱，每一个龙口里，点一盏灯，谓之‘双龙衔照’。中间奓一个牌，长三丈六尺，阔二丈四尺，金书八个大字，写道：‘宣和彩山，与民同乐。’彩山极是华丽，那彩岭直趋禁阙春台，仰捧端门。”（图6–18）

[21]**彩山：**宋代元宵节放花灯，宫内彩灯堆叠成山形而故名，又称鳌山。宋人周密《乾淳岁时记・元夕》：“至二鼓，上乘小辇，幸宣德门观鳌山。擎辇者皆倒行，以便观赏。山灯凡数千百种。”宋人李持正《明月逐人来》诗：“星河明淡，春来深浅。红莲正，满城开遍。禁街行乐，暗尘香拂面。皓月随人近远。天半鳌山，光动凤楼两观。东风静，珠帘不卷。玉辇将归，云外闻弦管。认得宫花影转。”宋人赵令畤《赵德麟》卷2：“元丰中，裕陵以元夕御楼，宰臣亲王观灯，有御制，令从臣和进。王禹玉为左相，蔡持正为右相，蔡密叩王云：‘应制上元诗如何使事？’禹玉曰：‘鳌山凤辇外不可使。’章子厚时为黄门侍郎，面笑之云：‘此谁不知。’”

图 6-18 南宋朱玉《灯戏图》中的元宵表演场面

[22] **棘盆：**用棘刺围绕起来的临时演出场地。宋人金盈之《新编醉翁谈录》卷3《正月》："诸灯之最繁者，棘盆灯为上。是灯于上前为大乐坊，以棘为垣，所以节观者谓之'棘盆'。山棚上、棘盆中皆以木为仙佛、人物、车马之像。尽集名娼，立山棚上。开封府奏衙前乐，选诸绝艺者在棘盆中。"宋人李焘《长编》卷456：元祐六年（1091年）三月乙酉，"御史中丞赵君锡言：'高丽国、三佛齐国进贡使副以下，擅入棘盆观看，奉诏馆伴、押伴官等并特放罪。臣窃惟蛮夷入贡，有司当守著令，今馆伴官等乃敢辄于观灯之夕公然废越法制，辱国误朝，宜在不赦。'诏馆伴、押伴官并罚金六斤"。

[23] **百戏：**各种表演活动。宋人马端临《文献通考》卷147《乐考》："宋朝杂乐百戏，有踏球、蹴球、踏跷、藏挟、杂旋、弄枪碗瓶、齪剑、踏索、寻撞、筋斗、拗腰、透剑门、飞弹丸、女伎、百戏之类，皆隶左右军而散居，每大飨燕，宣徽院按籍召之。"宋人司马光《论上元令妇人相扑状》："右，臣窃闻今月十八日圣驾御宣德门，召诸色艺人，各进技艺，赐与银绢。内有妇人相扑者，亦被赏赉。臣愚窃以宣德门者，国家之象魏，所以垂宪度、布号令也。今上有天子之尊，下有万民之众，后妃侍旁，命妇纵观，而使妇人裸戏于前，殆非所以隆礼法，示四方也。陛下圣德温恭，动遵仪典，而所司巧佞，妄献奇技，以污渎聪明，窃恐取讥四远。愚臣区区，实所重惜。若旧例所有，伏望陛下因此斥去，仍诏有司严加禁约，今后妇人不得于街市以此聚众为戏。若今次上元始预百戏之列，即乞取勘管勾臣僚，因何置在籍中。或有臣僚援引奏闻，因此宣召者，并重行谴责。庶使巧佞之臣有所戒惧，不敢导上为非礼也。谨具状奏闻，伏候敕旨。"

[24] **掌扇：**见本书卷之四《公主出降》中的注［9］。

[25] **椽烛：**如椽之烛，指大烛（图6-19）。宋人苏轼《武昌西山》诗："岂知白首同夜直，卧看椽烛高花摧。"宋人魏泰《东轩笔录》卷15："宋子京博学能文章，天资蕴藉，好游宴，以矜持自喜，晚年知成都府，带《唐书》于本任刊修，每宴罢，盥漱毕，

图 6-19 宋代蜡烛台

开寝门，垂帘，燃二椽烛，媵婢夹侍，和墨伸纸，远近观，皆知尚书修《唐书》矣，望之如神仙焉。”

［26］**露台：**宋人李焘《长编》卷68：大中祥符元年（1008年）正月己丑，“凡赐酺，命内诸司使三人主其事，于乾元楼前筑土为露台，半门扉，上设教坊乐。又骈系方车四十乘，上起彩楼者二，分载钧容直、开封府乐。复为棚车二十四，每车联十二乘为之，皆驾以牛，被之锦绣，萦以彩纼，分载诸军、京畿伎乐，又于中衢编木为栏处之。徙坊市邸肆，对列御道，百货骈布，竞以彩幄镂牓为饰。上御乾元门，召京邑父老分番列坐楼下，传旨问其安否，赐以衣物茶帛。若五日，则第一日近臣侍坐，特召丞郎、给谏。上举觞，教坊乐作，二大车自升平桥而北，又有旱船四挟之以进，棚车由东西街交骛，并往复日再焉。东距望春门，西连阊阖门，百戏竞作，歌吹腾沸。宗室诸亲、近列牧伯洎旧臣家，官为设彩棚于左右廊庑。士庶观者，驾肩迭迹，车骑填溢，欢呼震动。第二日，宴宰相百官于都亭驿、宗室于亲王宫。第三日，宴宗室内职于都亭驿、近臣于宰相第。第四日，宴百官于都亭驿、宗室于外苑。第五日，复宴宗室内职于都亭驿、近臣于外苑。上多作诗，赐令属和，及别为劝酒诗。禁军将校，日会于殿前、马步军之廨”。金泰和三年（1203年）山西芮城县岱岳庙《岳庙新修露台记》：“县□□东，营修岳庙□□矣。基址宏敞、殿宇廊庑，制度完备，□□□丽。惟有露台一所，累土为之，岁律迁□，风颓雨圮，屡修屡坏，终不称于庙貌。凡有时祭月享，当奏音其上，用荐庶羞。今以卑隘，不克行列□人，乐失其备……□台崇七尺五寸，方广二十四步，砖总万有六千数，边隅用石一百五十□。□砻绝疵，细功麟砌，荡人耳目。黄童白叟，□□以□□。□牲陈皿者，得以展其仪，流宫泛羽者，□□奏其雅。神人之心，由是和焉。”（图6-20）

［27］**骨朵子：**指在一长棒顶端缀一蒺藜形、蒜头形、或扁圆球形的头，以铁或坚木为之，即皇朝上兵士所执金瓜（图6-21）。宋人曾公亮《武经总要》前集卷13《器图》：“右蒺藜、蒜头

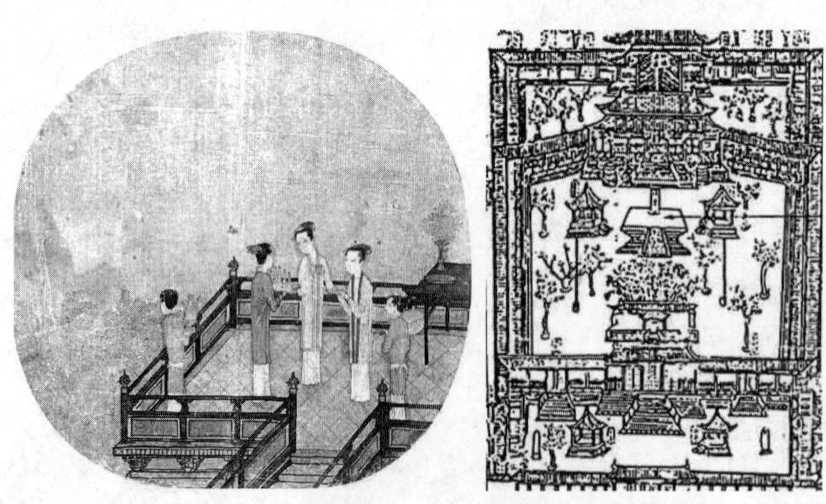

图 6-20　宋画《瑶台步月图》中的露台（左）与《岳庙新修露台记》中的露台（右）

骨朵二色，以铁若木为大首。迹其意，本为胍肫。胍肫，大腹也，谓其形如胍而大，后人语讹，以胍为骨，以肫为朵（其首形制不常，或如蒺藜，或如羔首，俗亦随宜呼之）。短柄铁链皆骨朵类，特形制小异尔。”宋人宋祁《宋景文公笔记》卷上：“国朝有骨朵子直，卫士之亲近者。予尝修日历，曾究其义。关中认谓腹大者谓胍托，上孤下都。俗因谓杖头大者亦为胍托，后讹为骨朵，朵从平声，然朵难得音。今为军额，固不可改矣。”宋人王易《重编燕北录》：“铁瓜（番呼须睹），以熟铁打作八片虚合成，以柳木作成，约长三尺。两头铁裹，打数不过七下。沙袋（番呼郭不离），以牛皮夹缝如鞋底，内盛沙半升以夹，柄以柳木作，胎亦用牛皮裹，长二尺，打数不过五百。契丹盗衣服钱帛诸物等，捉获贼。或累货估价钱每五十贯文，决沙袋一百；累至二百五十贯文，决沙袋五百，配徒五年。若更有钱时，十贯文，打骨铩一下至骨铩五下，更有钱时处死。”

图 6–21　四川泸县宋墓出土的执骨朵的武士石刻

[28] **露台弟子：**宋元时期民间剧团的艺人，与官府的教坊钧容直相对而言。《金佗箨编》卷25：“开封府大尹，日所得露台弟子、小心奴同作一船载着。其小心奴姿色妖丽，其妻钱氏不容，所以顿在别船，尽为贼人掳夺。”

[29] **山呼：**古代对皇帝的祝颂仪式，叩头高呼“万岁”三次。宋人高承《事物纪原》卷1：“后人以呼万岁为山呼者，其事盖起于汉武时。按前汉武帝本纪曰：‘元封元年正月登嵩高，御史乘属在庙旁，吏卒咸闻呼万岁者三。’迄今三呼以为式，而号山呼也。”

十四日车驾幸五岳观

正月十四日[1]，车驾幸五岳观迎祥池[2]。有对御，谓赐群臣宴也。至晚还内。围子[3]、亲从官，皆顶球头大帽，簪花，红锦团答戏狮子衫，金镀天王腰带，数重骨朵。天武官皆顶双卷脚幞头[4]，紫上大搭天鹅结带宽衫。殿前班顶两脚屈曲向后花装幞头[5]，著绯、青、紫三色撚金线结带，望仙花袍，跨弓箭乘马，一扎鞍辔，缨绋前导。御龙直一脚指天一脚圈曲幞头，着红方胜锦襖子，看带、束带，执御从物：如金交椅[6]、唾盂[7]、水罐、果垒、掌扇、缨绋之类。御椅子皆黄罗珠蹙，背座则亲从官执之。诸班直皆幞头、锦襖、束带。每常驾出，有红纱帖金烛笼[8]二百对，元宵加以琉璃玉柱掌扇灯。快行家各执红纱珠络灯笼。驾将至，则围子数重外，有一人捧月样兀子[9]，锦覆于马上。天武官十余人，簇拥扶策[10]，喝曰『看驾头』[11]。次有吏部小使臣百余，皆公裳，执珠络球杖[12]，乘马听唤。近侍余官皆服紫绯绿公服[13]，三衙[14]、太尉、知阁[15]、御带[16]，罗列前导。两边皆内等子，选诸军膂力者，着锦襖顶帽，握拳顾望，有高声者，捶之流血。教坊、钧容直乐部前引，驾后诸班直马队作乐，驾后围子外，左则宰执、侍从，右则亲王、宗室、南班官[17]。驾近则列横门，十余人击鞭，驾后有曲柄小红绣伞，亦殿侍执之于马上。驾入灯山，御辇院人员辇前喝『随竿媚来』，御辇团转一遭，倒行观灯山，谓之『鹁鸽旋』，又谓之『踏五花儿』，则辇官有喝赐矣。驾登宣德楼，游人奔赴露台下。

注解

［1］**正月十四日：**宋人欧阳修《欧阳修集》卷119《奏事录》："嘉祐八年上元，京师张灯如常岁，岁常以十四日，上晨出，游幸诸宫寺，赐从臣饮酒，留连至暮而归。遂御宣德门，与从臣看灯，酒五行而罢。是岁自正初，上觉体中不佳。十四日，遂不晨出。至晚，略幸慈孝、相国两寺。御端门，赐从臣酒，三行止。"清人徐松《宋会要·帝系》10之15："（天圣）三年正月十四日，诏（诣）启圣院朝谒，又幸景灵、上清宫、大相国寺，还御正阳门，召从臣观灯。四年正月，帝以朝谒不可与游幸同日，故用十一日朝谒，十四日始幸诸寺观，宴从臣，还御楼观灯。仁宗朝皆然，而十四日或别诣会灵、祥源、建隆、万寿观，慈孝、景德、开宝、宝相、显圣、大清、显宁寺，福圣、大乘、戒坛院。"

［2］**迎祥池：**宋人王辟之《渑水燕谈录》卷9："元祐中上元，驾幸迎祥池宴从臣，教坊伶人以先圣为戏。刑部侍郎孔宗翰奏：'唐文宗时尝有为此戏者，诏斥去之。今圣君宴犒群臣，岂宜尚容有此？'诏付伶官置于理。或曰：'此细事，何足言？'孔曰：'非尔所知。天子春秋鼎盛，方且尊德乐道，而贱伎乃尔亵慢，纵而不治，岂不累圣德乎！'闻者惭羞叹服。"宋人《张氏可书》："徽宗幸迎祥池，见栏槛间丑石，顾问内侍杨戬曰：'何处得之？'戬云：'价钱三百万，是戬买来。'伶人焦德进曰：'犹自似戬也。'上大笑。"

［3］**围子：**皇帝巡幸时的仪卫。宋人周密《武林旧事·四孟驾出》："亲从方围子，两行各一百四十人，围子两边各四重；第一重，内殿直已下两边各一百人；第二重，崇政殿围子两边各一百人。"宋人蔡绦《铁围山丛谈》卷2："上因赐鲁公以三接青罗伞，涂金从物，涂金鞍，异锦鞯，马前围子二百人，大略皆亲王礼仪……鲁公乃拜赐。"

［4］**双卷脚幞头：**其形制是两脚弯曲，幞头角向上卷起（图6–22）。宋人绍伯温《见闻录》

图 6–22　五代《文苑图》中的双卷脚幞头

卷17：“熙宁初，洛阳有老人党翁者卖药，日于水南北往来，行步甚快，少年不及也。自言五代清泰年，为兵尝事，柴世宗有放停公帖可验。戴卷脚幞头，衣黄衫系革带，犹唐装也。有妻无子，问其事，则不答。至元丰中不知所在，余尝亲见之，亦异人矣。”

［5］**花装幞头：**两脚屈曲向后，上插花卉。

［6］**金交椅：**宋人岳珂《桯史》卷7《优伶诙语》：“秦桧以绍兴十五年四月丙子朔，赐第望仙桥。丁丑，赐银绢万匹两，钱千万，彩千缣，有诏就第赐燕，假以教坊优伶，宰执咸与。中席，优长诵致语，退，有参军者前，褒桧功德。一伶以荷叶交倚从之，恢语杂至，宾欢既洽，参军方拱揖谢，将就倚，忽堕其幞头，乃总发为髻，如行伍之巾，后有大巾，镮为双叠胜。伶指而问曰：‘此何？’镮曰：‘二胜。’镮遽以朴击其首曰：‘尔但坐太师交倚，请取银绢例物，此镮掉脑后可也。’一坐失色，桧怒，明日下伶于狱，有死者。于是语禁始益繁，芮晔令衿等吻祸，盖其末流焉。”宋人王明清《挥麈录》卷3：“绍兴初，梁仲谟汝嘉尹临安。五鼓，往待漏院，从官皆在焉。有据胡床而假寐者，旁观笑之。又一人云：‘近见一交椅，样甚佳，颇便于此。’仲谟请之，其说云：‘用木为荷叶，且以一柄插于靠背之后，可以仰首而寝。’仲谟云：‘当试为诸公制之。’又明日入朝，则凡在坐客，各一张易其旧者矣，其上所施之物悉备焉。莫不叹伏而谢之。今达宦者皆用之，盖始于此。”宋人张瑞义《贵耳集》：“今之交椅，古之胡床也。自来只有栲栳式，宰执侍从皆用之。因素师垣在国忌所偃仰，片时附巾，京伊吴渊奉承时相，出意选制荷叶托首四十柄，载赴国忌所，遣匠者顷刻添上。凡宰执侍从皆有之，遂号太师椅”。（图6–23）

图 6–23　宋画《蕉荫击球图》中的交椅

［7］**唾盂：**宋人朱熹《朱子语类》卷102：“汉世禁中侍卫亦是士大夫，以孔安国大儒而执唾盂，虽仪盆亦是士人执之。”明人宋濂《元史》卷79：“唾壶，制以银宽缘、虚腹，有盖，黄金涂之；唾盂，制以银形圆如缶，有盖。”

［8］**烛笼：**即灯笼。宋人黎靖德《朱子语类》卷67：“譬之此烛笼，添得一条骨子，则障了一路明。”宋人朱彧《萍洲可谈》卷1：“朝，辨色始入，前此集禁门外。宰执以下，皆用白纸糊烛笼一枚，长柄揭之马前，书官位于其上，欲识马所在也。朝时自四鼓，旧城诸门启关放入，都下人谓‘四更时，朝马动，朝士至’者，以烛笼相围绕聚首，谓之火城。宰执最后至，至则火城灭烛。大臣自从官及亲王驸马，皆有位次，在皇城外仗舍，谓之待漏院，不与庶官同处。火城每位有翰林司官给酒果，以供朝臣，酒绝佳，果实皆不可咀嚼，欲其久存。先公与蔡元度尝以寒月至待漏院，卒前白有羊肉酒，探腰间布囊，取一纸角，视之，矕也。问其故，云：‘恐寒冻难解，故怀之。’自是止令供清酒。”

［9］**兀子：**小矮凳。宋人陆游《老学庵笔记》卷4：“徐敦立言，往时士大夫家妇女坐椅子、兀子，则人皆讥笑其无法度。”宋人洪迈《夷坚甲志》卷16《郑畯妻》：“见王氏入其室，自取兀

子坐床畔，以手挂帐。”

［10］**扶策：**搀扶。宋孙光宪《北梦琐言》卷16：“舟忽倾侧，上堕于池中，宫嫔并内侍从官并跃入池，扶策登岸，移时方安。”

［11］**驾头：**见本书卷之四《皇后出乘舆》注［2］。

［12］**球仗：**宋时以击球之杖涂饰金银，作为仪仗，用于导引。元人脱脱《宋史·仪卫志六》：“球仗，金涂银裹，以供奉官骑执之，分左右前导。”宋人马端临《文献通考》卷107：“球仗，涂金银裹，以供奉官骑执之，分左右前导。”

［13］**公服：**元人脱脱《宋史·舆服志》：“凡朝服谓之具服，公服从省，今谓之常服。宋因唐制，三品以上服紫，五品以上服朱，七品以上服绿，九品以上服青。”宋人胡仔《苕溪渔隐丛话后集·本朝杂记下》：“《吕氏童蒙训》：‘仲车一日因具公裳见贵官，因思曰：‘见贵官尚具公裳，岂有朝夕见母而不具公裳者乎？’遂晨夕具公裳揖母。’”

［14］**三衙：**宋中央禁军最高指挥机构殿前司、侍卫亲军马军司、侍马亲军步军司合称。宋人欧阳修《归田录》卷1：“旧制，侍卫亲军与殿前分为两司。自侍卫司不置马步军都指挥使，止置马军指挥使、步军指挥使以来，侍卫一司，自分为二，故与殿前司列为三衙也。”

［15］**知阁：**职事官名。宋人吴自牧《梦粱录》卷6：“知合官系正任承宣、观察使，赐大花十朵、栾枝花八朵。”

［16］**御带：**即“带御器械”官。宋人马端临《文献通考》卷58《带御器械》：“宋初，尝选三班以上武亲信者佩櫜鞬、御剑，或以内臣为之。初，是职止名‘御带’。咸平元年，改为御带器械。景佑二年，诏自今无得过六人。庆历元年，诏遇阙员，以历边任有功者补之（旧制，外任带御器械过阙朝见，不宿卫）。熙宁六年，向宝移真定府路总管，过京师，特命宿直。中兴初，诸将在外者多带职，盖假禁近之名，为军旅之重（绍兴七年，枢密院言：‘带御器械官合带插。’上曰：‘祖宗置此官，所以卫不虞也，今乃佩数只鹘箭，不知何用。方承平时，至饰以珠珍，车驾每出，为观美而已。他日恢复，此等事当尽去。’）二十九年，诏中外举荐武臣，无阙可处，增置带御器械四员，然近侍亦或得之。乾道以来，诏带御器械立班在枢密院检详文字之上。淳熙间，凡正除军中差遣或外任者，不许衔内带行；又许供职一年，方与解带恩例，于是属鞬之职益加重矣。”

［17］**南班官：**宋人马端临《文献通考》卷5《南班》：“笔谈曰：宗子授南班官，世传王曾为相日，始开此议。不然也。故事，宗子无迁官法，唯遇稀旷大庆，则迁一官。景祐中，初定祖宗并配南郊，宗子缘大礼乞推恩，自此遂有南班之授。近属，自初除小将军七迁为节度使，遂为定制。熙宁元丰间，祖免之外例，授小使臣，同庶官也。”

十五日驾诣上清宫

十五日，诣上清宫，亦有对御[1]。至晚回内[2]。

[1] **对御：**谓皇帝赐宴，与群臣共饮。宋人蔡绦《铁围山丛谈》卷1：“凡大礼后恭谢，上元节游春，或幸金明池、琼林苑，从臣皆扈跸而随车驾，有小宴谓之对御，凡对御则用滴粉缕金花，极其珍霍矣。”王安石在《癸卯追感正月十五事》诗中写道：“正月端门夜，金舆缥缈中。传觞三鼓罢，纵观万人同。警跸声如在，嬉游事已空。但令千载后，追泳太平功。”

[2] **至晚回内：**宋人张耒《上元日驾回登楼二首》：“紫雾氛霏阊阖开，团团明月上天来。香车百两天街晚，清跸一声仙仗回。灯隔画帘时闪烁，风穿高幕故徘徊。太平日久多明暇，簪笏从容侍燕杯。”

十六日

十六日，车驾不出，自进早膳讫，登门[1]，乐作卷帘，御座临轩宣万姓。先到门下者，犹得瞻见天表[2]，小帽红袍，独卓子。左右近侍，帘外伞扇执事之人。须臾下帘则乐作，纵万性游赏。两朵楼相对，左楼相对郓王[3]，以次彩棚、幕次[4]，右楼相对蔡太师，以次执政戚里幕次。时复自楼上有金凤飞下诸幕次[5]，宣赐不辍。诸幕次中家妓[6]，竞奏新声，与山棚、露台上下，乐声鼎沸。西朵楼下，开封尹弹压[7]，幕次罗列，罪人满前，时复决遣，以警愚民。楼上时传口敕，特令放罪。于是华灯宝炬，月色花光，霏雾融融，动烛远近。至三鼓，楼上以小红纱灯球，缘索而至半空，都人皆知车驾还内矣。须臾闻楼外击鞭之声，则山楼上下灯烛数十万盏，一时灭矣。于是贵家车马，自内前鳞切，悉南去游相国寺。寺之大殿前设乐棚，诸军作乐。两廊有诗灯云：『天碧银河欲下来，月华如水照楼台』，并『火树银花合，星桥铁锁开』[8]之诗。其灯以木牌为之，雕镂成字，以纱绢幂之，于内密燃其灯，相次排定，亦可爱赏。资圣阁前安顿佛牙，设以水灯[9]，皆系宰执戚里贵近占设看位。最要闹九子母[10]殿及东西塔院，惠林、智海、宝梵，竞陈灯烛，光彩争华，直至达旦。其余宫观寺院，皆放万姓烧香。如开宝、景德[11]、大佛寺等处，皆有乐棚，作乐燃灯。惟禁宫观寺院，不设灯烛矣。次则葆真宫[12]，有玉柱、玉帘窗隔灯。诸坊巷、马行诸香药铺席、茶坊、酒肆灯烛，各出新奇。就中莲华王家香铺灯火出群，而又命僧道场打花钹、弄椎鼓[13]，游人无不驻足。诸门皆有官中乐棚。万街千巷，尽皆繁盛浩闹。每一坊巷口，无乐棚去处，多设小影戏棚子，以防本坊游人小儿相失[14]，以引聚之。殿前班在禁中右掖门里，则相对右掖门设一乐棚，放本班家口登皇城观看。官中有宣赐茶酒、妆粉钱之类。诸营班院[15]，于法不得夜游，各以竹竿出灯球于半空，远近高低，若飞星然。阡陌纵横，城闉不禁。别有深坊小巷，绣额珠帘，巧制新妆，竞夸华丽。春情荡飏，酒兴融怡，雅会幽欢，寸阴可惜，景色浩闹，不觉更阑[16]。宝骑骎骎[17]，香轮辘辘[18]，五陵年少，满路行歌，万户千门，笙簧未彻。市人卖玉梅[19]、夜蛾[20]、蜂儿、雪柳、菩提叶[21]、科头圆子、拍头焦馆饳。唯焦饳以竹架子出青伞上，装缀梅红缕金小灯笼子，架子前后亦设灯笼，敲鼓应拍，团团转走，谓之『打旋罗』，街巷处处有之。至十九日收灯，五夜城闉不禁，尝有旨展日。宣和年间，自十二月于酸枣门，二名景龙门上，如宣德门，元夜点照，门下亦置露台，南至宝箓宫，两边关扑买卖。晨晖门外设看位一所，前以荆棘围绕，周回约五七十步，都下卖鹌鹑骨饳儿、饳圆子、拍白肠、水晶鲙、科头细粉、旋炒栗子、银杏、盐豉汤、鸡段、金橘、橄榄、龙眼、荔枝诸般市合，团团密摆，准备御前索唤。以至尊有时在看位内，门司、御药[22]、知省、太尉悉在帘前，用三五人弟子祗应[23]。狨盆[24]照耀，有同白日。仕女观者，中贵邀住，劝酒一金杯[25]，令退。直至上元[26]，谓之『预赏』[27]。惟周待诏瓠羹贡余者，一百二十文足一个，其精细果别如市店十文者。

注解

［1］**登门：** 登上宣德门楼。

［2］**天表：** 天子的仪容。唐人房玄龄《晋书·裴秀传》："秀后言于文帝曰：'中抚军人望既茂，天表如此，固非人臣之相也。'"

［3］**郓王：** 宋人邓椿《画继》卷2《侯王贵戚》："郓王，徽宗皇帝第二子也。禀资秀拔，为学精到。政和八年，射策于庭，名标第一，多士推服。性极嗜画，颇多储积。凡得珍图，即日上进，而御府所赐，亦不为少，复皆绝品，故王府画目，至数千计。又复时作小笔花鸟便面，克肖圣艺，乃知父尧子舜，趣尚一同也。今秘阁画目，有《水墨笋竹》及《墨竹》、《蒲竹》等图。"

［4］**幕次：** 临时搭起的帐篷。宋人庞元英《文昌杂录》卷1："两省给舍已上、御史中丞、学士皆御赐寓，百官就食幕次。"

［5］**金凤飞下诸幕次：** 来源于"凤诏"之说。晋人陆翙《邺中记》："石季龙与皇后在观上为诏书，五色纸著凤口中，凤既衔诏，待人放数百丈绯强，辘轳回转，凤凰飞下，谓之'凤诏'。凤凰以木作之，五色漆画，鸟嘴皆用金。"

［6］**家妓：** 古代豪门大户家中所蓄养的歌妓。宋人洪迈《夷坚丁志·郭提刑妾》："政和末，陕西提刑郭允迪招提举木筏叶大夫饮酒，出家伎侑席。"宋人姜夔《莺声绕红楼》词序："甲寅春，平甫与予自越来吴，携家妓观梅于孤山之西村。"

［7］**弹压：** 宋元时职掌纠察的下级官吏。宋人周密《武林旧事·西湖游幸》："游幸湖山，御大龙舟。宰执从官以至大珰应奉诸司及京府弹压等各乘大舫，无虑数百。"

［8］**火树银花合，星桥铁锁开：** 为唐代诗人苏味道《正月十五夜》之句。

［9］**水灯：** 宋人赵抃《杭州上元观灯二首》之二："初逢稔岁改初元，元夜从游驾两幡。寺曲水灯多巧怪，河塘歌吹竞喧繁。安排百戏无虚巷，开辟重关不锁门。愿以民心祝尧寿，众星高拱北辰尊。"宋人王安石《上元戏呈贡父》诗中写道："车马纷纷白昼同，万家灯火暖春风。别开阊阖壶天外，特起蓬莱陆海中。尽取繁华供侠少，只分牢落与衰翁。不知太一游何处，定把青藜独照公。"

［10］**九子母：** 中国古代被奉为生育之神。南朝梁代宗懔《荆楚岁时记》（佚文）："四月八日，长沙寺阁下有九子母神，是日，市肆之人无子者，供养薄饼以乞子，往往有验。"宋人陆游《老学庵笔记》卷10："钱穆父风姿甚美，有九子。都下九子母祠作一巾贮美丈夫，坐于西偏，俗以为九子母之夫。故都下谓穆父为'九子母夫'。东坡赠诗云：'九子羡君门户壮。'盖戏之也。"

［11］**景德：** 相国寺之下院。明人李濂《汴京遗迹志》卷10："景德寺，在丽景门外迤东。

周世宗显德五年，以相国寺僧多居隘，诏就寺之蔬圃别下院处之，俗呼东相国寺。显德六年赐额‘天寿寺’，宋真宗显德二年改名‘景德寺’。寺后有定光释迦舍利砖塔，累经兵燹河患，今为平地。”

［12］**葆真宫：**又作宝真宫。元人脱脱《宋史・徽宗本纪》：“（政和五年）夏四月甲辰，作葆真宫。”宋人邓椿《画继》卷9《宋之画学》：“徽宗嗜画尤笃，宣和中尝筑五岳观、宝真宫征天下名士，使画障壁，较修景灵宫为盛。其于图画，奖励不遗余力。”

［13］**椎鼓：**击鼓。汉人刘珍《东观汉记・光武纪》：“传吏方进食，从者饥，争夺之。传吏疑其伪，乃椎鼓数十通。”唐人杜甫《黄河》诗之一：‘黄河北岸海西军，椎鼓鸣钟天下闻。’元人李东有《古杭杂记》：“杭州市肆有有丧之家，命僧为佛事，必请亲戚妇人观看。主母则带养娘随从。养娘首问来请者曰：‘有和尚弄花鼓棒否？’请者曰：‘有。’则养娘争肯前去。花鼓棒者，谓每举法乐，则一僧三四鼓棒在手，轮转抛弄。诸妇人竞观之以为乐，亦诲淫之一端也。”

［14］**小儿相失：**宋人岳珂《桯史》卷1《南陔脱帽》：“神宗朝，王襄敏韶在京师，会元夕张灯，金吾驰夜，家人皆步出将帷观焉。幼子寀第十三，方能言，珠帽襐服，冯肩以从。至宣德门，上方御楼，芗云彩鳌，箫吹雷动，士女仰视，喧拥阗咽，转盼已失所在，驺驭皆恇挠不知所为，家人不复至帷次，狼狈归，未敢白请捕。襄敏讶其反之亟，问知其为南陔也，曰：‘他子当遂访，若吾十三，必能自归。’恰然不复求。咸叵测。居旬日，内出犊车至第，有中大人下宣旨，抱南陔以出诸车，家人惊喜，迎拜天语。既定，问南陔以所之。乃知是夕也，奸人利其服装，自襄敏第中已窃迹其后，既负而趋，南陔觉负已者之异也，亟纳珠帽于怀，适内家车数乘将入东华，南陔过之，攀幰呼焉。中大人悦其韶秀，抱置之膝。翌早，拥至上閤，以为宜男之祥。上问以谁氏，竦然对曰：‘儿乃韶之幼子也。’具道所以，上顾以占对不凡，且叹其早慧，曰：‘是有子矣。’令暂留钦圣鞠视。密诏开封捕贼以闻，既获，尽戮之。乃命载以归，且以具狱示襄敏，赐压惊金犀钱果，直钜万。”

［15］**诸营班院：**指军营、诸班直以及为帝王服务的机构如御辇院等。宋人周密《齐东野语》卷8：“高宗视师金陵，张魏公为守，杨和王领殿前司。有卒夜出，与兵马都监喧竞，卒诉之，公判云：‘都监夜巡，职也。禁兵酉点后，不许出营，法也。牒宿卫司，照条行。’杨不得已斩之。”

［16］**更阑：**更深夜尽。宋人柳永《迎新春・嶰管变青律》：“嶰管变青律，帝里阳和新布。晴景回轻煦。庆佳节，当三五。列华灯，千门万户。遍九陌，罗绮香风微度。十里然绛树，鳌山耸，喧天箫鼓。渐天如水，素月当午。香径里，绝缨掷果无数。更阑烛影花阴下。少年人，往往奇遇。太平时，朝野多欢民康阜。随分良聚，堪对此景，怎忍独醒归去。”

［17］**骎骎：**马跑得很快的样子。

［18］**辘辘：**象声词，形容车轮声。

［19］**玉梅：**人工制作的白绢梅花，为应时的头饰。宋人晁冲之《传言玉女》词：“娇波向人，手然玉梅低说：‘相逢常是，上元时节。’”宋人李邴《女冠子》词：“东来西往谁家女，买玉梅争戴，缓步香风度。”宋代话本《大宋宣和遗事》前集：“少刻，京师民有似雪浪，尽头上戴着玉梅、雪柳、闹蛾儿。”

[20] **夜蛾：**通常用竹篾、绫绢等制成花朵，另用硬纸剪制成蝴蝶、飞蛾之形，将其粘于细竹篾上，并附缀在花朵周围，使用时插在发髻之上，微风袭来，举足行步时震动着花朵，牵动了竹篾，花旁的蝶蛾微微颤动，就像围着花朵飞舞。宋代话本《大宋宣和遗事》："京师民有似云浪，尽头上戴着玉梅、雪柳、闹蛾儿，直到鳌山看灯。"明人刘若愚《酌中志·饮食好尚纪略》："自岁莫正旦，咸头戴闹蛾，乃乌金纸裁成，画颜色装就者；亦有用草虫、蝴蝶者。"清人王夫之《杂物赞·活的儿》："以乌金纸剪为蛱蝶，朱粉点染，以小铜丝缠缀针上，旁施柏叶。迎春元日，冶游者插之巾帽，宋柳永词所谓'闹蛾儿'也，或亦谓之'闹嚷嚷'。"宋人范成大《菩萨蛮》词："留取缕金幡，夜蛾相并看。"宋人康与之《瑞鹤仙》词："花影乱，笑声喧。闹蛾满路，成团打块，簇着冠儿斗转。"宋人辛弃疾《青玉案·元夕》词："蛾儿雪柳黄金缕，笑语盈盈暗香去。"

[21] **菩提叶：**指菩提叶灯。宋人辛弃疾《菩萨蛮》："看灯元是菩提叶。依然曾说菩提法。法似一灯明。须臾千万灯。灯边花更满。谁把空花散。说与病维摩。而今天女歌。"元人吕诚《来鹤亭集》卷2《菩提叶灯》："宝林萎叶堕天风，一落人间便不同。云镜荧煌开月匣，并刀裁剪费春工。星攒蜩翼冰绡薄，华拥虾须玉栅红。从此可传无尽焰，五湖今有水晶宫。"

[22] **御药：**御药院的简称。元人脱脱《宋史·职官志》4《御药院》："御药院，勾当官无常员，以入内内侍充。掌按验秘方，以时剂和药品，以进御及供奉禁中之用。旧制，勾当御药院迁官至遥领团练、防御者，谓之暗转，干冒恩泽，浸不可止。嘉祐五年，诏御药院内臣如当转出而特留者，俟其出，计所留岁月优迁之，更不许累计所迁资序。非勾当御药院而留者，其出更不推恩。典八人，药童十一人，匠七人。崇宁二年，并入殿中省。"宋人司马光《上神宗论御药王中正乞尽罢寄资令补外官》："唯祖宗之意，御药一职，最为亲密。"

[23] **祗应：**开封方言，"职应"之意，即伺候、侍奉之意。

[24] **粆盆：**以麻粆为燃料的火盆。宋人程大昌《演繁露》卷2《镣炉》："本为此灶，止以燃火照物，若今之生麻粆盆也。"宋人刘昌诗《芦蒲笔记》卷3《粆盆》："今人祠祭或燕设，多以高架然薪照庭下，号为'生盆'，莫晓其义。予因执事合宫，见御路两旁火盆皆叠麻迅，始悟为'粆盆'，俗呼为生也。"

[25] **劝酒一金杯：**宋人赵抃《杭州上元观灯二首》之一："元夕观灯把酒杯，宾朋不倦醉中陪。一轮丹桂当天满，千顷红莲匝地开。烟火楼台高复下，笙歌巷陌去还来。因民共作连宵乐，直待东方明始回。"

[26] **上元：**宋人周邦彦《解语花·上元》："风消绛蜡，露浥红莲，灯市光相射。桂华流瓦，纤云散，耿耿素娥欲下。衣裳淡雅，看楚女纤腰一把。箫鼓喧，人影参差，满路飘香麝。因念都城放夜，望千门如昼，嬉笑游冶。钿车罗帕，相逢处，自有暗尘随马。年光是也，惟只见旧情衰谢。清漏移，飞盖归来，从舞休歌罢。"

[27] **预赏：**元人凌准《艅艎日疏·预借元宵》："宣和五年，令都城自腊月初一放鳌山灯，至次年正月十五日夜，谓之'预赏元宵'。"宋人宋敏求《春明退朝录》卷中："本朝太宗时，三元不禁夜，上元御乾元门，中元、下元御东华门，后罢中元、下元二节，而初元游观之盛，冠于前代。"

收灯都人出城探春

收灯毕，都人争先出城探春。州南则玉津园[1]，外学[2]，方池亭榭，玉仙观[3]。转龙弯西去一丈佛园子、王太尉园[4]，奉圣寺[5]前孟景初园，四里桥望牛冈、剑客庙。自转龙弯东去陈州门外，园馆尤多。州东宋门外快活林、勃脐陂、独乐冈[6]、砚台[7]、蜘蛛楼、麦家园、虹桥、王家园。曹、宋门之间东御苑，乾明崇夏尼寺[8]。州北李驸马园[9]。州西新郑门大路，直过金明池西道者院[10]，院前皆妓馆。以西宴宾楼，有亭榭，曲折池塘、秋千画舫，酒客税小舟，帐设游赏。相对祥祺观[11]，直至板桥[12]，有集贤楼、莲花楼，乃之官河东、陕西五路之别馆，寻常饯送置酒于此。过板桥，有下松园、王太宰园[13]、杏花冈，金明池角，南去水虎翼[14]巷，水磨[15]下蔡太师园[16]。南洗马桥西巷内，华严尼寺、王小姑酒店。北金水河两浙尼寺、巴楼寺，养种园，四时花木[17]，繁盛可观。南去药梁园、童太师园[18]。南去铁佛寺[19]、鸿福寺[20]、东西栢榆村。州北模天坡，角桥，至仓王庙，十八寿圣尼寺[21]，孟四翁酒店。州西北元有庶人园[22]，有创台、流杯亭榭[23]数处，放人春赏。大抵都城左近，皆是园圃，百里之内，并无闲地。次第春容满野，暖律暄晴，万花争出粉墙。细柳斜笼绮陌，香轮暖辗，芳草如茵，骏骑骄嘶，杏花如绣，莺啼芳树，燕舞晴空。红妆按乐于宝榭层楼，白面行歌近画桥流水，举目则鞦韆巧笑，触处则蹴踘踈狂。寻芳选胜，花絮时坠金樽；折翠簪红，蜂蝶暗随归骑。于是相继清明节矣。

注解

［1］**玉津园：**清人徐松《宋会要·方域》3之10："玉津园在南熏门外，夹道为两园，中引闵河水别流贯之。周显德中置，宋朝因之，以三班及内侍监领，军校兵隶及主典凡二百六十六人。岁时节物，进供入内。仲夏驾幸观获麦，锡从臣宴饮，及赏赉园官、啬夫有差。又进麦穗三百秉，麦十斛，面百囊，命分赐中外。凡契丹朝贡使至，皆就园赐射宴。又掌秦象，及种秣象茭刍，蓺蓝沤淀，各有岁课。凡皇城南诸园池入官者皆属焉。"宋人苏轼《玉津园》："承平苑囿杂耕桑，六圣勤民计虑长。碧水东流还旧派，紫坛南峙表连冈。不逢迟日莺花乱，空想疏林雪月光。千亩何时躬帝藉，斜阳寂历锁云庄。"宋人杨亿《朱侍郎致仕南归上特锡宴于玉津园仍诏两制三》："轮轧轧出皇都，行路咨嗟贤丈夫。天子特令供祖帐，国门聊且驻骊驹。旧僚送别倾三省，御醴分甘倒百壶。下诏已闻推异礼，乞言犹自渴嘉谟。冯公不是沈郎署，贺老缘何归鉴湖。明主恩深若为舍，梦魂应绕博山炉。"宋人李洪《扈跸玉津园》："丽日祥云覆苑墙，柳丝驰道曲尘黄。山呼万岁迎春仗，花覆千官献玉觞。騄駬旓云天步远，驺虞节射乐声长。微臣奉引陪鹓鹭，许听箫韶入建章。"清人徐松《宋会要·职官》23之3："养象所在玉津园东北，掌豢养驯象，每四月送象于应天府宁陵县西汴北陂放牧，九月复归。岁令玉津园布种象食茭草十五顷。"

［2］**外学：**指太学以外的学校。宋人马端临《文献通考》卷42《学校考三》："徽宗崇宁元年，命将作少监李诫，即城南门外相地营建外学，是为辟雍。蔡京又奏：'古者国内外皆有学，周成均盖在邦中，而党庠、遂序则在国外。臣亲承圣诏，天下皆兴学贡士，即国南建外学以受之，俟其行艺中率，然后升诸太学。凡此圣意，悉与古合。今上其所当行者：太学专处上舍、内舍生，而外学则处外舍生。……外学为四讲堂、百斋，斋列五楹，一斋可容三十人。士初贡至，皆入外学，经试补入上、内舍，始得进处太学。太学外舍，亦令出居外学。俟学成奏行之。其敕、令、格、式，悉用太学见制。国子祭酒总治学事。外学官属，司业、丞各一人，稍减太学博士、正、录员归外学，仍增博士为十员，正、录为五员，学士充学谕者十人，直学二人。俟贡士至为之。'置诸王宫大、小学教授，立考选法。"

［3］**玉仙观：**宋人吴曾《能改斋漫录》卷12《造九鼎》："玉仙观，在京城东南宣化门外七八里陈州门，是也。仁宗时，有陈道士修葺亭台，栽花木甚盛。四时游客不绝，东坡诗所谓'玉仙洪福花如海'是也。"

［4］**王太尉园：**即北宋名相王旦之园。宋人司马光《正月二十六日同子华相公游王太尉园》："闲说名园乘兴来，小桃繁艳间寒梅。主人千里司宫钥，寂寞残英委绿苔。"宋人袁褧《枫窗小牍》卷下："汴中园囿亦以名胜当时，聊记于此。州南则玉津园，西去一支佛园子，王太尉

园，景初园。陈州门外园馆最多，着称者奉灵园、灵嬉园。州东宋门外麦家园，虹桥王家园。州北李驸马园。州西郑门外下松园、王太宰园、蔡太师园。西水门外养种园。州西北有庶人园。城内有芳林园、同乐园、马季良园。其它不以名著约百十，不能悉记也。”

［5］**奉圣寺：**明人李濂《汴京遗迹志》卷10：“奉圣寺，在城南凤城冈之上，金兵毁之。”

［6］**独乐冈：**宋人黄裳《演山集》卷36《寿堂铭》：“是年五月，僧惠月出都城东郊即独乐冈之右，为其师作寿堂，求铭于予。”明人李濂《汴京遗迹志》卷9《独乐冈》：“在城东十五里，相传宋时有一富翁居此，男女婚嫁已毕，翁不问家事，日邀故旧饮酒为乐。徽宗微行见之，羡曰：‘斯人其独乐哉！’后因而名其冈。”明人高叔嗣《苏门集》卷6《东读书园记》：“出仁和门，由宋曹门历边村堤，达独乐冈北，至园；出丽景门，由扬州门右转历苏村后，走陈留道堤达冈南，左转历白塔堤、相国寺瘗僧所达冈中。”

［7］**砚台：**宋人乐史《太平环宇记》卷1：“张仪墓在县东北七里，《史记》云：仪，魏人，相秦一十年卒，葬于此。俗以坟形似砚，因名砚子台，与张耳墓南北相对，因谓张耳墓为南砚台，此为北砚台。”

［8］**乾明崇夏尼寺：**应为乾明寺、崇夏寺。明人李濂《汴京遗迹志》卷10：“乾明寺，在安业坊席箔巷西，毁于金兵。”元人脱脱《宋史·太祖本纪》：“（建隆二年八月）辛亥，幸崇夏寺，观修三门。”宋人洪迈《夷坚志》丁卷一《杨戬毁寺》：“崇宁以来，既隆道教，故京城佛寺多废毁。先以崇夏寺地为殿中省，政和中又以乾明寺为五寺三监。杨戬又议取太平兴国寺改为邸店及民舍，以收僦直。初拆正殿，瘗佛像于殿基之下，至于支体破裂。已而，戬病，亦胸腹溃拆而死。时中贵复有欲毁启圣院者，坐是乃止。”

［9］**李驸马园：**李驸马，即李玮，李用和之子，娶仁宗长女兖国公主，曾任驸马都尉、建武节度使，《宋史》有其传。宋人叶梦得《避暑录话》卷下：“李公武尚太宗献穆公主，初名犯神宗嫌名，加赐上字遵，好学，从杨大年作诗，以师礼事之，死为制服，士大夫以此推重。私第为闲燕、会贤二堂，一时名公卿皆从之游，卒谥和文。外戚未有得文谥者，人不以为过，其后李用和之子玮复尚真宗福康公主。故世目公武为老李驸马，所居为诸主第一，其东得隙地百余亩，悉疏为池，力求异石名木，参列左右，号静渊庄，俗言李家东庄者也。宣和间木皆合抱，都城所无有其家，以归有司，改为撷芳园。后宁德皇后徙居，号宁德坊。”宋人朱彧《萍洲可谈》卷2：“元祐间，有携海鱼至京师者，谓之海哥。都人竞观，其人以槛寘鱼，得金钱则呼鱼，应声而出，日获无算。贵人传召不少暇。一日，至州北李驸马园，放入池中，呼之不复出，设网罟百计，竟失之。李园池沼雄胜，或云三殿幸其第爱赏，以为披香，太掖所不及。海哥，盖海豹也，有斑文如豹而无尾，凡四足，前二足如手，后二足与尾相纽如一。登莱傍海甚多，其皮染绿，可作鞍鞯。当时都下以为珍怪，蠢然一物，了无他能。贵人千金求一视唯恐后，岂适丁其时乎？”

［10］**道者院：**宋人李廌《师友谈记》：“东坡言：普安禅院，初在五代时，有一僧曰某者，卓庵道左，蓺蔬丐钱，以奉佛事。一日，于庵中昼寝，梦一金色黄龙来食所蓺莴苣数畦。僧寤，惊曰：‘是必有异人至此。’已而见一伟丈夫于所梦地取莴苣食之。僧视其貌，神色凛然，遂摄衣

迎之，延于庵中，馈食甚勤。复取数镪饯之，曰：‘富贵无相忘。’因以所梦告之，且曰：‘公他日得志，愿为老僧只于此地建一大寺，幸甚。’伟丈夫乃艺祖也。既即位，求其僧，尚存，遂命建寺，赐名曰普安，都人至今称为道者院。元祐八年，因送范河中是院，闲言之尔。”宋人胡仔《渔隐丛话·后集》卷33：“《东皋杂录》云：‘予昔为太学生，暇日游西池，过道者院。’池上壁间见东坡题诗：‘下马逢佳客，携壶傍小池。清风乱荷叶，细雨出鱼儿。井好能冰齿，茶甘不上眉。归途更萧瑟，真个解催诗。’”

［11］**祥祺观：**清人周城《汴京遗迹志》卷13：“祥祺观在新郑门外金明池之右，始建未详，元末兵毁。”

［12］**板桥：**宋人薛居正《旧五代史·梁本纪》：“秦宗权称帝，陷陕、洛、怀、孟、唐、许、汝、郑州，遣其将秦贤、卢瑭、张晊攻汴。贤军板桥，晊军北郊，瑭军万胜，环汴为三十六栅，乃遣朱珍募兵于东方。而求救于兖、郓。三年春，珍得兵万人，马数百匹以归，乃击贤板桥。拔其四栅。”宋人李焘《长编》卷324：元丰五年（1085年）三月己亥：“提举汴河堤岸宋用臣言：‘面奉圣旨，金水河透水槽阻碍上下汴舟，令臣相度措置。已行按视，可以自汴河北岸超字坊开河一道，取水入内，径至咸丰门合金水河，将金水河自板桥石头门东修斗门开河一道，引水至金明池西北三家店湾，还入汴河。其旧透槽可废撤。’从之。”

［13］**王太宰园：**宋人徐梦莘《三朝北盟会编》卷31：“王黼赐第于城西竹竿巷，为王太宰园。”宋人徐自明《宋宰辅编年录》卷12：“（宣和）五年十一月丙寅，幸王黼赐第，观芝草。史臣曰：王黼专结梁师成，既为相，蒙赐大第于城西。开便门与师成宅对街，以相往来。及燕山告功，黼益得意，乃托言家之屏风生玉芝，上为临幸。睹黼之堂阁，张设宝玩山石，侔拟宫禁。”

［14］**水虎翼：**宋人王应麟《玉海》卷147《太平兴国金明池习水战》：“太平兴国元年，诏以卒三万五千凿池，以引金水河注之，有水心五殿，南有飞梁，引数百步，属琼林苑。每岁三月初，命神卫虎翼水军教舟楫，习水嬉。西有教场亭殿，亦或幸阅炮石壮弩。”宋人王应麟《玉海》卷147《祥符神卫水军》：“大中祥符六年，诏在京诸军选江淮习水卒于金明池，按试战棹，立为水虎翼军，置营池侧。其江、浙、淮南诸州，亦令准此选卒置营。初，太祖立神卫水军，及江淮平定，不复振举。上以兵备不可废，故复置焉。”

［15］**水磨：**即北宋东京城西水磨。宋人杨杰《无为集》卷10《西水磨记》：“都城当万国之要。会升平日久，比屋富庶，四海内外宝货丛聚，车无停辀，马无缓辔，晦明寒暑，冲冲交驰乎其间。有阛阓之喧所不及处，已不可多得，而况流水潺湲，嘉木蓊欝，鱼鸟上下，风物清胜。有山林江湖之气象者乎？都下水磨务有三，皆国朝所置，以供尚食暨中外之用。然其景趣不同，而所谓有山林江湖之气象者，西务是已。将造其门，水声先出乎林间；行及其旁，则长槽泻波，巨轮激涛，雷轰电射，雪奔雨飞，若并谷帘，若临洪崖，使人毛发森然，语言不能相接。有景如此，而都人罕有知者。自宛陵梅平叔、太原王汉卿之领是局也，荐绅往往至焉。主人嘉客之来，临流设樽，拂石为坐。垂钓清渊，鱼泳而同食；弹琴曲渚，鸥驯而不惊。沙泉盈尺，跣可以涉；渔艇一叶，醉可以卧。方是时也，宾主陶然如在江湖之上，山林之中，乌知车马阛阓之喧哉！朝

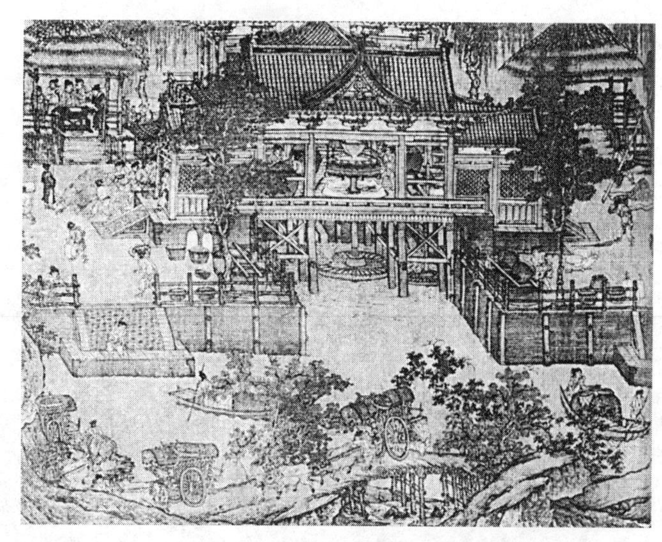

图 6-24　五代卫贤《闸口盘车图》中的“水磨”

野诸公多有诗咏，或形汗简，或题屋壁。凡数十篇，汉卿官满，惧异日之遗坠，乃镵诸石，以传永久。知予尤爱其景，故托以为序。盖所愿也。元丰二年中秋日述。”五代卫贤在《闸口盘车图》中绘有水磨图（图6-24）。

［16］**蔡太师园：**蔡京之园。宋人庞元英《谈薮》：“京师士人出游，迫暮，过人家缺墙，似可越。被酒试逾以入，则一大园，花木繁茂，径路交互，不觉深矣。天渐暝，望红纱笼烛而来，惊惶寻归路，迷不能识。丞入道左小亭毡下有一穴，试窥之，先有壮士伏其中。见人警奔而去，士人就隐焉，已而烛渐近，乃妇人十余，靓妆丽服，俄趋亭上，竟举毡见生，惊曰：‘又不是那一个。’又一妇熟视曰：‘也得，也得。’执其手以行，生不敢问，引入洞房曲室，群饮交戏，五鼓乃散。士人疲倦，不能行，妇贮以巨箧，舁而縋之墙外。天将晓，惧为人所见，强起扶持而归。他日迹其所遇，乃蔡太师花圃也。”宋人黎靖德《朱子语类》卷140：“蔡京父子在京城之西两坊对赐甲第四区，极天下土木之工。一曰太师第，乃京之自居也；二曰枢密第，乃攸之居也；三曰驸马第，乃鞗之居也；四曰殿监第，乃攸子之居也。攸妻刘，乃明达明节之族，有宠，而二刘不能容，乃出嫁攸，权宠之盛亚之。京攸四第对开，金碧相照。尝见上官仲恭诗一篇，其闲有城西曲，言蔡氏奢侈败亡之事，最为豪健。末云：‘君不见，乔木参天独乐园，至今犹是温公宅！’仲恭乃上官彦衡之子也，惜乎其诗不行于世！”

［17］**四时花木：**宋人刘延世《孙公谈圃》卷中：“滕达道、钱醇老、孙莘老、孙巨源，治平初同在馆中，花时，人各历数京师花最盛处，滕曰：‘不足道。’约旬休，日率同舍游。三人者如其言，达道前行，出封丘门，入一小巷中，行数步至一门，陋甚，又数步至大门，特壮丽。造厅下马，主人戴道帽、衣紫半臂，徐步而出，达道素识之，因曰：‘今日风埃。’主人曰：‘此中不觉，诸公宜往小厅。’至则杂花盛开，雕栏画楯，楼观甚丽，水陆毕陈，皆京师所未尝见。主人云：‘此未足佳。’顾旨开后堂门，坐上已闻乐声矣。时在谅闇中，莘老辞之，众遂去。莘老尝

语人：‘平生看花，只此一处。’”

［18］**童太师园：**指宦官童贯的园林。宋人徐梦莘《三朝北盟会编》卷52：靖康元年（1126年）八月二十三日，“其家（童贯）家园林池沼，甲于京师，金玉数十万计，服食无异御府”。

［19］**铁佛寺：**明人李濂《汴京遗迹志》卷10：“铁佛寺有二：一在大梁门外西北，金水河堤之南，今废；一在相国寺东，相传亦本寺禅院，今见存”。

［20］**鸿福寺：**明人李濂《汴京遗迹志》卷10：“鸿福寺有二：一在城西金水河北，元末兵毁；一在城东北沙窝冈，宋崇宁元年建，国朝成化十六年僧本资重修。”

［21］**十八寿圣尼寺：**明人李濂《汴京遗迹志》卷10：“十八圣寺，在封丘门外之东，因有白塔，又名白塔寺，元末兵毁。”

［22］**庶人园：**宋人叶梦得《石林燕语》卷1：“宜春，俗但称庶人园，以秦王故也，荒废殆不复治。祖宗不崇园池之观，前代未有也。”宋人袁褧《枫窗小牍》卷下：“州西北有庶人园。”

［23］**流杯亭榭：**宋人李诫《营造法式》卷3《造流杯石渠之制》：“方一丈五尺，用方三尺石二十五段造。其石厚一尺二寸。剜凿渠道广一尺，深九寸。其渠道盘屈，或作‘风’字，或作‘国’字。若用底版垒造，则心内施看盘一段，长四尺，广三尺五寸；外盘渠道石并长三尺，广二尺，厚一尺。底版长同上，厚六寸。余并同剜凿之制。出入水项子石二段，各长三尺，广二尺，厚一尺二寸。剜凿与身内同，若垒造，则厚一尺，其下又用底版石，厚六寸。出入水斗子二枚，各方二尺五寸，厚一尺二寸；其内凿池，方一尺八寸，深一尺。垒造同。”1996年10月，桂林市出土了一处南宋时期的石凿流杯渠，现珍藏于桂林桂海碑林博物馆（图6-25）。东西宽3.2米，南北长3.7米，厚33厘米，共由九块石板组成。整件石雕拼合十分严密、平整，表面镌刻深l6厘米，宽20厘米的流水沟槽，由南向北、先东后西蜿蜒伸展总长达19.3米，并构成略呈中心对称的曲线图案，类似“风”字形。其线条遒劲有力，来回往复似龙蛇走笔，犹如一气呵成。流觞石刻南北两侧备有一个开口，距南侧开口l5厘米处的沟槽边缘有宽2厘米、深略过槽地的小凹槽，明显是供小闸门开启之用的闸道。而北侧开口处则没有闸道，应为流水之终点。

图 6-25　桂林市出土的南宋流杯渠

清明节

清明节，寻常京师以冬至后一百五日为大寒食[1]。前一日谓之『炊熟』[2]，用面造枣䭅飞燕，柳条串之，插于门楣，谓之『子推燕』[3]。子女及笄[4]者，多以是日上头。寒食第三节，即清明日矣。凡新坟皆用此日拜扫。都城人出郊。禁中前半月，发宫人车马朝陵[5]，宗室、南班[6]、近亲，亦分遣诣诸陵坟享祀。从人皆紫衫、白绢三角子、青行缠[7]，皆系官给。节日，亦禁中出车马，诣奉先寺[8]、道者院[9]，祀诸宫人坟[10]，莫非金装绀幰[11]，锦额珠帘，绣扇双遮，纱笼[12]前导，士庶阗塞诸门。纸马铺[13]，皆于当街用纸衮叠成楼阁之状[14]。四野如市，往往就芳树之下，或园囿之间，罗列杯盘，互相劝酬。都城之歌儿舞女，遍满园亭，抵暮而归。各携枣䭅、炊饼[15]、黄胖[16]、掉刀、名花、异果、山亭、戏具[17]、鸭卵[18]、鸡雏[19]，谓之『门外土仪』。轿子[20]即以杨柳杂花装簇顶上，四垂遮映。自此三日，皆出城上坟[21]，但一百五日最盛。节日，坊市卖稠饧、麦糕[22]、乳酪[23]、乳饼之类。缓入都门，斜阳御柳，醉归院落，明月梨花。诸军禁卫，各成队伍，跨马作乐四出，谓之『摔脚』。其旗旄鲜明，军容雄壮，人马精锐，又别为一景也。

注解

[1] **大寒食：**寒食节。明人彭大翼《山堂肆考》卷9《寒食》："《岁时记》：'冬至后一百五日有疾风甚雨，谓之寒食。'据历合在清明前二日，又曰去冬至一百六日。"宋人吴箕《常谈》："世俗于清明前二日谓之寒食，在春最为佳节。其俗以为由介子推火死，故为之不举为而食熟物。寒食之义，盖始于此。然以史考之，周举为并州刺史太原一郡，旧俗以介子推火骸有龙忌之禁，至其亡月，咸言神灵不乐举火，由是士民辄冬中一月寒食，莫敢烟爨，民甚不堪，岁多死者。举乃作吊书以寘子推之庙，言盛冬去火残损民命，非贤者之所忍，为民俗难革，即此改之。则子推之死当在十一月，民寒食故在冬中也，今之寒食乃在三月初，节与盛冬盖远。岂有自有所谓龙忌之禁，章怀以心星为言，亦未必不然。《荆楚岁时记》云：'冬至后一百五日必有冬至后一百五日必有雨风，谓之寒食。'魏武令云：'冬至后一百五日民多寒食。'又岂周举所谓盛冬去火残损民命者也。"宋人周密《癸辛杂识·别集》卷下《绵上火禁》："绵上火禁，升平时禁七日，丧乱以来犹三日。相传火禁不严，则有风雹之变。社长辈至日就人家以鸡翎掠灶灰，鸡羽稍焦卷则罚香纸钱。有疾及老者不能冷食，就介公庙卜乞小火，吉则燃木炭，取不烟，不吉则死不敢用火。或以食暴日中，或埋食器于羊马粪窖中，其严如此。戊戌岁，贾庄数少年以禁火日饮酒社树下，用柳木取火温酒，至四月风雹大作，有如束箱柳根者在其中，数日乃消。又云火禁中，虽冷食无致病者。有如束箱柳根者在其中，数日乃消。又云火禁中虽冷食无致病者。"宋人庄绰《鸡肋篇》卷上："寒食日上冢，亦不设香火，纸钱挂于茔树。其去乡里者，皆登山望祭，裂冥帛于空中，谓之'擘钱'。而京师四方因缘拜扫，遂设酒馔，携家眷游。或寒食日阴雨，及有坟墓异地者，必择良辰，相继而出。"

[2] **炊熟：**宋人庄绰《鸡肋篇》卷上："寒食火禁，盛于河东，而陕右亦不举爨者三日。以冬至后一百四日谓之'炊熟日'，饭面饼饵之类，皆为信宿之具。又以糜粉蒸为甜团，切破暴干，尤可以留久。以柳枝插枣糕置门楣，呼为'子推'，留之经岁，云可以治口疮。"

[3] **子推燕：**因寒食节是纪念介子推而得名。宋人金盈之《新编醉翁谈录》卷3："以枣面为饼，如北地枣菰而小，谓之'子推'。穿以杨枝，插之户间。而不知何得此名也。或者以谓昔人以此祭介子推，如端午节角黍祭屈原之义。"宋人高承《事物纪原》卷8《子推》："故俗，每寒食前一日，谓之'炊熟'，则以面为蒸饼样，团枣附之，名为'子推'。穿以柳条，插户牖间。相缘云，介子推逃禄，晋文公焚山求之，子推焚死，文公为之寒食断火，故民从此物祀之，而名'子推'，相传之谬至于如此也。"

[4] **笄：**古代女子盘头发或别住帽子用的簪子。《礼记·内则》："（女子）十有五年而笄。"

宋人吴自牧《梦粱录》卷2："清明交三月，节前两日谓之寒食……凡官民不论小大，家子女未冠笄者，以此日上头。"

［5］**朝陵：**去河南巩义市北宋帝陵祭扫。宋人范仲淹《论西京事宜札子》："然彼空虚已久，绝无储积，急难之时，将何以备。宜以将有朝陵之名，渐营廪食。"

［6］**南班：**宋仁宗于南郊大祀时，赐皇族子弟的官爵，谓之南班。宋人沈括《梦溪笔谈》卷2："宗子授南班官，世传王文正太尉为宰相日，始开此议，不然也。故事，宗子无迁官法，唯遇稀旷大庆，则普迁一官。景佑中，初定祖宗并配南郊，宗室欲缘大礼乞推恩，使诸王宫教授刁约草表上闻。后约见丞相王沂公，公问：'前日宗室乞迁官表，何人所为？'约未测其意，答以不知。归而思之，恐事穷且得罪，乃再诣相府。沂公问之如前，约愈恐，不复敢隐，遂以实对。公曰：'无他，但爱其文词耳。'再三嘉奖。徐曰：'已得旨，别有措置。更数日，当有指挥。'自此遂有南班之授，近属自初除小将军，凡七迁则为节度使，遂为定制。诸宗子以千缣谢约，约辞不敢受。余与刁亲旧，刁尝出表稿以示余。"

［7］**行缠：**即裹足布，绑腿布，古代男女皆用。六朝乐府《双行缠》："新罗绣行缠，足趺如春妍。"《释名・释衣服》："幅，所以自逼束，今谓之行縢，言以裹脚，可以跳腾轻便也。"宋人范成大《病中绝句》之二："溽暑薰天地涌泉，弯跧避湿挂行缠。"

［8］**奉先寺：**宋人邵伯温《闻见录》卷1："太祖登极未久，杜太后上仙，初从宣祖葬国门之南奉先寺。后命宰相范质为使，改卜未得地。质罢，更命太宗为使，迁奉于永安陵。"宋人叶梦得《石林燕语》卷4："宣祖初葬今京城南，既迁陵寝，遂以其地建奉先寺，仍为别殿，岁时奉祀宣祖昭宪太后。其后祖宗山陵，遂皆即京师寺宇为殿，如奉先故事。兴国开先殿以奉太祖，启圣院永隆殿以奉太宗，慈孝崇真殿以奉真宗，普安殿以奉元德皇后。元丰间，建景灵宫，于是皆奉迎以置原庙。自奉先而下皆废，普安亦元德皇后赞宫旧地也。"宋人王铚《墨记》卷上："章懿李太后生昭陵，而终章献之世，不知章懿为母也。章懿卒，先殡奉先寺。昭陵以章献之崩，号泣过度。章惠太后劝帝曰：'此非帝母，帝自有母宸妃李氏，已卒，在奉先寺殡之。'仁宗即以犊车亟走奉先寺。撤殡观之，在一大井，上四铁索维之。既启观，而形容如生，略不坏也。时已遣兵围章献之第矣。既启观，知非鸩死，乃罢遣之。"

［9］**道者院：**见本书卷之六《收灯都人出城探春》注［9］。

［10］**诸宫人坟：**宋人张耒《留题奉先寺》诗："荒凉城南奉先寺，后宫美人官葬此。角楼相望高起坟，草间陌下多石人。秩卑焚骨不作冢，青石浮屠当丘垄。家家坟上作享亭，朱门相向无人声。树头土枭作人语，月黑风悲鬼摇树。宫中养女作子孙，年年犊车来做主。废后园陵官道侧，家破无人扫陵域。官家岁给半千钱，街头买饼作寒食。"

［11］**绀幰：**绀，一种深青带红的颜色。幰，车帷。宋人柳永《木兰花慢》其二："拆桐花烂漫，乍疏雨，洗清明。正艳杏烧林，缃桃绣野，芳景如屏。倾城，尽寻胜去，骤雕鞍绀幰出郊坰。风暖繁弦脆管，万家竞奏新声。盈盈，斗草踏青。人艳冶，递逢迎。向路傍往往，遗簪堕珥，珠翠纵横。欢情，对佳丽地，信金罍罄竭玉山倾。拚却明朝永日，画堂一枕春酲。"

图 7–1 《清明上河图》中的“王家纸马”铺

[12] **纱笼：**纱制灯笼。宋人高观国《御街·赋轿》词：“藤�巧织花纹细。称稳步，如流水。踏青陌上雨初晴，嫌怕湿，文鸳双履。要人送上，逢花须住，才过处，香风起。裙儿挂在帘儿底。更不把，窗儿闭。红红白白簇花枝，恰称得，寻春芳意。归来时晚，纱笼引道，扶下人微醉。”

[13] **纸马铺：**旧时经营香烛纸马的店铺。元人脱脱《宋史》卷124《礼志》：“（真宗大中祥符三年正月）契丹贺正使为本国皇太后……焚纸马，皆举哭。”宋人吴自牧《梦粱录》卷6：“岁旦在迩，席铺百货，画门神、桃符、迎春牌儿；纸马铺印钟馗、财马、回头马等，馈与主顾。”《清明上河图》中即绘有“王家纸马”的店铺（图7–1）。

[14] **用纸衮叠成楼阁之状：**用纸糊楼阁。宋人王安石《纸暖阁》：“联屏盖障一寻方，南设钩帘北置床。侧座对敷红絮暖，仰窗分启碧纱凉。毡庐易以梅蒸坏，锦幄终于草野妨。楚縠越藤真自称，每糊因得减书囊。”

[15] **炊饼：**宋人吴处厚《青箱杂记》卷2：“仁宗庙讳‘贞’，语讹近‘蒸’，今内庭上下皆呼‘蒸饼’为‘炊饼’，亦此类。”

[16] **黄胖：**泥塑的土偶。宋人叶绍翁《四朝闻见录》卷5《黄胖诗》：“韩以春曰宴族人于西湖，用土为偶，名曰黄胖。以线系其首，累至数十人，游人以为上宜。韩售之，以悦诸婢，令族党仙胄赋之云云，‘一朝线断他人手，骨肉皆为陌上尘’。”宋人陆游《谓南文集》卷29：“盖鄜州善作土偶儿，精巧虽都下莫及，宫禁及贵戚家，争以高价取之。”宋人陆游《老学庵笔记》卷5：“承平时，鄜州田氏作泥孩儿，名天下，态度无穷，虽京师工效之，莫能及。一对至值十缣，一床至三十千；一床者或五或七也。小者二三寸，大者尺余，无绝大者。予家旧藏一对卧者，有小字云：‘鄜峙田妃制’。”宋人张仲文《白獭髓》：“游春黄胖，起于金明池，有杏花园游人，取其黄土，戏捏为人形尔。”宋人许棐《泥孩儿》诗：“牧渎一块泥，装塑恣华侈。双罩红纱厨，娇立花瓶底。少妇初尝酸，一玩一心喜。潜乞大士灵，生子愿如尔。”江苏镇江博物馆收藏有一批宋代捏像，都用泥抟埴捏成后经烧制，不施釉，略加彩绘，形态各异，真实生动（图7–2）。

［17］**戏具：**宋人周密《癸辛杂识后集·故都戏事》："余垂齠时，随先君子故都，尝见戏事数端，有可喜者，自后则不复有之，姑书于此，以资谈柄云。呈水嬉者，以髹漆大斛满贮水，以小铜锣为节，凡龟、鳖、鳅、鱼皆以名呼之，即浮水面，戴戏具而舞。舞罢即沉，别复呼其他，次第呈伎焉。此非禽兽可以教习，可谓异也。"

［18］**鸭卵：**伊永文先生认为应是"书卵"（《东京梦华录笺注》第637页）。隋人杜台卿《玉烛宝典》："寒食，城市多斗鸡卵之戏，出古之豪家，食称画卵。今代犹染蓝茜杂色，仍加雕镂，递相饷遗。"

［19］**鸡雏：**小鸡（图7–3）。

图 7–2　镇江博物馆的"黄胖"

图 7–3　宋人李迪《鸡雏待饲图》

［20］**轿子：**宋代亦称肩舆、檐子。元人脱脱《宋史》卷150《舆服制》："肩舆。神宗优待宗室老疾不能骑者，出入听肩舆。熙宁五年，太宗正司请宗室以病肩舆者，踏引、笼烛不得过两对。中兴后，人臣无乘车之制，从祀则以马，常朝则以轿。旧制，舆檐有禁。中兴东征西伐，以道路阻险，诏许百官乘轿，王公以下通乘之。其制：正方，饰有黄、黑二等，凸盖无梁，以篾席为障，左右设牖，前施帘，舁以长竿二，名曰竹轿子，亦曰竹舆。"宋人陆游《老学庵笔记》卷1："徽宗南幸至润，郡官迎驾于西津。及御舟抵岸，上御棕顶轿子，一宦者立轿旁呼曰：'道君传语，众官不须远来！'卫士胪传以告，遂退。"宋人陆游《老学庵笔记》卷10："蔡太师作相时，衣青道衣，谓之太师青。出入乘棕顶轿子，谓之太师轿子。秦太师作相时，裹头巾，当面偶作一折，谓之'太师错'；折样第中窗上下及中一二眼作方眼，余作疏棂，谓之太师窗。"（图7–4）

［21］**上坟：**到城外坟地祭祀。宋人李焘《长编》卷329：元丰五年（1085年）六月丙辰："日官亢天经建言：'（开封）四郊臣庶坟墓迫近都城，不利于国嗣，有诏悉令改卜，且计其数，无虑十万……'"宋人庄绰《鸡肋篇》卷上："而京师四方因缘拜扫，遂设酒馔，携家眷游。或寒食日阴雨，及有坟墓异地者，必择良辰相继而出。"宋人高菊涧《清明》诗："南北山头多墓田，清明祭扫各纷然。纸灰飞作白蝴蝶，血泪染成红杜鹃。日落狐狸眠冢上，夜归儿女笑灯前，人生有酒须当醉，一滴何曾到九泉。"宋人孙觌《鸿庆居士集》卷4《马迹上冢遇大风雨书僧壁》载："松竹骚骚绕舍鸣，沙头一夜连雨明。冲泥裹饭浇新冢，野哭干霄共一声。白帢排肩上冢归，

图 7-4　宋代轿子图：《收藏》2005年第8期所载的北宋瓷质轿子（左）和江苏江阴市青阳镇里泾坝宋墓中的轿子石刻图（引自翁雪龙、刁文伟《江苏江阴市青阳镇里泾坝宋墓》，《考古》2008年第3期（右））

饥乌攫肉纸钱飞。东家已改清明节，一点炊烟上翠微。”宋人黄大受《春日田家三首》：“清明百草春，家家上丘墓。南邻去年冬，祝痛及翁妪。酒戎罗新阡，蹙頞见追慕。旧时细君坟，望见泪已注。纸钱风飘飘，世用此文具。其间无纸者，已无子孙故。有纸与无纸，百步五十步。”

[22] **麦糕：**宋人高承《事物纪原》卷9《寒食》：“陆翽《邺中记》曰：‘并州之俗，冬至一百三日为介子推断火冷食，作干粥食之，中国以为寒食。’《岁时记》曰：‘去冬至一百五日即有疾风甚雨，谓之寒食。’”

[23] **乳酪：**宋人唐慎微《证类本草》：“牛乳、羊乳实为补润，故北人皆多肥健。”明人高濂《遵生八笺》卷13《益气牛乳方》：“黄牛乳最宜老人，性平补血脉，益心气，长肌肉，令人身体康强润泽，面目光悦，志不衰，故人常须供之，以为常食，或为乳饼，或为乳饮等，恒使恣意充足为度，此物胜肉远矣。”

三月一日开金明池、琼林苑

三月一日[1]，州西顺天门外，开金明池[2]、琼林苑[3]，每日教习车驾上池仪范。虽禁从士庶许纵赏，御史台有榜不得弹劾[4]。池在顺天门外街北，周围约九里三十步[5]，池西直径七里许。入池门内南岸西去百余步，有面北临水殿[6]，车驾临幸，观争标、锡宴[7]于此。往日旋以彩幄[8]，政和间用土木工造成矣。又西去数百步，乃仙桥[9]，南北约数百步，桥面三虹，朱漆阑楯，下排雁柱，中央隆起，谓之『骆驼虹』，若飞虹之状。桥尽处，五殿[10]正在池之中心。四岸石甃向背，大殿中坐，各设御幄，朱漆明金龙床，河间云水戏龙屏风[11]，不禁游人。殿上下回廊，皆关扑[12]钱物、饮食，伎艺人作场，勾肆罗列左右。桥上两边，用瓦盆内掷头钱[13]，关扑钱物、衣服、动使。游人还往，荷盖相望。桥之南立棂星门[14]，门里对立彩楼。每争标作乐，列妓女于其上。门相对街南有砖石甃砌高台，上有楼观，广百丈许，曰宝津楼。前至池门，阔百余丈，下阚仙桥、水殿。车驾临幸，观骑射、百戏于此。池之东岸，临水近墙皆垂杨，两边皆彩棚幕次，临水假赁，观看争标。街东皆酒食店舍，博易场户，艺人勾肆质库，不以几日解下，只至闭池，便典没出卖。北去直至池后门，乃汴河西水门也。其池之西岸，亦无屋宇，但垂杨蘸水，烟草铺堤，游人稀少，多垂钓之士，必于池苑所买牌子，方许捕鱼。游人得鱼，倍其价买之，临水斫脍[15]，以荐芳樽[16]，乃一时佳味也。习水教罢，系小龙船于此。池岸正北对五殿起大屋，盛大龙船，谓之『奥屋』[17]。车驾临幸，往往取二十日[18]。诸禁卫班直簪花[19]，披锦绣，捻金线衫袍[20]，金带[21]勒帛[22]之类，结束竞逞鲜新。出内府金枪，宝装弓剑，龙凤绣旗，红缨锦辔，万骑争驰，铎声震地。

注解

[1] **三月一日：**宋人周辉《清波杂志·别志》卷2："上池初曰教池，以泰陵服药久未康复，俗谓语病，乃改焉。岁自元宵后，都人即办上池，遨游之盛，唯恐负于春色。当二月末，宜秋门下揭黄榜云：'三月一日，三省同奉圣旨开金明池，许士庶游行，御史台不得弹奏。'迨南渡，故老客临安，泛西湖，怀旧都，作诗云：'曾见宜秋辇路门，大书黄榜许游行。汉家宽大风流在，老去西湖乐太平。'辉向见人每举此诗，因志于此，以补《梦华》之遗。"

[2] **金明池：**又名西池、教池，位于宋代东京顺天门外。宋人王安石《九日赐宴琼林苑作》："金明池道柳参天，投老重来听管弦，饱食太官还惜日，夕阳临水意茫然。"宋人李焘《长编》卷68：大中祥符元年（1008年）三月乙酉，"内品、监吉州造船场冯保奏：'先造成龙船十只，欲以备京师诸池习水战，准省司所降制度为鱼龙之状，今欲将造成者毁拆，依样重造。'上曰：'金明池所习水战船，盖每岁春夏，都人游赏，朕亦为观之，止欲颁赉诸司及习水戏兵士，此船何须改作？可速指挥省司押令赴阙，勿使改造。'"宋人李焘《长编》卷246：熙宁六年（1073年）七月"癸丑，相度在京诸司库务利害刘永渊言：'近准诏于琼林苑藏冰一井，校其消释多，冰井务才十分之二。苑中二井，除四分以镝消释，实收三万八千段，而岁支三万八千三百，所少才三百。乞于金明池西北岸更置三井，则冰有余用，岁宽民力及减辇载人工请给之费，罢冰井务及监官，命苑官管勾'。从之"。宋人李焘《长编》卷324：元丰五年（1085年）四月己亥，"提举汴河堤岸宋用臣言：'面奉圣旨，金水河透水槽阻碍上下汴舟，令臣相度措置。已行按视，可以自汴河北岸超字坊开河一道，取水入内，径至咸丰门合金水河，将金水河自板桥石斗门东修斗门开河一道，引水至金明池西北三家店湾，还入汴河。其旧透槽可废撤。'从之"。

金明池遗址在今开封市城西的南郑门口村西北、土城村西南和吕庄以东和西蔡屯东南一带。笔者曾于1996年进行勘探，成果见《北宋东京金明池的营建与初步勘探》(《河南大学学报》(社科版）1998年1期)。北宋画家张择端《金明池争标图》，描绘了金明池中水军演练的场景，是皇帝带领近臣到金明池观水战、赛龙舟的热闹场面。图长28.6厘米、宽28.5厘米，略呈正方形。小小的画面，把周围9里多的池面及池岸边的景物悉数摹画下来。着重描写池中的大龙舟及周围的小船，用动静结合的手法，概括地绘出了金明池的全部景色和皇帝观看争标的场面，画面紧凑，结构严谨，主题突出（图7–5)。

[3] **琼林苑：**宋人叶梦得《石林燕语》卷1："琼林苑，乾德中置，太平兴国中，复凿金明池于苑北……岁以二月开，命士庶纵观，谓之开池。至上巳，车驾临幸毕，即闭。岁赐二府从官燕及进士闻喜燕，皆在其间。"元人脱脱《宋史》卷155《选举志一》：太平兴国九年（984年)，

图 7–5　北宋画家张择端《金明池争标图》

"进士始分三甲。自是锡宴就琼林苑"。清人徐松《宋会要·方域》3之17："琼林苑，在顺天门外道南。太祖乾德二年置，兴国中凿金明池于苑北。以三班及内侍监领池苑，兵校军隶及主典三百三十三人，岁时节物进入。每岁驾幸金明池，则并至苑中。上巳、重阳，唯中书密院或宗室及殿前诸司选胜赐宴。遇发榜，进士闻喜宴于此。凡皇城司园池入官者皆隶焉。太宗太平兴国七年十月十日，幸琼林苑。雍熙四年四月，幸金明池观水嬉，遂习射琼林苑。淳化三年三月二十二日，宴琼林苑作诗。真宗景德三年八（月），宗室宴射琼林苑。神宗元丰七年三月二日，太师、潞公西归，诏宰相、执政官、三省、近臣、学士待制宴饯于琼林苑。"

［4］**御史台有榜不得弹劾：**清人徐松《宋会要》刑法二《禁约》："（大中祥符二年）四月二日，诏金明池每岁为竞船之戏，纵民游观者一月，仍许官游赏，御史台、皇城司不得察举。"宋人李焘《长编》卷71：大中祥符二年（1009年）四月"丁亥，赐金明池善泅军士缗钱。先是，每岁为竞船之戏，纵民游观者一月，车驾必临视之。时以酺宴方毕，罢亲幸，故有是赐，仍许群官游赏，御史台、皇城司不得察举"。

［5］**周围约九里三十步：**宋人王瓘《北道刊误志》："金明池方八里。"

［6］**临水殿：**宋人陆游《老学庵笔记》卷6："故老言：大臣尝从容请幸金明池，哲庙曰：'祖宗幸西池必宴射，朕不能射，不敢出。'又木工杨琪作龙舟，极奇丽。或请一登之，哲庙又曰：'祖宗未尝登龙舟，但临水殿略观足矣。'后勉一幸金明，所谓龙舟，非独不登，亦终不观也。"

［7］**锡宴：**即赐宴。宋人释文莹《玉壶清话》卷5："赵参政昌言，汾人。太宗廷试，爱其

词气明俊，擢置甲科。未几，拜中丞。上幸金明池，旧例，台臣无从游之制，太宗喜之，特召预宴，自公始也。”宋人邵伯温《闻见录》卷1：“太祖即位，诸藩镇皆罢归，多居京师，待遇甚厚。一日从幸金明池，置酒舟中，道旧甚欢。帝指其坐曰：‘此位有天命者得之。朕偶为人推戴至此，汝辈欲为者，朕当避席。’诸节度皆伏地汗下，不敢起。帝命近臣掖之，欢饮如初。呜呼，自非圣度宏远，安能服天下英雄如此！”宋人李焘《长编》卷457：元祐六年（1091年）四月辛卯，“诏罢今岁幸金明池、琼林苑。先是，吕大防以御试妨春宴，请赏花钓鱼之会，以修故事。有诏用三月二十六日，而连阴不解，天气作寒，未有花意，别择四月上旬间。及将改，朔寒亦甚，给事中朱光庭上疏，请罢宴。大防意未然，及对，太皇太后谕旨：‘天意不顺，宜罢宴。’众皆竦服。他日，王岩叟奏事罢，因进言：‘昨见三省说已有旨罢赏花钓鱼，此事甚善，人以陛下敬天意，极慰悦。今又入夏犹寒，天意不顺，陛下皆不忽，是大好事。’太皇太后曰：‘天道安敢忽！’岩叟曰：‘自古人君常患上则忽天意，下则忽人言。今陛下乃上畏天意，下畏人言，此盛德之事，愿常以此存心，天下幸甚。’”

［8］**彩幄：**彩绸制的篷帐。元人脱脱《宋史》卷113《礼志十六》：“徙坊市邸肆，对列御道，百货骈布，竞以彩幄镂版为饰。”

［9］**仙桥：**宋人洪迈《夷坚志丁志》卷9《西池游》：“宣和中，京师西池春游内酒库吏周钦，倚仙桥栏槛，投饼饵以饲鱼，鱼去来游泳。观者杂沓。”宋人柳永《破乐阵》：“露花倒影，烟芜蘸碧，灵沼波暖。金柳摇风树树，系彩舫龙舟遥岸。千步虹桥，参差雁齿，直趋水殿。绕金堤，曼衍鱼龙戏，簇娇春罗绮，喧天丝管。霁色荣光，望中似睹，蓬莱清浅。时见。凤辇宸游，鸾觞禊饮，临翠水，开镐宴。两两轻舠刃飞画楫，竞夺锦标霞烂。罄欢娱，歌鱼藻，徘徊宛转。别有盈盈游女，各委明珠，争收翠羽，相将归远。渐觉云海沉沉，洞天日晚。”宋人李焘《长编》卷23：熙宁五年（1072年）五月庚辰，“诏修金明池桥木止用常材。先是，发运司调桥木，悉取嘉树几千计，而上以游燕不急之用，惧劳远民故也”（图7-6）。

图 7-6　北宋画家张择端《金明池争标图》的“仙桥”

［10］**五殿：**宋人马端临《文献通考》卷158："（开宝）九年四月，幸金明池习水战。上御水心殿，命从臣列坐以观战舰角胜，鼓噪以进，往来驰突为回旋击刺之状，顾谓侍臣曰：'兵棹之技，南方之事也。今已平定，固不复用，但时习之不忘武功耳。'讫真宗朝，岁习不辍。"宋人王应麟《玉海》卷147《太平兴国金明池习水战》："太平兴国元年，诏以卒三万五千凿池，以引金水河注之，有水心五殿，南有飞梁，引数百步，属琼林苑。每岁三月初，命神卫虎翼水军教舟楫，习水嬉。"

［11］**河间云水戏龙屏风：**宋人郭若虚《图书见闻志》卷4："任从一，京师人，仁宗朝为翰林待诏。工画龙水、海鱼，为时推赏。旧有金明池水心殿御座屏扆，画《出水金龙》，势力遒怪。今建隆观翊教院殿后，有所画《龙水》二壁。"

［12］**关扑：**以商品为诱饵赌掷财物的博戏。宋人苏轼《乞不给散青苗钱斛状》："又官吏无状，于给散之际，必令酒务设鼓乐倡优，或关扑卖酒牌子，农民至有徒手而归者。"宋人吴自牧《梦粱录》卷1《正月》："街坊以食物、动使、冠梳、领抹、缎匹、花朵、玩具等物，沿门歌叫关扑。"清人徐松《宋会要·刑法》7《军制》："（大符祥中）六年三月，帝曰：'京师每遇冬至寒节假日，许士庶赌博，其禁军违犯，一例舍之。可再降宣命，晓示军人仍旧禁，犯者论如律。'"

［13］**头钱：**一种赌博用具，共6枚。博者掷下去，根据钱的正反面的多少决定输赢。宋人陈元靓《岁时广记》卷16《蒲博戏》："都城（开封）寒食，大纵蒲博，而博扇子者最多，以夏之甚迩也。"

图 7–7　宋代李唐《晋文公复国图》中的棂星门

［14］**棂星门：**宋人李诫《营造法式》卷2《乌头门》："《唐六典》：'六品以上仍通用乌头大门。'唐上官仪《投壶经》：'第一箭入谓之初箭，再入谓之乌头，取门双表之义。'《义训》：'表楬，阀阅也。楬音竭。今呼为棂星门。"（图7–7）

［15］**斫脍：**薄切鱼片，进行烹饪。宋人叶梦得《石林避暑录话》卷4："往时南馔未通，京师无能斫鲙者，以为珍味。梅圣俞家有老婢，独能为之。欧阳文忠公刘原甫诸人，每思食鲙，必提鱼往过。圣俞得鲙材，必储以速诸人。……"宋人苏轼《泛舟城南》："紫蟹鲈鱼贱如土，得钱相付何曾数。碧筒时作象鼻弯，白酒微带荷心苦。运肘风生看斫脍，随刀雪落惊飞缕。不将醉语作新诗，饱食应惭腹如鼓。桥上游人夜未厌，共依水槛立风檐。楼中煮酒初尝芡，月下新妆半出帘。南郭清游继颜谢，北窗归卧等羲炎。人间寒热无穷事，自笑疏顽不受痁。"清人徐松《宋会要·刑法》2之34："（神宗熙宁）二年十月九日，诏：'金明池，每遇传

宣打鱼，今后只得令本池兵士采打，不得更差百姓。'"

[16] **芳樽：**精致的酒器，亦借指美酒。宋人刘敞《独行》诗："却谢芳尊酒，悠悠谁与欢。"宋人洪迈《夷坚志甲四·吴小员外》："赵应之，南京宗室也。偕弟茂之在京师，与富人吴家小员外，日日纵游。春时至金明池上，行小径，得酒肆，花竹扶疏，器用罗陈，极萧洒可爱。寂无人声，当垆女年甚艾。三人驻留买酒，应之指女谓吴生曰：'呼此侑觞如何。'吴大喜，以言挑之。欣然而应，遂就坐。方举杯，女望父母自外归。亟起，三人兴既阑，皆舍去。时春已尽，不复再游。"

[17] **奥屋：**修船及藏船之室。宋人沈括《梦溪笔谈》卷2："国初，两浙献龙船，长二十余丈，上为宫室层楼，设御榻，以备游幸。岁久腹败，欲修治而水中不可施工。熙宁中，宦官黄怀信献计，于金明池北凿大澳，可容龙船，其下置柱，以大木梁其上，乃决水入澳，引船当梁上，即车出澳中水，船乃笐于空中。完补，复以水浮船，撤去梁柱，以大屋蒙之，遂为藏船之室，永无暴露之患。"宋人蔡绦《铁围山丛谈》卷4："金明池，始太宗以存武备，且为国朝一盛观也。其龙舟甚大，上级一殿曰'时乘'。既岁久，绍圣末诏名匠杨谈者新作焉。久之落成，华大于旧矣。独铁费十八万斤，他物略称是。盖楼阁殿既高巨，舰得重物乃始可运。先是，池北创大屋深沟以贮龙舟，俗号'龙奥'者。既纳新舟，而旧舟第弃之西岸而已。都城忽累夕大风，异常不止，众惧为灾，虽哲庙颇亦惧。顷风息，方知新旧二舟即池中战，且三日矣。新龙毁一目，旧龙所伤尤甚。后得上达，哲庙怒，降敕悉杖之，始得宁帖。"

[18] **往往取二十日：**宋人陈次升《谠论集》卷1《上哲宗幸金明池乞不乘船》："臣伏闻有旨，今月二十日幸金明池者。臣窃观《孟子》之言曰：'吾王不游，吾何以休？吾王不豫，吾何以助？一游一豫，为诸侯度。'则知天子游幸，与民同乐，乃天下无事之时也。今闻圣驾幸金明池，有旨不过御桥，是以主器至重，社稷所系，其出入起居，兢慎如此，实天下之福也。臣窃闻舆议，所造龙船，穷极工巧，华丽尤甚。陛下必须乘御，以臣愚见，乘船危，乘桥安，陛下尚不乘桥，岂肯乘船耶？虽然如此，陛下若不乘船，臣先事而言亦无所害，万一有之，可为未然之戒。臣安可以缄默？"

[19] **簪花：**插花于冠，男女皆戴（图7–8）。宋人蔡绦《铁围山丛谈》卷6："元丰中神宗尝幸金明池，是日洛阳适进姚黄一朵，花面盈尺有二寸，遂却宫花不御，乃独簪姚黄以归。至今传以为盛事。"

[20] **衫袍**。亦泛指衣服（图7–9）。宋人王栐《燕翼诒谋录》卷5："中兴以后，驻跸南方，贵贱皆衣黝紫，反以赤紫为御爱紫，亦无敢以为衫袍者，独妇人以为衫褖尔。"

[21] **金带：**宋人陆游《老学庵笔记》卷1："国初士大夫戏作语云：'眼前何日赤，腰下几时黄？'谓朱衣吏及金带也。宣和间，亲王公主及他近属戚里，入宫辄得金带关子。得者旋填姓名卖之，价五百千。虽卒伍屠酤，自一命以上皆可得。方腊破钱唐时，朔日，太守客次有服金带者数十人，皆朱勔家奴也。时谚曰：'金腰带，银腰带，赵家世界朱家坏。'……靖康末，括金赂虏，诏群臣服金带者，权以通犀带易之，独存金鱼。又执政则正透，从官则倒透。至建炎中

图 7-8　唐代周昉《簪花仕女图》

图 7-9　宋《松阴论道图》中穿袍衫的士人

兴，朝廷草创，犹用此制。吕好问为右丞，特赐金带。高宗面谕曰：‘此带朕自视上方工为之。’盖特恩也。绍兴三年，兵革初定，始诏依故事服金带。”

［22］**勒帛：**丝织腰带。宋人彭乘《墨客挥犀》卷8：“主人着头巾，系勒帛，不具衣冠。”宋人陆游《老学庵笔记》卷2：“予童子时，见前辈犹系头巾带于前，作胡桃结。背子背及腋下，皆垂带。长老言，背子率以紫勒帛系之，散腰则谓之不敬。至蔡太师为相，始去勒帛。又祖妣楚国郑夫人有先左丞遗衣一箧，绔有绣者，白地白绣，鹅黄地鹅黄绣，裹肚则紫地皂绣。祖妣云：‘当时士大夫皆然也。’”

驾幸临水殿观争标锡宴

驾先幸池之临水殿，锡燕群臣。殿前出水棚，排立仪卫。近殿水中，横列四彩舟，上有诸军百戏，如大旗、狮豹、棹刀[1]、蛮牌[2]，神鬼杂剧之类。又列两船，皆乐部。又有一小船，上结小彩楼，下有三小门，如傀儡棚[3]，正对水中乐船。上参军色[4]进致语[5]，乐作，彩棚中门开，出小木偶人[6]，小船子上有一白衣人垂钓，后有小童举棹划船，辽绕数回，作语，乐作，钓出活小鱼一枚，又作乐，小船入棚。继有木偶筑球、舞旋[7]之类，亦各念致语，唱和乐作而已，谓之『水傀儡』[8]。又有两画船，上立秋迁，船尾百戏人上竿，左右军院虞候监教，鼓笛相和。又一人上蹴秋千，将平架，筋斗掷身入水，谓之『水秋千』。水戏[9]呈毕，百戏乐船，并各鸣锣鼓，动乐舞旗，与水傀儡船分两壁退去。有小龙船二十只，上有绯衣军士各五十余人，各设旗鼓铜锣。船头有一军校，舞旗招引，乃虎翼指挥兵级也。又有虎头船十只，上有一锦衣人，执小旗立船头上，余皆着青短衣，长顶头巾，齐舞棹，乃百姓卸在行人[10]也。又有飞鱼船二只，彩画间金，最为精巧，上有杂彩戏衫[11]五十余人，间列杂色小旗绯伞，左右招舞，鸣小锣、鼓、铙、铎之类。又有鳅鱼船二只，止容一人撑划，乃独木为之也。皆进花石朱缅所进。诸小船竞诣奥屋[12]，牵拽大龙船[13]出诣水殿，其小龙船争先团转翔舞，迎导于前。其虎头船以绳索引龙舟。大龙船约长三四十丈，阔三四丈，头尾鳞鬣，皆雕镂金饰，槿板[14]皆退光，两边列十阁子[15]，充阁分歇泊，中设御座，龙水屏风。槿板到底深数尺，底上密排铁铸大银样，如卓面大者，压重庶不欹侧也。上有层楼台观槛曲，安设御座。龙头上人舞旗，左右水棚排列六桨，宛若飞腾。至水殿，舣之一边。水殿前至仙桥，预以红旗插于水中，标识地分远近。所谓小龙船，列于水殿前，东西相向；虎头、飞鱼等船，布在其后，如两阵之势。须臾，水殿前水棚上一军校，以红旗招之，龙船各鸣锣鼓出阵，划棹旋转，共为圆阵，谓之『旋罗』。水殿前又以旗招之，其船分而为二，各圆阵，谓之『海眼』[16]。又以旗招之，两队船相交互，谓之『交头』。又以旗招之，则诸船皆列五殿之东面，对水殿排成行列，则有小舟一军校执一竿，上挂以锦彩银碗之类，谓之『标竿』，插在近殿水中。又见旗招之，则两行舟鸣鼓并进，捷者得标，则山呼[17]拜舞[18]。并虎头船之类，各三次争标而止。其小船复引大龙船入奥屋内矣。

注解

[1] **棹刀：** 宋人曾公亮《武经总要·前集》卷13："剑棹刀，刃首上阔，长柄，施镈。锯刀，刃前锐，后斜阔，长柄，施镈。其小别有笔刀。此皆军中常用。"（图7–10）

图 7–10 曾公亮《武经总要》"棹刀"图

[2] **蛮牌：** 用南方产的粗藤做的盾牌。宋人滕元发《征南录》："又闻贼之长技用蛮牌捻枪，每人持牌以蔽身，二人持枪夹牌以杀人，众进如堵，弓矢莫能加，久为南患。公乃多备长刀、大斧，制其所长。"

[3] **傀儡棚：** 演傀儡戏场所。宋人朱彧《萍洲可谈》卷3："江南俗事神，疾病官事专求神，其巫不一，有号'香神'者，祠星辰，不用荤，有号'司徒神'者，'仙帝神'者，用牲，皆以酒为酌，名称甚多。尝于神堂中见仙帝神名位，有柴帝、郭帝、石帝、刘帝之号，盖五代周、晋、汉也，不知何故祀之，祀词并无义理。又以傀儡戏乐神，用禳官事，呼为弄戏。遇有系者，则许戏几棚。至赛时，张乐弄傀儡，初用楮。爇香启祷，犹如祠神。至弄戏，则秽谈群笑，无所不至。乡人聚观，饮酒醉，又殴击，往往因此又致讼系，许赛无已时。"宋人黄庭坚《咏傀儡诗》："世间尽被鬼神误，看取人间傀儡棚。烦恼自无安脚处，从他鼓笛弄浮生。"（图7–11）

[4] **参军色：** 是宋代教坊的角色，它在宫廷乐舞演出中具有指挥协调职能，有时还参加表演。宋人赵彦卫《云麓漫钞》卷5："优人杂剧，必装宫人，号为参军色。按《西京杂记》：京兆有古生尝学纵横，揣摩弄矢摇丸摴蒲之术，为都掾史，四十余年，善訑谩二千石，随以谐谑，皆握其权要而得其欢心。赵广汉为京兆，下车而黜之，终于家。至今排戏皆称古掾曹。又《乐府杂录》：汉馆陶令石耽有赃犯，和帝惜其才，免罪。每宴，令衣白衫，命优伶戏弄辱之，经年乃放，后为参军。按本朝景德三年，张景以交通曹人赵谏，斥为房州参军。景为《屋壁记》曰：'近到州，知参军无员数，无职守，悉以旷官败事违戾改教者为之；凡朔望飨宴，使预焉。人一见必指曰参军也，倡优为戏，亦假为之，以资玩戏。'今人多装状元进士，失之远矣。"宋人崔敦《金国使人到阙紫宸殿宴参军色致语口号》："春风黄伞下清厢，缨弁蝉联宴未央。万国文明周礼乐，九重端穆舜衣裳。云低殿幄星辰近，漏转宫花日月长。圣主宽仁盟好水，和声细入鹿鸣章。"山西省浮山县上东村宋墓壁画，上面亦绘有参军色形象。其形象也是头戴展脚幞头，身穿圆领宽袖长袍，双手执竹竿置于胸前，幞头为黑色，长袍为红色（图7–12）。

图 7-11 宋人刘松年《傀儡婴戏图》

图 7-12 山西省浮山市上东村宋墓壁画中的"参军色"（引自：黄竹三：《"参军色"与"致语"考》，《文艺研究》2000年第2期）

[5] **致语：** 又称作语、致辞，宫廷艺人在演出开始时说唱的颂辞。宋人岳珂《桯史》卷7《优伶诙语》："秦桧以绍兴十五年四月丙子朔，赐第望仙桥。丁丑，赐银绢万匹两，钱千万，彩千缣，有诏就第赐燕，假以教坊优伶，宰执咸与。中席，优长诵致语，退，有参军者前，褒桧功德。一伶以荷叶交倚从之，诙语杂至，宾欢既洽，参军方拱揖谢，将就倚，忽堕其幞头，乃总发为髻，如行伍之巾，后有大巾镮，为双迭胜。伶指而问曰：'此何镮？'曰：'二胜镮。'遽以朴击其首曰：'尔但坐太师交倚，请取银绢例物，此镮掉脑后可也。'一坐失色，桧怒，明日下伶于狱，有死者。于是语禁始益繁，芮烨、令衿等吻祸，盖其末流焉。"元人脱脱《宋史》卷113《礼志十六》："（元祐）三年六月罢春宴，八月罢秋宴，以魏王出殡，翰林学士苏轼不进教坊致语故也。"元人脱脱《宋史》卷142《乐志十七》："乐工致辞，继以诗一章，谓之'口号'，皆述德美及中外蹈咏之情。……小儿队舞，亦致辞以述德美。……女弟子队舞，亦致辞如小儿队。"

[6] **小木偶人：** 宋人张耒《明道杂志》："有奉议郎丁綖者，某同年进士也。尝言其祖好道，多延方士。常任荆南监兵，有一道人礼之颇厚。丁罢官，道人相送，临行，出一小木偶人，如手指大，谓丁曰：'或酒尽时，以此投瓶中。'丁离荆南数程，野次逢故旧，相与饮酒。俄而壶竭，丁试取木偶投瓶中，以纸盖瓶口。顷之，闻木人触瓶纸有声，亟开视之，芳酎溢瓶矣。不知后如何。"

[7] **舞旋：** 古代一种回旋的舞蹈。宋人周辉《清波杂志》卷6："翌日，上问辅臣：'记得有艺。'盖记其工篆学也。章申国对云：'会舞旋。'上遽云：'如此岂可使一路！'遂罢。"

[8] **水傀儡：** 在水上表演的木偶戏技艺，汉至唐称为"水饰"。宋人李昉《太平广记》卷226："炀帝别敕学士杜宝修《水饰图经》十五卷，新成。以三月上巳日，会群臣于曲水，以观水饰。有神龟负八卦出河，进于伏牺；黄龙负图出河；玄龟衔符出洛；太鲈鱼衔箓图出翠妫之水，并授黄帝；黄帝斋于玄扈，凤鸟降于洛上；丹甲灵龟衔书出洛授苍颉；尧与舜坐舟于河，凤凰负图；赤龙载图出河，并授尧；龙马衔甲文出河授舜；尧与舜游河，值五老人；尧见四子于汾水之阳；舜渔于雷泽；陶于河滨；黄龙负黄符玺图出河授舜；舜与百工相和而歌，鱼跃于水；白面长人而鱼身，捧河图授禹，舞而入河。"明人刘若愚《酌中志》引《明宫史》卷2："水傀儡戏，其

制用轻木雕成，海内四夷及蛮王仙圣将军士卒之像，男女不一。约高二尺余，止有臀以上，无下体，无油漆，彩画如生。每人之下平底，安一榫卯，用长三尺许竹板承之。用长丈余，阔数尺，深二尺余方木池一个，锡镶不漏，添水七分满，下用凳支起。又用沙围屏隔之。经手动机之人，皆在围屏之内自屏下游移动转。水内用活鱼、虾、蟹、螺、蛙、鳅、鳝、萍藻之类浮水上。圣驾升座向南，则钟鼓司官在围屏之南，将节次人物各以竹片托浮水上，游斗玩耍。钟鼓喧□。另有一人执锣在旁宣白题目，替傀儡登答赞导喝彩，或英国公三败黎王故事，或孔明七擒七纵或三宝太监下西洋，八仙过海，孙行者大闹龙宫之类，惟是暑天白昼作之，犹要把戏者耳。"

[9] **水戏：** 又称"水嬉"。清人徐松《宋会要·刑法》二《禁约》："（天圣）三年三月二十二日，诏：'金明池教习船，有司列水嬉。士民观者甚多，有蹴踏而死者，令本地分巡防人员止约，令勿奔凑。'"宋人宋敏求《春明退朝录》卷中："唐曲江，开元、天宝中，旁有殿宇，安史乱后，其地尽废。文宗览杜甫诗云：'江头宫殿锁千门，细柳新蒲为谁绿。'因建紫云楼、落霞亭，岁时赐宴。又诏百司于两岸建亭馆。太宗于西郊凿金明池，池中台榭，以阅水戏，而士人游观无存泊之所，若两岸如唐制设亭馆，即踰曲江之盛也。"

[10] **卸在：** 卸任。行人：小吏差役。

[11] **戏衫：** 戏衣。宋人刘克庄《念奴娇·和诚斋》词："戏衫抛了，下棚去，谁笑郭郎长袖。"

[12] **奥屋：** 指深广的屋宅，此指船坞。宋人曾巩《兜率院记》："言庐累百十，大抵穷墉奥屋，文衣精食，舆马之华，封君不如也。"

[13] **大龙船：** 宋人蔡绦《铁围山丛谈》卷4："金明池，始太宗以存武备，且为国朝一盛观也。其龙舟甚大，上级一殿曰'时乘'。既岁久，绍圣末诏名匠杨谈者新作焉。久之落成，华大于旧矣。独铁费十八万斤，他物略称是。盖楼阁殿既高巨，舰得重物乃始可运。先是，池北创大屋深沟以贮龙舟，俗号'龙奥'者。既纳新舟，而旧舟第弃之西岸而已。都城忽累夕大风，异常不止，众惧为灾，虽哲庙颇亦悚。顷风息，方知新旧二舟即池中战，且三日矣。新龙毁一目，旧龙所伤尤甚。后得上达，哲庙怒，降敕悉杖之，始得宁帖。"宋人陆游《老学庵笔记》卷6："故老言：大臣尝从容请幸金明池，哲庙曰：'祖宗幸西池必宴射，朕不能射，不敢出。'又木工杨琪作龙舟，极奇丽。或请一登之，哲庙又曰：'祖宗未尝登龙舟，但临水殿略观足矣。'后勉一幸金明，所谓龙舟，非独不登，亦终不观也。"（图7–13）

[14] **艎板：** 船板。宋人徐兢《宣和奉使高丽图经》卷34《客舟》："其制皆以全木巨枋搀迭而成，上平如衡，下侧如刃，贵其可以破浪而行也。其中分为三处：前一仓不安艎板，唯于底安灶与水柜，正当两樯之闲也，其下即兵甲宿棚；其次一仓，装作四室；又其后一仓，谓之奥屋，高及丈余，四壁施窗户，如房屋之制。上施栏楯，朱绘华焕，而用帟幕增饰使者。"

[15] **閤子：** 船屋的一间。

[16] **海眼：** 宋人陆游《老学庵笔记》卷5："成都石笋，其状与笋不类，乃累叠数石成之，所谓海眼，亦非妄。"

图 7–13　元人无名氏《龙舟夺标图》中的“龙舟”

图 7–14　元代赵雍《玉堂拜舞》

[17] **山呼：**即“山呼万岁”：“万岁！万岁！万万岁！”明人宋濂《元史》卷67《礼乐志一》：“曰跪左膝、三叩头，曰三呼，曰三呼，曰再山呼。”注：“凡传山呼，控鹤呼噪应和曰‘万岁’，传再山呼，应曰‘万万岁’。”

[18] **拜舞：**跪拜与舞蹈，古代朝拜的礼节。宋人蔡絛《铁围山丛谈》卷2：“国朝故事，天子诞节，则宰臣率文武百僚班紫宸殿下，拜舞称庆。宰相独登殿捧觞，上天子万寿，礼毕，赐百官茶汤罢，于是天子还内。则宰臣夫人在内亦率执政夫人以班福宁殿下，拜而称贺。宰臣夫人独登殿捧觞，上天子万寿，仍以红罗绡金须帕系天子臂，退复再拜，遂燕坐于殿廊之左。此儒臣之至荣。”（图7–14）

驾幸琼林苑

驾方幸琼林苑[1]，在顺天门大街，面北，与金明池相对。大门牙道皆古松怪柏。两傍有石榴园、樱桃[2]园之类，各有亭榭，多是酒家所占。苑之东南隅，政和间创筑华觜冈，高数丈，上有横观层楼，金碧相射，下有锦石[3]缠道，宝砌[4]池塘，柳锁虹桥，花萦凤舸[5]，其花皆素馨[6]、末莉[7]、山丹[8]、瑞香[9]、含笑[10]、射香等闽、广、二浙所进南花。有月池、梅亭、牡丹之类，诸亭不可悉数。

[1] **琼林苑：**见本书卷之七《三月一日开金明池、琼林苑》注［3］。

[2] **樱桃：**宋人晁冲之《都下追感往昔因成二首》："少年使酒走京华，纵步曾游小小家。看舞霓裳羽衣曲，听歌玉树后庭花。门侵杨柳垂珠箔，窗对樱桃卷碧纱。坐客半惊随逝水，主人星散落天涯。春风踏月过章华，青鸟双邀阿母家。系马柳低当户叶，迎人桃出隔墙花。鬓深钗暖云侵脸，臂薄衫寒玉映纱。莫作一生惆怅事，邻州不在海西涯。"

[3] **锦石：**有美丽花纹的石头。晋人罗含《湘中记》："衡山山有锦石，斐然成文。"唐代杜甫《季秋江村》诗："登俎黄柑重，支床锦石圆。"明代李梦阳《秋怀》诗："雕阑玉柱留天女，锦石秋花隐御舟。"

[4] **宝砌：**用名贵石头垒砌。

[5] **凤舸：**雕绘华美的大船。前蜀毛文锡《柳含烟》词："夹岸绿阴千里，龙舟凤舸木兰香，锦帆张。"

[6] **素馨：**宋人吴曾《能改斋漫录》卷15《方物》："岭外素馨花，本名耶悉茗花。唯花洁白，南人极重之，以白而香，故易其名。"宋人高似孙《纬略》："耶悉茗花是西国花，色雪白，胡人携之交广之间，家家爱其香气，皆种植之。"（图7–15）

[7] **末莉：**宋人张邦基《墨庄漫录》卷7："闽广多异花，悉清芬郁烈，而末莉花为众花之冠。岭外人或云抹丽，谓能掩众花也，至暮则尤香。今闽人以陶盎种之，转海而来，浙中人家以为嘉玩。然性不耐寒，极难爱护，经霜雪则多死，亦土地之异宜也。颜博文持约，谪官岭表，爱而赋诗云：'竹稍脱青锦，榕叶随黄云。岭头暑正烦，见此萼绿君。欲言娇不吐，藏意久未分。最怜月初上，浓香梦中闻。萧然六曲屏，西施带微醺。丛深珊瑚帐，枝转翡翠裙。譬如追风骑，一抹万马群。铜瓶汲清泚，聊复为子勤。愿言少须臾，对此髯参军。'观此诗则花之清淑柔婉风味，不言可知矣。"（图7–16）

[8] **山丹：**宋人刘克庄《山丹》："偶然避雨过民舍，一本山丹恰盛开。种久树身樛似盖，浇频花面大如杯。怪疑朱草非时出，惊问红云甚处来。何惜书生无事力，千金移入画栏栽。"

[9] **瑞香：**宋人张邦基《墨庄漫录》卷2："瑞香花其香清婉在余花上，窠株少见大者。襄阳唐表舅家一株，面阔一丈二三尺，婆娑如盖，下可坐胡床。赵岍季西知襄阳，欲取之，竟不与也。兵火之后，不复存焉。岂归阆苑耶？李居仁大夫尝言：舒州山中深岩间，附石生一株，高二三丈，下可坐十客，不可移也。今浙中以丁香本接者，芬芳极短，不如天生者其香沤郁清烈也。不十年即瘦悴就槁矣。"

图 7–15　素馨花

图 7–16　宋人马麟（传）《茉莉舒芳图》

[10] **含笑：**宋人陈善《扪虱新话·论南中花卉》："南中花木有北地所无者，茉莉花、含笑花、阇提花、鹰爪花之类……含笑有大小。小含笑有四时花，然惟夏中最盛。又有紫含笑，香尤酷烈。"宋人李纲《含笑花赋》："南方花木之美者，莫若含笑。绿叶素容，其香郁然。是花也，方蒙恩而入幸，价重一时，花生叶腋，花瓣六枚，肉质边缘有红晕或紫晕，有香蕉气味花期。花常若菡萏之未放者，即不全开而又下垂。凭雕栏而凝采，度芝阁而飘香；破颜一笑，掩乎群芳。"宋人欧阳修《归田录》卷1："（丁晋公）其少以文称，晚年诗笔尤精，在海南篇咏尤多，如'草解忘忧忧底事，花名含笑笑何人'，尤为人所传诵。"

驾幸宝津楼宴殿

宝津楼[1]之南，有宴殿[2]，驾临幸，嫔御[3]车马在此。寻常亦禁人出入，有官监之。殿之西有射殿[4]，殿之南有横街，牙道柳径，乃都人击球之所。西去苑西门、水虎翼[5]巷，横道之南，有古桐牙道，两傍亦有小园圃台榭。南过画桥，水心有大撮焦亭子，方池[6]柳步围绕，谓之虾蟆亭[7]，亦是酒家占。寻常驾未幸，习旱教[8]于苑大门。御马立于门上。门之两壁，皆高设彩棚，许士庶观赏，呈引百戏。御马上池，则张黄盖，击鞭如仪。每遇大龙船出及御马上池，则游人[9]增倍矣。

注解

［1］**宝津楼：**宋人韩琦《上巳琼林苑赐筵》："春光浓簇宝津楼，楼下新波涨鸭头，嘉节难逢真上巳，赐筵荣入小瀛洲，仙园雨过花遗靥，御陌风长絮作球，禊饮不须辞巨白，清明来日尚归休。"宋人张纲《江城子·和吕丞送进士赴省》："宝津楼下柳阴重。画桥东，戏鱼龙。闻喜当时，开宴盛仪容。遥想新年寻故事，扶醉帽，夕阳中，可怜衰鬓飒霜丛。借酡红，遣愁浓。梦入长安，惊起送飞鸿。直下青冥休避路，九万里，看抟风。"（图7–17）

［2］**宴殿：**宋人李纲《琼林苑赐御筵表》："臣某言：伏蒙圣恩，以臣今月二十五日总师出门，特差翰林学士吴开就琼林苑押赐御筵者。宠灵下逮，已沾零露之恩；宴衎俯临，再被需云之渥。载惟侥冒，第剧战兢。伏念臣社栎散材，康瓠小器。力学粗知于忠义，逢时窃意于功名。适丁艰难，猥叨任使。超居丞辖，曾□着于休功；继掌枢衡，讫蔑闻于善状。自惟迂拙，每丐退藏。未容乞身而归，更与登坛之选。虽忠诚之备写，终天意之莫回。礼遇弥加，褒荣浸侈。初赐宴于中禁，复申犒于上林。天厨具络绎之珍，乐府备铿锵之奏。雍容和气，感激懦衷，下及群

图 7–17　元代王振鹏《宝津竞渡图》中的宝津楼

僚，亦与荣观。顾宠嘉之莫拟，抚羁贱以何堪。此盖伏遇皇帝陛下以道观能，使臣以礼。推食慕汉高之烈，脱袍有艺祖之风。致此鲰生，亦膺异数。臣敢不力修军政，大振国威。献北阙之俘，愿希踪于前世；却南牧之骑，期无愧于古人中。”

[3] **嫔御：**古代帝王的侍妾与宫女。

[4] **射殿：**宋人曾极《射殿》：“鹤盖阴阴覆苑墙，更添苍雪助清凉。高皇俭德规模远，不作南朝石步廊。”

[5] **水虎翼：**宋人李焘《长编》卷81：大中祥符六年（1013年）七月“癸丑，诏在京诸军选江淮习水卒于金明池按试战棹，立为水虎翼军，置营池侧。其江、浙、淮南诸州，亦令准此选卒置营”。

[6] **方池：**宋人钱昭度《咏方池》：“东道主人心匠巧，凿开方石贮涟漪。夜深却被寒星映，恰似仙翁一局棋。”

[7] **虾蟆亭：**宋人庄绰《鸡肋篇》卷上：“有扬州人黎珣，字东美，崇宁中作郎官监司，又有京师开书铺人陈询字嘉言，皆以貌像呼为‘虾蟆’。而琼林苑西南一亭，地界近水，俗号虾蟆亭，天清寺前多积潦，亦名虾蟆窝。”

[8] **旱教：**步军操练。宋人叶梦得《石林燕语》卷1：“金明，水战不复习，而诸军犹为鬼神戏，谓之‘旱教’。”

[9] **游人：**清人徐松《宋会要·刑法》2《禁约》：“（天圣）三年三月二十二日，诏：‘金明池教习船，有司列水嬉。士民观者甚多，有蹴踏而死者，令本地分巡防人员止约，令勿奔凑。’”

驾登宝津楼诸军呈百戏

驾登宝津楼，诸军百戏，呈于楼下。先列鼓子十数辈，一人摇双鼓子，近前进致语，多唱『青春三月蓦山溪』也。唱讫，鼓笛举，一红巾者弄大旗，次狮豹入场，坐作进退，奋迅举止毕。次一红巾者，手执两白旗子，跳跃旋风而舞，谓之『扑旗子』[1]。及上竿、打筋斗[2]之类讫，乐部举动琴家弄令，有花妆轻健[3]军士百余，前列旗帜，各执雉尾[4]、蛮牌、木刀[5]，初成行列拜舞，互变开门夺桥等阵，然后列成『偃月阵』[6]。乐部复动蛮牌令，数内两人出阵对舞，如击刺之状，一人作奋击之势，一人作僵仆出场，凡五七对，或以枪对牌，剑对牌之类。忽作一声如霹雳，谓之『爆仗』[7]，则蛮牌者引退。烟火大起，有假面披发，口吐狼牙烟火[8]，如鬼神状者上场。着青帖金花短后之衣，帖金皂裤，跣足[9]，携大铜锣随身，步舞而进退，谓之『抱锣』[10]。绕场数遭，或就地放烟火之类。又一声爆仗，乐部动拜新月慢曲，有面涂青碌，戴面具金睛，饰以豹皮锦绣看带之类，谓之『硬鬼』。或执刀斧，或执杵棒之类，作脚步蘸立，为驱捉视听之状。又爆仗一声，有假面长髯，展裹绿袍靴简如钟馗像者，傍一人以小锣相招和舞步，谓之『舞判』[11]。继有二三瘦瘠，以粉涂身，金睛白面，如髑髅状，系锦绣围肚看带，手执软仗，各作魁谐，趋跄举止若排戏，谓之『哑杂剧』。又爆仗响，有烟火就涌出，人面不相睹，烟中有七人，皆披发文身[12]，着青纱短后之衣[13]，锦绣围肚看带，内一人金花小帽，执白旗，余皆头巾，执真刀，互相格斗击刺，作破面剖心之势，谓之『七圣刀』[14]。忽有爆仗响，又复烟火出，散处以青幕围绕，列数十辈，皆假面异服，如祠庙中神鬼塑像，谓之『歇帐』。又爆仗响，卷退。次有一击小铜锣，引百余人，或巾裹，或双髻，各着杂色半臂[15]，围肚看带，以黄白粉涂其面，谓之『抹跄』。各执木棹刀一口，成行列，击锣者指呼各拜舞起居毕，喝喊变阵子数次，成一字阵，两两出阵格斗，作夺刀击刺之态百端。讫，一人弃刀在地，就地掷身，背着地有声，谓之『扳落』。如是数十对讫，复有一装田舍儿者入场，念诵言语讫，有一装村妇者入场，与村夫相值，各持棒杖，互相击触，如相殴态[16]。其村夫者以杖背村妇出场毕。后部乐作，诸军缴队杂剧一段，继而露台弟子杂剧一段，是时弟子萧住儿、丁都赛[17]、薛子大、薛子小、杨总惜、崔上寿之辈，后来者不足数。合曲舞旋讫，诸班直常入祗候子弟所呈马骑，先一人空手出马，谓之『引马』。次一人磨旗[18]出马，谓之『开道旗』。次有马上抱红绣之球，系以红锦索，掷下于地上，数骑追逐射之，左曰『仰手射』，右曰『合手射』，谓之『拖绣球』[19]。又以柳枝插于地，数骑以划子箭，或弓或弩射之，谓之『褚柳枝』[20]。又有以十余小旗，遍装轮上而背之出马，谓之『旋风旗』。又有执旗挺立鞍上，谓之『立马』。或以身下马，以手攀鞍而复上，谓之『骗马』[21]。或用手握定镫袴，以身从后鞦来往，谓之『跳马』。忽以身离鞍，屈右脚挂马鬃，左脚在镫，左手把鬃，谓之『献鞍』，又曰『弃鬃』。背坐或以两手握镫袴，以肩着鞍桥，双脚直上，谓之『倒立』[22]。忽掷脚着地，倒拖顺马而走，复跳上马，谓之『拖马』。或留左脚著镫，右脚出镫离鞍，横身在鞍一边，左手捉鞍，右手把鬃存身，直一脚顺马而走，谓之『飞仙膊马』。又存身拳曲在鞍一边，谓之『镫里藏身』。或右臂挟鞍，足着地顺马而走，谓之『赶马』。或出一镫，坠身著鞦，以手向下绰地，谓之『绰尘』。或放令马先走，以身追及，握马尾而上，谓之『豹子马』。或横身鞍上，或轮弄利刃，或重物大刀双刀百端讫。有黄衣老兵，谓之『黄院子』，数辈执小绣龙旗前导；宫监马骑百余，谓之『妙法院女童』，皆妙龄翘楚，结束如男子，短顶头巾，各着杂色锦绣，捻金丝番段窄袍，红绿吊敦束带，莫非玉羁金勒，宝镫花鞯，艳色耀日，香风袭人，驰骤至楼前，团转数遭，轻帘鼓声，马上亦有呈骁艺者。中贵人[23]许畋押队，招呼成列，鼓声一齐掷身下马，一手执弓箭，揽缰子就地，如男子仪，拜舞山呼讫，复听鼓声，騗马而上。大抵禁庭如男子装者，便随男子礼起居。复驰骤团旋、分合阵子讫，分两阵，两两出阵，左右使马，直背射弓，使番枪或草棒，交马野战，呈骁骑讫，引退。又作乐，先设彩结小球门于殿前，有花装[24]男子百余人，皆裹角子向后拳曲花幞头，半着红，半着青锦襖子，义襕束带丝鞋，各跨雕鞍花鞿驴子，分为两队，各有朋头一名，各执彩画球杖，谓之『小打』。一朋头用杖击弄球子，如缀球子方坠地，两朋争占，供与朋头，左朋击球子过门[25]入孟[26]为胜，右朋向前争占，不令入孟，互相追逐，得筹[27]谢恩而退。续有黄院子引出宫监百余，亦如小打者，但加之珠翠装饰，玉带红靴，各跨小马，谓之『大打』[28]。人人乘骑精熟，驰骤如神，雅态轻盈，妍姿绰约，人间但见其图画矣。呈讫。

注解

[1] **扑旗子：**亦作“扑旂”。宋代古杭才人《宦门子弟错立身》：“拆莫大擂鼓吹笛，折莫大装神弄鬼，折莫特调当扑旗。”

[2] **打筋斗：**即翻金斗。明人于慎《谷山笔麈》卷14《杂考》：“翻金斗，字义起于赵简子之杀中山王，后之工人以头委地而翻身跳过，谓之金斗，想其形类为名耳。”宋人朱熹《夜宿方广闻长老守荣化去敬夫感而赋诗因次其韵》：“只么虚空打筋斗，思君辜负百年身。”元人高文秀《襄阳会》第三折：“某正在空地上学打觔斗，有父亲呼唤，须索走一遭去。”宋人洪迈《夷坚志》丁传四《张妖巫》：“婺源怀金乡巫者张生，善为妖术，能与人致祸。每于富室须索钱米，少不如意则距跃勃跳，名曰‘打筋斗’。此家随即病疮痘，或有死亡，以是莫不畏惮。”

[3] **轻健：**轻捷强健。唐人王建《赠阎少保》诗：“髭须虽白体轻健，九十三来却少年。”宋人朱熹《答吕伯恭书》：“比日想益轻健，但数日暑气异常，不知宜如何耳。”

[4] **雉尾：**仪仗用具。宋人梅尧臣《十二月十三日喜雪》诗：“大明广庭踏朝驾，雉尾不扫黏宫靴。”朱东润注：“雉尾，宋时有雉尾扇，皇帝大驾出，一人举之以行。”晋人崔豹《古今注》卷上《舆服》：“雉尾扇，起于殷世。高宗时有雊雉之祥，服章多用翟羽。周制以为王后夫人之车服。舆车有翣，即缉雉羽为扇翣，以障翳风尘也。汉朝乘与服之，后以赐梁孝王。魏晋以来无常，惟诸王皆得用之。”(图7–18)

[5] **木刀：**木制的刀。唐人段成式《酉阳杂俎·木篇》：“其实如枣，以竹刀剖则甘，铁刀剖则苦，木刀剖则酸，芦刀剖则辛。”

[6] **偃月阵：**偃月刀半月形的军阵。宋人欧阳修《新五代史》卷52《杂传·杜重威》：“安重荣反，重威逆战于宗城，重荣为偃月阵，重威击之不动。”清人毕沅《续资治通鉴·宋高宗绍兴三十二年》：“右翼军继步军北引而东，作偃月阵，步军居中，骑军据其两端，使贼不见首尾。”宋人司马光《涑水记闻》卷11：“是时平地有雪五寸许，贼于水东为偃月阵，官军亦于水西作偃月阵相向。贼稍遣兵，涉水为横阵，郭遵及忠佐王信先往薄之，不能入；既而官军并进，击却之；贼复蔽盾为阵，官军亦击破之。”

图 7–18　唐代阎立本《步辇图》中的“雉尾扇”

[7] **爆仗：** 即炮竹、鞭炮。宋人陈元靓《岁时广记》引李畋《该闻集》："爆竹辟妖气，邻人有仲叟家为山魈所祟，掷瓦石，开户牖，不自安。叟求祷之以佛经报谢，而妖祟弭盛。畋谓其叟曰：翁旦夜于庭落中，若除夕爆竹数十竿。叟然其言，爆竹至晓，寂然安帖，遂止。"元人周达官《真腊风土记·正朔时序》："每用中国十月为正月，是月也，名为佳得，当国宫之前缚一大棚，上可容千余人，尽挂灯球花朵之属。其对岸远离二十丈地，则以木接续，缚成高棚，如造塔扑竿之状，可高二十余丈，每夜设三四座或五六座，装烟火爆杖于其上，此皆诸属郡及诸府第认直。遇夜则请国主出观，点放烟火爆杖，烟火虽百里之外皆见之，爆杖其大如炮，声震一城。"

[8] **烟火：** 宋人周密《齐东野语》卷11《御宴烟火》："穆陵初年，尝于上元日清燕殿排当，恭请恭圣太后。既而烧烟火于庭，有所谓地老鼠者，径至大母圣座下。大母为之惊惶，拂衣径起。"宋人詹无咎《鹊桥仙·龟儿吐火》："龟儿吐火，鹤儿衔火。药线上，轮儿走火。十胜一斗七星毬，一架上，有许多包裹。梨花数朵，杏花数朵，又开放牡丹数朵。便当场好手路歧人，也须教点头咽唾。"

[9] **跣足：** 赤脚，光着脚。唐人谷神子《博异志·阴隐客》："首冠金冠而跣足。"

[10] **抱锣：** 一种以大铜锣伴身的乐舞。宋人施耐得《都城纪胜》："百戏，在京师时，各名左右军，并是开封府衙前乐营。相扑争交，谓之角抵之戏，别有使拳，自为一家，与相仆曲折相反，而与军头司大士相近也。踢弄，每大礼后宣赦时，抢金鸡者用此等人，上竿、打筋头、踏跷、打交辊、脱索、装神鬼、抱锣、舞判、舞斫刀、舞蛮牌、舞剑、与马打球、并教船上秋千、东西班野战、诸军马上呈骁骑（北人乍柳）、街市转焦馇为一体。"

[11] **舞判：** 扮作判官或钟馗的舞蹈。

[12] **文身：** 宋人高承《事物纪原》卷8《岁时风俗部·文身》："今世俗皆文身，作鱼龙飞仙鬼神等像，或为花卉文字。"宋人江少虞《事实类苑》卷57《呼延赞》："呼延赞以武勇为卫士直长，自言受国恩深，誓不与契丹同生。遍刺其体作'赤心杀契丹'字，涂以黑文，及其唇内亦刺之。鞍鞯、兵仗、戎具、什器皆作其字，或刺绣雕刻，朱熏为之召善黥之卒，横剑于膝。呼其妻，责以受重禄无补报，当黥面为字，以表感恩之意。苟不然者，立断其首，举家皆号泣，以为妇人黥面非宜，愿刺臂，许之。诸子及仆妾亦然。"宋人周密《武林旧事》："吴儿善泅者数百，皆披发文身，手执十幅大彩旗，争先鼓勇，溯迎而上，出没于鲸波万仞中，腾身百变，而旗尾略不沾湿，以此夸能。"

[13] **短后之衣：** 后幅较短的上衣，便于活动，多为武士之衣。《庄子·说剑》："吾王所见剑士，皆蓬头、突鬓、垂冠，曼胡之缨，短后之衣，瞋目而语难。"郭象注："短后之衣，为便于事也。"宋人沈括《补笔谈》卷1《辨正》："唐以来，士人文章好用古人语，而不考其意。凡说武人，多云'衣短后衣'，不知短后衣作何形制？短后衣出《庄子·说剑篇》，盖古之士人衣皆曳后，故时有衣短后之衣者。近世士庶人衣皆短后，岂复更有短后之衣！"

[14] **七圣刀：** 即杀人复活的魔术。唐人张鷟《朝野佥载》卷3："河南府立德坊及南市西坊皆有胡祆神庙。每岁商胡祈福，烹猪羊，琵琶鼓笛，酣歌醉舞。酹神之后，募一胡为祆主，看者

施钱并与之。其袄主取一横刀，利同霜雪，吹毛不过，以刀刺腹，刃出于背，仍乱扰肠肚流血。食顷，喷水咒之，平复如故。此盖西域之幻法也。”（图7-19）

［15］**半臂**：为一种短袖上衣。元人陶宗仪《说郛》卷12下《半臂》：“实录曰：‘隋大业中内宫多服半襟，即今之长袖也。唐高祖减其袖，谓之半臂。’”后晋人沈昫《旧唐书》卷186《来子珣传》：“（珣）常衣锦半臂，言笑自若，朝士诮之。”（图7-20）。

［16］**如相殴态**：好像相互殴打之状。宋人吴自牧《梦粱录》卷20《妓乐》：“顷在汴京时，村落野夫，罕得入城，遂撰此端。多是借装为山东、河北村叟，以资笑端。”

［17］**丁都赛**：北宋末年东京城著名的杂剧艺人。现国家博物馆收藏有一块“丁都赛”砖，砖长28厘米，宽8厘米，厚3厘米。中刻人物像，头戴小帽，脑侧簪有花叶，腰后插有圆扇一把，他双手抱拳于胸前，作打揖状站立。身着长衫，腰部系有巾帻一条，足下蹬平底靴，人物头部外上方，有字牌一个上书“丁都赛”三字（图7-21）。

［18］**磨旗**：挥动旗帜。元人关汉卿《窦娥冤》第三折：“刽子做磨旗科云：怎么这一会儿，天色阴了也！”

［19］**拖绣球**：指骑马追射红绣球。宋人楼钥《攻媿集》卷1《题龙眠画骑射拖毬戏》：“绿杨几枝插平沙，柔梢袅袅随风斜。红绡去地不及尺，锦袍壮士斫鬃射。横磨箭锋满分靶，一箭正

图7-19

图7-20

图7-21

图7-19　西安博物院所藏的宋代泥塑“七圣刀”
图7-20　陕西乾县唐永泰公主墓中彩绘“半臂”妇女
图7-21　丁都赛

截红绡下。前骑长缨拖绣球，后骑射中如星流。绣球飞碮最难射，十中三四称为优。元丰策士集英殿，金门应奉人方倦。日长因过卫士班，飞骑如云人马健。驾幸宝津知有日，穷景驰驱欣纵观。龙眠胸中空万马，骇目洞心千万变。追图大概写当时，至今想象如亲见。静中似有叱咤声，墨淡犹疑锦绣眩。闲窗抚卷三太息，五纪胡尘暗畿甸。安得士马有如此，长驱为决单于战。”宋人章良能《题李伯时飞骑习射图》：“禁营貔虎天厩龙，技痒不奈刍粟丰。闻道宝津尝护驾，前朝踊跃矜戏雄。红绡低击柳枝碧，满满弯弓斫鬃射。偶然穿叶未为奇，截下红绡方破的。彩绳子长曳彩轻，闪烁眩转如奔星。弦头辟雳起马脚，回看一箭落欃枪。乌纱帽稳春衫薄，交鞯焕烂青丝络。千步场深隔九关，毕景驰驱有余乐。李侯应奉随春官，日晏归穿卫士班。平生抵死怜神骏，绝艺那能不细看。不学阎公伏池侧，仓皇丹粉供宣索。他年乘兴试追寻，妙处只须凭子墨。十六蹄翻意态真，磬控应节顾眄视。当时骑士尽应尔，尚想元丰兵制新。慨今多事困供亿，养兵殆且殚民力。未闻士歌马腾槽，安得从容观戏剧。”宋人王叔简《题李伯时飞骑习射图》：“飞扑饮羽柳如截，马气横生人更杰。不作游观御宝津，骑战还应一当百。天家行乐少人知，龙眠属从天上归。意象惨淡研精微，曹霸以来无此奇。壮夫披图双泪垂，时危那得生致之。”

[20] **褚柳枝：**古代骑射技艺之一。又称“躏柳”。宋人程大昌《演繁露》卷13：“壬辰三月三日，在金陵预阅李显忠马司兵，最后折柳环插毬场，军士驰马射之，其矢镞阔于常镞，略可寸余，中之辄断。名曰‘躏柳’。”

[21] **鷵马：**跃上马背。唐人杜佑《通典》：“武举，制土木马于里闾间，教人习鷵。”《集韵》曰：“鷵，跃而乘马也，或书作骗。”宋人欧阳修《新唐书》卷46《百官志一》：“凡反逆相坐，没其家配官曹，长役为官奴婢，……每岁孟春上其籍，自黄口以上印臂，仲冬送于都官，条其生息而按比之。乐工、兽医、骗马、调马、群头、栽接之人皆取焉。”宋人程大昌《演繁露续集》卷5《鷵马》：“尝见药肆鬻脚药者，榜曰‘鷵马丹’，归检字书，其音为匹转，且曰跃而上马。已又见唐人武懿宗将兵，遇敌而遁，人为之语曰：‘长弓短度箭，蜀马临阶鷵。’言蜀马既已低小，而又临阶为高，乃能跃上，始悟鷵之为义。《通典》曰：‘武举制土木马于里闾间，教人习鷵。’”

[22] **倒立：**元人陈及之《便桥会盟图》中有“倒立”骑马人形象（图7–22）。

[23] **中贵人：**显贵的侍从宦官。宋陆游《曾文清公墓志铭》：“一日，有中贵人传中旨取库金，而不赍文书。”

[24] **花装：**彩色的服装。唐人鲍防《歌响遏行云赋》：“苟精诚之激励，信感应于倏忽，则花装袨服，楚艳陈娥。”

[25] **击球子过门：**宋人曹勋《北狩见闻录》：“徽庙看打球，自二太子以下皆入球场。徽庙与肃皇后在厅上看打球罢，行酒。少顷，侍中刘彦宗具传太子之意，跪奏云：‘闻上皇圣贤甚高，欲觅一打球诗。’其请颇恭。徽宗云：‘自破城以来，无复好怀。’遂用一诗，写付彦宗曰：‘锦袍骏马晓棚分，一点星驰百骑奔。夺得头筹须正过，无令绰拨入邪门。’”

[26] **入孟：**应为“孟入”、“猛入”，“孟”或作“盂”字。宋人熊克《中兴小纪》卷5：“朱胜非《闲居录》：“元祐末，哲宗方择后，京师里巷作打球戏，以一人击入窠者为胜，谓孟入。”

图 7–22　元《便桥会盟图》中的“倒立”形象及其他马戏表演

宋人曾慥《类说》卷12《打球一棒为猛入》：“庄宗召孟知祥镇成都。先是，蜀人打球，一棒便入湖子者为猛入。语讹为孟入，得荫一筹。后孟氏尽得两蜀，至子昶，一筹者，果一子也。”宋人吴处厚《青箱杂记》卷3：“韩魏公应举时，梦打球，一棒盂八。时魏公年仅弱冠，一上登科，则一棒盂入之应也。”宋人范公偁《过庭录》：“滕甫元发，视文正为皇考舅，自少侍文正侧。文正爱其才，待如子。视忠宣为叔，每恃才好胜，忠宣未尝与较。皇祐元年，同忠宣贡京师，忠宣箧中物，滕尝自取之付酒，或济困乏者，忠宣初不问也。是年，忠宣登第，滕失意归。文正责怒滕，欲夏楚，其无间如此。爱击角球，文正每戒之，不听。一日，文正寻大郎肄业，乃击球于外。文正怒，命取球，令小吏直面以铁槌碎之。球为铁所击（一作激），起中小吏之额。小吏□痛间，滕在傍拱手微言曰：‘快哉！’文正亦优之。”（图7–23）

[27] **得筹：** 博局中获得筹码，以数目多少定胜负。西汉人刘安《淮南子・诠言训》：“善博者不欲牟，不恐不胜，平心定意，捉得其齐，行由其理，虽不必胜，得筹必多。”

[28] **大打：** 即宋代的马球。宋人洪皓《鄱阳集》卷1《彦清打球》：“三伏击球暴气和，汗马良劳戛玉珂。残形伤目未尝虑，裸颠垢面服皮靴。列骑骎骎有仲下，王孙上驷金盘陀。矫如跳丸升碧汉，坠若流星落素波。分明较胜各驰逐，雷奔电掣肩相摩。天下固自有至乐，但知此乐无以过。有时雌雄久不决，载渴载饥日忽蹉。或胜或败何所竞，屈膝进酒方骈罗。击鼓横笛歌且舞，观者如堵环青娥。抑尊礼卑浑不顾，一时快意遑恤它。景云贵戚尤好此，贞元方镇亦同科。柳泽韩愈犹进谏，况乃高名欲戢戈。莫言得之自马上，连朝肄习恐伤我。韩柳二书戒驰骋，愿寘左右日吟哦。留心经史修远业，黑头侍宴朱颜酡。”（图7–24）

图 7-23　宋代无名氏《蕉阴击球图》

图 7-24　唐代章怀太子李贤墓中的“马球”图

驾幸射殿射弓

驾诣射殿射弓[1]，垛子前列招箭班二十余人，皆长脚幞头，紫绣抹额[2]，紫宽衫，黄义襕[3]，雁翅排立[4]。御箭[5]去则齐声招舞，合而复开，箭中的矣。又一人口衔一银碗，两肩两手共五只，箭来皆能承之。射毕，驾归宴殿。

注解

［1］**射弓：**宋人蔡襄《七月二十四日射弓》："破的心仍在，争豪力不堪。开弓初觉颤，盈贯未离贪。衰病先期老，中年岂分甘。唯应樽酒在，万事一醺酣。"宋人江少虞《事实类苑》卷2："至道初，李继迁遣其大校张浦入贡。上御便殿，召卫士百辈，习射御前，所挽弓皆一石五斗以上。先是，赐继迁一弓，皆一石六斗，继迁但以朝廷威示虏，识非人力所能挽，至是，卫士皆引满平射，有余力。上问浦：'戎人敢敌否？'浦曰：'蕃部弓弱矢短，但见此长大，固已远遁，岂敢拒敌？'上悦，后以浦为郑州防御使，留京师。"（图7–25）

［2］**抹额：**也称额带、头箍、发箍、眉勒、脑包，为束在额前的巾饰，一般多饰以刺绣或珠玉（图7–26）。抹额最早为北方少数民族所创的避寒之物。《后汉书·舆服志》注，胡广曰："北方寒冷，以貂皮暖额，附施于冠，因遂变成首饰，此即抹额之滥觞。亦称'抹头'，束在额上的巾。《席上腐谈》：'以绡缚其头，即今之抹额也。'"

［3］**黄义襕：**宋人王得臣《麈史》卷上《礼仪》："衣冠之制，上下混一。尝闻杜岐公欲令人吏、技钞本作伎术等官，少为差别。后韩康公又议改制，如人吏公袍俾加？俗所谓黄义襕者是

图7–25　敦煌莫高窟53号窟"射弓"图

图 7-26　唐章怀太子李贤墓壁画中的卫士头戴“抹额”

也。幞头合戴牛耳者，然今之优人多为此服。大为群小所恶，浮谤腾溢，其议遂止。”

［4］**雁翅排立：**像大雁飞行时成排地站立。

［5］**御箭：**宋人周密《武林旧事》卷2《燕射》：“淳熙元年九月，孝宗幸玉津园讲燕射礼，皇太子、宰执、使相、侍从正任，皆从辇至殿门外少驻，教坊进念致语、口号，作乐，出丽正门，由嘉会门至玉津园，赐宴酒三行。上服头巾窄衣、束带丝伴、临轩内。侍御带进弓箭，看箭人喝：‘看御箭。’教坊乐作，射垛。前排立招箭班应喏。皇帝第二箭射中，皇太子已下各再拜称贺，进御酒，并宣劝讫。皇太子及臣僚射弓，第四箭射中。上再射第五箭，又中的，传旨不贺。舍人先引皇太子当殿赐窄衣、金束带，次引射中臣僚受赐如前。再进御酒，奏乐，用杂剧。次赐宰臣以下十两银碗各一只。上赋七言诗，丞相曾怀已下属和以进。上乘逍遥辇出玉津园，教坊进念口号。至祥曦殿降辇。招箭班者服紫衣袱头，叉手立于垛前，御箭之来，能以袱头取势转导入的，亦绝伎也。”

池苑内纵人关扑游戏

池苑内，除酒家、艺人占外，多以彩幕缴络，铺设珍玉、奇玩、匹帛、动使、茶酒器物关扑[1]。有以一笏扑三十笏者。以至车马、地宅、歌姬、舞女，皆约以价而扑之。出九和合[2]有名者，任大头、快活三[3]之类，余亦不数。池苑所进奉鱼、藕、果实，宣赐有差。后苑作进小龙船[4]，雕牙缕翠，极尽精巧。随驾艺人，池上作场者，宣、政间[5]，张艺多、浑身眼、宋寿香、尹士安小乐器、李外宁水傀儡，其余莫知其数。池上饮食：水饭、凉水绿豆[6]、螺蛳、肉饶梅花酒，查片、杏片、梅子、香药、脆梅[7]、旋切鱼脍、青鱼、盐鸭卵[8]、杂和辣菜之类。池上水教罢，贵家以双缆黑漆平船，紫帷帐，设列家乐游池。宣、政间亦有假赁大小船子，许士庶游赏，其价有差。

［1］**关扑：**以商品为诱饵赌掷财物的博戏。宋人苏轼《乞不给散青苗钱斛状》："又官吏无状，于给散之际，必令酒务设鼓乐倡优，或关扑卖酒牌子，农民至有徒手而归者。"宋人吴自牧《梦粱录》卷1《正月》："街坊以食物、动使、冠梳、领抹、缎匹、花朵、玩具等物，沿门歌叫关扑。"宋话本《赵县君乔送黄柑子》："一日，正在门首坐地，呆呆的看那帘内，忽见一个经纪，挑着一篮永嘉黄柑子过门。宣教叫住问道：'这柑子可要博的？'经纪道：'小人正要博两文钱使，官人作成则个。'宣教接将头钱过来，往下就扑。那经纪蹲在柑子篮边，一头拾钱，一头数之。怎当得宣教一边扑，一边牵挂着帘内人在里头看见，没心没想的抛下去，扑上两三个时辰，再扑不得一个浑成来。"

［2］**出九和合：**出九，亦作"出玖"，一种博戏。《唐律疏议》卷26《杂律十四·博戏赌财物》："'停止主人'，谓停止博戏赌物者主人，及'出玖'之人，亦举玖为例，不限取利多少。若和合人令戏者，不得财，杖一百。"和合：聚集一起。

［3］**快活三：**宋人张知甫《可书》："邓知刚任待制，守军器监，形貌魁伟，每以横金衒众，未尝衣衫。京师谚曰：'不着凉衫，好个金棱快活三。'盖一时目肥大为快活三。"

［4］**小龙船：**宋人金盈之《新编醉翁谈录》卷3《京城风俗·三月》："上巳，上开金明池、金水河、琼林苑。是日开金明池，细民作小儿戏弄之具，而炫卖者甚众，而龙船为最多。大率仿御座龙船及竞渡龙虎头船，其巨细工拙不一制也。"

［5］**宣、政间：**宣和与政和年间，皆为宋徽宗的年号。

［6］**凉水绿豆：**宋代《圣济总录》："绿豆二升，淘净，用水一斗，研细煮汁，澄滤取汁，早、晚食前各一盏，可治消渴。"

［7］**脆梅：**明人高濂《遵生八笺》卷11《汤品类》："青脆梅汤，用青翠梅三斤十二两，生甘草末四两，炒盐一斤，生姜一斤四两，青椒三两，红干椒半两。将梅去核擘开两片，大率青梅汤，家家有方，其分两亦大同小异。初造之时，香味亦同，藏至经月便烂熟如黄梅汤耳。"

［8］**盐鸭卵：**宋人沈括《笔溪笔谈》卷21《异事》："余昔年在海州，曾夜煮盐鸭卵，其间一卵，烂然通明如玉，荧荧然屋中尽明。置之器中十余日，臭腐几尽，愈明不已。苏州钱僧孺家煮一鸭卵，亦如是。物有相似者，必自是一类。"

驾回仪卫

驾回则御裹小帽，簪花乘马，前后从驾臣寮、百司仪卫，悉赐花[1]。大观初，乘骢马至太和宫前，忽宣『小乌』[2]，其马至御前，拒而不进，左右曰：『此愿封官。』敕赐龙骧将军[3]，然后就辔，盖『小乌』平日御爱之马也。莫非锦绣盈都，花光满目，御香拂路，广乐喧空，宝骑交驰，彩棚夹路，绮罗珠翠，户户神仙，画阁红楼，家家洞府。游人士庶，车马万数。妓女旧日多乘驴[4]，宣、政间惟乘马，披凉衫[5]，将盖头背系冠子上。少年狎客，往往随后，亦跨马轻衫小帽。有三五文身恶少年[6]控马，谓之『花褪马』[7]。用短缰促马头，刺地而行，谓之『鞅缰』。呵喝驰骤，竞逞骏逸。游人往往以竹竿挑挂终日关扑所得之物而归。仍有贵家士女，小轿插花，不垂帘幕[8]。自三月一日至四月八日闭池，虽风雨亦有游人，略无虚日矣。是月季春，万花烂漫，牡丹[9]、芍药[10]、棣棠[11]、木香[12]，种种上市，卖花者[13]以马头竹篮铺排，歌叫之声，清奇可听。晴帘静院，晓幕高楼，宿酒未醒，好梦初觉，闻之莫不新愁易感，幽恨悬生，最一时之佳况。诸军出郊，合教阵队。

[1] **赐花：**宋人蔡绦《铁围山丛谈》卷1：“国朝燕集，赐臣僚花有三品。生辰大燕，遇大辽人使在庭，则内用绢帛花。盖示之以礼俭，且祖宗旧程也。春秋二燕，则用罗帛花，为甚美丽。至凡大礼后恭谢，上元节游春，或幸金明池琼花，从臣皆扈跸而随车驾，有小燕谓之对御。凡对御则用滴粉缕金花，极其珍藿矣。又赐臣僚燕花，率从班品高下，莫不多寡有数，至滴粉缕金花为最，则倍于常所颁。此盛朝之故事云。”宋人王巩《闻见近录》：“故事，季春上池，赐生花，而自上至从臣，皆簪花而归。绍兴二年上元，幸集禧观，始出宫花赐从驾臣僚，各种十枚，时人荣之。”宋人吴曾《能改斋漫录》卷13《御亲赐带花》：“真宗东封，命枢密使陈公尧叟为东京留守，马公知节为大内都巡检使。驾未行，宣入后苑亭中赐宴，出宫人为侍。真宗与二公，皆戴牡丹而行。续有旨，令陈尽去所戴者。召近御座，真宗亲取头上一朵为陈簪之，陈跪受拜舞谢。宴罢，二公出。风吹陈花一叶堕地，陈急呼从者拾来，此乃官家所赐，不可弃。置怀袖中。马乃戏陈云：‘今日之宴，本为大内都巡检使。’陈云：‘若为大内都巡检使，则上何不亲为太尉戴花也？’寇莱公为参政，侍宴，上赐异花。上曰：‘寇准年少，正是戴花吃酒时。’众皆荣之。”

[2] **小乌：**宋人袁褧《枫窗小牍》卷上：“徽宗尝乘骢马至太和宫前，忽宣平日所爱小乌马至御前。马足不肯进，左右鞭之，益鸣跳不如调训。时圉人时曰：‘此愿封官耳。’上曰：‘猴子且官供奉，况使小乌白身邪？’敕赐龙骧将军，帖然就辔。”

[3] **龙骧将军：**亦称“龙骧赤”，原指南朝齐高帝萧道成所乘赤色骏马。南朝人萧子显《南齐书·高帝纪上》：“太祖夜从承明门乘常所骑赤马入，殿内惊怖……及太祖践阼，号此马为‘龙骧将军’，世谓为‘龙骧赤’。”宋人周辉《清波杂志》卷8：“崇宁三年驾幸金明池，乘乌马还内，道路安平，赐名龙骧将军。”

[4] **乘驴：**宋人王林《燕翼诒谋录》卷1：“国初，士大夫往往久任，亦罕送迎，小官到罢，多芒屦策杖以行，妇女乘驴已为过矣。不幸丁忧解官，多流落不能归。”宋人王明清《挥麈录·后录》卷6：“仁宗朝侍御史王平，字保衡，侯官人。章圣时，初为许州司理参军。里中女乘驴单行，盗杀诸田间，褫其衣而去。驴逸，田旁家收系之。吏捕得驴，指为杀女子者，讯之四旬。田旁家认收系其驴，实不杀女子。”宋人吕希哲《吕氏杂志》卷下：“荆公熙宁元丰间，既闲居，多骑驴游肆山水间，宾朋至者亦给一驴。苏子瞻诗所谓‘骑驴渺渺入荒陂’是也。后好乘江州车，坐其一箱，其相对一箱不可虚，苟无宾朋，则使村仆坐马焉，共载而行，其真率如此。”

[5] **凉衫：**宋人高承《事物纪原》卷3《凉衫》：“《笔谈》曰：‘近岁京师士人朝服乘马，以黲衣蒙之，谓之凉衫，亦古之遗法也。’《仪礼》曰：‘朝服加景’，但不知古人制度如何耳。”宋

人周辉《清波别志》卷中："士大夫于马上披凉衫，妇女步通衢，以方幅紫罗障蔽半身，俗谓之'盖头'。"宋人黎靖德《朱子语类》卷91《杂仪》："宣和末，京师士人行道间，犹着衫帽。至渡江戎马中，乃变为白叙衫。绍兴二十年间，士人犹是白叙衫，至后来军兴又变为紫衫，皆戎服也。"

［6］**恶少年：**宋人李焘《长编》卷105：仁宗天圣五年（1027年）十月"戊寅，以开封府进士桑怿为卫南尉。怿，雍邱人，有勇力，善用剑及铁简。尝举进士不中，去游汝、颍间，力田以自给。汝旁诸县多盗，怿自请补耆长，得往来察奸。因召里中恶少年戒曰：'盗不可为，吾不汝容也。'有顷，里父子死未敛，盗夜脱其衣去，父不敢告官，怿疑少年王姓者为之，夜入其家，得其衣，而王未之知也。明日见而问之曰：'尔许我不为盗，今里中盗衣者非尔耶？'少年色动，即推仆地缚之，诘共盗者姓名，尽送县，皆伏辜"。宋人李心传《建炎以来系年要录》卷6引《宗泽乞回銮疏》："臣虽衰老无能，然久识开封染习，诸统制下皆是。招集恶少亡命无检者，臣既领府事，更不敢徇身自顾，但以正道沥诚感之，不浃旬间，彼恶少辈咸知格心烁谋，敛迹遁去。"宋人苏轼《东坡志林》卷102《释道》："绍圣二年五月九日，都下有道人坐相国寺，买诸禁方，缄题其一，曰卖赌钱不输方。少年有博者，以千金得之。归发视其方，曰但止乞头。道人亦善鬻术矣，戏语得千金。"宋人王林《燕翼诒谋录》卷2："世有恶少无赖之人，肆凶不逞，小则赌博，大则屠牛马、销铜钱，公行不忌。其输钱无以偿，则为穿窬，若党类颇多，则为劫盗纵火，行奸杀人，不防其微，必为大患。淳化二年闰二月己丑，诏：'相聚蒲博，开柜坊屠牛马驴狗以食，私销铜钱为器用，并令开封府严戒坊市捕之，犯者定行处斩，引匿不以闻与同罪。'所以塞祸乱之源，驱斯民纳之善也。其后刑名寝轻，而法不足以惩奸，犯之者众。尝怪近世士大夫莅官，视此三者为不急之务，知而不问者十尝七八，因诉到官有不为受理者，是开盗贼之门也，毋乃不思之甚乎。"

［7］**花褪马：**应为"花腿马"。宋人庄绰《鸡肋编》卷下："车驾渡江，韩、刘诸军皆征戍在外，独张俊一军常从行在。择卒之少壮长大者，自臂而下文刺至足，谓之'花腿'。京师旧日浮浪辈以此为夸。今既效之，又不使之逃于他军，用为验也。然既苦楚，又有费用，人皆怨之。加之营第宅房廊，作酒肆名太平楼，搬运花石，皆役军兵。众卒谣曰：'张家寨里没来由，使它花腿抬石头。二圣犹自救不得，行在盖起太平楼。'"

［8］**不垂帘幕：**元人脱脱《宋史》卷153《舆服志》："京城士人与豪右大姓，出入率以轿自载，四人舁之，甚者饰以棕盖，彻去帘蔽，翼其左右，旁午于通衢，甚为僭拟。"

［9］**牡丹：**宋人王巩《闻见近录》："太祖一日幸后苑，观牡丹。召宫嫔，将置酒。得幸者以疾辞，再召，复不至。上乃亲折一枝，过其舍而簪于髻上。上还，辄取花掷于地，上顾之曰：'我艰勤得天下，乃欲以一妇人败之耶？'即引佩刀截其腕而去。"（图7–27）

［10］**芍药：**宋人朱彧《萍洲可谈》卷2："陈州芍药花殊胜，近岁进花，自陈三百里一日一夜驰至都下。其法，初翦花时，用蜜渍蒲黄蘸其疮，微曝之，俟花嫣，乃入筲中，取时刈去所封蒲黄，布湿地上一两时顷，絣绳以花倒悬之，真如新采者。"宋人沈括《梦溪笔谈·补笔谈》卷

图 7–27　宋扇面画牡丹图

23《异事》:“韩魏公庆历中以资政殿学士帅淮南，一日，后园中有芍药一干，分四岐，岐各一花，上下红，中间黄蕊间之。当时扬州芍药未有此一品，今谓之‘金缠腰’者是也。公异之，开一会，欲招四客以赏之，以应四花之瑞。时王岐公为大理寺评事通，王荆公为大理评事佥判，皆召之。尚少一客，以判钤辖诸司使忘其名官最长，遂取以充数。明日早衙，钤辖者申状暴泄不至。尚少一客，命取过客历求一朝官足之，过客中无朝官，唯有陈秀公时为大理寺丞，遂合同会。至中筵，剪四花，四客各簪一枝，甚为盛集，后三十年间，四人皆为宰相。”

[11] **棣棠：** 宋人刘蒙《刘氏菊谱 · 棣棠第十》：“棣棠，出西京，开以九月末。深黄。双纹多叶，自中至外，长短相次，如千叶棣棠状。凡黄菊，类多小花，如都胜、御爱，虽稍大而色皆浅黄，其最大者若大金铃菊，则又单叶浅薄，无甚佳处。唯此花深黄多叶，大于诸菊，而又枝叶甚青，一枝聚生至十余朵，花叶相映，颜色鲜好，甚可爱也。”

[12] **木香：** 宋人朱弁《曲洧旧闻》卷3:“木香有二种，俗说檀心者号酴醿，不知何所据也。京师初无此花，始禁中有数架花，时民间或得之相赠遗，号‘禁花’，今则盛矣。”宋人张舜民《木香花》诗：“庭前一架已离披，莫折长枝折短枝。要待明年春尽后，临风三嗅寄相思。”

[13] **卖花者：** 宋人赵蕃《见卖梅花者作卖花行》：“来时才卖木犀花，卖到梅花未返家。作客悠悠有何好，定应诗兴在天涯。”宋人陈着《夜梦在旧京忽闻卖花声有感至于恸哭觉而泪满》：“卖花声，卖花声，识得万紫千红名。与花结习夙有分，宛转说出花平生。低发缓引晨气软，此断彼续春风萦。九街儿女芳睡醒，争先买新开门迎。泥沙视钱不问价，惟欲荡意摇双睛。薄鬟高髻团团插，玉盆巧浸金盆盛。人心世态太浮靡，庶几治象犹承平，如今风景那可评。向时楼台买花户，凄烟落日迷荆榛。但见马嘶逐水草，狐狸白昼嗥荒城。万花厄运至此极，纵有卖声谁耳倾。我生不辰苦怀旧，如病入痼酒宿酲。况被春风暗撩拨，傍无知我难号鸣。忽焉夜枕发为梦，恍恍惚惚行故京。一唱再唱破垣隔，闻声不见花分明。谓此何日尚有此，倾面大恸泪纵横。久而方觉更哽塞，拥被危坐百感并。我年今已七十一，岂是年少闲关情。天空地阔说不尽，山外杜鹃啼残更。”

四月八日

四月八日佛生日[1]，十大禅院各有浴佛[2]斋会，煎香药糖水相遗，名曰『浴佛水』。迤逦时光昼永，气序清和。榴花[3]院落，时闻求友之莺；细柳亭轩，乍见引雏之燕。在京七十二户诸正店，初卖煮酒[4]，市井一新。唯州南清风楼，最宜夏饮，初尝青杏[5]，乍荐樱桃[6]，时得佳宾，觥酬交作。是月茄瓠初出上市，东华门争先供进，一对可直三五十千者。时果则御桃[7]、李子、金杏[8]、林檎[9]之类。

注解

[1] **四月八日佛生日：** 释迦牟尼的诞生日，佛教一般认为是农历四月初八日。宋人金盈之《新编醉翁谈录》卷4："（四月）八日。诸经说佛生日不同，其指言四月八日生者为多。《宿愿果报经》云：'我佛世尊生是此日，故用四月八日灌佛也。'南方多用此日，北人专用腊八。皇祐间，员照禅师来会林，始用此日。盖行《摩诃利头经》浴佛之日。僧尼道流，云集相国寺，是会独甚。常年平明，合都士庶妇女骈集，四方挈老扶幼交观者，莫不蔬素。众僧环列既定，乃出金盘，广四尺余，置于佛殿之前。仍以漫天紫幕覆之于上，其紫幕皆销金为龙凤花木之形。又置小方座，前陈经案，次设香盘，四隅立金频伽，磴道阑槛，无不悉具。盛陈锦绣襜褥，精巧奇绝，冠于一时。良久，吹螺击鼓，灯烛相映，罗列香花。迎拥一佛子，外饰以金，一手指天，一手指地，其中不知何物为之。唯高二尺许，置于金盘中。众僧举扬佛事，其声振地，士女瞻敬以祈恩福。或见佛子于金盘中周行七步，观者愕然。今之药傀儡者，盖得其遗意。既而揭去紫幕，则见九龙，饰以金宝，间以五彩，从高噀水，水入盘中，香气袭人，须臾盘盈水止。大德僧以次举长柄金杓，挹水灌浴佛子。浴佛既毕，观者并求浴佛水饮漱也。开封府风俗：以稻并李置采囊中带之，谓之'道理袋'。"

[2] **浴佛：** 佛教徒在佛生日这天，用拌有香料的水浇洗佛像，称"浴佛"。宝思惟译《浴像功德经》："若欲浴像，应以牛头旃檀、紫檀、多摩罗香、甘松、芎䓖、白檀、郁金、龙脑、沉香、麝香、丁香，以如是种种妙香，随所得者以为汤水，置净其中。先作方坛，敷妙床座，于上置佛。以诸香水次第浴之。用诸香水周遍讫已，复以净水于上淋洗。其浴像者，各取少许洗像之水置自头上，烧种种香以为供养。初于像上下水之时，应诵以偈：'我今灌沐诸如来，净智功德庄严聚；五浊众生令离垢，愿证如来净法身。'"

[3] **榴花：** 宋人欧阳修《榴花》："絮乱丝繁不自持，蜂黄蝶紫燕参差。榴花最恨来时晚，惆怅春期独后期。"宋人苏舜钦《夏意》："别院深深夏簟清，石榴开遍透帘明。树阴满地日当午，梦觉流莺时一声。"

[4] **煮酒：** 清人徐松《宋会要·食货》52之1《法酒库》："（仁宗天圣）七年四月，诏：'法酒库积压年深煮酒，三司已拨卖与在京酒户。盖是本库不依年分相兼支遣，致有积压。已令三司别具条约，自今造酒，并以见在并向去要用数目约度酝造。如更有积压，官典并劾以闻，据损坏亏官价钱，勒令陪纳。'庆历七年六月，诏：'九月一日已后支新酒，四月一日已后支煮酒，并须截定月分酝造。内酒坊法酒库，除供御酒许入拱宸门外，余供酒入内，并本库般担入东华门，由军器库。'"

［5］**青杏：**未熟的杏子，因颜色青绿而得名。唐人郑谷《下第退居》诗之二："未尝青杏出长安，豪士应疑怕牡丹。只有退耕耕不得，茫然村落水吹残。"宋人苏轼《蝶恋花》词："花褪残红青杏了，燕子飞时，绿水人家绕。……"

［6］**樱桃：**宋人苏颂《本草图经》："樱桃处处有之，而洛中者最胜。其木多阴，先百果而熟，故古人多贵之。"

［7］**御桃：**宋人袁文《瓮牖闲评》卷7："今之小金桃名曰御桃。汉献帝自洛迁许，许州小李色黄，大如樱桃，帝爱而植之，亦曰御桃。"

［8］**金杏：**唐人段成式《酉阳杂俎》卷18："汉帝杏，济南郡之东南有分流山，山上多杏，大如梨，黄如橘，土人谓之汉帝杏，亦曰金杏。"

［9］**林檎：**清人陈元龙《格致镜原》卷76："绀珠，俗名花红，大者名沙果。"（图8-1）。

图 8-1　宋人林椿《果熟来禽图》中的"林檎"

端午

端午[1]节物：百索[2]、艾花[3]、银样鼓儿花、花巧画扇、香糖果子[4]、粽子[5]、白团、紫苏[6]、菖蒲[7]、木瓜[8]，并皆茸切，以香药相和，用梅红匣子盛裹。自五月一日及端午前一日，卖桃、柳、葵花[9]、蒲叶[10]、佛道艾[11]。次日，家家铺陈于门首，与粽子、五色水团[12]、茶酒供养，又钉艾人[13]于门上，士庶递相宴赏。

［1］**端午：** 农历五月初五，又称端五。宋人陈元靓《岁时广记》卷21《端一日》："京师市廛人，以五月一日为端一，初二为端二，数以至五，谓之端五。"

［2］**百索：** 用五色丝线编织而成，系于颈项、手腕、脚脖，期望辟鬼及兵，健康长寿。《山堂肆考》卷11《百索粽》："《文昌杂录》：'唐时五日有百索粽，又有九子粽。'《风土记》：'端午烹鹜以菰叶裹黏米，谓之角黍。取阴阳包裹未散之象。'《岁时记》：'京师以端午为解粽节，以粽叶长者胜短者输。宋王沂公皇后阁帖子争传九子粽，皇祚续千春。"宋人陈元靓《岁时广记》卷12《端五》："自结成同心百索，祝愿子更亲自系着。"宋人李昉《太平御览》卷31引东汉《风俗通》："五月五日以五彩丝系臂者，辟兵及鬼，令人不病温，亦因屈原。一名长命缕，一名续命缕，一名辟兵缯，一名五色丝，一名朱索，又有条达等组织杂物，以相赠遗。"宋人金盈之《新编醉翁谈录》卷4："鼓扇百索市在潘楼下。丽景门外，阊阖门、朱雀门内外，相国寺东廊，睦亲、广亲宅前，皆卖此等物。自五月初一日以后，富贵之家多乘车马，萃潘楼下，亦次于七夕。鼓扇者俗造小鼓悬于梁，或置台座上，或鼗鼓，或雷鼓，其制不一。又造小扇子，或红或白或青，或绣或画或缕金，或合二色，以相馈遗。"

［3］**艾花：** 宋人陈元靓《岁时广记》："端午京都士女簪戴，皆剪缯楮之类为艾，或以真艾，其上装以蜈蚣、蛐蜒、蛇、蝎、草虫之类及天师形象，并石榴、萱草、假花。"

［4］**香糖果子：** 宋人陈元靓《岁时广记》卷21《干草头》："都人以菖蒲、生姜、杏、梅、李、紫苏皆切如丝，入盐曝干，谓之百草头。或以糖蜜渍之，纳梅皮中以为酿梅，皆端午果子也。"

［5］**粽子：** 宋人李昉《太平御览》851："《风土记》曰：'俗以菰叶裹黍米，以淳浓灰汁煮之令烂熟，于五月五日及夏至啖之。一名粽，一名角黍，盖取阴阳尚相裹米未分散之时像也。"宋人李焘《长编》卷222：神宗熙宁四年（1071年）四月，"文彦博曰：'付与州郡公使，当听其自使。向时，曾令公使置例册，端午，知州送粽子若干个，亦上例册，人以其削弱为笑。'"明人高濂《遵生八笺》卷13《粽子法》："用糯米淘净，夹枣、栗、柿干、银杏、赤豆。以茭叶或箬叶裹之。一法：以艾叶浸水裹，谓之艾香粽子。凡煮粽子，必用稻柴灰淋汁煮，亦有用些许石灰煮者，欲其茭叶青而香也。"2010年12月，江西德安县一座宋墓中，墓主右手拿一根长40厘米的桃枝，桃枝上吊有两个棱形粽子。粽子长6厘米，宽3厘米，分别系于桃枝两边，外皮为粽叶，苎麻捆扎（图8–2）。

［6］**紫苏：** 唐人孙思邈《千金要方》23："紫苏子汤，治脚弱上气，昔宋湘东王在南州，患

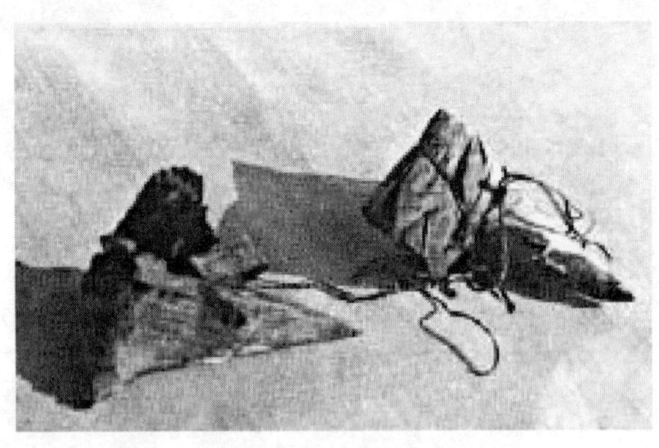

图 8-2　出土的宋代粽子（引自：周迪人等《德安南宋周氏墓》，江西人民出版社，1999年）

脚气困笃，服此汤大得力方。”宋人章甫《自鸣集》卷11《紫苏》：吾家大江南，生长惯卑湿。早衰坐辛勤，寒气得相袭。每愁春夏交，两脚难行立。贫穷医药少，未易办芝术。人言常食饮，蔬茹不可忽。紫苏品之中，功具神农述。为汤益广庭，调度宜同橘。结子最甘香，要待秋霜实。作腐罂粟然，加点须姜蜜。由兹颇知殊，每就畦丁乞。飘流无定居，借屋少容膝。何当广种艺，岁晚愈吾疾。”

［7］**菖蒲：**宋人王怀隐《太平圣惠方》：“菖蒲酒，主大风十二，通血脉，治骨立萎黄，医所不治者。”明人李时珍《本草纲目》：“菖蒲酒、治三十六风、一十二痹，通血脉、治骨痿，久服耳目聪明……”。宋人欧阳修《渔家傲》：“五月榴花妖艳烘。绿杨带雨垂垂重。五色新丝缠角粽。金盘送。生绡画扇盘双凤。正是浴兰时节动。菖蒲酒美清尊共。叶里黄骊时一弄。犹松等闲惊破纱窗梦。”（图8-3）

图 8-3　清人郭宗仪《菖蒲寿石团》

[8] **木瓜：**宋人陶谷《清异录》卷下《银棱木瓜胡样桶》："段文昌微时，贫儿不能自存。既贵，遂竭财奉身，晚年尤甚，以木瓜益脚膝，银棱木瓜胡样桶濯足，盖用木瓜树解合为桶也。"明人李时珍《本草纲目·果部》卷30《木瓜》："宗曰：西洛大木瓜，其味和美，至熟只青白色，入药绝有功，胜宣州者，味淡。时珍曰：木瓜可种可接，可以枝压。其叶光而浓，其实如小瓜而有鼻，津润味不木者，为木瓜；圆小于木瓜，味木而酢涩者，为木桃；似木瓜而无鼻，大于木桃，味涩者，为木李，亦曰木梨，即楂及和圆子也。鼻乃花脱处，非脐蒂也。木瓜性脆，可蜜渍之为果。去子蒸烂，捣泥入蜜与姜作煎，冬月饮尤佳。木桃、木李性坚，可蜜煎及作糕食之。"

[9] **葵花：**指葵菜花，非向日葵之花。因为向日葵原产北美洲，在1510年被西班牙殖民者带回欧洲，明万历年间才由传教士传入中国。宋人梅尧臣《葵花》："此心生不背朝阳，肯信众草能翳之。"宋人刘克庄诗《葵》："生长古墙阴，园荒草木深。可曾沾雨露，不改向阳心。"

[10] **蒲叶：**宋人王安石《蒲叶》："蒲叶清浅水，杏花和暖风。地偏绿底绿，人老为谁红。"

[11] **佛道艾：**宋时因其产于汤阴伏道，故称。宋人范成大《揽辔录》："壬申过伏道,有扁鹊墓，墓上有幡竿，人传云：'四旁土,可以为药。'或于土中得小团，黑褐色，以治疾。伏道艾，医家最贵之。十里即汤阴县。"

[12] **五色水团：**一种用糯米粉制作的团子，因杂五色人兽花果之状而得命。宋人陈元靓《岁时广记》卷21引《岁时杂记》："端午作水团，又名白团，或杂五色人兽花果之状，其精者名滴粉团。"

[13] **艾人：**南朝梁宗懔《荆楚岁时记》："五月五日，谓之浴兰节。四民并踏百草之戏。采艾以为人，悬门户上，以禳毒气。以菖蒲或镂或屑，以泛酒。"宋人吴自牧《楚梁录·五月》："家家……以艾与百草缚成天师，悬于门额上。"

六月六日崔府君生日，二十四日神保观神生日

六月六日州北崔府君[1]生日，多有献送，无盛如此。二十四日，州西灌口二郎[2]生日，最为繁盛。庙在万胜门外一里许，敕赐神保观[3]。二十三日，御前献送后苑作与书艺局[4]等处制造戏玩，如球杖、弹弓[5]、弋射之具，鞍辔[6]、衔勒[7]、樊笼之类，悉皆精巧。作乐迎引至庙，于殿前露台上设乐棚，教坊、钧容直作乐，更互杂剧舞旋。太官局供食，连夜二十四盏，各有节次。至二十四日，夜五更争烧头炉香，有在庙止宿，夜半起以争先者。天晓，诸司及诸行百姓献送甚多。其社火[8]呈于露台之上，所献之物，动以万数。自早呈拽百戏，如上竿、趯弄、跳索、相扑、鼓板[9]、小唱、斗鸡[10]、说诨话、杂扮、商谜、合笙[11]、乔筋骨、乔相扑、浪子[12]、杂剧、叫果子、学像生、倬刀、装鬼、砑鼓[13]、牌棒[14]、道术[15]之类，色色有之，至暮呈拽不尽。殿前两幡竿[16]，高数十丈，左则京城所，右则修内司，搭材分占，上竿呈艺解。或竿尖立横木列于其上，装神鬼，吐烟火，甚危险骇人。至夕而罢。

［1］**崔府君：**宋人高承《事物纪原》卷7："在京城北，即崔府君祠也。相传唐滏阳令没为神，主幽明。本庙在磁州。淳化中民于此置庙。至道二年，晋国公主石氏祈有应，以事闻，诏赐名护国。"宋人李焘《长编》卷117：景佑二年（1035年）秋七月，"封崔府君为护国显应公。府君，唐贞观中，为滏阳令，再迁蒲州刺史，失其名。在滏阳有爱惠，名立祠后，因葬其地。咸平三年，尝命磁州葺其庙，而京师北郊及郡、县建庙宇，奉之如岳祠。于是，因民所向，而封崇之"。

［2］**灌口二郎：**宋人高承《事物纪原》卷7："元丰时国城之西，民立灌口二郎神祠。云神永康导江县广济王子，王即秦李冰也。会要所谓冰次子郎君神也。宋后敕封灵惠侯。"宋人朱彧《萍州可谈》卷3："驸马都尉李端愿，居戚里最号恭慎，既失明，犹戒励子弟，故终身无过。时京师竞传州西二郎庙出圣水，治病辄愈。李素不事鬼神，一日，其子舍有病稚，家人窃往请水，李闻大怒，即杖其子，且云：'使尔子果死，二郎岂肯受枉法赃故活之耶。若不能活，又何求。'"

［3］**神保观：**宋人马端临《文献通考》卷310《物异考十六·讹言》："徽宗政和七年，诏修神保观。俗所谓'二郎神'者，京师人素畏之，自春及夏，倾城男女负土以献，揭榜通衢，云某人献土；又有饰形作鬼使，巡门催纳土者。或谓蔡京曰：'献土纳土，非佳语也。'后数日，有旨禁绝。"

［4］**书艺局：**见本书卷之一《内诸司》注［19］"翰林书艺局"。

［5］**弹弓：**宋人徐兢《宣和奉使高丽图经》卷13《兵器·弓矢》："弓矢之制，形状简略如弹弓，其身通长五尺，而矢不用竹，多以柳条，而复短小发射不候引满，举身送之，虽矢去甚远，而无力。殿门守卫仗内骑兵及中捡郎将，皆以虎韔而挟之，备不虞也。"

［6］**鞍辔：**鞍子和驾驭牲口的嚼子、缰绳。宋人李焘《长编》卷248：熙宁六年（1073年）十一月丙午："诏军器监以殿前为马军司所相度鞍辔样，计在京诸军马数造给。初，马军用大鞍，不便野战，至是，上始以边样皮鞯小鞍，用木鞍长缰，回旋转射，得尽驰骤之技。仍选边人习骑者隶诸军。后上批：'昨降鞍样，虑数多计置未集，闻诸军亦有私鞍，大约及新样，若能自置，即给价钱。'志有此，六月二十七日，可考。"

［7］**衔勒：**马嚼口和马络头。宋人何薳《春渚纪闻》卷6《马蹶答问》："元祐三年，北国贺正使刘霄等入贺，公与狄咏馆伴锡燕回，始行马而公马小蹶，刘即前讯曰：'马惊无苦否？'公应之曰：'衔勒在御，虽小失无伤也。'"

［8］**社火：**明人田艺蘅《留青日札》卷3《社伙》："今人看街坊杂戏场曰'社伙'，盖南宋

遗风也。宋之百戏皆以社名，如杂剧曰绯绿社，蹴球曰齐云社，唱赚曰遏云社，行院曰翠锦社，撮美曰云机社之类，详见《武林旧事》。《方言》凡物盛而多也'。或作‘社火’，言如火然，一烘即过也。宋之鼓板曰‘衙前一火，和顾二火’是也。”范成大《石湖诗集》卷23：“轻薄行歌过，癫狂社舞逞。民间鼓乐，谓之社火。不可悉记，大抵以滑稽取笑。”

［9］**鼓板：**宋人吴曾《能改斋漫谈》卷1《禁蕃曲毡笠》：“崇宁大观已来，内外街市鼓笛、拍板，名曰‘打断’。至政和初，有旨立赏钱百五千，若用鼓板改作蕃曲子，并着蕃服之类，并禁止支赏。其后，民间不废鼓板之戏同，第改名‘太平鼓’。续又有旨一应士庶于京城内，不得辄戴毡笠。子如有违犯并依上条。”

［10］**斗鸡：**宋人洪迈的《容斋随笔》卷13：“虫鸟之智竹鸡之性，遇其俦必斗。捕之者扫落叶为城，置媒其中，而隐身于后操罔焉。激媒使之鸣，闻者随声必至，闭目飞入城，直前欲斗，而罔已起，无得脱者，盖目既闭则不复见人。”宋人梅尧臣《晚泊观斗鸡》：“舟子抱鸡来，雄雄跱高岸。侧行初取势，俯啄示无惮。先鸣气益振，奋击心非愞。勇颈毛逆张，怒自眦裂盰。血流何所争，死斗欲充玩。应当激猛毅，岂独专晨旦。胜酒人自私，粒食谁尔唤。缅怀彼兴魏，傍睨当衰汉。徒然驱国众，曾靡救时难。群雄自苦战，九锡邀平乱。宝玉归大奸，干戈托奇算。从来小资大，聊用一长叹。”（图8-4）

［11］**合笙：**又称“合生”。宋高承《事物纪原》卷9《合生》：“唐书武平一传曰，中宗宴两仪殿，胡人袜子何懿倡合生歌，言浅秽，平一上书：‘比来妖伎胡人，街童市子，或言妃主情儿，或列王公名质，咏歌舞蹈，号曰‘合生’。’始自王公，稍及闾巷，即是‘合生’之原，起自唐中宗时也。今人亦谓之‘唱题目’。”宋人张齐贤《洛阳搢绅旧闻记》卷1《少师佯狂》：“有谈歌

图 8-4　唐代顾闳中的《斗鸡图》

妇人杨苎罗，善合生杂嘲，辩慧有才思，当时罕与比者。少师以侄女呼之，每令讴唱，言词捷给，声韵清楚，真秦青韩娥之俦也。”宋人洪迈《夷坚志》支乙卷6：“江浙间路岐伶女，有慧黠、知文墨，能于席上指物题咏，应命辄成者，谓之‘合生’。其滑稽含玩讽者，谓之‘乔合生’，盖京都遗风也。”宋人罗烨《醉翁谈录》甲集卷1《小说引子》：“由是有说者纵横四海，驰骋百家。以上古隐奥之文章，为今日分明之议论。或名演史，或谓合生，或称舌耕，或作挑闪，皆有所据，不敢谬言。”

[12] **浪子：** 宋人徐梦莘《三朝北盟会编》卷236：“二十四日癸亥，韩之纯为荆湖北路转运判官，韩之纯轻薄不顾士行之人也。平日以浪子自名，喜嬉游娼家，好为淫媟之语，又刺淫戏于身肤，酒酣则示人，人为之羞而不自羞也。”元人脱脱《宋史》卷352《李邦彦列传》：“邦彦俊爽，美风姿，为文敏而工。然生长闾阎，习猥鄙事，应对便捷；善讴谑，能蹴鞠，每辍街市俚语为词曲，人争传之，自号李浪子。”

[13] **砑鼓：** 宋代的百戏之一。宋人洪迈《夷坚丁志·胡道士》：“胡五者，宜黄细民，每乡社聚戏作砑鼓时则为道士，故目为胡道士。”宋人彭乘《续墨客挥犀》卷7：“王子醇初平熙河，边陲宁静，讲武之暇，因教军士为讶鼓戏，数年间遂盛行于世。其举动舞按之节与优人之词，皆子醇所制也。或云：‘子醇初与西人对阵，兵未交，子醇命军士百余人，装为讶鼓队绕出军前，虏见皆愕眙，进兵奋击，大破之。’”宋人吴曾《能改斋漫录》卷13《禁淫哇声》：“政和三年六月，尚书省言：‘今来已降新乐，其旧来淫哇之声，如打断、哨笛、砑鼓、十般舞之类，悉行禁止。’”

[14] **牌棒：** 宋人周去非《岭外代答》卷10《斗白马》：“广人妻之父母死，婿致祭必乘马而往，以二牌棒手前导。将至妻家，驻马以待。妻家亦以二牌棒手对敌，谓之‘斗白马’。婿胜，则祭得入；不胜，则不得入。故婿家必胜以入其祭。”

[15] **道术：** 宋人洪迈《夷坚丁志》卷13《邢舜举》：“邢舜举者，大观间，由武举入官，为虢州巡检。平生耽好道术，凡以一技至，必与之友。尝独行郊外，逢妇人竹冠道服，前揖曰：‘君非邢良辅乎？’曰：‘然。’‘一生何所好？’曰：‘好修养术。然学之颇久，了未睹其妙。’曰：‘君虽酷好，奈俗情未断何，吾与君一药，用新水服之，非唯延龄，又能断众疾，亦修真之一端也。’邢喜谢曰：‘幸甚，固未暇即服。’又探袖中取一方，目日还少丹，授之曰：‘饵此当有益，稍疑其异人。’试问休咎，曰：‘前程难立谈，君中年将困戹，晚始见佳处耳。’复扣其姓氏居止，笑曰：‘与君相从久，何问为，独不忆壁间画卷乎，乃我也。今日故告君，必敬必戒，毋忘斯言。’忽不见。”

[16] **幡竿：** 宋人李诫《营种法式》卷4《幡竿颊》：“造幡竿颊之制：两颊各长一丈五寸，广二尺，厚一尺二寸，笋在内。下埋四尺五寸。其石颊下出笋，以穿镯脚。其镯脚长四尺，广二尺，厚六寸。”宋人李诫《营种法式》卷16《幡竿颊》：“幡竿颊一坐，造作开凿功：颊，二条，及开栓眼，共五十六功；镯脚，六功。雕镌功：造剔地起突华，一百五十功；造压地隐地华，五十功；造减地平钑华，三十功。安卓：一十功。”宋人李昉《太平广记》卷394《徐记通》：“又

洛京天津桥，有儒生，逢二老人言话，风骨甚异。潜听之，云：‘明日午时，于寺中斗疾速。’一人曰：‘公欲如何？’一人曰：‘吾一声，令寺内听讲驴马尽结尾。’一人曰：‘吾一声，令十丈幡竿尽为算子，仍十枚为一积。’儒生乃与一二密友，于寺候之。至午，果雷雨。霹雳一声，客走出视，驴马数百匹尽结尾。一声，幡竿在廊下为算子，十枚一积。”（图8–5）

图 8–5　苏州甪直保圣寺内的宋代幡竿颊

是月巷陌杂卖

是月时物，巷陌路口，桥门市井，皆卖大小米水饭、炙肉[1]、干脯、莴苣笋、芥辣瓜儿、义塘甜瓜[2]、卫州白桃、南京金桃[3]、水鹅梨、金杏[4]、小瑶李子、红菱沙角儿[5]、药木瓜、水木瓜、冰雪凉水、荔枝膏，皆用青布伞，当街列床、凳堆垛[6]。冰雪[7]惟旧宋门外两家最盛，悉用银器。沙糖绿豆、水晶皂儿、黄冷团子、鸡头穰冰雪、细料馉饳儿、麻饮鸡皮、细索凉粉、素签成串、熟林檎、脂麻团子、江豆𥗴儿、羊肉小馒头、龟儿沙馅之类。都人最重三伏，盖六月中别无时节，往往风亭水榭，峻宇高楼，雪槛冰盘，浮瓜沉李[8]，流杯曲沼，苞鲊新荷[9]，远迩笙歌，通夕而罢。

注解

［1］**炙肉：**烤肉。元人陶宗仪《说郛》卷22下《饮食》："炙肉以芝麻花为末置肉上，则油不流。"清人姚之骃《后汉书补逸》卷6："羌人见客炙肉未熟。人人长跪前割之，血流指间，进之于固。固辙为啗不秽贱之，是以爱之如父母也。"

［2］**义塘甜瓜：**宋人张邦基《墨庄漫录》卷3："襄邑义塘村，出一种瓜，大如拳。破之，色如黛。味甘如蜜，余瓜莫及。项岁贡之，以其子莳他处，即变而稍大，味亦减矣。"

［3］**金桃：**宋人高承《事物纪原》卷10《金桃》："《唐会要》曰：'贞观九年十一月，康国献金桃，诏令植于苑。'又云：'康国献黄桃，大如鹅卵，其色如金。'亦曰'金桃'然则唐世始传金桃也。《通典》作康居云贞观二十一年。"

［4］**金杏：**唐代段成式《酉阳杂俎》卷18："汉帝杏，济南郡之东南有分流山，山上多杏，大如梨，黄如橘，土人谓之汉帝杏，亦曰金杏。"

［5］**红菱沙角儿：**嫩菱角。元人潜说友《咸淳临安志·物产》："菱初生，嫩者名沙角，硬者名馄饨。湖中生如栗样者，极鲜。"明人文震亨《长物志》卷11《菱》："两角为菱，四角为芰。吴中湖泖及人家池沼皆种之，有青、红二种：红者，最早名'水红菱'，稍迟而大者，曰'雁来红'；青者，曰'莺哥青'，青而大者曰'馄饨菱'，味最胜最小者曰'野菱'。又有白沙角，皆秋来美味，堪与扁豆并荐。"

［6］**当街列床、凳堆垛：**宋人陆游《老学庵笔记》卷5："承平时，鄜州田氏作泥孩儿，名天下，态度无穷，虽京师工效之，莫能及。一对至值十缣，一床至三十千；一床者或五或七也。小者二三寸，大者尺余，无绝大者。予家旧藏一对卧者，有小字云：'鄜峙田妃制'。"（图8-6）

［7］**冰雪：**宋人袁文在《瓮牖闲评》卷8："自古藏冰盖有用也，见于周礼并诗。至本朝始藏雪。……今余乡亦能藏雪，见说初无甚难，藏雪之处，其中亦可藏酒及柤梨橘柚诸果。久为寒气所浸，夏取出，光彩粲然如新，而酒尤香冽。"

［8］**浮瓜沉李：**三国曹丕《与朝歌令吴质书》："昔日南皮之游，诚不可忘，……浮甘瓜于清泉，沉朱李于寒冰。"五代王仁裕《开元天宝遗事》："唐都人伏天，于风亭水榭，雪槛水盘，浮瓜沉李，流杯曲沼，通夕而罢。"宋人苏轼《答苏伯固三首》："位计龙舒为多，大盆如命取去，为暑中浮瓜沉李之一快也。"

［9］**新荷：**宋人吴锡畴《兰皋集》卷1《新荷》："园林春去后，幽景属池塘。过雨钿犹小，吹襟风已香。莫期包作馈，好待集为裳。太极翁何在，花时爱敢忘。"宋人郑望之《膳夫录》："汴中节食，伏日绿荷包子。"

图 8-6 《清明上河图》中的“当街列床、凳堆垛”售物场面

七夕

七月七夕[1]，潘楼街[2]、东宋门外瓦子、州西梁门外瓦子、北门外、南朱雀门外街及马行街内，皆卖磨喝乐[3]，乃小塑土偶[4]耳。悉以雕木彩装栏座，或用红纱碧笼，或饰以金珠牙翠，有一对直数千者。禁中及贵家与士庶为时物追陪。又以黄蜡铸为凫雁、鸳鸯、鸂鶒、龟鱼之类，彩画金缕，谓之『水上浮』[5]。又以小板上傅土，旋种粟令生苗，置小茅屋花木，作田舍家小人物，皆村落之态，谓之『谷板』。又以瓜雕刻成花样，谓之『花瓜』[6]。又以油面糖蜜造为笑靥儿[7]，谓之『果实』，花样奇巧百端，如捺香方胜[8]之类。若买一斤，数内有一对被介胄者，如门神之像。盖自来风流，不知其从，谓之『果食将军』。又以绿豆[9]、小豆[10]、小麦，于磁器内，以水浸之，生芽数寸，以红篮彩缕束之，谓之『种生』[11]。皆于街心彩幙帐设出络货卖。七夕前三五日，车马盈市，罗绮满街，旋折未开荷花[12]，都人善假做双头莲[13]，取玩一时，提携而归，路人往往嗟爱。又小儿须买新荷叶执之[14]，盖效颦磨喝乐。儿童辈特地新妆，竞夸鲜丽。至初六日、七日晚，贵家多结彩楼于庭，谓之『乞巧楼』[15]。铺陈磨喝乐、花瓜、酒炙[16]、笔砚、针线，或儿童裁诗，女郎呈巧，焚香列拜，谓之『乞巧』[17]。妇女望月穿针[18]，或以小蜘蛛安合子内，次日看之，若网圆正，谓之『得巧』。里巷与妓馆，往往列之门首，争以侈靡相向。『磨喝乐』本佛经『摩罗』，今通俗而书之。

［1］**七月七夕：**农历七月初七之夕。相传，牛郎、织女每年此夜在天河相会。妇女多进行乞巧活动，故又称“七巧节”、“乞巧节”。《宋大诏令集》卷144《改用七日为七夕诏》：“（宋太宗于太平兴国三年七月下诏）七夕佳辰，着于式令。近代多用六日，实紊旧章，讹俗相承，未之或改。自今以七日为七夕，仍令颁行天下为定制。”

［2］**潘楼街：**宋人金盈之《新编醉翁谈录》卷4：“七夕，潘楼前卖乞巧物。自七月一日，车马嗔咽，至七夕前三日，车马不通行，相次壅遏，不复得出，至夜方散。嘉祐中，有以私忿易乞市乘马行者，开封尹得其人窜之远方。自后再就潘楼。其次丽景、保康诸门。及睦亲门外亦有乞巧市，然终不及潘楼之繁盛也。夫乞巧楼多以采帛为之，其夜妇女以发七孔针于月下穿之，其实此针不可用也。”宋人司马光《传家集》卷3《和公达过潘楼观七夕市》：“织女虽七襄，不能成报章。无巧可乞汝，世人空自狂。帝城秋色新，满市翠帘张。伪物逾百种，烂漫侵数坊。谁家油壁车，金碧照面光。土偶长尺余，买之珠一囊。安知杼轴劳，何物为蚕桑。纷华不足悦，浮侈真可伤。”

［3］**磨喝乐：**亦作“摩睺罗”。为佛教八部众神之一，唐宋时借其名制成一种土木人，于七夕供奉，名“磨喝乐”。宋人金盈之《新编醉翁谈录》卷4：“京师是日多博泥孩儿，端正细腻，京语谓之摩睺罗，小大甚不一，价亦不廉。或加饰以男女衣服，有及于华侈者。南人目为巧儿。”宋人陈元靓《岁时广记》卷26：“摩睺罗俗讹呼为磨喝乐，南人目为巧儿，今行在中瓦子后市街众安桥，卖磨喝乐最为旺盛，惟苏州极巧，为天下第一。进入内庭者，以金银为之。谑词云：‘天上佳期，九衢灯月交辉。摩睺孩儿，斗巧争奇。戴短襜珠子帽，披小缕金衣，嗔眉笑眼，百般地敛手相宜。转睛底工夫不少，引得人爱后如痴。快输钱，须要扑，不问归迟。归来猛醒，争如我活底孩儿！’”（图8-7）

图 8-7　西北大学博物馆收藏的北宋变体“磨喝乐”

［4］**土偶：**泥塑的人像（图8-8）。宋人陆游《渭南文集》卷29：“景迂鄜畤排闷诗云：‘莫言无妙丽，土稚动金门。’盖鄜人善作土偶儿，精巧虽都下莫能及，宫禁及贵

图 8-8　镇江市博物馆馆藏的宋代土偶

图 8–9　唐画《莲花化生童子图》

戚家争以高人价取之。”宋人陆游《老学庵笔记》卷5：“承平时，鄜州田氏作泥孩儿名天下，态度无穷，虽京师工效之莫能及。一对至直十缣，一床直十千。一床者或五或七也。小者二三寸，大者尺余，无绝大者。予家旧藏一卧者，有小字云：‘鄜畤田玘制’。”

［5］**水上浮：**明人陈耀文《天中记》卷5：“化生，七夕，俗以蜡作婴儿，浮水中以为戏，为妇人宜子之祥，谓之‘化生’。本出西域，谓之摩睺罗。”元人陶宗仪《说郛》卷69上：“七夕节物，多尚果食、茜鸡及泥孩儿号摩睺罗，有极精巧，饰以金珠者，其直不赀。并以蜡印凫雁水禽之类，浮之水上，妇人女子夜对月，穿铖饾饤，杯盘饮酒为乐，谓之乞巧。及以小蜘蛛贮合内，以候结网之疏密，为得巧之多少。小儿女多衣荷叶半臂，手持荷叶，效颦摩睺罗，大抵皆原旧俗也。”（图8–9）

［6］**花瓜：**唐人刘恂《岭表录异》卷中：“枸橼子，形如瓜，皮似橙而金色。故人重之，爱其香气。京辇豪贵家饤盘筵，怜其远方异果，肉甚厚，白如萝卜。南中女工竞取其肉雕镂花鸟，浸之蜂蜜，点以胭脂，擅其妙巧，亦不让湘中人镂木瓜也。”清人李斗《扬州画舫录》：“亦间取西瓜镂刻人物、花卉、虫鱼之戏，谓之西瓜灯”。

［7］**笑靥儿：**即面人。唐人封演《封氏闻见记》卷6《道祭》：“元宗朝，海内殷赡，送葬者或当衢设祭，张施帐幕，有假花假果粉人面粻之属，然不过方丈，室高不逾数尺，议者犹或非之。丧乱以来，此风大扇，祭盘帐幕，高至八九十尺，用床三四百张，雕镌饰画，穷极技巧。”宋人陈元靓《岁时广记》卷26《为果食》：“《岁时杂记》：‘京师人以糖面为果食，如僧食。但至七夕，有为人物之形者，以相饷遗。”

［8］**方胜：**两个菱形叠压相交而成的图形。宋人庄季裕《鸡肋篇》卷上：“泾州虽小儿皆能捻茸毛为线，织方胜花，一匹重只十四两者，宣和间，一匹铁钱至四百千。”（图8–10）

［9］**绿豆：**宋人苏颂《图经本草》：“绿豆，生白芽为蔬中佳品。”元人陶宗仪《说郛》卷

74上《鹅黄豆》：“生温陵人前中元数日，以水浸黑豆，暴之及芽，以糠皮置盆内，铺沙植豆，用板压。及长，则复以桶，晓则晒之，……越三日出之，洗，焯渍以油、盐、苦酒、香料可为茹，卷以麻饼尤佳。色浅黄，名鹅黄豆生。”宋人方岳《豆苗》诗：“江南之笋天下奇，春风匆匆催上篱。秦邮之姜肥胜肉，远莫致之长负腹。先生一钵同僧居，别有方法供斋蔬。山房扫地布豆粒，不烦勤荷烟中锄。手分瀑泉洒作雨，覆以老瓦如穹庐。平明发现玉髯磔，一夜怒长堪水菹。自亲火候瀹鱼眼，带生芼入晴云碗。碧丝高压涎滑莼，脆响平欺辛薙。晚菘早韭各一时，非时不到诗人脾。何如此隽咄嗟办，庾郎处贫未为惯。”

图 8–10　宋代方胜纹手柄镜

［10］**小豆：** 宋人苏东坡《仇池笔记》卷上《二红饭》：“今年东坡收大麦二十余石，卖之价甚贱，而粳米适尽，故日夜课奴婢舂以为饭。嚼之啧啧有声，小儿女相调，云是嚼虱子。然日中腹饥，用浆水淘食之，自然甘酸浮滑，有西北村落气味。今日复令庖人杂小豆作饭，尤有味，老妻大笑曰：‘此新样二红饭也。’”

［11］**种生：** 宋人陈元靓《岁时广记》卷26：“《岁时杂记》：“京师每前七夕十日，以水渍绿豆或豌豆，日一二回易水，芽渐长至五六寸许，其苗能自立，则置小盆中，至乞巧可长尺许，谓之生花盆儿，亦可以为葅。”

［12］**荷花：** 宋人方岳《秋崖集》卷16《鹊桥仙·七夕送荷花》：“银河无浪，琼楼不暑，一点柔情如水。肯捐兰佩了渠愁，尽闲却，纤纤机杼。波心沁雪，鸥边分雨，翦得荷花能楚。天公煞自解风流，看得我，如何销汝。”

图 8–11　宋代持荷童子玉雕

［13］**双头莲：** 宋人刘学箕《满江红·双头莲》：“一柄双花，低翠盖、呈祥现美。人正在、薰风亭上，满襟如水。二陆比方夸俊少，两乔相并修容止。雨初晴、午永斗红酣，真奇耳。双白鹭，双赪鲤。飞与泳，俱来此。绾双鬟天上，侍香童子。双剑丰城双孕秀，双凫叶悬双趋起。谩空谈、国士本无双，今双矣。”明人胡侍《真珠船·双头莲》：“双头莲，即合欢莲，一名嘉莲，一名同心莲，自是一种，不足为瑞。”明人王象晋《群芳谱》：“并头莲，晋泰和间生于玄圃，谓之‘嘉莲’，今所在有之，最易生，能伤别种，宜独种。”

［14］**小儿须买新荷叶执之：** 宋人周密《武林旧事》卷3《乞巧》：“小儿女多衣荷叶半臂，手持荷叶，效颦摩睺罗。大抵皆旧俗也。”（图8–11）。

[15] **乞巧楼：**五代王仁裕《开元天宝遗事》卷下："宫中以锦结成楼殿，高百尺，上可以胜数十人，陈以瓜果酒炙，设坐具以祀牛女二星，嫔妃各以九孔针五色线向月穿之，过者为得巧之候，动清商之曲，宴乐达旦，谓之乞巧楼。"宋人欧阳修《渔家傲》："乞巧楼头云幔卷，浮花催洗严妆面。花上蛛丝寻得遍，颦笑浅。双眸望月牵红线，奕奕天河光不断。有人正在长生殿，暗付金钗清夜半。千秋愿，年年此会长相见。"

[16] **酒炙：**酒和肉。宋人苏辙《龙川别志》卷下："吏胥所在，手书、酒炙之馈日至，人人忻戴，为之尽力。"

[17] **乞巧：**南朝梁代宗懔《荆楚岁时记》载："七夕，妇人结彩缕穿七孔针，陈瓜果于庭中以乞巧。有喜网于瓜上，则以为得。"妇女发丝，着墨细匀，衣褶线条流畅，饰纹刻画细致，佩环飘动，得"吴带当风"之姿。（图8–12）

[18] **望月穿针：**宋人赵师侠《鹊桥仙·丁巳七夕》："明河风细，鹊桥云淡，秋入庭梧先坠。摩孩罗荷叶伞儿轻，总排列，双双对对。花瓜应节，蛛丝卜巧，望月穿针楼外。不知谁见女牛忙，谩多少，人间欢会。"唐人祖咏《七夕乞巧》诗："闺女求天女，更阑意未阑。玉庭开粉席，罗袖捧金盘。向月穿针易，临风整线难。不知谁得巧，明旦试相看。"

图 8–12　宋代佚名《乞巧图》

中元节

七月十五日，中元节[1]。先数日，市井卖冥器[2]、靴鞋、幞头、帽子、金犀假带、五彩衣服。以纸糊架子盘游出卖。潘楼并州东西瓦子，亦如七夕。要闹处亦卖果食、种生、花果之类，及印卖《尊胜目连经》。又以竹竿斫成三脚，高三五尺，上织灯窝之状，谓之『盂兰盆』[3]，挂搭衣服、冥钱，在上焚之[4]。构肆乐人，自过七夕，便般『目连经救母』杂剧，直至十五日止，观者增倍。中元前一日，即卖练叶，享祀时铺衬卓面。又卖麻谷窠儿，亦是系在卓子脚上，乃告祖先秋成之意。又卖鸡冠花，谓之『洗手花』[5]。十五日供养祖先素食，才明即卖穄米饭，巡门叫卖，亦告成意也。又卖转明菜花、花油饼、馂䭅、沙䭅之类。城外有新坟者，即往拜扫。禁中亦出车马诣道者院[6]谒坟。本院官给祠部十道，设大会，焚钱山[7]，祭军阵亡殁，设孤魂之道场。

[1] **中元节：**清人徐松《宋会要·帝系》10之7："宋太祖建隆三年七月四日，诏禁诸州中元张灯。六年七月中元节，诏京城张灯三夜。其夕，帝御东华门楼，召近臣宴饮，夜分而罢。正门不设灯山，余如上元之制。自是遂以为例。开宝四年七月中元节，京城张灯，车驾不出临观。五年中元节亦然。太宗太平兴国二年七月中元节，御东角楼观灯，赐从官宴饮。三年七月中元节，诏有司于淮海国王府前设灯棚，陈妓乐女舞。是时钱俶始来朝故也。四年中元节，犹在师行，罢张灯。六年七月中元节，不观灯。端拱二年七月中元节，不观灯，以彗星见故也。淳化元年，中元、下元张灯。"宋人洪迈《夷坚乙志》卷20《王祖德》："蜀人风俗重中元节。率以前两日祀先。列荤馔以供。及节日。则诣佛寺为盂兰盆斋。"宋人宋敏求《春明退朝录》卷中："本朝太宗时，三元不禁夜，上元御乾元门，中元、下元御东华门，后罢中元、下元二节，而初元游观之盛，冠于前代。"

[2] **冥器：**古时的随葬品。宋人赵彦卫《云麓漫钞》卷5："古之明器，神明之也。今之以纸为之，谓之冥器。"

[3] **盂兰盆：**宋人陆游《老学庵笔记》卷7："故都残暑，不过七月中旬。俗以望日具素馔享先，织竹作盆盎状，贮纸钱，承以一竹焚之。视盆倒所向，以占气候；谓向北则冬寒，向南则冬温，向东西则寒温得中，谓之盂兰盆，盖俚俗老媪辈之言也。又每云：'盂兰盆倒则寒来矣。'晏元献诗云：'红白薇英落，朱黄槿艳残。家人愁溽暑，计日望盂兰。'盖亦戏述俗语耳。"宋人高承《事物纪原》卷8："今世每七月十五日，营僧尼供，谓之盂兰斋者。"

[4] **挂搭衣服、冥钱，在上焚之：**宋人陈元靓《岁时广记》引《钱状元家范》："近世以七月十五日为烧衣节，盖本浮屠之说，不足依据，然佛老宫词，所在有之，亦祖考平生游思更衣之地，因设素食于此烧之，理亦可行。"元人熊梦祥《析津志辑佚·岁纪》："富人家祀，先用麻秸奠酒为诚，买纸钱冥衣烧化于坟，谓之'送寒衣'。仍以新土覆墓。"宋人戴埴《鼠璞》："以纸寓钱，亦明器也。"元人脱脱《宋史》卷464《外戚传》："（李用和）小穷困，居京师凿纸钱为业。"宋人魏泰《东轩笔录》卷2："李太后始入掖廷，才十余岁，惟有一弟七岁，太后临别手结刻丝鞶囊，与之拍其背，泣曰：'汝虽沦落颠沛，不可弃此囊，异时我若遭遇必访汝，以此为物色也言。'讫，不胜呜咽而去。后其弟佣于凿纸钱家，然常以囊悬于胸臆间，未尝斯须去身也。一日，苦下痢，势将不救，为纸家弃于道左。"宋人黎靖德《朱子语类》卷138《杂类》："纸钱起于玄宗时王玙。盖古人以玉币，后来易以钱。至玄宗惑于王玙之说，而鬼神事繁，无许多钱来理得，玙作纸钱易之。文字便是难理会。且如唐礼书载范传正言，唯颜鲁公张司业家祭不用纸钱，

故衣冠效之。而国初言礼者错看，遂作纸衣冠，而不用纸钱，不知纸钱衣冠有何间别？”《岁时杂记》对使用“麻谷”也有说明：“取麻谷长本者，维之几案四角。”

[5] **洗手花：** 宋人袁褧《枫窗小牍》：“鸡冠花，汴中谓之洗手花，中元节前儿童唱卖以供祖先。今来山中此花满庭，有高及丈余者。每遥念坟墓，涕泪潸然，乃知杜少陵‘感时花溅泪’，非虚语也。”

[6] **道者院：** 明人李濂《汴京遗迹志》卷11：“道者院在郑门外五里。宋时所建。每岁中元节、十月朔，设大会道场，祭军阵亡殁孤魂，金季兵毁。”

[7] **焚钱山：** 宋人封演《封氏闻见录》卷6《纸钱》：“纸钱，今代送葬为凿纸钱，积钱为山，盛加雕饰，舁以引柩。”（图8-13）

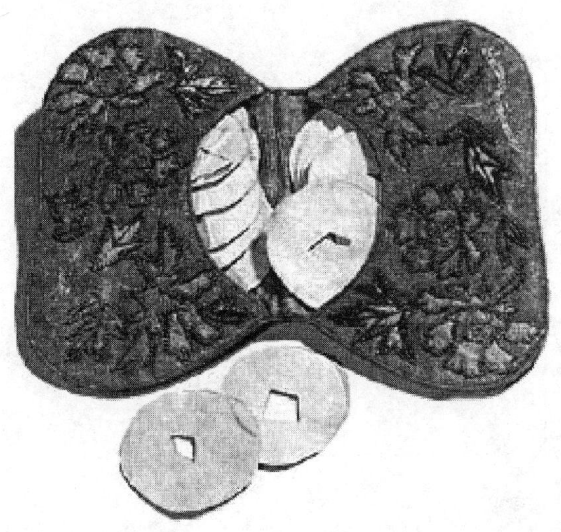

图 8-13　出土的宋代纸钱（引自周迪人等：《德安南宋周氏墓》，江西人民出版社，1999年）

立秋

立秋日，满街卖楸叶[1]，妇女儿童辈，皆剪成花样戴之。是月，瓜果梨枣方盛，京师枣有数品：灵枣、牙枣[2]、青州枣[3]、亳州枣[4]。鸡头上市，则梁门里李和[5]家最盛。中贵戚里[6]，取索供卖。内中泛索，金合络绎。士庶买之，一裹十文，用小新荷叶包，糁以麝香，红小索儿系之。卖者虽多，不及李和一色拣银皮子嫩者货之。

[1] **楸叶：**一种宽阔的树叶。因“楸”字和“秋”同音，立秋之日，人们会将楸叶镂剪成各种花样，戴在头上。

[2] **牙枣：**因形尖长似牙而得名。明人李时珍《本草纲目·果一·枣》[集解]引寇宗奭曰：“又有牙枣，先众枣熟，亦甘美，微酸而尖长。”

[3] **青州枣：**产于宋代青州一带的枣。唐人慧觉《续高僧传·慧觉传》:“不远千里,青州取枣，于并城开义寺种之，行列千株供通五众,日呈茂美,斯业弘矣。”

[4] **亳州枣：**据日本人东英寿《新见九十六篇欧阳修散佚书简辑存稿》中第85封《与张续修启》(《中华文史论丛》2012年第1期）记载：“人至辱书，备见勤厚，且承经秋体履康乂，至慰至慰。修性多病，加渐老益衰，殊不喜京居，深自勉强。亳枣远寄，多荷多荷。人回，偶书如此，不一一。修白张君足下。”

[5] **李和：**东京炒栗子高手。宋人陆游《老学庵笔记》卷3：“故都李和炒栗，名闻四方。他人百计效之，终不可及。绍兴中，陈福公及钱上阁恺出使虏庭，至燕山，忽有两人持炒栗各十裹来献，三节人亦得一裹。自赞曰：‘李和儿也。’挥泪而去。”

[6] **中贵：**宦官。戚里：外戚。

秋社

八月秋社[1]，各以社糕[2]、社酒[3]相赍送。贵戚、宫院以猪羊肉、腰子、奶房、肚肺、鸭饼、瓜姜之属，切作棋子片样，滋味调和，铺于饭上，谓之『社饭』，请客供养。人家妇女皆归外家[4]，晚归，即外公、姨、舅皆以新葫芦儿、枣儿为遗，俗云宜良外甥。市学先生预敛诸生钱作社会，以致雇倩祗应、白席、歌唱之人。归时各携花篮、果实、食物、社糕而散。春社[5]、重午、重九，亦是如此。

注解

[1] **秋社：**秋天祭祀土神的日子，立秋后第五个戊日。宋人吴自牧《梦粱录》卷4《八月》："秋社日，朝廷及州县差官祭社稷于坛，盖春祈而秋报也。"宋人张邦基《墨庄漫录》卷9："今人家闺房，遇春秋社日，不作组紃，谓之忌作。"苏辙《秋社分题》诗："天公闵贫病，雨止得丰穰。南亩场功作，东家社酒香。分均思孺子，归遗笑东方。肯劝拾遗住，休嫌父老狂。"

[2] **社糕：**明人高濂《遵生八笺》卷3《送社饭》："春社日，以诸肉杂调和铺饭上，谓之社饭，秋社以社糕、社酒相遗，妇女归外家，即外舅姨皆以新葫芦儿赠之，俗云宜良外甥。"

[3] **社酒：**旧时于春秋社日祭祀土神，饮酒庆贺，称所备之酒为社酒。宋人张耒《田家》诗："社南村酒白如苻，邻翁宰牛邻媪烹。插花野妇抱儿至，曳杖老翁扶背行。淋漓醉饱不知夜，裸股掣肘时欢争。去年百金易斗粟，丰岁一饮君无轻。"宋人沈辽《踏盘曲》诗："湘水东西踏盘去,青烟白雾将军树。社中饮酒不要钱，乐神打起长腰鼓。女儿带环着缦布，欢笑捉郎神做主。"

[4] **外家：**古时女子出嫁后称娘家为外家。

[5] **春社：**是春天祭土地神的日子，在立春后第五个戊日。宋人陆游《春社》诗："社肉如林社酒浓，乡邻罗拜祝年丰。"宋人陶谷《清异录》卷下《辣骄羊》："和鲁公尝以春社遗节馔，用奁惟一新样大方碗，覆以剪镂蜡春罗，椀内品物，不知其几种也，物十而饭二焉。禁庭社日为之，名'辣骄羊'。"宋人黄大受《春日田家三首》："二月祭社时，相呼过前林。磨刀向猪羊，穴地安斧鬵。老幼相后先，再拜整衣襟。酾酒卜筊杯，庶知神灵歆。得吉共称好，足慰今年心，祭余就广坐，不间隔富与贫。所会虽里闾，亦有连亲姻。持肴相遗献，聊以通殷勤。共说天气佳，晴暖宜于蚕春。且愿雨水匀，秋熟还相亲。酒酣归路喧，又柘影在身。倾欹半人扶，大笑亦大嗔。勿谓浊世中，而无义皇民。"（8–14）

图 8–14　宋人李唐《春社醉归图》

中秋

中秋节前，诸店皆卖新酒[1]，重新结络门面彩楼。花头画竿，醉仙锦旆。市人争饮，至午未间，家家无酒，拽下望子[2]。是时螯蟹新出，石榴、榅勃[3]、梨、枣、栗、孛萄[4]、弄色枨橘[5]，皆新上市。中秋夜[6]，贵家结饰台榭，民间争占酒楼玩月[7]。丝篁鼎沸，近内庭居民，夜深遥闻笙竽之声，宛若云外。闾里儿童，连宵嬉戏。夜市骈阗，至于通晓。

［1］**新酒**：用新谷所酿造之酒，其他季节也有。宋人张方平《乐全集》卷2《都下别友人》："海内故人少，市楼新酒醇。与君聊一醉，分袂此残春。"宋人张耒《柯山集》卷16《寄荣子雍三首》："家家新酒滴新醅，残春峥嵘春欲回。"

［2］**望子**：即酒旗。宋人朱翌《猗觉寮杂记》卷下："酒家揭帘，俗谓之酒望子。见韩子：宋有酤者，斗概甚平，遇客甚谨，为酒甚美，悬帜甚高，而酒不售遂，至令酸，以狗恶也。"宋人江少虞《宋朝事实类苑》卷39《酒帘》："福唐有当垆老媪，常酿美酒，士人多饮其家，有举子谓曰：'吾能使媪致数十千，媪信乎？'媪曰：'倘能之，敢不奉教！'因俾媪市布为一酒帘，题其上曰：'下临广陌三条阔，斜倚危楼百尺高。'……媪遂托善书者题于酒旗上，自此酒售数倍。"宋人洪迈《容斋续笔》卷16《酒肆旗望》："今都城与郡县酒务，及凡鬻酒之肆，皆揭大帘于外，以青白布数幅为之，微者随其高卑小大，村店或挂瓶瓢，标帚秆，唐人多咏于诗，然其制盖自古以然矣。"（图8–15）

［3］**榅勃**：宋人梁克家《淳熙三山志》卷41《榅桲》："味酸，甘似橙子而大，旧生北土今亦有之。"

［4］**李萄**：宋人周密《癸辛杂识·续集》卷上《种葡萄法》："有传种葡萄法，于正月末取葡萄嫩枝长四五尺者，卷为小圈，令紧，先治地土松而沃之以肥，种之止留二节在外。异时春气发动，众萌竞吐，而土中之节不能条达，则尽萃华于出土之二节。不二年，成大棚，其实大如枣，而且多液，此亦奇法也。"

［5］**枨橘**：指橙橘类的果品。宋人梅尧臣《述酿赋》："安得涤其具，更其术，时其物，清其室，然后渍以椒桂，侑以枨橘，吾将沾醉乎穷日。"

［6］**中秋夜**：宋人金盈之《新编醉翁谈录》卷4《八月》："中秋京师赏月之会，异于他郡。倾城人家子女，不以贫富，自能行至十二三，皆以成人之服服饰之。登楼，或于中

图 8–15 《清明上河图》中的"孙家店"望子

庭焚香拜月，各有所期。男则愿早步蟾宫，高攀仙桂，所以当时赋词者有‘时人莫讶登科早，只为常娥爱少年’之句。女则澹伫妆饰，则愿貌似常娥，员如皓月。俗传齐国无盐女，天下之至丑，因幼年拜月，后以德选入宫。帝未宠幸，上因赏月见之，姿色异常，帝爱幸之，因立为后。乃知女子拜月，有自来矣。旧传是夜月色明朗，则兔弄影而孕，生子必多。海滨老蚌吐纳月影，则多产明珠。比明年采珠捕兔者，卜此夕为验。”

[7] **玩月：**赏月。宋人朱翌《曲洧旧闻》卷8："中秋玩月，不知起何时，考古人赋诗，则始于杜子美，而戎昱《登楼望月》，冷朝阳《与空上人宿华严寺对月》，陈羽《鉴湖望月》，张南史《和崔中丞望月》，武元衡《锦楼望月》，皆在中秋，则自杜子美以后，班班形于篇什。前乎杜子，想已然也，第以赋咏不着著于世耳。江左如梁元帝《江上望月》，朱超《舟中望月》，庾肩吾《望月》，而其子信亦有《舟中望月》，唐太宗《辽城望月》，虽各有诗，而皆非中秋宴赏而作。然则玩月盛于中秋，其在开元以后乎?今则不问华夷，所在皆然矣。”（图8-16）

图 8-16　宋画陈清波《瑶台步月图》

重阳

九月重阳[1]，都下赏菊，有数种[2]：其黄白色蕊若莲房曰万龄菊[3]，粉红色曰桃花菊[4]，白而檀心曰木香菊[5]，黄色而圆者曰金铃菊[6]，纯白而大者曰喜容菊[7]，无处无之。酒家皆以菊花缚成洞户。都人多出郊外登高，如仓王庙、四里桥、愁台、梁王城、砚台[8]、毛驼冈、独乐冈等处宴聚。前一二日，各以粉面蒸糕[9]遗送，上插剪彩小旗，掺饤果实，如石榴子、栗子黄、银杏[10]、松子肉之类。又以粉作狮子、蛮王之状，置于糕上，谓之『狮蛮』。诸禅寺各有斋会，惟开宝寺、仁王寺有狮子会。诸僧皆坐狮子上，作法事讲说，游人最盛。下旬即卖冥衣、靴鞋、席帽、衣段，以十月朔日烧献故也。

［1］**重阳：**即重阳节，每年的农历九月九日。在节日期间，人们登高、赏菊、饮菊花酒。宋人洪迈《容斋续笔》卷1《重阳上巳改日》："唐文宗开成元年，归融为京兆尹，时两公主出降，府司供帐事繁，又俯近上巳曲江赐宴，奏请改日。上曰：'去年重阳取九月十九日，未失重阳之意，今改取十三日可也。'且上巳、重阳，皆有定日，而至展一旬，乃知郑谷所赋《十日菊》诗云'自缘今日人心别，未必秋香一夜衰'，亦为未尽也。唯东坡公有'菊花开时即重阳'之语，故记其在海南艺菊九畹，以十一月望，与客泛酒作重九云。"

［2］**数种：**宋人刘蒙《刘氏菊谱·定品》："或问：'菊奚先？'曰：'先色与香，而后态。然则色奚先？'曰：'黄者中之色，土王季月，而菊以九月花，金土之应，相生而相得者也。其次莫若白，西方金气之应，菊以秋开，则于气为钟焉。陈藏器云：白菊生平泽，花紫者，白之变；红者，紫之变也。此紫所以为白之次，而红所以为紫之次云。有色矣，而又有香；有香矣，而后有态。是其为花之尤者也。'或又曰：'花以艳媚为悦，而子以态为后欤？'曰：'吾尝闻于古人矣，妍卉繁花为小人，而松竹兰菊为君子，安有君子而以态为悦乎？至于具香与色而又有态，是犹君子而有威仪也。'菊有名龙脑者，具香与色而态不足者也。菊有名都胜者，具色与态而香不足者也。菊之黄者未必皆胜而置于前者正其色也，菊之白者未必皆劣而列于中者次其色也。新罗、香球、玉铃之类，则以环异而升焉。至于顺圣、杨妃之类，转红受色不正，故虽有芬香，态度不得与诸花争也。然余独以龙脑为诸花之冠，是故君子贵其质焉。后之视此谱者，触类而求之，则意可见也。"

［3］**万龄菊：**宋人刘蒙《刘氏菊谱·秋万铃第二十八》："秋万铃，出鄜州，开以九月中。千叶，浅紫。其中细叶尽为五出铎形，而下有双纹大叶承之。诸菊如棣棠，是其最大，独此菊与顺圣过焉。或云：与夏花一种，但秋夏再开尔。今人间起草为花，多作此菊，盖以其环美可爱故也。"

［4］**桃花菊：**宋人刘蒙《刘氏菊谱·桃花第三十五》："桃花，粉红。单叶中有黄蘂，其色正类桃花，俗以此名，盖以言其色尔。花之形度虽不甚佳，而开于诸菊未有之前，故人视此菊如木中之梅焉。枝叶最繁密，或有无花者，则一叶之大逾数寸也。"

［5］**木香菊：**宋人范成大《范村菊谱》："木香菊，多叶，略似御衣黄，初开浅鹅黄，久则一白花。叶尖薄，盛开则微卷，芳气最烈。"

［6］**金铃菊：**宋人刘蒙《刘氏菊谱·夏金铃第十四》："夏金铃，出西京，开以六月。深黄，千叶。甚与金万铃，相类而花头瘦小，不甚鲜茂，盖以生非时故也。或曰：非时而花失其正也，

而可置于上乎？曰：其香是也，其色是也，若生非其时，则系于天者也，夫特以生非其时而置之诸菊之上，香色不足论矣，奚以贵质哉？”

[7] **喜容菊：** 宋人刘蒙《菊谱》：“一名笑靥，一名喜容，淡黄千叶，叶有双纹齐短而阔。叶端皆有两阙，内外鳞次。”

[8] **砚台：** 宋人欧阳修《新五代史·晋出帝纪》：“（开运二年冬十月）戊寅，射兔于砚台。”

[9] **蒸糕：** 明人高濂《遵生八笺》卷13《松糕方》：“陈粳米一斗，砂糖三斤。米淘极净烘干，和糖，洒水入臼舂碎。于内留二分米拌粉舂，其粗令尽净。或和蜜，或纯粉，则择去黑色米。凡蒸糕须候汤沸，渐渐上粉，要使汤气直上，不可外泄，不可中阻。其布宜疏，或稻草摊甑中。”

[10] **银杏：** 宋人朱弁《曲洧旧闻》卷3：“银杏出宣歙，京师始唯北李园地中有之，见于欧梅唱和诗。今则畿甸处处皆种。”

十月一日

十月一日[1]，宰臣[2]已下受衣著锦袄[3]三日，今五日。士庶皆出城飨坟[4]。禁中车马，出道者院及西京朝陵[5]。宗室车马，亦如寒食节。有司进暖炉炭[6]。民间皆置酒作暖炉会也。

注解

［1］**十月一日：**又称“十月朔”。宋人周密《武林旧事》卷3：“是日御前供进夹罗御服，臣僚服锦袄子夹公服‘授衣’之意也。自此御炉日设火，至明年二月朔止。皇后殿开炉节排当。是月遣使朝陵，如寒食仪。都人亦出郊拜墓，用绵球楮衣之类。”

［2］**宰臣：**即宰相。元人脱脱《宋史》卷152《舆服志》4《朝服》：“同中书门下平章事为宰臣。”

［3］**锦袄：**宋人吕希哲《岁时杂记》：“十月朔，京师将校禁卫以上，并赐锦袍。皆服之以谢。……边防大帅、都漕、正任侯，皆赐锦袍。旧河北、陕西、河东转运使副无此赐。祖宗朝，有人自陈，乃赐衣袄。诸军将校皆赐锦袍。”

［4］**出城飨坟：**宋人程颢、程颐《二程外书》卷2：“拜坟则十月一日拜之，感霜露也。”宋人范成大《吴郡志》卷2：“十月朔再谒墓，且不贺朔。是日开炉，不问寒燠皆炽炭。”

［5］**西京朝陵：**即去洛阳附近的巩县朝谒北宋帝王陵墓（图9–1）。宋人徐梦莘《三朝北盟会编》卷195：“张焘往西京朝陵，自陈蔡历汝颍以至京洛，延见父老，布宣天子德意。迨至柏城，披荆棘，履榛翳，随宜葺治，展敬成礼，而还回到行在，即日入对。焘具札子，奏曰：‘臣窃以国家遭百六之灾，致金敌肆凭陵之患，祸流海宇，上及山陵。臣猥被使令恭修祗谒之事，至于柏城恸哭，深惟金罪，义难戴天，虽穷诛极，剿殄灭之，未足以雪此耻而复此仇也。恭惟陛下，圣孝天性，岂胜痛愤之情，顾以梓宫两宫之故，方且与和未可遽言兵也。’”

［6］**炉炭：**元人陶宗仪《说郛》卷69下《暖炉》：“京人十月朔，沃酒乃炙脔肉于炉中，团坐饮啖，谓之暖炉。”宋人范成大《乙巳十月朔开炉三首》：“石湖今日开炉，两壁仍安画图。宋人宋庆之《开炉日赋》：‘筋力已非旧，逢寒亦自怜。风霜在檐外，妻子语灯前。纸被添新絮，茶瓯煮细泉。虽云方寸地，春意一陶然。’唐人白居易《岁除夜对酒》诗：‘衰翁岁除夜，对酒思悠然。草白经霜地，云黄欲雪天。醉依香枕坐，慵傍暖炉眠。洛下闲来久，明朝是十年。’（图9–2）

图9–1　河南巩义市宋陵

图9–2　宋代红泥小暖炉

天宁节

初十日天宁节[1]。前一月，教坊集诸妓阅乐。初八日，枢密院率修武郎[2]以上，初十日，尚书省宰执率宣教郎[3]以上，并诣相国寺罢散祝圣斋筵[4]，次赴尚书省都厅[5]赐宴。

[1] **天宁节：**农历十月十日为宋徽宗的生日，称“天宁节”。宋人王明清《挥麈前录》卷1：“本朝太祖二月十六日生，为长春节。太宗十月七日生，为乾明节，后改为寿宁节。真宗十二月二日生，为承天节。仁宗四月十四日生，为乾元节。英宗正月三日生，为寿圣节。神宗四月十日生，为同天节。哲宗十二月七日生，避僖祖忌辰，以次日为兴龙节。徽宗十月十日生，为天宁节。钦宗四月十三日生，为乾龙节。”

[2] **修武郎：**武阶名，属大使臣二阶列。宋人章如愚《群书考索后集》卷20：“修武郎，旧为内殿崇班，从义郎旧为东头供奉官。”

[3] **宣教郎：**宋人王栐《燕翼诒谋录》卷4：“今之宣教郎，即昔之宣德郎。政和四年九月，诏宣德郎与宣德门名相犯，可改为宣教郎。见任人不别给告，但改称呼。”

[4] **斋筵：**做斋事时所设的筵席。唐人王勃《广州宝庄严寺舍利塔碑》：“讲肆宏敞，斋筵巨翼。供引纯陀，饭回香积。”

[5] **都厅：**原为都堂，官署名。北宋前期，为有关朝廷典礼及定谥等集议之所（《宋会要·方域》3之29《都堂》）。元丰改制后，尚书省振举职事，都堂为三省聚议朝政之所，代替旧政事堂职能（《宋会要·职官》1之32）。政和二年（1112年）九月，曾因蔡京为公相总领三省事，易都事堂为公相厅，宣和二年六月致仕，十一月“改尚书省公相厅作都厅”（《十朝纲要》卷18）。

宰执亲王宗室百官入内上寿

十二日，宰执、亲王、宗室、百官，入内上寿大起居[1]。搢笏舞蹈。乐未作，集英殿山楼上教坊乐人，效百禽鸣[2]，内外肃然，止闻半空和鸣，若鸾凤翔集。百官以下谢坐讫，宰执、禁从[3]、亲王、宗室、观察使已上，并大辽、高丽、夏国使副[4]，坐于殿上。诸卿少百官，诸国中节使人，坐两廊。军校以下，排在山楼之后。皆以红面青墩黑漆矮偏钉。每分列环饼[5]、油饼、枣塔为看盘[6]，次列果子。惟大辽加之猪羊鸡鹅兔连骨熟肉为看盘，皆以小绳束之。又生葱、韭、蒜、醋各一楪。三五人共列浆水一桶，立杓数枚。教坊色长[7]二人，在殿上栏干边，皆诨裹[8]，宽紫袍，金带，义襕[9]。看盏[10]，斟御酒。看盏者，举其袖，唱引曰『绥御酒』，声绝，拂双袖于栏干而止。宰臣酒则曰『绥酒』如前。教坊乐部，列于山楼下彩棚中，皆裹长脚幞头，随逐部服紫、绯、绿三色，宽衫黄义襕，镀金凹面腰带，前列柏板，十串一行；次一色画面琵琶五十面；次列箜篌[11]两座，箜篌高三尺许，形如半边木梳，黑漆镂花金装画。下有台座，张二十五弦，一人跪而交手擘之。以次高架大鼓[12]二面，彩画花地金龙，击鼓人背结宽袖，别套黄窄袖，垂结带，金裹鼓棒，两手高举互击，宛若流星。后有羯鼓[13]两座，如寻常番鼓子，置之小卓子上，两手皆执杖击之，杖鼓[14]应焉。次列铁石方响，明金彩画架子，双垂流苏。次列箫[15]、笙[16]、埙、篪[17]、觱篥[18]、龙笛之类，两旁对列杖鼓二百面，皆长脚幞头，紫绣抹额，背系紫宽衫，黄窄袖，结带黄裥义。诸杂剧色皆诨裹，各服本色紫绯绿宽衫，裥义，镀金带。自殿陛对立，直至乐棚。每遇舞者入场，则排立者叉手，举左右肩，动足应拍，一齐群舞，谓之『挼曲子』。挼字仍回反。

第一盏御酒，歌板色一名，唱中腔一遍讫，先笙与箫笛各一管和，又一遍，众乐齐举，独闻歌者之声。宰臣酒[19]，乐部起倾杯。百官酒，三台舞旋，多是雷中庆[20]。其余乐人舞者诨裹宽衫，唯中庆有官，故展裹。舞曲破攧前一遍。舞者入场，至歇拍[21]，续一人入场，对舞数拍。前舞者退，独后舞者终其曲，谓之『舞末』。

第二盏御酒，歌板色唱如前。宰臣酒，慢曲子。百官酒，三台舞如前。

第三盏，左右军百戏入场，一时呈拽。所谓左右军，乃京师坊市两厢也，非诸军之军。百戏乃上竿、跳索、倒立、折腰、弄碗注[22]、踢瓶[23]、筋斗、擎戴[24]之类，即不用狮豹大旗神鬼也。艺人或男或女，皆红巾彩服。殿前自有石镌柱窠，百戏入场，旋立其戏竿。凡御宴至第三盏，方有下酒肉、咸豉[25]、爆肉[26]、双下驼峰角子[27]。

第四盏，如上仪，舞毕，发谭子，参军色执竹竿[28]、拂子，念致语口号[29]，诸杂剧色打和，再作语，勾合大曲舞。下酒榼：炙子骨头、索粉、白肉、胡饼。

第五盏御酒，独弹琵琶。宰臣酒，独打方响。凡独奏乐，并乐人谢恩讫，上殿奏之。百官酒，乐部起三台舞，如前毕。参军色执竹竿子作语，勾小儿队舞。小儿各选年十二三者二百余人，列四行，每行队头一名，四人簇拥，并小隐士帽，着绯绿紫青生色花衫，上领四契，义襕，束带，各执花枝排定。先有四人裹卷脚幞头紫衫者，擎一彩殿子内金贴字牌，擂鼓而进，谓之『队名』。牌上有一联，谓如『九韶翔彩凤，八佾舞青鸾』之句。乐部举乐，小儿舞步进前，直叩殿陛。参军色作语问，小儿班首近前，进口号，杂剧人皆打和毕，乐作群舞合唱，且舞且唱。又唱破子毕，小儿班首入，进致语，勾杂剧入场，一场两段。是时教坊杂剧色：鳖膨、刘乔、侯伯朝、孟景初、王颜喜而下，皆使副也。内殿杂戏，为有使人预宴，不敢深作谐谑，惟用群队装其似像市语[30]，谓之『拽串』。杂戏毕，参军色作语，放小儿队。又群舞《应天长》曲子出场。下酒：群仙炙、天花饼、太平毕罗[31]、干饭、缕肉羹、莲花肉饼[32]。驾兴，歇座。百官退出殿门、幕次。须臾追班[33]，起居再坐。

第六盏御酒，笙起慢曲子。宰臣酒，慢曲子。百官酒，三台舞。左右军筑球，殿前旋立球门，约高三丈许，杂彩结络，留门一尺许。左军球头苏述，长脚幞头，红锦袄，余皆卷脚幞头，亦红锦袄十余人。右军球头孟宣，并十余人，皆青锦衣。乐部哨笛杖鼓断送。左军先以球团转，众小筑数遣，有一对次球头小筑数下，待其端正，即供球与球头，打大膁[34]过球门。右军承得球，复团转众，小筑数遣，次球头亦依前供球与球头，以大膁打过，或有即便复过者胜。胜者赐以银碗锦彩，拜舞谢恩，以赐锦共披而拜也。不胜者，球头吃鞭，仍加抹抢。下酒：假鼋鱼，密浮酥捺花。

第七盏御酒，慢曲子。宰臣酒，皆慢曲子。百官酒，三台舞讫，参军色作语，勾女童队入场。女童皆选两军妙龄容艳过人者四百余人，或戴花冠[35]，或仙人髻[36]，鸦霞之服，或卷曲花脚幞头，四契红黄生色销金锦绣之衣，结束不常，莫不一时新妆，曲尽其妙。杖子头四人，皆裹曲脚向后指天幞头，簪花，红黄宽袖衫[37]，义襕，执银裹头杖子。皆都城角者，当时乃陈奴哥、俎姐哥、李伴奴、双奴，余不足数。亦每名四人簇拥，多作仙童丫髻仙裳，执花舞步，进前成列。或舞《采莲》，则殿前皆列莲花。槛曲亦进队名。参军色作语问队，杖子头者进口号，且舞且唱。乐部断送《采莲》讫，曲终复群舞。唱中腔毕，女童进致语，勾杂戏入场，亦一场两段讫，参军色作语，放女童队，又群唱曲子，舞步出场。比之小儿，节次增多矣。下酒：排炊羊、胡饼、炙金肠。

第八盏御酒，歌板色，一名『唱踏歌』。宰臣酒，慢曲子。百官酒，三台舞。合曲破舞旋。下酒：假沙鱼、独下馒头、肚羹。

第九盏御酒，慢曲子。宰臣酒，慢曲子。百官酒，三台舞。曲如前。左右军相扑。下酒、水饭、簇饤下饭。驾兴。

御筵酒盏，皆屈卮[38]如菜碗样，而有手把子。殿上纯金，廊下纯银。食器，金银漆碗碟也。宴退，臣僚皆簪花归私第，呵引从人皆簪花并破官钱。诸女童队出右掖门，少年豪俊争以宝贝供送饮食、酒果迎接，各乘骏骑而归。或花冠，或作男子结束，自御街驰骤，竞逞华丽，观者如堵。省宴亦如此。

注解

［1］**大起居：**宋制，文武朝官每五日赴内殿参见皇帝，曰大起居。宋人蔡绦《铁围山丛谈》卷2："国朝故事，天子诞节，则宰臣率文武百僚班紫宸殿下，拜舞称贺。宰臣独登殿捧觞，上天子万寿，礼毕，赐百官茶汤罢，于是天子还内。则宰臣夫人在内亦率执政夫人以班福宁殿下，拜而称贺。宰臣夫人独登殿捧觞，上天子万寿，仍以红罗绡金须帕系天子臂，退复再拜，遂燕坐于殿廊之左。此儒臣之至荣。"

［2］**效百禽鸣：**善于模仿飞禽鸣叫的口技。宋人岳珂《桯史》卷9《万岁山瑞禽》："艮岳初建，诸巨珰争出新意事土木。既宏丽矣，独念四方所贡珍禽之在囿者，不能尽驯。有市人薛翁，素以豢扰为优场戏，请于童贯，愿役其间，许之。乃日集舆卫，鸣跸张黄屋以游，至则以巨柈贮肉炙粱米，翁效禽鸣，以致其类，既乃饱饫翔泳，听其去来。月余而囿者四集，不假鸣而致，益狎玩，立鞭扇间，不复畏。遂自命局曰'来仪'，所招四方笼畜者，置官司以总之。一日，徽祖幸是山，闻清道声，望而群翔者数万焉。翁辄先以牙牌奏道左，曰：'万岁山瑞禽迎驾。'上顾罔测，大喜，命以官，赉予加厚。靖康围城之际，有诏许捕，驯御者皆不去，民徒手得之，以充飧云。"宋人徐梦莘《三朝北盟会编》卷20："女真首领数十人班于西厢，以次拜讫，贵近者各百余人上殿，以次就座。余并退其山棚，左曰'桃派洞'，右曰'紫极洞'，中作大牌题曰'早徽宫'，高五七丈，以五色彩间结山石，及仙佛龙像之形，杂以松柏枝，以数人能为禽鸣者吟叫。"（图9-3）

图 9-3　偃师酒流沟宋墓中的"效百禽鸣"砖雕摹本（引自董祥：《偃师县酒流沟水库宋墓》，《文物》1959年第9期）

［3］**禁从：**帝王侍从，特指翰林学士之类的文学侍从官。宋人胡仔《苕溪渔隐丛话前集·东坡三》："然东坡自此脱谪籍，登禁从，累帅方面。"宋人赵彦卫《云麓漫钞》卷10引宋人王明清《挥麈录》："张耆既贵，尝欲置酒邀禁从，上许之。"

［4］**使副：**正使与副使。正使为外国派来或派往外国的正式使臣。副使为正使的属官。宋人叶梦得《石林燕语》卷3："契丹历法与本朝素差一日，熙宁中，苏子容奉使贺生辰，适遇冬至，本朝先契丹一日，使副欲为庆，而契馆伴官

不受。”

[5] **环饼：**一种环钏形的油炸面食，又称馓子。宋人庄绰《鸡肋编》卷上：“食物中有馓子，又名环饼，或曰即古之寒具也。京师凡卖熟食者，必为诡异标表语言，然后所售益广。尝有货环饼者，不言何物，但长叹曰：‘亏便亏我也！’谓价廉不称耳。”明人李时珍《本草纲目·谷部·寒具》：“环饼，像环钏形也。”

[6] **看盘：**亦名牙盘，指雕饰精美的盘子。宋人程大昌《演繁露》卷2《牙盘》：“唐少府监，御馔器用九饤食,以牙盘九枚装食味于上，置上前亦谓之看食。据此即是以牙饰盘矣，今世上食止是髹盘亦不饰牙。”宋人高承《事物纪原》卷2《牙盘》：“又曰，乾德六年，和岘言：‘唐天宝中享太庙，礼料外每室加常食一牙盘，五代遂废。’诏：‘自今亲享庙，别设牙盘食禘祫时享皆同之。’按《唐会要》曰：天宝五载四月十六日，诏享太庙宜料外，每室加常食一牙盘，则享庙之设牙盘食，自唐明皇始也。”

[7] **色长：**宋元时期教坊司管理乐工的属官。宋人灌圃耐得翁《都城纪胜·瓦舍众伎》：“色有色长，部有部头。”元人脱脱《宋史》卷142《乐志十七》：“教坊，本隶宣徽院，有使、副使、判官、都色长、色长。”

[8] **诨裹：**头巾一类的东西，大多为教坊、诸杂剧人所戴用。宋人灌圃耐得翁《都城纪胜·瓦舍众伎》：“杂剧部又戴诨裹，其余只是帽子幞头。”宋人吴自牧《梦粱录》卷3《宰执亲王南班百官入内上寿赐宴》：“百官酒，三台舞旋，多是诨裹宽衫，舞曲破攧。”沈从文《中国古代服饰研究》(第453页，上海世纪出版集团、上海书店出版社，2002年)：“‘诨裹’，多指巾子结束草草，不拘定例，即用于大驾卤薄中，也有非正常定型官服应有意思。”

[9] **义襕：**襕，古代一种上下衣相连的服装。宋代《集韵·二十五寒》：“衣与裳连曰襕。”明人陈继儒《书焦》卷下：“《深衣图》，有义襕，谓衣外别安襕也。”宋人王得臣《麈史》卷1：“衣冠之制，上下混一。尝闻杜岐公欲令人吏、技术等官，少为差别。后韩康公又议改制，如人吏公袍倍加□，俗所谓‘黄义襕’者是也。幞头合带牛耳者，今之优人多为此服。”元人脱脱《宋史》卷153《舆服志五》：“襕衫，以白细布为之，圆领大袖，下施横襕为裳,腰间有襞积，进士、圆子生、州县生服之。”(图9–4)

[10] **看盏：**宋代百官进宫给皇帝祝寿进酒的一种仪式。宋人吴自牧《梦粱录》卷3《宰执亲王南班百官入内上寿赐宴》：“上公称寿，率以尚书执注碗斟酒进上。其教乐所色长二人，上殿于阑干边立，皆诨裹紫宽袍，金带，黄义，谓之‘看盏’。”

[11] **箜篌：**唐人杜佑《通典》卷144：“竖箜篌，胡乐也，汉灵帝好之，体曲而长，二十二弦，竖抱于怀中，而两手齐奏，俗谓‘擘箜篌’。”(图9–5)

[12] **大鼓：**元人脱脱《宋史》卷104：“宋初因之，车驾前后部用金钲、节鼓、掆鼓、大鼓、小鼓、铙鼓、羽葆鼓、中鸣、大横吹、小横吹、觱篥、桃皮觱篥、箫、笳、笛，歌《导引》一曲。又皇太子及一品至三品，皆有本品鼓吹。”(图9–6)

[13] **羯鼓：**是一种出自于外夷的乐器，两面蒙皮，腰部细，用公羊皮做鼓皮，因此叫羯鼓

图 9-4　韩城盘乐宋墓中的义襕

图 9-5　敦煌第220窟壁画中的箜篌

图 9-6　焦作宋墓中的大鼓砖雕

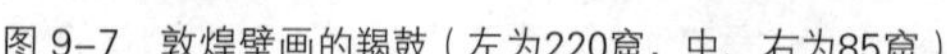

图 9-7　敦煌壁画的羯鼓（左为220窟，中、右为85窟）

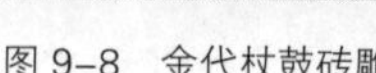

图 9-8　金代杖鼓砖雕

（图9-7）。唐人南卓《羯鼓录》："如漆桶，山桑木为之，下以小牙床承之。击用两杖……杖用黄檀、狗骨、花椒等木。……棬用刚铁，钢当精炼，棬当至匀。其名又称'两杖鼓'。"唐人杜佑《通典》："羯鼓，正如漆桶，两头俱击。以出羯中，故号羯鼓，亦谓之两杖鼓。"后晋沈昫《旧唐书》卷29《音乐志》："羯鼓，正如漆桶，两手具击，以其出羯中，故号羯鼓，亦谓之两杖鼓。"

［14］**杖鼓：**宋人沈括《梦溪笔谈》卷5："唐之杖鼓，本谓之两杖鼓，两头皆杖。今之杖鼓，一头以手拊之。"宋代陈旸《乐书》卷127："杖鼓、腰鼓，汉魏用之，大者以瓦小者以木类，皆广首千腹……右击以杖，左拍以手……每奏大曲，入破时，与羯鼓大鼓同振作，其声和壮而有节也。"（图9-8）

［15］**箫：**管乐器。宋人陈旸《乐书》卷147："小箫十六管……兼十二律四清而为之，岂古制哉。今教坊所用长五六寸，十六管有底而四管不用，非古人制作之意也。"

［16］**笙：**簧管乐器（图9-9）。宋人陈旸《乐书》卷150："宋朝大乐所专传之笙并十七簧。旧外设二管，不定置，谓之'义管'。每变均易调，则更用之。"元人脱胶《宋史》卷126《乐志一》："旧制，巢笙、和笙每变宫之际，必换义管，然难于遽易。宋景德二年，乐工单仲辛遂改为一定之制，不复旋易，与诸宫调皆协。"

［17］**篪：**竹制管乐器。宋人马端临《文献通考》卷138《大篪》："陈氏乐书曰：篪之为器，有底之笛也。暴辛公善之，非其所作者也。大者尺有四寸，阴数也，其围三寸，阳数也；小者尺有二，其则全于阴数，要皆有翘以通气，一孔达寸有二分而横吹之。"

［18］**觱篥：**管乐器（图9-10）。宋人陈旸《乐书》："觱篥，一名悲篥，一名笳管，羌胡、龟兹之乐也。以竹为管，以芦为首，状类胡笳而九窍。所法者角音而甚。悲篥胡人吹之以惊中国马焉。"宋人庄季裕《鸡肋编》卷下："筚篥本名悲篥，出于边地，其声悲亦然，边人吹之，以惊中国马云。"唐人李颀《听安万善吹筚篥歌》：南山截竹为筚篥，此乐本自龟兹出。流传汉地曲转奇，凉州胡人为我吹。傍邻闻者多叹息，远客思乡皆泪垂。世人解听不解赏，晨飙风中自来往。枯桑老柏寒飕飗，九雏鸣凤乱啾啾。龙吟虎啸一时发，万籁百泉相与秋。忽然更作渔阳掺，黄云萧条白日暗。变调如闻杨柳春，上林繁花照眼新。岁夜高堂列明烛，美酒一杯声一曲。"

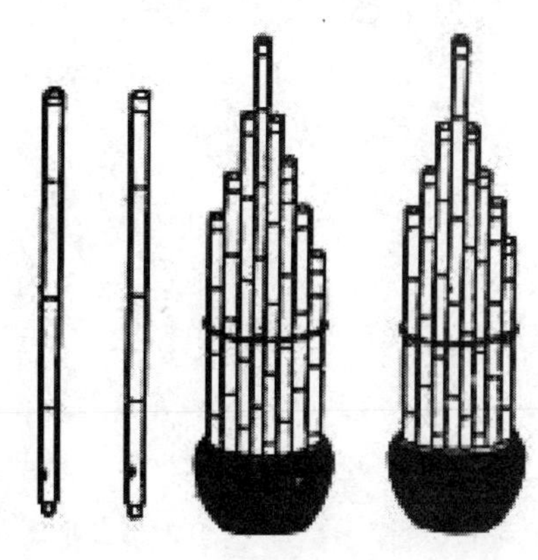

图 9-9　宋人陈旸《乐书》中的"义管笙"

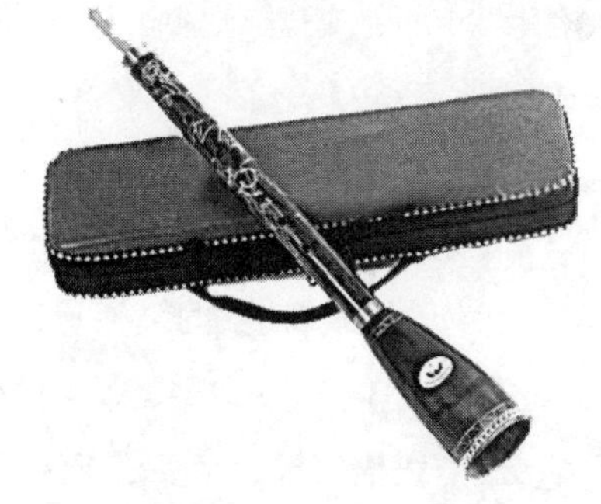

图 9-10　觱篥

［19］**宰臣酒：**宋人蔡绦《铁围山丛谈》卷2："国朝故事，天子诞节，则宰臣率文武百僚班紫宸殿下，拜舞称庆。宰相独登殿捧觞，上天子万寿，礼毕，赐百官茶汤罢，于是天子还内。则宰臣夫人在内亦率执政夫人以班福宁殿下，拜而称贺。宰臣夫人独登殿捧觞，上天子万寿，仍以红罗绡金须帕系天子臂，退复再拜，遂燕坐于殿廊之左。此儒臣之至荣。"

［20］**雷中庆：**北宋神宗时著名舞人。宋人蔡绦《铁围山丛谈》卷6："舞有雷中庆，世皆呼之为'雷大使'。"宋人陈师道《后山集》卷23："退之以文为诗，子瞻以诗为词，如教坊雷大使之舞，虽极天下之工，要非本色。"

［21］**歇拍：**唐宋时期大曲曲调名。宋人王灼《碧鸡漫志》卷3："凡大曲，有散序、靸、排遍、攧、正攧、入破、虚催、实催、衮遍、歇拍、杀衮，始成一曲，此谓大遍。"

［22］**倒立、折腰、弄碗注：**宋人马端临《文献通考》卷147《拗腰伎》："盖翻折其身，手足皆至于地以口衔器而复立也。"宋人魏泰《东轩笔录》卷2："一日，宴宫僚于斋厅，有杂手伎俗谓弄碗注者，献艺于庭，丁顾语夏曰：'古无咏碗注诗，舍人可作一篇。'夏即席赋诗曰：'舞拂挑珠复吐丸，遮藏巧便百千般。主公端坐无由见，却被傍人冷眼看。'丁览读变色。"

［23］**踢瓶：**宋人马端临《文献通考》卷147："蹴瓶伎，盖蹴其瓶使上于铁锋杖端，或水精丸与瓶相植，回旋而不失也。"

[24] **擎戴：**宋人陈旸《乐书》卷187《擎戴伎》："擎戴之伎，盖两伎以首相抵戴而行也。"

[25] **咸豉：**用黄豆煮熟霉制而成，常用以调味。北魏贾思勰《齐民要术·羹臛法》："《食经》曰：莼羹，鱼长二寸，唯莼不切。鲤鱼，冷水入莼；白鱼，冷水入莼，沸入鱼与咸豉。"宋人梅尧臣《裴直讲得润州通判周仲章咸豉遗一小瓶》："金山寺僧作咸豉，南徐别乘马不肥。大梁贵人与年少，红泥罂盎鸟归飞。我今老病寡肉食，广文先生分遗微。"元代无名氏《居家必用事类全集》已集《咸豆豉法》："黑豆一斗。蒸略熟取出晒一日。用瓜二十条，茄四十个。"

[26] **爆肉：**宋人陆游《老学庵笔记》卷1："集英殿宴金国人使，九盏：第一肉咸豉，第二爆肉、双下角子，第三莲花肉油饼骨头，第四白肉胡饼，第五群仙炙太平毕罗，第六假圆鱼，第七柰花索粉，第八假沙鱼，第九水饭咸豉旋鲊瓜姜。"

[27] **驼峰角子：**元代无名氏《居家必用事类全集》庚集《从食品驼峰角儿》："面二斤半，入溶化酥十两，或猪羊油各半代之，冷水和盐少许，搜成剂。用骨鲁槌捍作皮，包炒熟馅子，捏成角儿，入炉熬煿熟供。素馅亦可。"

[28] **参军色执竹竿：**参军色手持竹竿作为宫廷乐舞中的引舞之人（图9-11）。明代朝鲜人柳子光《乐学轨范》卷8《唐乐呈才仪物图说竹竿子》："柄以竹为之，朱漆。以片藤缠结下端，蜡染，铁妆。凡仪物柄同雕木头冒于上端。又用细竹丝一百个，插于木头上，并朱漆，以红丝束之。每竹端一寸许，裹以金箔纸，贯水晶珠。"

[29] **致语口号：**筵宴乐舞演奏前将军色念诵的祝颂之辞，以引出乐队。宋代苏轼《紫宸殿正旦教坊词致语口号》："臣闻行夏之时，正莫加于人统；采周之旧，王方在于镐京。惟吉月之布和，休庶工而未作。使华远集，邻好交修。萃簪笏于九门，来车书于门里。将兴嗣岁，以乐太平。恭惟皇帝陛下，躬履至仁，诞膺眷命。法天地四时之运，民日用而不知；传祖宗六圣之心，我无为而自化。九德咸事，三年有成。始御八音之和，以临元日之会。人神相庆，夷夏来同。臣等忝与贱工，得亲壮观。知舆情之愿颂，顾盛德之难形。不度荒芜，敢进口号：'九霄清跸一声雷，万物欣荣意已开。晓日自随天仗出，春风不待斗杓回。行看菖叶催耕籍，共喜椒花映寿杯。欲识太平全盛事，振振鹓鹭满云台。'"

图 9-11 山西高平西里门二仙奶奶庙金代露台杂剧图中的"竹竿子"

[30] **市语：**指行话。宋人陶谷《清异录·百八丸》："和尚市语以念珠为百八丸。"宋人曾慥《类说》卷4引《秦京杂记》："长安市人语各不同，有葫芦语、锁子语、纽语、练语、三折语，通名市语。"

[31] **毕罗：**唐人李匡乂《资暇集》卷下："毕罗者。蕃中毕氏、罗氏，好食此味，今字从'食'，非也。"宋人朱熹《次秀野沧波馆刈麦》诗："霞觞政自夸真一，香钵何烦问毕罗。"明杨慎《毕罗》："《集韵》：'毕罗，修食也。'按小说，唐宰相有樱笋厨，食之精者有樱桃毕罗。今北人呼为波波，南人讹为磨磨。"

[32] **莲花肉饼：**宋人陶谷《清异录》卷下《馔羞门》："郭进家

能作莲花饼馅。有十五隔者，每隔有一折枝莲花，作十五色。自云：周世宗有故宫婢流落，因受雇于家。婢言宫中人，号‘蕊押班’。”

[33] **追班：**谓百官按位次排列谒见皇帝。宋人王得臣《麈史》卷1《朝列》：“凡朝会必集于此，以待追班，然后入。”元人脱脱《宋史》卷256《赵普传》：“太祖大怒，促令追班。将下制逐普，赖王溥奏解之。”

[34] **大膁：**无名氏《蹴鞠谱·官场七踢肷》：“须要肩尖对脚尖，要宜身倒身腿微偏。直腰挺身脚跟出，方可平撞使放膁。”

[35] **花冠：**宋人吴处厚《青箱杂记》卷7：“王衍在蜀好私行，恐人识之，令民戴大帽，又令民戴危脑帽，狭小，俯首即坠。又衍朝永陵，自为尖巾，士民皆效之，皆服妖也。又每宴怡神亭，妓妾皆衣道衣，莲花冠，酒酣，免冠髽髻为乐。因夹脸连额，渥以朱粉，号曰‘醉妆’。”（图9–12）

[36] **仙人髻：**古代妇女发式的一种，将头发呈环形绾于头顶（图9–13）。

[37] **宽袖衫：**宽袖衣衫（图9–14）。

[38] **屈卮：**亦作“金曲卮”，为酒器。唐人孟郊《劝酒》诗：“劝君金曲卮，勿谓朱颜酡。”唐人李贺《浩歌》：“筝人劝我金屈卮，神血未凝身问谁？”金人元好问《芳华怨》诗：“劝君满酌金屈卮，明日无花空折枝。”

图 9–12　陕西洪洞广胜寺水神庙壁画中的侍女所戴的花冠（左）与南薰殿旧藏《历代帝后图》中的花冠（右）

图 9–13　北宋李公麟《维摩诘演教图》中的仙人髻

图9–14　宋墓中出土的黄宽袖衫（引自周迪人等：《德安南宋周氏墓》，江西人民出版社，1999年）

立冬

是月立冬前五日，西御园进冬菜。京师地寒，冬月无蔬菜，上至宫禁，下及民间，一时收藏，以充一冬食用。于是车载马驼，充塞道路。时物：姜豉、㓶子、红丝、末脏、鹅梨、榅桲、蛤蜊、螃蟹。

冬至

十一月冬至[1]。京师最重此节，虽至贫者，一年之间，积累假借，至此日更易新衣，备办饮食，享祀先祖。官放关扑[2]，庆贺往来，一如年节。

[1] **十一月冬至：**宋人王栐《燕翼诒谋录》卷1："太平兴国六年十一月冬至，郊祀赦文：'令常参官衣绯、绿二十年，于吏部投状，具履历以闻。'始以实历。后以应格者少，改用莅事日为始，遂为定制。"宋人陈元靓《岁时广记》卷38："《皇朝岁时杂记》冬至天子受朝贺。俗谓之排冬仗，百官皆衣朝服如大礼祭祀。凡宴飨而朝服，唯冬至正会为然。"宋人金盈之《新编醉翁谈录》卷3《京城风俗记·十一月》："冬至前一日。云冬至既，号亚寒，俗人遂以冬至前之夜为夜除，大率多仿岁除故事而差异焉。鄙人自冬至之次日数九，凡九九八十一日，里巷作九九词。又云：'九尽寒尽，伏尽热尽。'冬至。都城以寒食、冬至、元旦为三大节。自寒食至冬至久无节序，故民间多相问遗 。至岁除或财力不及，不复讲此。俗谚有'肥冬瘦年'之语，盖谓冬至人多馈遗，除夜则不然也。人家是日多食馄饨，故有'冬馄饨、年怀饦'之语。开封俗语：'新节已过，皮鞋底破。大担馄饨，一口一个。'百官是日如元旦，天子受朝贺，俗谓之'排冬仗'。百官皆衣朝服贺。毕，百官以次就坐，酒五行，太常以乐侑觞。"宋人周密《癸辛杂识别集上·冬至前造酒》："凡造酒，冬至前最佳，胜于腊中，盖气未动故也。今造盐菜者亦必于冬至前，则可以久留矣。此说极有理。"

[2] **关扑：**清人徐松《宋会要·刑法》7《军制》："（大符祥中）六年三月，帝曰：'京师每遇冬至寒节假日，许士庶赌博，其禁军违犯，一例舍之。可再降宣命，晓示军人仍旧禁，犯者论如律。'"宋人苏轼《乞不给散青苗钱斛状》："又官吏无状，于给散之际，必令酒务设鼓乐倡优，或关扑卖酒牌子，农民至有徒手而归者。"

大礼预教车象

遇大礼年，预于两月前教车象，自宣德门至南薰门外，往来一遭[1]。车五乘，以代五辂[2]轻重，每车上置旗二口，鼓一面，驾以四马。挟车卫士，皆紫衫帽子。车前数人击鞭。象七头。前列朱旗数十面，铜锣鼙鼓十数面。先击锣二下，鼓急应三下。执旗人紫衫、帽子。每一象则一人裹交脚幞头[3]、紫衫人，跨其颈，手执短柄铜䦆，尖其刃，象有不驯[4]，击之。象至宣德楼前，团转行步数遭成列，使之面北而拜，亦能唱喏[5]。诸戚里、宗室、贵族之家，勾呼[6]就私第观看，赠之银彩无虚日。御街游人嬉集，观者如织。卖扑土木粉捏小象儿，并纸画，看人携归，以为献遗。

图 10–1　宋画《汴京宣德楼前演象图》（上）与河南巩义市永泰陵石象及训象人（下）

［1］**一遭：**一遍。宋人蔡絛《铁围山丛谈》卷6："世罕识龙、象、师。薛八丈黄门昂，钱塘人也。始位左辖，其小君因出游还，适过宣德端门。时郊禋祀近，有司按象自外旗鼓迎至阙下而驯习之。夫人偶过焉，适见而大骇，归告其夫曰：'异哉左丞，我侬今日过大内前，安得有此大鼻驴耶！'人传以为笑。"杨亿《杨文公谈苑》："景德中，交州黎桓献驯象四，皆能拜舞山呼中节，养于玉津园。每陈卤簿，必加莲盆严饰，令昆仑奴乘以前导。"清人徐松《宋会要·职官》23之3《养象所》："神宗熙宁六年七月，诏颁《南郊教象仪制》，凡七驯象，御札降关应天府宁陵县，九月旦发赴京。所用转光旗十五，铜沙沙罗一，鼓十，乘骑人七，簇引旗鼓人三十一。排引日，选驯象六，行中道，分左右，各备鞍、莲花座、紫罗绣、□蕉盘、铃□笔、杏叶六频，一人骑，四人簇引，并花脚乌巾、绯絁、青樱桃锦络缝四褛衣，涂金双麻带。一内侍押象，绣衣执怀。"（图10–1）

［2］**五辂：**亦作"五路"。古代帝王所乘的五种车子，即玉辂、金辂、象辂、革辂、木辂。

［3］**交脚幞头：**后边的两脚在脑后相交，为武官所戴（图10–2）。

［4］**象有不驯：**宋人周去非《岭外代答》卷9："凡制象，必以钩。交人之驯象也，正跨其颈，手执铁钩，以钩其头。欲象左，钩头右；欲右，钩左；欲却，钩额；欲前，不钩；欲象跪伏，以钩正案其脑，复重案之。痛而号鸣，人见其号也，遂以为象能声喏焉。人见其群立而行列齐也，不知其有钩以前却左右之也。盖象之为兽也，形虽大而不胜痛，故人得以数寸之钩驯之。"

［5］**唱喏：**下属对上级、卑辈对长辈行礼作揖时，扬声致敬。宋人陆游《老学庵笔记》卷2："先君言，旧制，朝参，拜舞而已。政和以后，增以喏。然绍兴中，予造朝，已不复喏矣。淳熙末还朝，则迎驾起居，阁门亦喝唱喏，然未尝出声也。"（日僧）成寻《参天台山五台山记》

图10-2　河北宣化辽代张世卿墓壁画中的交脚幞头

卷3："（熙宁五年九月）七日辛巳天晴。卯一点，出船。巳时，至史州府，有九桥，河边有宁陵县驿，即拽过一里停船。乘崇斑轿，过一町半，到象厩，一屋有三头，东一屋有四头象。先见三头象，有饲象人教象，有外国儒等来见可拜，第一象屈后二足，垂头拜踞。次教可称诺由，即出气、出声了。高一丈二尺许，长一丈六尺许，鼻长六尺许，牙长七尺，曲向上，以鼻卷取刍食之。师与钱五十文了。望第二象所了，师又乞钱，五文与了。拜诺同前，高一丈，长一丈三尺，有牙。次至第三象所，高长同第一象，拜诺同前，与钱同前。三象皆男象也。至四头屋，第一象高长同前，第一象拜诺，与钱同前，女象也。有左牙，一尺五寸许，右无牙。第二象无女象牙，拜诺，与钱如前。第三象，牡象也。高一丈三尺，长一丈七尺许，屈四足拜诺，声极高，人人大惊，三声出之，与钱同前。第四象，牡象也。与钱五文，后象师从牙登顶上，举牙，令登人，是希有事也。高一丈四尺许，长一丈八尺许，屈后二足，拜诺同前，皆黑象也。后二足付绳系也。处处积置刍如山，每日食一头十五斤，禾刍长七八尺许。象元广南大王，为战于城所养也。破广南之后，于此养之云云。象无毛，肤色如日本黑牛，毛落时色钝色也。阴藏付□幷形如马，牝象乳似猪。今日过卌八里。酉二刻，至府中宿。七时行法了。"

［6］**勾呼：**传唤。宋人范仲淹《奏陕西河北攻守等策》："彼戎大举，则二旬之前，必闻举集。我之次边军马，尽可勾呼，驻于坚城以待敌之进退。"宋人尤袤《淮民谣》："青衫两承局，暮夜连勾呼。勾呼且未已，椎剥到鸡豕。"

车驾宿大庆殿

冬至前三日，驾宿大庆殿[1]。殿庭广阔，可容数万人。尽列法驾仪仗于庭，不能周遍。有两楼对峙，谓之『钟鼓楼』。上有太史局[2]生，测验刻漏。每时刻作鸡唱[3]，鸣鼓一下，则一服绿者执牙牌而奏之，每刻曰『某时几棒鼓』，一时则曰『某时正』。宰执、百官皆服法服，其头冠各有品从。宰执亲王加貂蝉笼巾[4]九梁，从官七梁，余六梁至二梁有差。台谏增廌角也。所谓『梁』者，谓冠前额梁上排金铜叶也。皆绛袍皂缘，方心曲领[5]，中单[6]环佩，云头履鞋[7]。随官品执笏。余执事人皆介帻[8]绯袍，亦有等差。惟阁门[9]、御史台加方心曲领尔。入殿祇应人给黄方号，余黄长号、绯方长号，各有所至去处。仪仗车辂，谓信幡[10]、龙旗、相风乌[11]、指南车[12]、木辂、象辂、革辂、金辂、玉辂[13]之类。自有《三礼图》可见，更不缕缕。排列殿门内外，及御街远近，禁卫全装，铁骑数万，围绕大内。是夜内殿仪卫之外，又有裹锦缘小帽、锦络缝宽衫兵士，各执银裹头黑漆杖子，谓之『喝探兵士』。十余人作一队，聚首而立，凡数十队。各一名喝曰：『是与不是？』众曰：『是。』又曰：『是甚人？』众曰：『殿前都指挥使高俅[14]。』更互喝叫不停。或如鸡叫。又置警场[15]于宣德门外，谓之『武严兵士』。画鼓[16]二百面，角称之。其角皆以彩帛如小旗脚装结其上。兵士皆小帽，黄绣抹额，黄绣宽衫，青窄衬衫。日晡时、三更时，各奏严也。每奏先鸣角，角罢，一军校执一长软藤条，上系朱拂子，擂鼓者观拂子，随其高低，以鼓声应其高下也。

注解

[1] **驾宿大庆殿：** 宋人马端临《文献通考》卷72《郊社考五·郊》："太常寺言：大礼依仪，前三日皇帝诣大庆殿宿斋。前二日，皇帝服通天冠、绛纱袍，乘玉辂诣景灵宫圣祖天尊大帝前行礼，差侍从官分诣去天大圣后并诸殿神御前行礼毕，皇帝服通天冠、绛纱袍，乘玉辂诣太庙宿斋。前一日，皇帝诣太庙诸室前行礼毕。皇帝服通天冠、绛纱袍，乘玉辂诣青城宿斋。冬至日，皇帝诣圜坛行礼。礼毕，择日恭谢景灵宫遍诣诸殿行礼。从之，既而，礼部侍郎王赏言：以行在街道与在京不同，其诣景灵、太庙权依四孟朝献礼例，服履袍乘辇。其后并同此制。"宋人蔡绦《铁围山丛谈》卷2："元丰八年之元日，适大朝会，有司宿供张，设舆辂、仪物于大庆殿下，新辂在焉。迟明撤去幕，屋坏，遂毁，玉辂为之碎，因杀伤仪鸾司士数十人。未几，神祖复登遐。是后有司乃不敢易，但进旧辂，以奉至尊。靖康中，议者将持玉辂以遗金人，然地远不得闻厥详，旧辂之能神否也，独书其所闻者。"

[2] **太史局：** 掌观测天文，验算、考定历法。凡日月星辰、风云气候之变，每日以所占卜吉凶祥异奏闻。每年颁新历，并进御览，祭祀、冠、婚、丧、葬，选择吉利之日（《合璧后集》卷51《太史令》）。

[3] **鸡唱：** 即鸡鸣。唐人刘禹锡《酬乐天初冬早寒见寄》："霜凝南屋瓦，鸡唱后园枝。"宋人文天祥《闻鸡》诗序："自入北营，未尝有鸡唱；因泊谢村，始有闻。"

[4] **貂蝉笼巾：** 元人脱脱《宋史》卷152《舆服志四》："貂蝉冠一名笼巾，织藤漆之，形正方，如平巾帻。饰以银，前有银花，上缀玳瑁蝉，左右为三小蝉，衔玉鼻，左插貂尾。三公、亲王侍祠大朝会，则加于进贤冠而服之。"（图10–3）

图 10–3 明《范仲淹写真像》中的貂蝉冠

[5] **方心曲领：** 汉人刘熙《释名·释衣服》："曲领在内，所以禁中衣领上横壅颈，其状曲也。"唐人魏征《隋书·礼仪志七》中"曲领"说："七品以上有内单者则服之，从省服及八品以下皆无。"（图10–4）

[6] **中单：** 古时朝服、祭服的里衣。南朝齐王俭《公府长史朝服议》："并同备朝服。中单、韦舄率由旧章。"唐人魏征《隋书·礼仪志六》："公卿以下祭服，里有中衣，

图 10–4 《历代帝王像》中佩方心曲领

即今中单也。”

[7] **云头履鞋：**履头为云头如意形。清人顾炎武《日知录》卷28引《内丘县志》：“非乡先生，首戴忠靖冠，不得穿厢（镶）边云头履，至近日而门快与皂，无非云履。”

[8] **介帻：**唐人魏征《隋书·礼仪志六》：“帻，尊卑贵贱皆服之。文者长耳，谓之介帻；武者短耳，谓之平上帻。各称其冠而制之。”宋人高承《事物纪原》卷3《帻》：“隋《礼仪志》曰：帻，按董巴云起于秦人，施于武将，初为绛帕，以表贵贱。汉文时加以高颜，孝元额有壮发，不欲人见，乃始进帻。又董偃绿帻东观记云：赐段□赤帻，故知自上下通服之，皆乌也。厨人绿，驭人赤，舆辇人黄，驾五辂人逐车色。其承远游进贤者，施以掌导，谓之介帻；承武弁者，施以笄导，谓之平巾。”

[9] **閤门：**即閤门官。宋人蔡绦《铁围山丛谈》卷1：“閤门官者，有东上、西上閤门使，号横行班，后改左、右武大夫。然任上閤之职者，则自称知东上閤门、知西上閤门事。”

[10] **信幡：**古代题表官号、用为符信的旗帜。晋人崔豹《古今注·舆服》：“信幡，古之徽号也。所以题表官号，以为符信，故谓信幡。乘舆则画为白虎，取其义而有威信之德也。魏朝有龙幡、朱鸟幡、玄武幡、白虎幡、黄龙幡五……今晋朝唯用白虎幡。信幡用鸟书，取其飞腾轻疾也。”宋人欧阳修《新唐书·仪卫志下》：“亲王卤簿……次告止旛四，传教旛四，信旛八。”宋人庞元英《文昌杂录》卷3：“兵部仪仗排列职掌二人……黄麾幡一，告止幡一，传教幡八，信幡八。”

[11] **相风乌：**也作“相风乌”（图10–5）。《三辅黄图·台榭》：“郭延生《述征记》曰：‘长安宫南有灵台，高十五仞，上有浑仪，张衡所制。又有相风铜乌，遇风乃动。”元人脱脱《宋史》卷149《舆服一》：“相风乌，舆上载长竿，竿杪刻木为乌，垂物鹅毛筒红绶带，下承以小盘，周绯裙乌形。舆士四人。”宋人高承《事物纪原》卷2《相风》：“黄帝内传有相风乌制，疑黄帝始作之也。拾遗记曰：少昊母曰皇娥，游穷桑之浦。有神童称为白帝子，与皇娥宴戏，泛于海，以桂枝为表，结芳茅为旌，刻玉为鸠，置于表端言知四时之候，今之相风乌,亦其遗像。古今注曰：相风乌为夏禹所作。周迁舆服杂事曰：相风乌，周公所造，即鸣鸾之之象。礼曰：前有尘埃，则载鸣鸾，后代改为乌。沈约舆服志曰：相风乌，秦制。”

[12] **指南车：**是古代一种指示方向的车辆，也作为帝王的仪仗车辆（图10–6）。元人脱脱《宋史》卷149《礼志》：“指南车，一曰司南车。赤质，两箱画青龙、白虎，四面画花鸟，重台，勾阑，镂拱，四角垂香囊。上有仙人，车虽转而手常南指。一辕，凤首，驾四马。驾士旧十八人，太宗雍熙四年，增为三十人。仁宗天圣五年，工部郎中燕肃始造指南车，肃上奏曰：黄

图 10-5　北宋卤簿钟上所铸相风乌舆图案（引自王明琦：《卤簿钟的年代研究》，《辽海文物学刊》1992年第2期）

图 10-6　北宋卤簿钟上所铸指南车图案（引自王明琦：《卤簿钟的年代研究》，《辽海文物学刊》1992年第2期）

图 10-7　北宋卤簿钟上所铸玉辂图案（引自王明琦：《卤簿钟的年代研究》，《辽海文物学刊》1992年第2期）

帝与蚩尤战于涿鹿之野，蚩尤起大雾，军士不知所向，帝遂作指南车。周成王时，越裳氏重译来献，使者惑失道，周公赐軿车以指南。其后，法俱亡。汉张衡、魏马钧继作之，属世乱离，其器不存。宋武帝平长安，尝为此车，而制不精。祖冲之亦复造之。后魏太武帝使郭善明造，弥年不就，命扶风马岳造，垂成而为善明鸩死，其法遂绝。唐元和中，典作官金公立以其车及记里鼓上之，宪宗阅于麟德殿，以备法驾，历五代至国朝，不闻得其制者，今创意成之。"

［13］**玉辂：**宋人蔡绦《铁围山丛谈》卷2："玉辂者，乃商人之大辂，古所谓'黄屋左纛'是也。色本尚黄，盖自隋暨唐伪而为青，疑以谓玉色为青苍，此因循缪尔。政和间，礼制局议改尚黄，而上曰：'朕乘此辂郊，而天真为之见时青色也，不可易以黄。'乃仍旧贯，有司遂不敢更，玉辂尚青，至今伪也。"（图10-7）

［14］**高俅：**宋人王明清的《挥麈后录》卷7："高俅者，本东坡先生小史，草札颇工。东坡自翰苑出帅中山，留以予曾文肃，文肃以史令已多辞之，东坡以属王晋卿。"宋人无名氏《靖康要录》卷5："靖康元年五月二十日，'臣僚上言，谨按：高俅……身总军政，而侵夺军营，以广私第，多占禁军，以充力役。其所占募，多是技艺工匠，既供私役，复借军伴。军人能出钱贴助军匠者，与免校阅。凡私家修造砖瓦、泥土之类，尽出军营诸军。请给既不以时，而俅率敛又多，无以存活，往往别营他业。虽然禁军，亦皆僦力取直以苟衣食，全废校阅，曾不顾恤。夫出钱者既私令免教，无钱者又营生废教，所以前日缓急之际，人不知兵，无一可用。朝廷不免屈已夷狄，实俅恃宠营私所致。"

［15］**警场：**指负责警夜守鼓的卫士。元人脱脱《宋史·乐志十五》："国家大飨、乘舆斋宿必设警场，肃仪卫而严祀事。"宋人马端临《文献通考》卷147："仁宗皇佑二年，帝谓辅臣曰：'明堂直端门，而致斋于内，奏严于外，恐失静恭之意。'因下太常礼议。而议者言警场，本古之鼓'鼓蚤'，所谓夜戒守鼓者也，故王者师行、吉行皆用之。今乘舆宿斋，其仪卫本缘祀事，则警场亦因以警众，非徒取观听之盛，恐不可废。若以奏严之音，去明堂近，则请列于宣德门百步之外，俟行礼时罢。奏一严，亦足以称虔恭祀事之意。帝复谓辅臣曰：既不可废，则祀前一夕，迩于接神，宜罢之。……大礼：车驾宿斋所止，夜设警场，用一千二百七十五人，奏严，用金钲、大角；大鼓乐用太小横吹、筚篥、箫、笳、笛、歌《六州》、《十二时》每更二奏之。"

［16］**画鼓：**有彩绘的鼓。唐人白居易《柘枝妓》诗："平铺一合锦筵开，连击三声画鼓催。"宋人陆游《日出入行》："高楼锦绣中天开，乐作画鼓如春雷。"

驾行仪卫

次日五更，摄大宗伯执牌奏中严外办[1]，铁骑前导番衮，自三更时相续而行。象七头，各以文锦被其身，金莲花座安其背，金辔笼络其脑，锦衣人跨其颈。次第高旗大扇，画戟[2]长矛，五色介胄。跨马之士，或小帽锦绣抹额[3]者，或黑漆圆顶幞头者，或以皮如兜鍪[4]者，或漆皮如戽斗[5]而笼巾者，或衣红黄罨画[6]锦绣之服者，或衣纯青纯皂以至鞋袴皆青黑者，或裹交脚幞头者，或以锦为绳如蛇而绕系其身者，或数十人唱引[7]持大旗而过者，或执大斧者，胯剑者，执锐牌者，持镫棒[8]者，或持竿上悬豹尾者，或持短杵者。其矛戟皆缀五色结带铜铎，其旗扇皆画以龙、或虎、或云彩、或山河。又有旗高五丈，谓之『次黄龙』。驾诣太庙、青城，并先到立斋宫前，叉竿[9]舍索旗，坐约百余人。或有交脚幞头、胯剑、足靴，如四直使者千百数，不可名状。余诸司祗应人，皆锦袄。诸班直、亲从亲事官，皆帽子结带红锦，或红罗上紫团答戏狮子、短后打甲背子，执御从物。御龙直皆真珠结络短顶头巾[10]、紫上杂色小花绣衫、金束带、看带丝鞋[11]。天武官皆顶朱漆金装笠子、红上团花背子。三衙并带御器械官[12]皆小帽背子，或紫绣战袍，跨马前导。千乘万骑[13]出宣德门，由景灵宫太庙。

注解

［1］**中严外办：**警卫宫禁，亦指警卫宫禁的官员。宋人欧阳修《新唐书》卷6《肃宗纪》："有司行册礼，其仪有中严、外办，其服绛纱。太子曰：'此天子礼也。'乃下公卿议。太师萧嵩、左丞相裴耀卿请改'外办'为'外备'。"

［2］**画戟：**带彩画的戟，是中国古代的一种兵器，在戟杆一端装有金属枪尖，一侧有月牙形利刃通过两枚小枝与枪尖相连，可刺可砍，故也称为方天画戟（图10–8）。

［3］**抹额：**也称额带、头箍、发箍、眉勒、脑包，为束在额前的巾饰，一般多饰以刺绣或珠玉（图10–9）。抹额最早为北方少数民族所创的避寒之物，宋人罗愿《尔雅翼》卷21《貂》："而胡广以谓北方寒凉，本以貂皮暖额，附施于冠，遂成首饰，则广之说是也。"宋人高承《事物纪原》卷9《戎容兵械·抹额》："《二仪实录》曰：'禹娶涂山之夕，大风雷电，中有甲卒千人，其不被甲者，以红绡帕抹其头额，云海神来朝。'禹问之，对曰：'此武士之首服也。'"

［4］**兜鍪：**古代战士戴的头盔。宋人洪迈《夷坚丙志·牛疫鬼》："（牧童）见壮夫数百辈，皆被五花甲，着红兜鍪，突而入。"

［5］**戽斗：**用柳条或竹、木制成的,两侧系有长绳的斗状的人力提水工具（图10–10）。明人徐光启《农政全书》卷17："戽斗，挹水器也…凡水岸稍下，不容置车，当旱之际，乃用戽斗。控以双绠，两人挈之，抒水上岸，以溉田稼。"

图 10–8　画戟

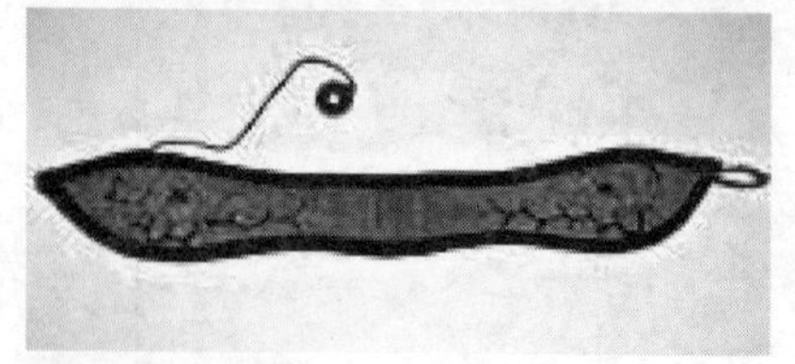

图 10–9　绣花抹额

［6］**罨画：**色彩鲜明的绘画。明人杨慎《丹铅总录·订讹·罨画》："画家有罨画，杂彩色画也。"

［7］**唱引：**吟咏歌曲。《文选·成公绥〈啸赋〉》："唱引万变，曲用无方；和乐怡怿，悲伤摧藏。"刘良注："引，曲也。"

［8］**镫棒：**古代一种棒形武器，其一端饰马镫形铜制品，后用作仪仗。明人王圻《三才图会·仪制四·镫杖》："《宋朝会要》云：'镫棒，黑漆弩柄也。金铜为镫状，饰其末，紫丝絛系之。'元制：朱漆竿上以金涂马镫。今制为金龙首衔马镫，贯于朱漆棒首，仍以金饰棒末。"

［9］**叉竿：**带叉头的竿（图10–11）。宋人邓椿《画继·侯王贵戚》："锦囊犀轴堆象床，叉竿连幅翻云

光。”明人王圻《三才图会·器用》：“叉竿，长二丈，两歧用叉，以叉飞梯及登城。”

［10］**头巾：** 宋人赵彦卫《云麓漫钞》卷4：“宣政之间，人君始巾。在元祐间，独司马温公（司马光）、伊川先生（程颐）以孱弱恶风，始裁帛绸包首。当时只谓之温公帽、伊川帽，亦未有巾之名。至渡江方著紫衫，号为穿衫尽巾，公卿皂隶，下至闾阎贱夫，皆一律矣。巾之制有圆顶、方顶、砖项、琴顶。秦伯阳又以砖顶去顶内之重纱，谓之四边净。”

图 10–10 《农政全书校注》中的“戽斗”

［11］**丝鞋：** 用丝绸制的鞋。宋人陆游《老学庵笔记》卷2：“禁中旧有丝鞋局，专挑供御丝鞋，不知其数。尝见蜀将吴珙被赐数百緉，皆经奉御者。寿皇即位，惟临朝服丝鞋，退即以罗鞋易之。遂废此局。”

［12］**带御器械官：** 宋人孙逢吉《官职分纪》卷44《带御器械》：“国朝赏选三班以上武干亲信者，带櫜鞬御剑或以内臣为之。初止名‘御带’。咸平元年，改为带御器械，以内园使马知节领，登州刺史知秦州，西京作坊副使石知隅为西京作坊使，綦政为供备库使，供奉官张旻为供备库副使，并带御器械。初是职止名‘御带’，至是改焉。天圣七年诏：‘给马三匹并刍粟。’景佑二年诏：‘带御器械，自今不得过六人。’元丰二年带御器械官遇独员阙人，祗应差内使省押班官权从下差。”

图 10–11 《三才图会》中的“叉竿”

［13］**千乘万骑：** 宋人叶厘《爱日斋丛钞》卷1：《文公语录》云：“记得京师全盛时，百官皆只乘马，惟元勋大臣老而有疾，方赐乘轿。而宦者将命之类，亦皆乘轿。”宋人徐度《却扫篇》卷下：“京城士大夫，自宰臣至百执事，皆乘马出入。司马温公居相位，以病不能骑，乃诏许肩舆至内东门，盖特恩也。建炎初，驻跸扬州，以通衢皆砖甃，霜滑不可以乘马，特诏百官悉用肩舆出入。”宋人叶厘《爱日斋丛钞》卷1：“《朝野杂记》云：故事，百官皆乘马。建炎初，上以维扬砖滑，谓大臣曰：‘君臣一体，朕不忍使群臣奔走危地，可特许乘轿。’盖东都旧制，惟妇人得乘车，其他耆德大臣，或宗室近属行尊者，特旨许乘肩舆，已为异礼。靖康末，高宗奉使至磁，磁守宗汝霖以所乘轿进，黑漆紫褥而已，上犹却之。盖在京百官不用肩舆，所以避至尊也。今行在百官，非入朝，无乘马者。’”

驾宿太庙奉神主出室

驾乘玉辂，冠服如图画间星官之服，头冠皆北珠[1]装结，顶通天冠[2]，又谓之卷云冠，服绛袍，执元圭[3]。其玉辂顶皆镂金大莲叶攒簇，四柱栏槛镂玉盘花龙凤，驾以四马，后出旗常。辂上御座，惟近侍二人，一从官傍立，谓之『执绥』[4]，以备顾问。挟辂卫士，皆裹黑漆团顶无脚幞头，着黄生色宽衫，青窄衬衫，青裤，系以锦绳。辂后四人，擎行马前。有朝服二人，执笏，面辂，倒行。是夜宿太庙[5]，喝探警严[6]，如宿殿仪。至三更，车驾行事，执事皆宗室。宫架乐作，主上在殿上东南隅西面立，有一朱漆金字牌曰『皇帝位』。然后奉神主[7]出室，亦奏中严外办，逐室行礼毕，甲马、仪仗、车辂，番衮出南薰门。

［1］**北珠**：宋人杨时《龟山先生集》卷37《曹辅墓志铭》："初在安肃，兼榷场事，得旨市北珠。公奏疏，其略曰：以彼锱铢之物，易吾亿万之资。彼诚以此养士则士勇，以此赏战则战胜，是借寇兵资盗粮也。上悟而罢。"宋人陈均《九朝编年备要》卷28："先是，（宁江）州有榷场，女真以北珠、生金、人参、松实、白附子、蜜蜡、麻布之类为市。州人低其值，且拘辱之，谓之打女真。州既陷，杀之无遗类。"宋人周辉《清波杂志》卷3《行脚僧》："七夫人者，一日，于看楼见一僧，顶笠自楼下过，问左右：'笠甚重，内有何物？'告以行脚僧，生生之具皆在焉。因叹曰：'都是北珠、金箔，能有多少？'亟使人追之，意欲厚施。其僧不顾而去，异夫巡门持钵者。"宋元人方回《北珠怨》："北方鬼有奇蚌，鬼产珠红晶荧。天鹅腹中物，万仞翔冥冥。此贪孰能致，俊鹰海东青。钩戟为爪喙，利刀以为翎。采之肃慎氏，扶桑隔沧溟。无厌耶律家，苛取不暂停。中夏得此珠，艳饰生芳馨。辽人贸此珠，易宝衔轀軿。东夷此为恨，耻罍嗟罄瓶。渡兵鸭绿水，犁扫黄龙庭。夹山一以灭，河朔无锁扃。幽燕及淮江，赤地战血腥。徒以一珠故，百亿殃生灵。两国失宗社，万乘栖囚囹。旅獒戒异物，圣人存为经。徒以一珠故，天地生虫螟。此事有本原，獾郎柄熙宁。力行商君法，诡勒燕然铭。延致众奸鬼，坏败先乾廷。焉得致渠魁，轘裂具五刑。钟山有遗瘞，漾这江中泠。我作北珠怨，哀歌谁忍听。"

［2］**通天冠**：皇帝专用的礼冠，凡郊祀、朝贺及燕会则戴之（图10–12）。南朝人范晔《后汉书·舆服志下》："通天冠，高九寸，正竖，顶少邪却，乃直下为铁卷梁，前有山，展筒为述，乘舆所常服。"。

［3］**元圭**：大圭，上尖下方。宋人蔡绦《铁围山丛谈》卷1："元圭者，古镇圭也。温润异常，又其色内赤外黑，非世所有，固无足疑。圭上锐而下方，然其未平直，非若后世礼图为圭之太锐也。两旁刻出十二山，正若古山尊制度，亦非若先儒所绘镇圭，乃于圭上刻山者也。"《周礼·春官·大宗伯》："以玉作六瑞，以等邦国。王执镇圭。"孙诒让《正义》："注云'镇，安也'者，《广雅·释诂》同。云'所以安四方'者，《职方氏》注云'镇名山安地德者'也。王执此镇圭，亦所以镇安四方，故象彼为文。"

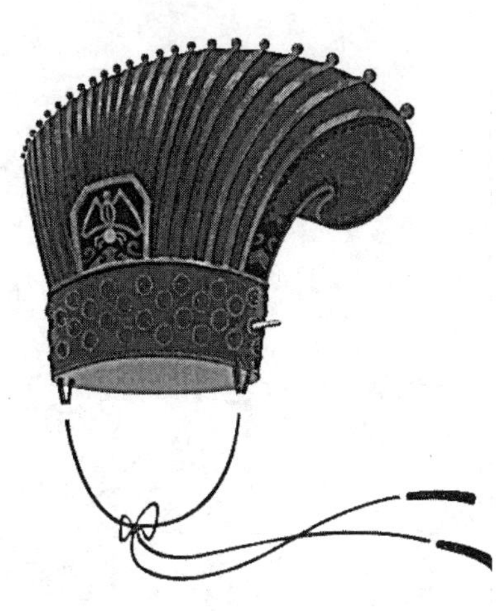
图 10–12　通天冠

［4］**执绥**：宋人朱熹《朱子语类》卷128："今辂只是极其侈靡。因问陈庭秀临安人。曰：'今大礼命从官一

人立王辂侧，以帛维之，名何官？’曰：‘名备顾问官，又曰执绥官。’先生笑曰：‘然遍检古今郊礼，安有所谓备顾问官、执绥官者？盖此本太仆卿，即执御之职。古者君将升车，则御者先升，执辔中立，以绥度左肩而双垂之。绥如圆辔。君以两手援绥而升，立车之左，以左为尊。魏公子无忌自驾，虚左方以迎侯生是也。行大礼，不敢坐。车行数步止。中书令宣韶，命千牛将军千牛，择武力者为之。执长刀，立车之右以防非常，所谓骖乘也。既升车，复行，望郊坛数步，复少驻，千牛将军乃降立道左。车复行，则执长刀前导而行。此唐制也。及政和修礼，脱千牛升车一节，而但有‘降车立道左’之文。初未尝登，何降之有？所谓太仆卿执御之职，遂讹曰‘执绥官’、‘备顾问官’。然又不执绥，却立于辂侧，恐其倾跌，以物维之。虽今之典礼官，亦但曰‘执绥官’、‘备顾问官’也。今为太常少卿者，便拨数日工夫，将礼书细阅一过，亦须略晓，而直为此卤莽也！周洪道尝记渠作执绥官事，自云考订精博。某问周：‘何谓执绥官？’渠亦莫晓。又，绥，本人君升车之所执，御者但授与君，则御者亦不可谓之‘执绥官’。语曰‘升车，必正立执绥’，谓乘车者尔。又曰：‘今玉辂太重，转动极难，兼雕刻既多，反不坚牢，不知何用许多金玉装饰为也？所以圣乘殷之辂，取其坚质而轻便耳。’”

［5］**是夜宿太庙：**宋人马端临《文献通考》卷72《郊社考五·郊》：“徽宗建中靖国元年，诏：‘初祀南郊，权合祭天地于圜丘。’起居郎周常等以合祭为非礼，曾布主其说，乃诏罢合祭。是岁，帝初郊。十一月戊寅，玉辂至景灵宫行礼毕，赴太庙，大雪，上遣内臣问二相：‘若大风雪不止，何以出郊？’右相曾布奏云：‘郊礼尚在后日，雪势暴，必不久，况乘舆顺动，理无不晴，若更大雪，亦须出郊。必不可升坛，则须于端诚殿望祭，此不易之理。已降御札，颁告天下，何可中辍！’左相韩忠彦欲于大庆殿望祭，布不可，以为：‘若还就大庆，是日晴霁，奈何？’议遂定。中夜雪果止，五更上朝，享九室，已见月色。己卯黎明，自太庙斋殿步出庙门，升玉辂，景色已开霁，时见日色。巳午间至青城，晚遂晴；五使巡仗至玉津园，夕阳满野。庚辰四鼓，赴郊坛行礼，天色晴明，星斗粲然。五鼓，二府称贺于端诚殿，黎明，升辇还内。”

［6］**警严：**指古代帝王车驾出行，止宿卫中所奏的乐曲。元人脱脱《宋史》卷140《乐志十五》：“初，李照等撰警严曲，请以《振容》为名，帝以其无义，故更曰《奉禋》。”

［7］**神主：**为已死的君主、诸侯做的牌位，用木或石制成。南朝人范晔《后汉书·光武帝纪上》：“大司徒邓禹入长安，遣府掾奉十一帝神主，纳于高庙。”李贤注：“神主，以木为之，方尺二寸，穿中央，达四方。天子主长尺二寸，诸侯主长一尺。”宋人朱熹《朱子语类》卷90：“直卿问：‘神主牌，先生夜来说荀勖礼未终。’曰：‘温公所制牌阔四寸、厚五寸八分，错了。’”

驾诣青城斋宫

驾御玉辂，诣青城斋宫[1]。所谓『青城』[2]，旧来止以青布幕为之。画砌甃之文，旋结城阙殿宇。宣、政间，悉用土木盖造矣。铁骑围斋宫外，诸军有紫巾绯衣素队[3]约千余，罗布郊野。每队军乐一火。行宫巡检部领甲马，来往巡逻，至夜，严警喝探如前。

注解

［1］**诣青城斋宫：**宋人马端临《文献通考》卷72《郊社考五·郊·车驾诣青城》："前祀一日，皇帝于太庙朝享毕，既还大次，礼部郎中奏解严讫，请皇帝入斋殿，所司转仗卫卤簿。陪祠文武官先赴圆坛、青城斋宫，导驾官已下就次，各服其服。有司进舆于斋殿，乘黄令进玉辂于太庙棂星门外，东向，千牛将军一员执长刀立于辂前，西向，参知政事一员立于侍中之前，赞者二人又立于其前。少顷，御史台、太常寺、閤门分引侍中、参知政事、太仆卿、乘黄令诣大次门外立班，北向东上（乘黄令位其后），次引导驾官以下在其后，分东西相向立，以俟奉迎前导，次管军臣僚又在其后。礼直官、宣赞舍人引礼部侍郎奏中严（凡侍中、参知政事、礼部侍郎奏请，皆礼直官、宣赞舍人引），少顷，又奏外办。皇帝服通天冠、绛纱袍，自斋殿诣大次。行门禁卫、诸班亲从等诸司人员以下各自赞常起居；次知客省事以下，枢密都丞旨以下，知内侍省事以下，带御器械官、应奉、祗应、通侍大夫已下，武功大夫以下及干办库务文臣一班常起居。俟皇帝乘舆以出，宣赞舍人赞侍中以下常起居，次导驾官常起居（已起居者止奏圣躬万福），次管军臣僚并常起居，该宣名者即宣名（若得旨免起居，更不起居）。皇帝乘舆以出，称警跸，侍卫如常仪。太仆卿出诣玉辂所，摄衣而升，正立执辔，导驾官步导皇帝至庙门外玉辂所，侍中进当舆前，俯伏，跪奏：'侍中臣某言，请皇帝降舆升辂。'奏讫，俯伏，兴，退复位（凡侍中奏请准此）。千牛将军前跪执辔，乘黄令稍前进玉辂，皇帝降舆升辂，太仆卿立授绥，导驾官分左右步导，参知政事进当辂前，俯伏，跪奏：'参知政事臣某言，请车驾进发。'奏讫，俯伏，兴，退复位（凡参知政事奏请准此），车驾动，称警跸。侍中先诣侍臣上马所以俟，参知政事及赞者夹侍以出，千牛将军夹辂而趋。车驾将至侍臣上马所，参知政事奏请车驾少驻，敕侍臣上马，侍中前承旨，退称曰：'制可。'参知政事传制称：'侍臣上马。'赞者承传敕侍臣上马，诸侍卫之官各督其属左右翊驾，在黄麾内。符宝郎奉八宝前导，殿中监后部从，导驾官夹侍于前，赞者在侍中、参知政事之前。侍臣上马毕，参知政事奏请车驾进发，车驾动，称警跸，不鸣鼓吹，大驾卤簿前导诣青城。车驾将至青城，閤门、御史分引陪祠文武官、宗室、客使，礼直官、赞者引行事、执事官俱诣泰禋门外立班，再拜奉迎讫，退（内有已起居者，止奏圣躬万福）。车驾及门少驻，文武侍臣皆下马，导驾官步导入门。车驾动，千牛将军夹辂而趋，至端诚殿前回辂南向，千牛将军立于辂右。侍中奏请皇帝降辂乘舆，有司进舆于辂后，皇帝降辂乘舆入斋殿，侍卫如常仪。导驾官步导至殿前，皇帝降舆归殿后閤，帘降，宣赞舍人承旨敕群官各还次。学士院以祝册授通进司进御书讫，付礼部尚书。"

［2］**青城：**宋人马端临《文献通考》卷71《郊社坛四》："（神宗熙宁）七年，中书门下言：

准诏参定南郊青城内殿宇门名，请大内门曰泰礼，东偏门曰承和，西偏门曰迎禧，正东门曰祥曦，正西门曰景曜，后三门拱极，内门里东侧门曰夤明，西侧门曰肃成，大殿曰端诚。殿前东、西门曰左、右嘉德，便殿曰熙成，后园门曰宝华。从之，先时，青城殿宇门名，每郊命学士撰进。至是着这定式，学士院更不复撰进。”宋人王辟之《渑水燕谈录》卷5：“国初南郊青城久占民土，妨其耕稼。又其中暖殿，止是构木结彩，至尊所御，非所以备不虞。天圣中，魏余庆上言，乞优给价直，收买民田，除放租赋，为瓦殿七间，依奏。”（图10–13）

［3］**素队：**指卫队。宋人李焘《长编》卷506，哲宗元符二年（1099年）闰九月丙子，“诏瞎征、拢拶已下相次赴阙，御宣德门受降。以诸班直及上四军排列仗卫，诸军素队自顺天门陈列至宣德门；其瞎征、拢拶已下各服蕃服引见，传宣审问，德音放罪讫，各等第赐幞头袍带。宰臣率百官称贺，再御紫宸殿，赐宴。令所司各详具仪注及合行事件以闻。”

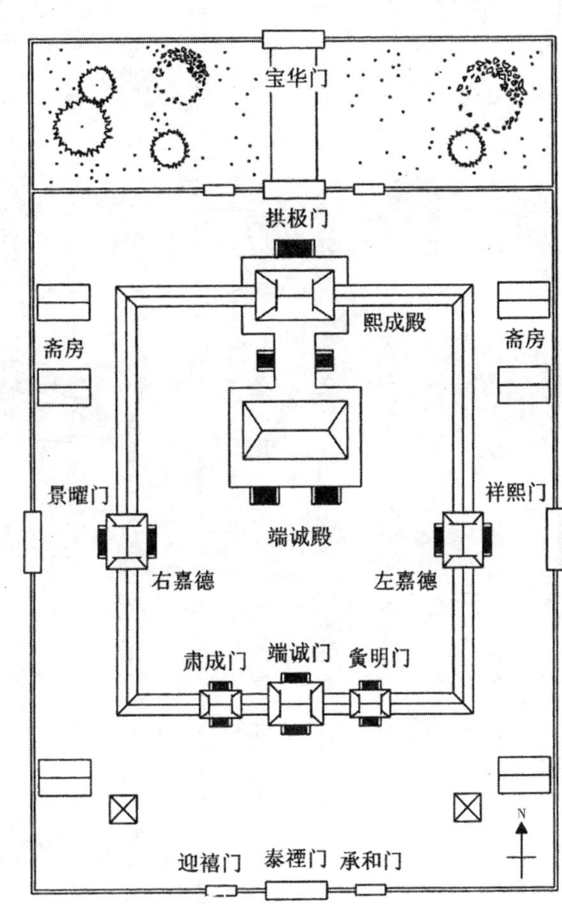

图 10–13　青城布局示意图（引自吴书雷：《北宋东京祭坛建筑研究》，河南大学，2005年）

驾诣郊坛行礼

三更，驾诣郊坛行礼，有三重壝墙[1]。驾出青城，南行曲尺西去约一里许乃坛也。入外壝东门，至第二壝里，面南设一大幕次[2]，谓之『大次』。更换祭服、平天冠[3]、二十四旒[4]、青衮龙服、中单[5]、朱舄[6]、纯玉佩。二中贵扶持，行至坛前。坛下又有一小幕殿，谓之『小次』，内有御座。坛高三层[7]，七十二级。坛面方圆三丈许，有四踏道。正南曰午阶[8]，东曰卯阶，西曰酉阶，北曰子阶。坛上设二黄褥，位北面南曰『昊天上帝』；东南面曰『太祖皇帝』。惟两矮案，上设礼料。有登歌道士十余人，列钟磬二架，余歌色及琴瑟之类，三五执事人而已。坛前设宫架乐，前列编钟、玉磬。其架有如常乐方响[9]，增其高大。编钟[10]形稍扁，上下两层挂之，架两角缀以流苏。玉磬状如曲尺，系其曲尖处，亦架之，上下两层挂之。次列数架大鼓，或三或五，用木穿贯，立于架座上。又有大钟，曰景钟，曰节鼓[11]。有琴而长者，如筝而大者，截竹如箫管，两头存节而横吹者，有土烧成如圆弹而开窍者，如笙而大者，如箫而增其管者。有歌者，其声清亮，非郑、卫之比。宫架前立两竿，乐工皆裹介帻如笼巾，绯宽衫勒帛。二舞者，顶紫色冠，上有一横板，皂服，朱裙履[12]。乐作，初则文舞[13]，皆手执一紫囊，盛一笛管结带。武舞[14]，一手执短稍[15]，一手执小牌，比文舞加数人，击铜铙、响环，又击如铜灶突[16]者。又两人共携一铜瓮就地击者。舞者如击刺，如乘云，如分手，皆舞容矣。乐作，先击柷[17]，以木为之，如方壶画山水之状，每奏乐击之，内外共九下，乐止则击敔[18]，如伏虎，脊上如锯齿，一曲终，以破竹刮之。礼直官奏请驾登坛，前导官皆躬身，侧引至坛止，惟大礼使登之。先正北一位拜跪酒，殿中监东向一拜，进爵盏；再拜，兴；复诣正东一位。才登坛而宫架声止，则坛上乐作。降坛则宫架乐复作。武舞上，复归『小次』。亚献[19]、终献上，亦如前仪。当时燕越王[20]为亚终献也。第二次登坛，乐作如初，跪酒毕，中书舍人读册[21]，左右两人举册而跪读。降坛复归『小次』，亚终献如前。再登坛，进玉爵盏，皇帝饮福[22]矣。亚、终献毕，降坛，驾『小次』前立，则坛上礼料、币帛、玉册[23]，由酉阶而下。南壝门外去坛百余步，有燎炉[24]，高丈许，诸物上台，一人点唱，入炉焚之。坛三层回[25]踏道之间，有十二龛，祭十二宫神[26]。内壝外祭百星。执事与陪祠官皆面北立班。宫架乐罢，鼓吹未作，外内数十万众肃然，惟闻轻风环佩之声。一赞者喝曰：『赞一拜！』皆拜，礼毕。

[1] **三重壝墙：** 宋人李焘《长编》卷106：天圣六年（1028年）二月辛未，“判太常寺孙奭言：‘皇地祇等十八坛，皆有外壝，而南郊独无。樵牧之人，径至坛下，有渎严恭。按图设三壝，今请筑外壝，仍于壝外筑短垣，四面各置棂星门。俟皇帝亲郊，则以青绳柱表其三壝，以合郊丘之制。’从之”。

[2] **幕次：** 临时搭起的帐篷。宋人庞元英《文昌杂录》卷1：“两省给舍以上、御史中丞、学士皆御赐寓，百官就食幕次。”

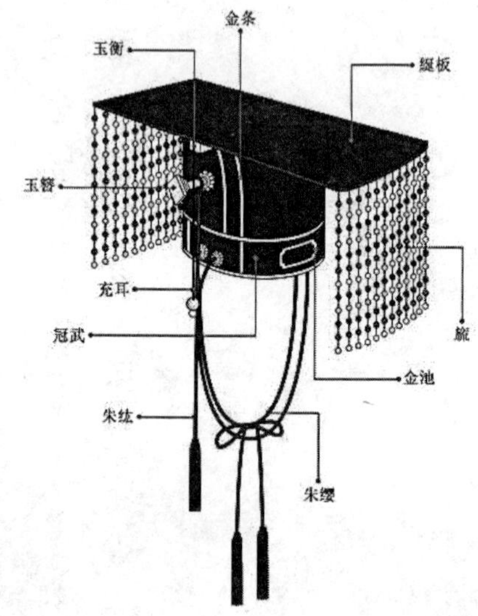

图 10-14　平天冠

[3] **平天冠：** 宋人洪迈《容斋三笔·平天冠》：“祭服之冕，自天子至于下下土执事者皆服之，特以梁数及旒之多少为别。俗呼为平天冠，盖指言至尊乃得用。”宋人苏东坡《东坡志林》卷10：“潞公坐客有言新义极迂怪者，公笑不答。久之，曰：‘颇尝记明皇坐勤政楼上见钉校者，上呼曰：朕有一破损平天冠，汝能钉校否。此人既为完之。上曰：朕无用此冠，以与汝为工直其人，惶恐谢罪。上曰：俟夜深闭门后，独自戴甚无害也。’”（图10-14）

[4] **二十四旒：**“旒”，古代帝王礼帽上前后悬垂的玉串。宋人马端临《文献通考》卷113：“详定所又言：‘国朝以白珠为旒，盖沿汉旧，而其冕广长之度，自唐以来，率意为之。景佑中，以叔孙通汉礼器制度为法，凡冕版广八寸，长尺六寸。今以青罗为表，红罗为里，则非《弁师》所谓元冕朱里者也。周回用金棱天版，四面用金丝结网，旁用真珠、花素坠之类，皆不应礼，请改用朱组为纮，玉笄、玉瑱，以元纯垂瑱，以五采玉贯于五色藻为旒，以青赤黄白黑五色备为一玉，每一玉长一寸，前后二十四旒，垂而齐肩，宜表里用缯，庶协孔子麻冕纯俭之义。古者祭服、朝服之裳，皆前三幅、后四幅殊，其前后不相连属。前为阳，故三以象奇；后为阴，故四以象偶。今裳乃以八幅为之，不殊前后，考古不合。请改用七幅，幅广二尺二寸，两旁各缝杀一寸，谓之削幅，腰间辟积无数。裳侧有纯，谓之裨；裳下有纯，谓之裼。裨、裼之广各寸半，表里合用三寸。群臣祭服之裳，仿此。’”

[5] **中单：** 祭服、朝服的裹衣，又称中衣。自唐以后，渐趋简易，变通其制，腰无缝，下不分幅，故称中单。

[6] **朱舄：** 又称赤舄，古代帝王祀天所穿之履（图10-15）。《诗·豳风·狼跋》："赤舄几几"。毛传："赤舄，人君之盛屦也。"孔颖达疏："天官屦人，掌王之服屦，为赤舄、黑舄。注云：'王吉服有九，舄有三等，赤舄为上，冕服之舄，下有白舄黑舄，然则赤舄是娱乐活动之最上，故云人君之盛屦也。'"南朝人范晔《后汉书·舆服志下》："赤舄绚屦，以祠天地。"

[7] **坛高三层：** 元人脱脱《宋史》卷99《志第五十二·南郊》："南郊坛制。梁及后唐郊坛皆在洛阳。宋初始作坛于东都南熏门外，四成、十二陛、三壝。设燎坛于内坛之外丙地，高一丈二尺。设皇帝更衣大次于东壝东门之内道北，南向。仁宗天圣六年，始筑外壝，周以短垣，置灵星门。亲郊则立表于青城，表三壝。神宗熙宁七年，诏中书、门下参定青城殿宇门名。先是，每郊撰进，至是始定名，前门曰泰禋，东偏门曰迎禧，正东门曰祥曦，正西门曰景曜，后三门曰拱极，内东侧门曰夤明，西侧门曰肃成，殿曰端诚，殿前东、西门曰左右嘉德，便殿曰熙成，后园门曰宝华，着为定式。元丰元年二月，诏内壝之外，众星位周环，每二步植一杙，缭以青绳，以为限域。既而详定奉祀礼文所言：'《周官》外祀皆有兆域，后世因之，稍增其制。国朝郊坛率循唐旧，虽仪注具载圜丘三壝，每壝二十五步，而有司乃以青绳代内壝，诚不足以等神位、序祀事、严内外之限也。伏请除去青绳，为三壝之制。'从之。徽宗政和三年，诏有司讨论坛壝之制。十月，礼制局言：'坛旧制四成，一成二十丈，再成十五丈，三成十丈，四成五丈，成高八尺一寸；十有二陛，陛十有二级；三壝，二十五步。古所谓地上圜丘、泽中方丘，皆因地形之自然。王者建国，或无自然之丘，则于郊泽吉土以兆坛位。为坛之制，当用阳数，今定为坛三成，一成用九九之数，广八十一丈，再成用六九之数，广五十四丈，三成用三九之数，广二十七丈。每成高二十七尺，三成总二百七十有六，《乾》之策也。为三壝，壝三十六步，亦《乾》之策也。成与壝地之数也。'诏行之。"（图10-16）

图 10-15 明定陵出土的朱舄

[8] **午阶：** 南方的台阶。在十二地支中，午代表南方，子代表北方，酉代表西方，卯代表东方。

[9] **方响：** 又称铜磬，打击乐器（图10-17）。后晋沈昫《旧唐书》卷29《音乐志》："梁有铜磬，盖今方响之类。方响。以铁为之，修八寸，广二寸，圆上方下。架如磬而不设业，倚于架上以代钟磬。"

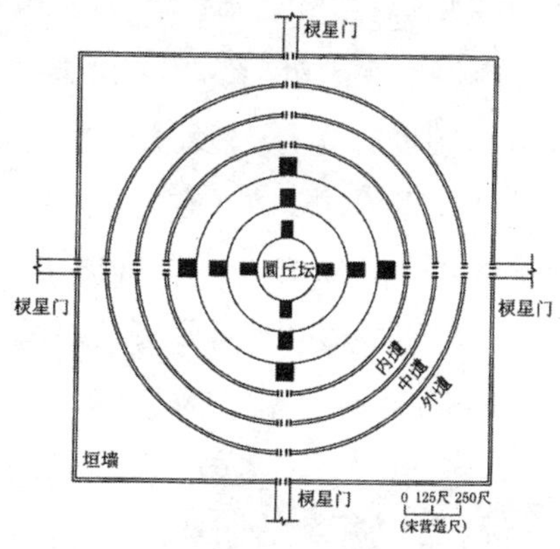

图 10-16 南郊坛平面想象图（引自吴书雷：《北宋东京祭坛建筑研究》，河南大学，2005年）

[10] **编钟：** 宋人王应麟《玉海》卷一百九《周三钟》："编钟十六枚，同一簨虡，通黄钟大吕二均之声。其大架二十四枚，通二十律，正倍合二十四声。歌钟亦编十六枚。郊祀设于坛上，宗庙设于堂上，皆

图 10-17　敦煌壁画中的方响

图 10-18　陕西汉阴出土的北宋编钟（引自徐信印：《陕西汉阴出土的一批宋代编钟》，《文博》1992年第1期）

居歌声之东，以节升歌之句。"（图10-18）。

[11] **节鼓：** 状如博局，中开圆孔，恰容其鼓，击之以节乐。北周庾信《三月三日华林园马射赋》："鸟啭歌来，花浓雪聚，玉律调钟，金錞节鼓。"《乐府诗集·横吹曲辞一》宋人郭茂倩题解："三曰大横吹部，其乐器有角、节鼓、笛、箫、筚篥、笳、桃皮筚篥七种，凡二十九曲。"

[12] **朱裙履：** 无法解释，应为"朱裙、朱履"。明人宋濂《元史》卷79："虎君旗，白质，赤火焰脚，绘神人，冠流精冠，服素罗绣衣，朱裙，朱履，执斩蛇剑，引白虎。"

[13] **文舞：** 古代宫廷雅乐舞蹈之一，用于郊庙祭祀。《周礼·春官·龠师》："龠师，掌教国子舞羽歈龠。"汉人郑玄注："文舞有持羽吹龠者，所谓龠舞也。"宋人欧阳修《新唐书》卷21《礼乐志十一》："初，隋有文舞、武舞，至祖孝孙定乐，更文舞曰《治康》，武舞曰《凯安》。舞者各六十四人。文舞：左籥右翟，与执纛而引者二人，皆委貌冠，黑素，绛领，广袖，白绔，革带，乌皮履。武舞：左干右戚，执旌居前者二人，执鼗执铎皆二人，金錞二，舆者四人，奏者二人，执铙二人，执相在左，执雅在右，皆二人夹导，服平冕，余同文舞。"宋人赵彦卫《云麓漫钞》卷12："今之舞蛮牌即古武舞，舞三台与调笑即古文舞。"

[14] **武舞：** 与"文舞"相对。《书·大禹谟》"舞干羽于两阶"唐人孔颖达疏："《明堂位》云：朱干玉戚，以舞大武。戚，斧也。是武舞执斧执楯。"宋人欧阳修《新唐书》卷21《礼乐志十一》："为国家者，揖让得天下，则先奏文舞；征伐得天下，则先奏武舞。"

[15] **矟：** 古同"槊"，长矛。《释名·释兵》："矛长丈八尺曰矟，马上所持，言其矟，矟便杀也。"

[16] **灶突：**灶台后面的烟囱（图10-19）。宋人李诫《营造法式》卷13《立灶》："凡灶突，高视屋身，出屋外三尺。如时暂用，不在屋下者，高三尺。突上作鞾头出烟。其方六寸。或锅增大者，量宜加之。加至方一尺二寸止。并以石灰泥饰。"《吕氏春秋·谕大》："灶突决则火上焚栋，燕雀颜色不变，是何也？乃不知祸之将及己也。"南朝范晔《后汉书》卷112上《李南传》："疾风卒起，先吹灶突及井，此祸为妇女主爨者。"宋人陆游《长歌行》："灶突无烟今又惯，龟蝉与我成三友。"

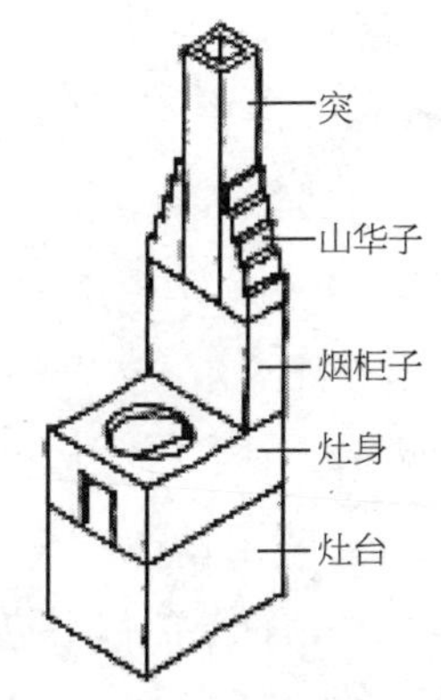

图 10-19　灶突（根据出土陶灶及《营造法式》所绘）

[17] **柷：**古代打击乐器，形如方形木箱，上宽下窄，用椎（木棒）撞其内壁发声，表示乐曲即将起始（图10-20）。东汉许慎《说文解字》："柷，乐木空也，所以止音为节。"《尚书·益稷》："合止柷敔"。郑玄注："柷，状如漆桶而有椎。合乐之时投椎其中而撞之。"后晋沈昫《旧唐书》卷29《音乐志》："柷，……方面各二尺余，傍开员孔，内手于中，击之以举乐。"

图 10-20　清代的柷

[18] **敔：**古代打击乐器，奏乐将终时，击之使演奏停止（图10-21）。东汉许慎《说文解字》："敔，乐器，椌楬也，形如木虎。"《尚书·益稷》："合止柷。"郑玄注："敔，状如伏虎，背有刻，鉏铻，以物擽之，所以止乐。"后晋沈昫《旧唐书》卷29《音乐志》："敔，如伏虎，背皆有鬣二十七，碎竹以击其首而逆刮之，以止乐也。"明人王逵《蠡海集》："或问乐器以祝敔为起止，以金石为始终，何也？曰：'柷之形仰而开，以象东震之义。雷为雷主，声物皆出于震，故所以起乐也。敔之形为虎而伏。阳气至秋而衰谢，雷声至秋而收敛。虎为西方金兽也，其背龃龉二十七，以当三九阳数，故刷之所以止乐。'"

图 10-21　清代的敔

[19] **亚献：**古代祭祀时献酒三次，第二次献酒称"亚献"。《仪礼·士虞礼》："主妇洗足爵于房中，酌亚献尸。"南朝人范晔《后汉书》卷34《百官志一》："（太尉）凡郊祀之事，掌亚献。"

[20] **燕越王：**指宋神宗第十子燕王赵俣、第十二子越王赵偲。

[21] **读册：**即恭读祭天册文。

[22] **饮福：**祭祀完毕饮食供神的酒肉，以求神赐福。汉人焦赣《易林·萃之晋》："安坐玉堂，听乐行觞，饮福万岁，日受无疆。"北周人庾信《周祀圆丘歌·皇夏·饮福酒》："陈诚唯肃，饮福唯虔。"

[23] **玉册：**宋人袁褧《枫窗小牍》："余尝见太子玉册用珉玉简六十枚，前后四枚，刻龙填金，贯以金丝，籍以锦褥，盛以漆匣，装以金华，饰以螭首。今请用珉简七十五枚。"宋人李焘

《长编》卷69：大中祥符元年（1008年），“天地玉牒、玉册，并刻字填金，联以金涂银绳，缄以玉匮，置石鐾中。配坐玉册，缄以金匮。牒广五寸。册广一寸二分，厚三分。金匮之制，并长一尺三寸。检长如匮，厚二寸，阔五寸，当缠绳处刻为五周。封匮以金泥和金粉、乳香为之”（图10–22）。

[24] **燎炉：**燎祭用的大火炉（图10–23）。宋人程大昌《演繁露》卷2《镣炉》：“《谈苑》载镣炉曰：镣者，白金也，意谓以白金饰炉也。是固有本矣，然恐语讹耳尔。《雅》云：烘燎，煁烓也。烘谓烧燎也，煁今之三隅灶也。然则烓者无釜之灶，其上燃火，谓之烘。本为此灶止以燃火，照物若今之生麻机盆也。然则镣炉亦不为镣，当为燎炉耳。”

[25] **回：**疑应为“四”，因前文有“坛面方圆三丈许，有四踏道”。

[26] **十二宫神：**古代音律有十二宫调，分别对应于一年中的12个月，其主管之神即十二宫神。宋人高承《事物纪原》卷2引《宋朝会要》曰：“开宝新定礼，所增大飨明堂记曰：‘十二神舆，载十二月之神象。’”《尔雅·释天》：“正月为陬，二月为如，三月为寎，四月为余，五月为皋，六月为且，七月为相，八月为壮，九月为玄，十月为阳，十一月为辜，十二月为涂。”

图 10–22　山东泰山出土的宋神宗禅地玉册附玉匮嵌片

图 10–23　北京天坛公园中的燎炉

郊毕驾回

驾自小次，祭服还大次。惟近侍椽烛[1]二百余条，列成围子，至大次更服衮冕，登大安辇[2]，辇如玉辂而大，无轮，四垂大带。辇官服色，亦如挟路者。才升辇，教坊在外壝东西排列，钧容直先奏乐，一甲士舞一曲破讫，教坊[3]进口号，乐作，诸军队伍鼓吹[4]皆动，声震天地。回青城，天色未晓，百官常服入贺。赐茶酒毕，而法驾仪仗、铁骑鼓吹入南薰门。御路数十里之间，起居幕次，贵家看棚[5]，华彩鳞砌，略无空闲去处。

注解

[1] **椽烛：**如椽之烛，指大烛。宋人苏轼《武昌西山》诗："岂知白首同夜直，卧看椽烛高花摧。"清人余怀《板桥杂记·轶事》："饭非四糙冬舂米，不可入口；夜非孙春阳家通宵椽烛，不可开眼。"

[2] **大安辇：**元人脱脱《宋史》卷150《舆服志》："大辇又曰大安辇，其制：赤质，正方，高十五尺三寸，方十一尺六寸。四柱，平盘，上覆青绿锦。上有天轮三层，外施金涂银博山八十一。内有圆镜，金涂银顶龙一,四面行龙十六，火珠四。轮衣以青，坠以金铃，顶有青罗十字分垂四角，曰络带。四角出龙首，衔牦牛五色尾，曰旒绥。四面拱斗，外施方镜，九柱围以朱阑，中设御坐、曲几、屏风、锦褥。下举以长竿四，攒竹筋胶丹漆之，竿为龙首。平盘下，四围结红丝网。辇官服色：武弁，黄缬对凤袍，黄绢勒帛，紫生色袒带，紫绢行縢。"

[3] **教坊：**宋人赵升《朝野类要》卷1《教坊》："自汉有胡乐琵琶、筚篥之后，中国杂用戎夷之声，六朝则又甚焉。唐时并属太常掌之，明皇遂别置为教坊。其女乐，则为梨园弟子也。自有教坊记所载。本朝增为东西两教坊，又别有化成殿钧容班。中兴以来亦有之。绍兴末，台臣王十朋上章，省罢之。后有名伶达伎，皆留充德寿宫使臣，自余多隶临安府衙前乐。今虽有教坊之名，隶属修内司教乐所，然遇大宴等，每差衙前乐权充之。不足，则又和雇市人。近年衙前乐已无教坊旧人，多是市井歧路之辈。欲责其知音晓乐，恐难必也。"

[4] **鼓吹：**宋人李攸《宋朝事实》卷11《仪注》："太祖乾德元年，蒋有事于南郊，为坛于城南南熏门外，径五丈，高九尺，四成。帝致斋于便殿，屏荤茹。前一日，上服衮冕，备大驾卤簿，宿斋于青城。上御青城门观奏严。夜设警场，用鼓吹一千二百七十五人。奏严用金钲、大角、大鼓，乐用大小横吹、觱篥、笳、笛，角手歌《六州》、《十二时》，每更三奏之。"

[5] **看棚：**临时搭建的看台（图10–24）。唐人卢肇《逸史·王播》："端午日，盛为竞渡之戏。诸州征伎乐，两县争胜负，彩楼看棚，照耀江水。"五代王定保《唐摭言·慈恩寺题名游赏赋咏杂记》："咸通十三年三月，新进士集于月灯阁为蹙鞠之会。击拂既罢，痛饮于佛阁之上，四面看棚栉比，悉皆褰去帷箔而纵观焉。"

图 10-24　敦煌壁画中的唐代“看棚”

下赦

车驾登宣德楼1，楼前立大旗数口，内一口大者，与宣德楼齐，谓之『盖天旗』。旗立御路中心不动。次一口稍小，随驾立，谓之『次黄龙』。青城、太庙，随逐立之，俗亦呼为『盖天旗』。亦设宫架乐作，须臾，击柝之声，旋立鸡竿2，约高十数丈，竿尖有一大木盘，上有金鸡，口衔红幡子，书皇帝万岁字。盘底有彩索四条垂下，有四红巾者争先缘索而上，捷得金鸡3红幡，则山呼谢恩讫。楼上以红绵索，通门下一彩楼，上有金凤4衔赦而下，至彩楼上，而通事舍人得赦宣读。开封府、大理寺排列罪人在楼前，罪人皆绯缝黄布衫，狱吏皆簪花鲜洁，闻鼓声，疏枷放去，各山呼谢恩讫。楼下钧容直乐作，杂剧舞旋，御龙直装神鬼，斫真刀倬刀。楼上百官赐茶酒，诸班直呈拽马队。六军归营，至日晡5时礼毕。

注解

[1] **车驾登宣德楼：** 宋人李攸《宋朝事实》卷4《郊赦一》："帝（宋太祖）御明德门肆赦。前一日，有司设立文武百官、皇亲及蕃国诸州朝贡使、僧道耆老位于明德门外，太常设宫县，置钲鼓。其日，刑部录御史台、开封府、京城系囚以俟。及车驾还至明德门内，就幄次改御常服。群臣就位，皇帝登楼，即御坐。枢密使、副宣徽使分侍立，仗卫如仪。通事舍人引群臣横行，再拜讫，复位。侍臣宣曰：'承旨。'通事舍人诣楼前，侍臣宣敕：'树金鸡。'通事舍人退，诣班，宣付所司，讫，太常击鼓集囚，少府监树鸡竿于楼东南隅。竿木伎人四面缘绳争上，取鸡口所衔绛幡，获者呼万岁。楼上以朱绳贯木鹤，仙人乘之，捧制书，循绳而下，至地，以画台承鹤。有司取制书，置案上。閤门使承旨，引制案，宣付中书门下，转授通事舍人，北面宣云：'有制。'群官再拜。宣赦讫，还授中书门下，转付刑部侍郎，承制释囚。群官称贺。閤门使进诣楼前，承旨宣达，讫，百官又再拜，蹈舞而退。"

[2] **鸡竿：** 元人脱脱《宋史》卷148《卤簿仪服》："鸡竿，附竿为鸡形，金饰，首衔绛幡，承以彩盘，维以绛索，揭以长竿。募卫士先登，争得鸡者，官给以缬袄子；或取绛幡而已。大礼毕，丽正门肆赦则设之。其义则鸡为巽神，巽主号令，故宣号令则象之。阳用事则鸡鸣，故布宣阳泽则象之。一曰天鸡星动为有赦，故王者以天鸡为度。金鸡事，六朝已有之，或谓起于西京。南渡后，则自绍兴十三年始也。"唐人苏鹗《苏氏演义》卷下："天子赦天下，必竖以鸡，以其有五德。风雨如晦，鸡鸣不已，取其告令之象。金者，鸡之饰也。又以鸡属西，主金之位。《历象》云：'鸡星动即有赦。'"宋人杨亿《杨文公谈苑》："究其旨盖西方主兑，兑为泽，鸡者巽神。巽主号令，故合二物置其形于长竿，使众者睹之。"宋人吴曾《能改斋漫谈录》卷6《都卢寻橦缘竿也》："《新唐书·元载传》及李肇《国史补》载：'客有《赋都卢寻橦篇》讽其危，载泣下而不知悟。'夫都卢寻幢，缘竿之伎也，见《西京杂记》。又傅玄《西都赋》云：'缘竿之伎，有都卢寻橦，跟挂腹旋'也。唐人王建有《寻橦歌》云：'人间百戏皆可学，寻橦不比诸余乐。重梳短髻下金钿，红帽青巾各一边。身轻足捷胜男子，绕竿四面争先缘。习多倚附欺竿滑，上下蹁跹皆著袜。翻身摇颈欲落地，却住把烟初似歇。大竿百夫擎不起，袅袅半在青云里。纤腰女儿不动容，戴行直舞一曲终。回头但觉人眼见，矜难恐畏天无风。险中更险何曾失，山鼠悬头猿挂膝。小垂一手当舞盘，斜惨双蛾看落日。斯须改变曲解新，贵欲欢他平地人。散时满面生颜色，行步依前无气力。'《汉书》曰：'武帝享四夷之客，作巴俞都卢。'《音义》曰：'体轻善缘。'张衡《西京赋》：'都卢寻幢。'《唐书音训》曰：'寻幢，卢会山名。其土人善缘橦竿。'然不著所出。予按，《汉书》曰：'自合浦南，有都卢国。'《太康地志》曰：'都卢国，其人善缘高。'"

[3] **金鸡：**宋人赵升《朝野类要》卷1《金鸡》："金鸡大礼毕，车驾登楼，有司于丽正门下肆赦，即立金鸡竿盘，令兵士捧之。在京系左右军百戏人，今乃瓦市百戏人为之。盖天文有天鸡星，明则主人间，有赦恩。"

[4] **金凤：**宋人高承《事物纪原》卷2《凤诏》："后赵石季龙置戏马观，观上安诏书，用五色纸衔于木凤口而颁之。宋大礼御楼肆赦，亦用其事。自石季龙始也。"宋人欧阳修《新唐书》卷48《百官志》："赦日，树金鸡于仗南，竿长七丈，有鸡高四尺，黄金饰首，衔绛幡长七尺，承以彩盘，维以绛绳，将作监供焉。击扛鼓千声，集百官父老、囚徒，坊小儿得鸡首者，官以钱购或取绛幡而已。"

[5] **日晡：**即下午三点到五点。宋人周密《齐东野语·王宣子讨贼》："乘日晡放饭少休时，遣亡命卒三十人持短兵以前。"

驾还诣诸宫行谢

驾还内，择日诣景灵东西宫行恭谢之礼三日。第三日毕，即游幸别宫观或大臣私第。是月卖糍糕、鹑兔方盛。

十二月

十二月，街市尽卖撒佛花，韭黄[1]、生菜[2]、兰芽、勃荷[3]、胡桃、泽州饧。初八日，街巷中有僧尼三五人作队念佛，以银铜沙罗[4]，或好盆器，坐一金铜或木佛像，浸以香水，杨枝洒浴，排门教化[5]。诸大寺作浴佛会[6]，并送七宝五味粥与门徒，谓之『腊八粥』[7]。都人是日各家亦以果子杂料煮粥而食也。腊日，寺院送面油与门徒，却入疏教化上元灯油钱。闾巷家家互相遗送。是月景龙门预赏元夕[8]于宝箓宫，一方灯火繁盛。二十四日交年，都人至夜请僧道看经，备酒果送神，烧合家替代钱纸，帖灶马[9]于灶上。以酒糟涂抹灶门，谓之『醉司命』[10]。夜于床底点灯，谓之『照虚耗』[11]。此月虽无节序，而豪贵之家，遇雪即开筵[12]，塑雪狮，装雪灯，以会亲旧。近岁节，市井皆印卖门神[13]、钟馗、桃板、桃符[14]，及财门钝驴、回头鹿马、天行帖子。卖干茄瓠、马牙菜[15]、胶牙饧[16]之类，以备除夜之用。自入此月，即有贫者三数人为一火，装妇人神鬼，敲锣击鼓，巡门乞钱，俗呼为『打夜胡』[17]，亦驱祟之道也。

注解

[1] **韭黄：**宋人罗愿《尔雅翼》："（韭）首春色黄，未出土时最美，故云春初早韭。"宋人张耒《春日》："如丝苣甲订春盘，韭叶金黄雪未干。旅饭二年无此味，故园千里几时还。异方时节三卮酒，残岁风烟一惨颜。曾奉龙旗典邦礼，岁穷祠祀少休闲。"

[2] **生菜：**是指莴苣或韭菜之类。宋人欧阳修《归田录》卷1："杨文公尝戒其门人，为文宜避俗语。既而公因作表云：'伏惟陛下德迈九皇。'门人郑戬遽请于公曰：'未审何时得卖生菜？'于是公为之大笑而易之。"宋人白玉蟾《食生菜》云："满园莴苣间蔓青，火急掣铃呼庖丁。细脍雨叶缕风茎，酢红姜紫银盐明。豆豨麻膏和使成。食如辣玉兼甜冰，毛骨洒洒心泠泠。"宋人周辉《清坡杂志》卷3《生菜》："绍兴丁巳岁，车驾巡幸建康。回跸时，先人主丹徒簿排办新丰镇顿，物皆备。御舟过，止宣素生菜两篮，非所办者。官吏仓卒供进，幸免阙事。前顿传报，生菜遂为珍品。物有时而贵，世事奚不然。"

[3] **勃荷：**即薄荷。宋人施彦执《北窗炙輠录》卷下："其所知史保人，家京师，有卖勃荷者（京师呼薄荷为勃荷也），其家尝买之。"

[4] **沙罗：**这里指盥洗之器。宋邵博《闻见后录》卷8："近世以洗为叵罗。"宋人陈叔方《颍川语小》卷下："沙罗：《邵氏闻见录》有'叵罗'，不知何物。叶文定公《端午诗》云：'立瓶叵罗银价踊。'是直以沙罗为叵罗。沙罗者，今之盥，古之洗也。当俟博古者。"

[5] **教化：**行乞，乞讨。《敦煌变文集·维摩诘经讲经文》："有心凭机以呻吟，无力丈梨而教化。"元人郑廷玉《看钱奴》第三折："大清早起，利市也不曾发，这两个老的就来教化酒吃，被我支他对门讨药去了。"

[6] **浴佛会：**宋人祝穆《古今事文类聚·前集》卷12："皇朝东京十二月初八日，都城诸大寺作浴佛会，并造七宝五味粥，谓之'腊八粥'。"唐人孟浩然《腊月八日于郯野石城寺礼拜》："石壁开金像，香山绕铁围。下生弥勒见，回向一心归。竹柏禅庭古。楼台世界稀。夕岚增气色，余照发光辉。讲席邀谈柄，泉堂施浴衣。愿承功德水，从此濯尘机。"

[7] **腊八粥：**宋人庄绰《鸡肋编》卷下："宁州腊月八日，人家竞作白粥，于上以柿栗之类，染以众色，为花鸟象，更相送遗。"宋人周密《武林旧事》："八日，则寺院及人家用胡桃、松子、乳蕈、柿、栗之类作粥，谓之'腊八粥'。"元人孙国敕《燕都游览志》："十二月八日，赐百官粥，以米果杂成之。品多者为胜，此盖循宋时故事。"清人富察敦崇《燕京岁时记·腊八粥》说："腊八粥者，用黄米、白米、江米、小米、菱角米、栗子、红豆、去皮枣泥等，合水煮熟，外用染红桃仁、杏仁、瓜子、花生、榛穰、松子及白糖、红糖、琐琐葡萄，以作点染。"

图 10–25　河南朱仙镇木版年画中的“灶神”

[8] **预赏元夕：**宋人王明清《挥麈后录》卷4：“徽宗宣和七年十二月二十一日，就睿谟殿张灯，预赏元宵，曲燕近臣。”宋人欧阳修《生查子 · 元夕》：“去年元夜时，花市灯如昼，月上柳梢头，人约黄昏后。今年元夜时，月与灯依旧。不见去年人，泪湿春衫袖。”

[9] **灶马：**明人冯应京《月令广义 · 十二月令》：“燕城俗，刻马印为灶马，士民竞鬻，焚之灶前，为送灶君上天。”(图10–25)。

[10] **醉司命：**唐代无名氏《辇下岁时记 · 灶灯》：“都人至年夜，请僧道看经，备酒果送神，贴灶马于灶上。以酒糟抹于灶门之上，谓之醉司命，夜于灶里点灯谓之照虚耗。”宋人范成大《石湖居士诗集》卷30《祭灶词》：“古传腊月二十四，灶君朝天欲言事。云车风马小留连，家有杯盘丰典祀。猪头烂热双鱼鲜，豆沙甘松粉饵团。男儿酌献女儿避，酹酒烧钱灶君喜。婢子斗争君莫闻，猫犬触秽君莫嗔。送君醉饱登天门，杓长杓短勿复云，乞取利市归来分。”

[11] **照虚耗：**宋阙名《异闻总录》四：“京师风俗，每除夜必明灯于厨、厕等处，谓之照虚耗。”吕陈元靓《岁时广记》卷39：“引《岁时杂记》：‘交年之夜，门及床下以至圊溷，皆燃灯，除夜亦然，谓之照虚耗。’”

[12] **遇雪即开筵：**宋人韩维《筵上遇雪赠人》：“前贤遇雪方乘兴，何况雪飞欢兴时。自古难并惟美景，人生不饮是痴儿。颠狂故态无先舞，淡薄幽怀子独诗。安得琼花更飘洒，常令此物及蚩蚩。”

［13］**门神：**宋人袁褧《枫窗小牍》："靖康已前，汴中家户皆卖门神，多番样，戴虎头盔，而王公之门至以浑金饰之。识者谓：虎头男子，虏字；金饰，更是金虏在门也。不三年而家户被虏，王公被其酷尤甚。"

［14］**桃符：**挂在门上的两块画着神荼、玉垒二神的桃木板，也就是古代的春联。宋人张邦基《墨庄漫录》卷8："东坡在黄州，而王文甫家东湖，公每乘兴必访之。一日逼岁除，至其家，见方治桃符，公戏书一联于其上云：'门大要容千骑人，堂深不觉百男欢。'"

［15］**马牙菜：**即马齿苋。明人徐光启《农政全书》卷41："治驴打磨破溃方：马齿菜、石灰，一处捣为团。晒干后，复捣，罗为末。先口含盐浆水洗净，用药末贴之。"

［16］**胶牙饧：**"饧"即古"糖"字，是用麦芽或谷芽混同其他米类原料熬制而成的黏性软糖。南朝梁人宋懔《荆楚岁时记》："进屠苏酒、胶牙饧。"宋人周密《武林旧事》卷3："祀先之礼，则或昏或晓，各有不同，如饮屠苏、百事吉、胶牙饧、烧术、卖懵等事，率多东都之遗风焉。"

［17］**打夜胡：**即打夜狐。宋人杨彦龄《杨公笔录》："唐敬宗善击球，夜艾，自捕狐狸为乐，谓之打夜狐。故俗因谓岁暮驱傩为'打夜狐'。"后晋人沈昫《旧唐书》卷17《敬宗纪》云："帝好深夜自捕狐狸，宫中谓之打夜狐。"宋人赵彦卫《云麓漫钞》卷9："世俗岁将除，乡人相率为傩。俚语谓之为打野胡。"

除夕

至除日，禁中呈大傩仪[1]，并用皇城亲事官、诸班直戴假面[2]，绣画色衣，执金枪龙旗。教坊使孟景初身品魁伟，贯全副金镀铜甲装将军。用镇殿将军[3]二人，亦介胄，装门神。教坊南河炭丑恶魁肥，装判官。又装钟馗小妹[4]、土地、灶神[5]之类，共千余人，自禁中驱祟[6]，出南薰门外转龙弯，谓之『埋祟』而罢。是夜禁中爆竹山呼，声闻于外。士庶之家，围炉团坐，达旦不寐，谓之『守岁』[7]。

凡大礼与禁中节次，但尝见习按，又不知果为如何，不无脱略。或改而正之，则幸甚。

[1] **大傩仪：** 傩，古代的一种风俗，迎神以驱逐疫鬼。《吕氏春秋·季冬纪》："命有司大傩，旁磔，出土牛，以送寒气。"高诱注："今人腊岁前一日击鼓驱疫，谓之逐除是也。"宋人苏轼《次韵子由除日见寄》："薄宦驱我西，远别不容惜。方愁后会远，未暇忧岁夕。强欢虽有酒，冷酌不成席。秦烹惟羊羹，陇馔有熊腊。念为儿童岁，屈指已成昔。往事今何追，忽若箭已释。感时嗟事变，所得不偿失。府卒来驱傩，矍铄惊远客。愁来岂有魔，烦汝为攘磔。寒梅与冻杏，嫩萼初似麦。攀条为惆怅，玉蕊何时折。不忧春艳晚，行见弃夏核。人生行乐耳，安用声名籍。胡为独多感，不见膏自炙。诗来苦相宽，子意远可射。依依见其面，疑子在咫尺。兄今虽小官，幸忝佐方伯。北池近所凿，中有汧水碧。临池饮美酒，尚可消永日。但恐诗力弱，斗健未免馘。诗成十日到，谁谓千里隔。一月寄一篇，忧愁何足掷。"宋人陆游《老学庵笔记》卷1："政和中大傩，下桂府进面具，比进到，称'一副'。初讶其少，乃是以八百枚为一副，老少妍陋无一相似者，乃大惊。至今桂府作此者，皆致富，天下及外夷皆不能及。"宋人周去非《岭外代答》卷7《桂林傩》："桂林傩队，自承平时，名闻京师，曰静江诸军傩，而所在坊巷村落，又自有百姓傩。严身之具甚饰。进退言语，咸有可观，视中州装，队仗似优也。推其所以然，盖桂人善制戏面，佳者一直万钱，他州贵之如此，宜其闻矣。"

[2] **假面：** 即面具。元人陈元靓《岁时广记》卷40引《岁时杂记》："除日作面具，或作鬼神，或作儿女形，或施于门楣。驱傩者以蔽其面，或小儿以为戏。"

[3] **镇殿将军：** 古代朝廷大朝会时立于殿角的武装侍卫。《事物纪原》卷1《殿门》："沈括《笔谈》曰：《周礼·天官·掌舍》无宫则供人门。今谓之'殿门天武官'，极天下长人之选，上御前殿，则执钺立于紫宸门下；行幸则为禁围，行于仗门之前，今俗谓为'镇殿将军'者也。盖始于古人门。"宋人赵与时《宾退录》："除夕用镇殿将军二人，甲胄装。"

[4] **钟馗小妹：** 清人王士禛《池北偶谈》卷12《记观宋牧仲书画》："《钟馗小妹图》，吴道子笔。妹卓剑于地，一鬼捧剑室，旁侍一鬼，在前按板而歌。"宋人金盈之《新编醉翁谈录》卷3《十二月》："除夜。旧传唐明皇是夕梦鬼物名曰'钟馗'，既觉，命工绘画之。至今人家图其形，贴于门壁，亦有用绡为图者。禁中每岁前赐两府各一，又或作钟馗小妹之形。除夜，京师民庶之家，痴儿骇女多达旦不寐，俗谚云'守冬爷长命，守岁娘长命。'"

[5] **灶神：** 宋人范成大《祭灶诗》："古传腊月二十四，灶君朝天欲言事，云车风马小留连，家有杯盘丰典祀。猪头烂熟双鱼鲜，豆沙甘松粉饵圆。男儿酌献女儿避，酹酒烧钱灶君喜。婢子斗争君莫闻，猪犬触秽君莫嗔，送君醉饱登天门，杓长杓短勿复云，乞取利市归来分。"

［6］**驱祟：**驱逐鬼祟。宋吴自牧《梦粱录》卷6《除夜》："自禁中动鼓吹，驱祟出东华门外，转龙池湾，谓之埋祟而散。"

［7］**守岁：**就是除夕夜不睡觉，以迎接新的一年到来。宋人苏轼《守岁诗》："欲知垂岁尽，有似赴壑蛇，修鳞半已没，去意谁能遮？况欲系其尾，虽勤知奈何！儿童强不食，相守应欢哗。晨鸡且勿鸣，更鼓畏添过。坐久灯烬落，起看北斗斜。明年岂无年，心事恐蹉跎。努力尽今夕，少年犹可夸。"

附录 《东京梦华录》序跋

日本静嘉堂文库影印　元刊本幽兰居士《东京梦华录》跋文

一、赵师侠跋

祖宗仁厚之德，涵养生灵几二百年，至宣、政间，太平极矣。礼乐刑政，史册具在，不有传记小说，则一时风俗之华，人物之盛，讵可得而传焉。宋敏求《京城记》载坊门宫府宫寺第宅为甚详，而不及巷陌店肆节物时好，幽兰居士记录旧所经历为《梦华录》，其间事关宫禁典礼，得之传闻者，不无谬误，若市井游观，岁时货物，民风俗尚，则见闻习熟，皆得其真。余顷侍先大父与诸耆旧，亲承謦欬，校成此录，多有合处，今甲子一周，故老沦没，旧闻日远，后余生者，尤不得而知，则西北寓客绝谈矣。因锓木以广之，使观者追念故都之乐，当共起风景不殊之叹。淳熙丁未岁十月朔旦，浚仪赵师侠介之书于坦庵。

二、黄丕烈跋（两篇）

第一篇

此《幽兰居士东京梦华录》十卷，东城顾桐井家藏书也。因故质于张，余以白金二十四两从张处赎得。装潢精妙，楮墨古雅，板大而字细。人皆以为宋刻，余独谓不然，书中惟"祖宗"二字空格，余字不避宋讳，当是元刻中之上驷。至于印本，当在明初，盖就其纸背文字验之，有"本班助教廖，崇志堂西二班学正翁深，学正江士鲁考讫，魏克考讫，正义堂、诚心堂西二班民生黄，刷卷，远差，易中等，《论语》、《大诰》"云云，虽文字不可卒读，而所云皆国子监中事，知废纸为监中册籍也。余向藏何子未校本，即出于此刻，知毛刻犹未尽善，不但失去淳熙于丁未浚仪赵师侠介之后序而已。竹拖诧翁所藏为弘治癸亥重雕本，此殆其原者。惟汲古阁珍藏秘本有所谓宋刻，其书目载之，未知与此又孰胜邪？卷中收藏图书甚多，知其人者独顾氏大有诸印，为我吴郡故家。"夷白宅"一印，不知是陈基否？然篆文印色具新，恐非其人矣。嘉庆庚申闰四月芒种后三日，辑所见古书录，启缄读之，因补题数语于后，阅收得时已二载余矣。读未见书斋主人黄丕烈识。

第二篇

是书已归艺芸书舍，前因匆促，未获录副。且有毛氏汲古旧藏抄本在，似于此书微异，而抄本又有吴枚庵临校宋本在其上，故去此留彼。既而有得见治本，复覆勘之，始知一本有一本佳处，反思元本之未及校为可惜。幸艺芸主人乐于通假，遂借归手校。元刻固精美无比，惜经描写，略为美玉之瑕。苟非余藏旧钞，乌知描写之误邪？还书之日，附载斯语，以质诸同好者。道光癸未仲春，荛夫。

（以上三跋为日本静嘉堂文库影印，元刊本幽兰居士东京梦华录跋文）

《秘册汇函》本《东京梦华录》跋文

一、沈士龙跋

余尝过汴，见士庶家门屏及坊肆阖扇，一如武林，心窃怪之。比读《东京梦华录》所载贵家士女小轿不垂帘幕，端阳卖葵蒲艾叶，七夕食油面糖蜜煎果，重九插糕上以剪彩小旗。季冬二十四日祀灶，及贫人粧鬼神逐祟，悉与今武林同俗，乃悟皆南渡风尚所渐也。至其谓勾栏为瓦肆，置酒有四司等人，食店诸品名称，武林今虽不然，及检《古杭梦游录》，往往多与悬合。惟内家游览，民俗炫侈，《梦游》多逊，《梦华》盛耳。嗟乎，繁华过眼，若阿閦一现。元老梦华，何知后人更作华游也。余两人刻此，则又梦元老之梦矣。绣水沈士龙识。

二、胡震亨跋文

《梦华录》多记崇宁以后所见，时方以逸豫临下，故若彩山灯火，水殿争标，宝津男女诸戏，走马角射，及天宁节女队归骑，年少争迎，虽事隔前载，犹令人想见其盛。至如都人探春，游娱池苑，京瓦奏技，茶酒坊肆，晓贩夜市，交易琐细，率皆依准方俗，无强藻润，自能祥不近杂，质不坠俚，可谓善记风土者。但大内所载殿阁楼观，仅仅十一，无论诸宫，只如政和新宫，自延福、穆清已下，尚有四十余殿，而艮岳于时最称雄丽，何可略也？且记中尝及童蔡园第，后家戚里，当时借权灼焰，诱乱导亡之事，绝不因事而见，此盖不得扬衒之《洛阳伽蓝》法耳。武原胡震亨识。

（两跋文，系《秘册汇函》本《东京梦华录》跋）

《津逮秘书》本《东京梦华录》跋文

宗少文好山水，爱远游，既因老疾，发“卧游”之论。后来凡深居一室，驰神八遐者，辄祖其语，作《梦游》、《卧游》以写志，坊间乃与《梦华》合刻，不知《卧游》诸录，特作汗漫游耳，若幽兰居士华胥一梦，直以当《麦秀》、《黍离》之歌，正未可同玩。况昔人所云木衣绨绣，土被朱紫，一时艳丽惊人风景，悉从瓦砾中描画幻相。即令虎头提笔，亦在阿堵间矣。庶几与《洛阳伽蓝记》并传，元老无遗憾云。湖南毛晋识。

《四库总目提要》中《东京梦华录》提要

东京梦华录十卷（编修汪汝藻家藏本）

宋孟元老撰。元老始末未详，盖北宋旧人，于南渡之后，追忆汴京繁盛，而作此书也。自都城坊市节序风俗，及当时典礼仪卫，靡不赅载。虽不过识小之流，而朝章国制，颇错出其间。核其所纪，与《宋志》颇有异同。如《宋志》南郊仪注，郊前三日但云“斋于大庆殿太庙及青城斋宫”，而是书载车驾宿大庆殿仪，驾宿太庙奉神主出室仪，驾诣青城斋宫仪，委曲详尽。又如郊毕解严，《宋志》但云“御宣德门肆赦”，而是书载下赦仪亦极周至。又行礼仪注，《宋志》有“皇帝初登坛，上香奠玉帛仪；既降，盥洗，再登坛，然后初献”。而是书奏请驾登坛，即初献，无上香献玉帛仪。又太祝读册，《宋志》列在初献时，是书献之后，在登坛称读祝，亦小有参差。如此之类，皆可以相互考证，订史氏之讹舛，固不仅岁时宴赏，士女奢华，徒以怊怅旧游，流传佳话者矣。

钱曾《读书敏求记》中《梦华录》题记

《梦华录》十卷

幽兰居士孟元老追述东京旧游，编次成集，缅想昔曩，如同华胥梦觉，因名《梦华录》。书成于绍兴丁卯，去靖康丙午之明年，又二十一年矣。南渡君臣，其独有故都旧君之思如元老者乎？刘屏山《汴京绝句》“亿得少年多乐事，夜深灯火上樊楼”，盖同一寐叹也。予衰迟晚，情怀牢落，回首凄然，感慨尤甚于元老。今阅此书，等月光之水，但无人除去瓦砾耳。

张元济《涵芬楼烬余书录》中《东京梦华录题记》

《幽兰居士东京梦华录》十卷 影元抄本 二册 毛子晋旧藏。

卷首作者孟元老绍兴丁卯自序，末有淳熙丁未浚仪赵师侠介之后序。半叶十四行，行二十二字。昔黄荛夫曾见元老刻，谓书中惟“祖宗”二字空格，余字不避宋讳，当是元刻中之上驷。今此本正同，卷一有“汲古主人”及“子晋”印记，颇似毛氏旧钞。荛夫谓毛刻未尽善，且失去介之后序，岂写在梓行后耶?

余友邓孝先藏道光壬辰常茂徕邦崖钞本，常氏跋云：“艮岳为一时巨观，且以萃天下之名胜，独缺而不书。谢朴园序指为为宣和讳，以余观之，讳诚是矣，而为宣和讳则非。何则？花石之进，为太守朱勔；艮岳之筑，专其事者为户部侍郎孟揆。揆非异人，即元老也，元老其字而揆其名者也。推元老之意，亦知其负罪与朱勔等，必为天下后世所共指责，故隐其名而著其字。”孝先谓：“揆字元老，无他书为之左证，而前人读书细心处不可掩”云云。爰录其说，以广旧闻。

赵希弁昭德先生读书志附志

《梦华录》一卷

右梦想东都之录也。宋敏求《京城记》载坊门、公府、宫寺、第宅为甚详，而不及巷陌，店肆、节物、时好。孟元老记录旧所经历，而为此书，坦庵赵师侠识其后。

陈振孙直斋书录解题

《东京梦华录》一卷

称幽兰居士孟元老撰。元老不知何人，少游京师，晚值丧乱之后，追述旧事，兼及国家典祀、里巷风俗，以其首载京城宫阙桥道坊曲尤祥，故系之地理类。

主要参考文献

[1]（宋）李焘.续资治通鉴长编[M]. 北京：中华书局，1979.

[2]（元）脱脱.宋史[M]. 北京：中华书局，北京：1977.

[3]（清）徐松.宋会要辑稿（影印本）[M]. 北京：中华书局，1957.

[4]（清）宋继郊.东京志略[M]. 开封：河南大学出版社，1999.

[5]（明）李濂.汴京遗迹志[M]. 北京：中华书局，1999.

[6]（清）周成.宋东京考[M]. 北京：中华书局，1988.

[7] 朱易安等主编.全宋笔记[M]. 郑州：大象出版社，2008.

[8] 邓之诚.东京梦华录注[M]. 北京：中华书局，1992.

[9] 伊永文.东京梦华录笺注[M]. 北京：中华书局，2006.

[10] 姜汉椿.东京梦华录全译[M]. 贵州人民出版社，1998.

后　记

我与《东京梦华录》结缘已有20余年了，因为工作及研究的需要，它成为我案头常备之书，而且以此为基础，做了很多延伸阅读。一开始抄写了很多卡片，后来则将资料存入电脑中。

随着资料的积累，尤其是近年来有关《东京梦华录》的注释及译文不断出现，世人对此书的关注度日益升温，甚至有了“梦华学”之说。受此影响，遂萌发了重新为之作注的念头，然后按图索骥，搜集相关文献与图片资料，解释书中条目，直至草成书稿，持续5年之久。

书的面世，离不开有关人士的鼎力相助。首先得益于河南大学土木建筑学院鲍鹏院长、李丽副院长的厚爱。中国建筑工业出版社吴宇江编审的精心策划及其与史瑛女士对书稿编辑加工表现出的一丝不苟的敬业精神，令人钦佩。当然，还要提到我的几位研究生，诸如段培培、朱清、毛一利、李振鹏等，为文献的核对也下了苦功。在此，一同深表谢意！

学海无涯，“注解”亦如此。就《东京梦华录》而言，值得挖掘的东西太多，众多的谜底有待破解。这本拙著，权作是一个开封人，穿越历史隧道，感受一次“千年梦华”吧——其实她并不遥远，就在脚下。

2013年9月于开封

李合群